学校教育と教育基本権

結城 忠

学校教育と教育基本権

学術選書
264
教育法

信山社

目　次

第1章　生徒・親の「思想・良心の自由」と日の丸・君が代の義務化 ……………………………………………………………………… 3

第1節　生徒・親の「思想・良心の自由」………………………………… 3
第2節　日の丸・君が代の義務化 ………………………………………… 4
第3節　「義務化」の憲法・学校法学的評価 …………………………… 7
1　君が代の法的根拠 ── 文部省告示による国歌としての確認・指定の可否（8）
2　民主的法治国家の原理との関係 ── 文部省告示による義務化の可否（9）
3　学習指導要領の法的性質との関係 ── 子ども・親に対する義務化の可否（11）
4　子ども・親の「思想・良心の自由」との関係 ── 全員一律強制の可否（12）

第2章　アメリカにおける生徒・親の「思想・良心の自由」と国旗への忠誠宣誓 …………………………………………………… 15

第1節　多民族国家統合のシンボルとしての国旗・国歌 ……………… 15
第2節　生徒の国旗敬礼拒否事件に関する判例 ………………………… 16
1　1930年代までの状況（16）
2　バーネット事件に関する連邦最高裁判所判決（17）
　2－1　事件の概要（17）
　2－2　判　　旨（18）
3　バーネット事件判決以降の判例状況（19）
4　拒否理由 ──「宗教の自由」・「表現の自由」・「良心の自由」（20）
　4－1　「表現の自由」に基づく拒否（20）
　4－2　「良心の自由」に基づく拒否（20）
第3節　教員の国旗敬礼拒否事件に関する判例 ………………………… 21
1　ルントクイスト事件（1971）（21）
2　ルッソ事件（1972）（21）
第4節　国旗敬礼義務化法の違憲性 …………………………………… 21

目　次

第3章　ドイツの国旗・国歌法制と民主的法治国家の原理 … 25

第1節　国旗の歴史と法制 … 25
　1　国旗の法制史（25）
　2　現行法制と国民の権利・義務（26）
　　2－1　現行の国旗法制（26）
　　2－2　国旗を掲揚する権利（27）
　　2－3　国旗を掲揚する義務（27）

第2節　国歌の歴史と法制 … 29
　1　国歌の法制史（29）
　2　現行の国歌法制（30）

第3節　学校教育における国旗・国歌の取扱い … 30

第4章　教育をうける権利〈学習権〉の法的構造 … 33

第1節　現代的人権としての教育をうける権利 … 33
　1　教育をうける権利の憲法史（33）
　2　わが国の旧法制と「就学する権利・学習権」（34）

第2節　教育をうける権利と学習権 … 36
　1　社会権的基本権としての教育をうける権利（36）
　2　学習権としての教育をうける権利（36）

第3節　教育をうける権利の法的性質 … 37
　1　複合的人権としての教育をうける権利（37）
　2　教育をうける権利の法的権利性（38）

第4節　学習権の主体と名宛人 … 39
　1　学習権の主体（39）
　2　子どもの学習権の名宛人（40）

第5節　学習権の法的内容 … 41
　1　多義的な教育基本権としての学習権（41）
　2　学習権の保護法益（41）
　3　教育の機会均等に関する請求権（42）
　4　中立な学校教育を要求する権利（43）
　5　安全に教育をうける権利・危険な学校教育を拒否する権利（46）

目　次

第5章　日本国憲法と「教育の自由」 49

第1節　「教育の自由」法理の生成 49
第2節　現代公教育法制と「教育の自由」 50
第3節　「教育の自由」の歴史的内容 51
第4節　憲法上の基本権としての「教育の自由」 54

第6章　国家の教育権と国民の教育権
── 教育権論争とは何だったのか 57

第1節　論争の始まりと展開 57
第2節　何が争われたのか 59
第3節　論争の一応の決着 60
第4節　論争に欠けていたもの ── 残された課題 61

第7章　教員の「教育上の自由」は基本的人権か 65

第1節　教員の「教育上の自由」の法的属性 65
　1　法的権利としての教員の「教育上の自由」(65)
　2　教員の「教育上の自由」は憲法上の基本権か (67)
　3　「義務に拘束された自由」としての教員の「教育上の自由」(69)
　4　学校法制上の職務権限としての教員の「教育上の自由」(72)
　5　主権者教育における教員の「政治的意見表明の自由」の可能と限界 (74)
第2節　国民の政治活動の自由 78
第3節　教員の市民的自由としての政治活動の自由 79
第4節　教員の労働組合員としての政治活動の自由 81

第8章　ドイツにおける教員の「教育上の自由」の法的構造 83

第1節　基本法の制定と学校の「教育自治」・教員の
　　　　「教育上の自由」 83
　1　伝統的学校法制・行政法理論の継受 (83)
　2　教員の「教育上の自由」・学校の「教育自治」の法制化 (84)
　3　学校監督概念の再構成 (87)
第2節　教員の「教育上の自由」に関する各州の現行学校法規定 89
第3節　現行法制下における教員の「教育上の自由」の
　　　　憲法・学校法学的構成 90

目　次

　　　1　権利としての教員の「教育上の自由」(90)
　　　2　H. ヘッケルの教員の「教育上の自由」に関する法理論 (92)
　　　3　H.U. エファース、I. v. ミュンヒ、E.W. フースの所説 (94)
　　　4　教員の「教育上の自由」と「学問・教授の自由」(96)
　　　5　教員の「教育上の自由」と生徒の「自己の人格を自由に発達させる権利」(98)
　　　6　教員の「教育上の自由」と「表現の自由」・「良心の自由」(99)
　　　7　M. シュトックの教員の「教育上の自由」の法的構成 (100)
　　　8　教員の「教育上の自由」に関する学校法学の通説的見解 (101)
　第4節　教員の「教育上の自由」に関する判例の動向 ……………………… 103
　第5節　教員の「教育上の自由」をめぐる個別問題 ………………………… 105
　　　1　学校監督庁の専門監督権と教員の「教育上の自由」(105)
　　　2　校長の職務命令権と教員の「教育上の自由」(109)
　　　3　教員の「教育上の自由」と学習指導要領の法的拘束力 (110)

第9章　生徒・親の知る権利と教育情報の公開・開示 …………………… 115

　第1節　国民・住民の知る権利と公共的教育情報の公開 ………………… 115
　　　1　国民の知る権利と情報公開法制 (115)
　　　2　知る権利の保障と「情報の原則公開」の原理 (117)
　　　3　情報公開条例と公共的教育情報の公開 (118)
　　　4　情報公開条例の不存在と住民の知る権利 (119)
　　　5　国民・住民の知る権利と生徒・親の知る権利 (120)
　第2節　学校教育における生徒の知る権利 ………………………………… 121
　　　1　生徒の知る権利の法的根拠 (121)
　第3節　学校教育における親の知る権利 …………………………………… 123
　　　1　親の知る権利の法的根拠 (123)
　　　2　親の知る権利の法的性格 (124)
　　　3　親の知る権利の対象・範囲 (126)
　　　4　親の知る権利の種類 (128)
　　　5　親の知る権利と子どものプライバシー権 (128)
　第4節　生徒・親の知る権利と指導要録・内申書 ………………………… 130
　　　1　生徒の「正当な教育評価をうける権利」と教員の評価権 (130)
　　　2　指導要録・内申書の開示をめぐる自治体の政策動向 (130)
　　　3　指導要録・内申書不開示の理由・根拠 (131)

　　　　4　不開示 ── 開示の法益衡量（133）
　第5節　アメリカとドイツの教育個人情報開示法制 ……………………………… 136
　　　1　アメリカの「家庭教育権およびプライバシーに関する法律」（136）
　　　　1－1　制定の経緯（137）
　　　　1－2　「家庭教育権およびプライバシーに関する法律」の内容と通説的
　　　　　　　解釈（139）
　　　2　ドイツにおける学校法制状況（140）
　　　　2－1　憲法上の基本権としての生徒・親の知る権利（141）
　　　　2－2　具体的権利としての生徒・親の知る権利（141）
　　　　2－3　教育個人情報の開示法制（141）

第10章　親の教育権と学校教育 ……………………………………………………… 145
　第1節　なぜ「親の教育権」なのか ……………………………………………… 145
　　　1　学校教育への親の異議申し立て（145）
　　　2　疎外されてきた存在 ── 親（146）
　　　　2－1　法制の不備と研究の貧困（146）
　　　　2－2　国民の教育権と親の教育権（146）
　　　3　親の教育権の空洞化（149）
　　　　3－1　就学上の義務主体としての親（149）
　　　　3－2　無権利客体としての親（149）
　　　　3－3　親の教育権の現実化と親の教育責任の強化（151）
　第2節　親の教育権の法的構造 …………………………………………………… 153
　　　1　親の教育権とは何か（153）
　　　2　親の教育権の法的性質（154）
　　　　2－1　自然権としての親の教育権（154）
　　　　2－2　憲法上の基本権としての親の教育権（156）
　　　　2－3　憲法上の具体的権利としての親の教育権（157）
　　　　2－4　国際法上の普遍的人権としての親の教育権（157）
　　　3　親の教育権の法的属性・類型（158）
　　　4　親の教育権の法的内容（160）
　第3節　親の教育権と学校の専門的教育権 ……………………………………… 161
　　　1　学校教育における親の教育権の範囲・強度（161）
　　　2　学校・教員の教育権の本質的属性と限界（163）
　第4節　親の公教育運営への参加権 ……………………………………………… 164

目　　次

　　　1　近年の政策動向と制度現実（164）
　　　　1－1　親の学校運営参加（165）
　　　　1－2　親の教育行政参加（168）
　　　　1－3　学校の教育活動・教育過程への親の参加（171）
　　　2　「親の教育権」なき親の学校教育参加（172）
　　　3　親の公教育運営への参加権・学校教育の協同形成権（173）
　　　　3－1　親の参加権・協同形成権の根拠（173）
　　　　3－2　親集団としての参加基本権（174）
　　　4　親の学校教育参加権の種類・性格（176）
　　第5節　PTAの法的性格・役割と親の教育権 ……………………………… 178
　　　1　PTAは単なる「社会教育関係の任意団体」なのか（178）
　　　2　始源的教育権者の組織体としてのPTA（180）
　　　3　PTAの性格・役割に変化の兆し（183）

第11章　ドイツにおける親の教育権の法的構造 ……………………………… 187
　　第1節　親権の変遷史 …………………………………………………………… 187
　　　1　古代ローマ法における親権（187）
　　　2　中世ドイツ法における親権（188）
　　　3　ドイツ普通法における親権（188）
　　　4　プロイセン一般ラント法における親権（189）
　　　5　ドイツ民法典における親権（190）
　　　6　男女同権法制定以前の法制状況と親権（191）
　　　7　男女同権法の制定と親権（191）
　　　8　親の配慮権に関する新規制法における親権（191）
　　第2節　親の教育権の法的特質と属性 ………………………………………… 193
　　　1　自然権としての親の教育権（193）
　　　　1－1　親の教育権の自然権性（193）
　　　　1－2　親の自然権的教育権の法的性質（194）
　　　　1－3　親の自然権的教育権の法的効果（198）
　　　2　憲法上の基本権としての親の教育権（200）
　　　3　特殊な包括的基本権としての親の教育権（203）
　　　　3－1　親の個人的な教育の自由権（204）
　　　　3－2　子どもの利益に向けられた承役的基本権（205）
　　　　3－3　子どもの教育についての包括的な教育基本権（207）

　　　　3-4　社会国家的および社会的な基本権（208）
　　　　3-5　親集団としての集団的基本権（209）
　　　　3-6　公教育運営への参加基本権（211）
　第3節　親の教育権と国家の学校教育権 ……………………………………… 212
　　1　親の教育権と国家の学校教育権の等位テーゼ（212）
　　2　親の教育権と国家の学校教育権の一般的関係に関する理論（214）
　第4節　性教育をめぐる親の教育権と国家の学校教育権の関係に関する
　　　　連邦憲法裁判所決定 ………………………………………………………… 216
　　1　事件の概要（216）
　　2　下級審の判断（217）
　　3　決　定　要　旨（218）
　　4　学説の評価（218）
　　5　学校における性教育と「法律の留保の原則」（221）
　第5節　親の教育権と子どもの人格的自律権 ……………………………… 223
　　1　子どもと基本的人権（223）
　　　　1-1　子どもの人権主体性（223）
　　　　1-2　子どもの人権へのアプローチ（224）
　　2　憲法の人権保障規定と親子関係（228）
　　3　「縮減・弱化する親の権利──伸張・強化する子どもの権利」の原則（230）
　　　　3-1　親の教育権の権原と子どもの人格的自律権（230）
　　　　3-2　親の「子どもの自律性の尊重義務」と子どもの意見表明権（232）
　　4　いわゆる「意思能力のある未成年者の法理」と子どもの自己決定権（232）

第12章　ドイツにおける親の学校教育・教育行政への
　　　　参加法制 ……………………………………………………………………… 235

　第1節　親の学校教育参加の法制史 ………………………………………… 235
　　1　「協同的自治」の思想と父母協議会（235）
　　　　1-1　プロイセン州の父母協議会（237）
　　　　1-2　ハンブルク州の父母協議会（238）
　　2　ナチス政権による親の学校参加制度の解体（239）
　第2節　ドイツ基本法下における法制状況 ………………………………… 240
　　1　親の学校教育参加権の憲法による保障（240）
　　2　親の学校教育・教育行政への参加権と基本法の親権条項（242）
　　3　親の学校教育参加の態様──学校教育参加権の種類（244）

目　次

　　　4　親の学校教育参加の組織（246）
　　　　4-1　父母協議会（246）
　　　　4-2　学校会議（248）
　　　　4-3　教員会議への親の参加（249）
　　　　4-4　地方自治体の教育行政機関への親の参加（250）
　　　5　親の学校教育参加の範囲と限界（250）

第13章　「私学の自由」の法的構造 253

　第1節　私学の存在理由 253
　第2節　「自由な学校」としての私学 254
　第3節　私学の意義と役割 255
　第4節　「私学の自由」 257
　　　1　「私学の自由」の法制史（257）
　　　　1-1　「教育の自由」法理の形成（257）
　　　　1-2　現代公教育法制と「教育の自由」（259）
　　　　1-3　「教育の自由」の歴史的内容（260）
　　　2　憲法上の基本権としての「私学の自由」（262）
　　　3　「私学の自由」の法的性質と内容（265）
　　　　3-1　「私学の自由」の法的性質（265）
　　　　3-2　「私学の自由」の内容（266）
　　　4　私学設置認可の法的性質（275）
　第5節　私学の自由と生徒の基本的人権 277
　　　1　私学における生徒の人権保障（277）
　　　2　憲法の人権条項と私学（279）
　　　　2-1　人権保障規定の第三者効力（279）
　　　　2-2　人権保障規定の私学への適用（281）
　　　　2-3　生徒の基本的人権の種類との関係（283）
　　　3　私学在学関係の法的性質（284）
　　　4　私学における生徒懲戒と教育的裁量（286）
　　　5　宗教系私学の特殊性（289）
　第6節　私学の独自性と傾向経営の理論 290
　　　1　傾向経営の理論（290）
　　　2　傾向事業としての私学（296）
　第7節　私学の公共性 300

xii

1　公教育機関としての私学 (300)
　　　2　私学の公共性と独自性 (304)

第14章　教育基本法の改正と私学 …………………………………… 307
　第1節　教育基本法の改正 …………………………………………… 307
　第2節　私学条項の創設 ……………………………………………… 310
　第3節　国・地方自治体の私学教育振興義務 ……………………… 312
　第4節　地方教育行政法の改正と私学行政 ………………………… 314
　第5節　民主党「日本国教育基本法案」の私学条項 ……………… 317

第15章　ドイツにおける「私学の自由」の法的構造 ……………… 321
　第1節　ワイマール憲法下までの法制状況 ………………………… 321
　　　1　プロイセン一般ラント法と私学 (321)
　　　2　19世紀私学法制と「私学の自由」(323)
　　　3　プロイセン憲法と「私学の自由」(325)
　　　4　ワイマール憲法と「私学の自由」(328)
　　　5　ナチス政権による私学制度の解体 (332)
　第2節　ドイツ基本法の制定と「私学の自由」 …………………… 333
　　　1　基本法制定議会と私学条項――「私学の自由」の憲法上の保障 (333)
　　　2　「私学の自由」の法的性質と私学の制度的保障 (335)
　　　3　「私学の自由」の主体――私学の設置主体 (337)
　第3節　現行法制下における「私学の自由」の法的構造 ………… 338
　　　1　私学の設置認可と「私学の自由」(338)
　　　　1-1　私学の設置認可 (338)
　　　　1-2　私立学校と公立学校の等価性の原則 (339)
　　　2　「私学の自由」の法的内容 (340)
　　　　2-1　私学を設置する権利 (340)
　　　　2-2　私学における教育の自由 (341)
　　　　2-3　私学における組織編制の自由 (343)
　　　　2-4　教員を選択する自由 (344)
　　　　2-5　生徒を選択する自由 (345)
　　　　2-6　「私学の自由」のその他の法益 (346)
　　　3　外国人の「私学を設置する自由」(346)
　　　4　私学に対する国家の学校監督 (346)

目　次

補章　高校無償化の憲法・学校法学的評価……………………………… 349
　第1節　民主党の高校無償化政策 …………………………………………… 349
　第2節　教育をうける権利と公教育制度 …………………………………… 351
　第3節　教育主権にもとづく憲法上の制度としての公教育制度 ………… 353
　　　1　教育主権と公教育制度（353）
　　　2　社会公共的な事業としての学校教育（354）
　第4節　社会権的基本権としての「準義務」高校教育をうける権利 …… 355
　第5節　高校の「準義務教育」化と憲法26条2項
　　　　　（義務教育の無償性）……………………………………………… 357

あとがき（359）
索　引（361）

凡　　例

本書で使用しているドイツ語の略記の正式名称・表記は下記の通りである。

a.a.O.	am angegebenen Ort
AöR	Archiv des öffentlichen Rechts
Art.	Artikel
Aufl.	Auflage
BA	Bayern
BB	Brandenburg
Bd.	Band
BE	Berlin
Beschl.	Beschluß
BesG	Besoldungsgesetz
Betr.	betreffend
BGB	Bürgerliches Gesetzbuch
BGH	Bundesgerichtshof
BLK	Bund-Länder-Kommision für Bildungsplanung
BRK	UN-Behindertenrechtskonvention
BSG	Bundessozialgericht
BVerfG	Bundesverfassungsgericht
BVerfGE	Entscheidungen des Bundesverfassungsgerichts
BVerwG	Bundesverwaltungsgericht
BVerwGE	Entscheidungen des Bundesverwaltungsgerichts
BW	Baden-Würtemberg
CDU	Christlich-Demokratische Union
CSU	Christlich-Soziale Union
ders., dies.	derselbe, dieselbe
DIPF	Deutsches Institut für Internationale Pädagogische Forschung
DJT	Deuter Juristentag
DKP	Deutsche Kommunistische Partei
DÖV	Die Öffentliche Verwaltung
DP	Deutsche Partei
DVBl	Deutsches Verwaltungsblatt
EGMR	Europäischer Gerichtshof für Menschenrechte
EMRK	Europäische Konvention zum Schutz der Menschenrechte und Grundfreiheiten
Ent.	Entscheidung
Erl.	Erlaß

xv

凡　例

EU	European Union〈Europäische Union〉
EuGRZ	Europäische Grundrechte-Zeitschrift
FamRZ	Zeitschrift für das gesamte Familienrecht
FDP	Freie Demokratische Partei
ff.	folgende
GG	Grundgesetz für die Bundesrepublik Deutschland
HB	(Hansestadt) Bremen
HdbStR	Handbuch des Staatsrechts der Bundesrepublik Deutschland, hrsg. von J. Isensee und P. Kirchhof, bislang 9 Bde., Heidelberg 1987 ff.
HE	Hessen
HH	(Hansestadt) Hamburg
Hrsg.	Herausgeber
JZ	Juristenzeitung
KMK	Die ständige Konferenz der Kultusminister der Länder
KMK-BeschlS.	Sammlung der Beschlüsse der Ständigen Konferenz der Kultusminister der Länder in der Bundesrepublik Deutschland.
KPD	Kommunistische Partei Deutschlands
LER	Lebensgestaltung-Ethik-Religionskunde
LG	Landgericht
LSG	Landessozialgericht
MV	Mecklenburg-Vorpommern
NJW	Neue Juristische Wochenschrift
NS	Niedersachsen
NVwZ	Neue Zeitschrift für Verwaltungsrecht
NW	Nordrhein-Westfalen
OLG	Oberlandesgericht
OVG	Oberverwaltungsgericht
PädF	Pädagogische Führung
RdErl.	Runderlaß
RdJ	Recht der Jugend
RdJB	Recht der Jugend und des Bildungswesens
Rdnr.	Randnummer
RKEG	Gesetz über die religiöse Kindererziehung
RM	Reichsmark
RP	Rheinland-Pfalz
RWS	Recht und Wirtschaft der Schule
S.	Seite
SA	Sachsen-Anhalt
SchuR	SchulRecht

SED	Sozialistische Einheitspartei Deutschlands
SH	Schleswig-Holstein
SL	Saarland
sm	Schulmanagement
SN	Sachsen
SPE	Sammlung schul- und prüfungsrechtlicher Entscheidungen
StGH	Staatsgerichtshof
TH	Thüringen
u.a.	und andere
Urt.	Urteil
VBL	Verwaltungsblatt
VerArch	Verwaltungsarchiv
Verf.	Verfassung
VerfGH	Verfassungsgerichtshof
VG	Verwaltungsgericht
VO	Verordnung
VR	Verwaltungsrundschau
VVDStRL	Veröffentlichungen der Vereinigung der Deutschen Staatsrechtslehrer
ZBR	Zeitschrift für Beamtenrecht
ZBV	Zeitschrift für Bildungsverwaltung
ZfPäd	Zeitschrift für Pädagogik

学校教育と教育基本権

第1章　生徒・親の「思想・良心の自由」と
　　　　日の丸・君が代の義務化

第1節　生徒・親の「思想・良心の自由」[1]

　憲法19条は「思想及び良心の自由は，これを侵してはならない」と書いている。

　ここに「思想及び良心の自由」とは，世界観・人生観・主義・信条など，内心におけるものの見方ないし考え方に関する自由をいう。「良心」は人の精神作用のうち倫理的側面に，「思想」はそれ以外の側面に係わるものと一応は区別できるが，両者が憲法上まったく同じように扱われている以上，とくに区別する必要はないとするのが憲法学の通説である[2]。「思想及び良心の自由」は一体的なものとして人の内心領域における自由を広く含むものと解される。

　ただ外国の憲法で「良心の自由」（Gewissensfreiheit）というときは，もっぱら宗教的な「信仰の自由」（Glaubensfreiheit）を意味する場合が多いが，日本国憲法は「信教の自由」を別途に保障しており（20条），そこでここにいう

---

[1]　本章は1999年1月，月刊誌『教職研修』（教育開発研究所）誌上に発表した同名の論文にもとづいている。当時，学校教育における「日の丸」・「君が代」の取扱いをめぐっては，教育界において厳しい見解の対立が見られ，その渦中にあって，広島県立世羅高校の校長が自殺するという痛ましい事件が発生した（1999年2月）。こうした深刻な状況下にあって，同年8月に「国旗及国歌に関する法律」が制定され，事態はいちおう沈静化の方向に向かった。

　けれども，同法は「国旗は，日章旗とする」（1条），「国歌は，君が代とする」（2条）と書いて，国旗＝日の丸，国歌＝君が代を確認しただけの法律である。この結果，日の丸・君が代の法的根拠に関する記述は妥当を欠くこととなったが，しかしこの論文が提起しているその他の重要かつ基本的な法的論点は，その後，今日に至るまでなお依然としてペンディングのままであり，そこで（注）を若干補正するに止め，本文は殆どあえて初出のまま収載することとした。

　なお，この論文をめぐっては文部省筋からの権力的介入があり，私は以後の『教職研修』誌上における連載を中止に追い込まれた。季刊『教育法』（121号，エイデル研究所）に江波遼「アメリカとドイツの国旗・国歌法制」という論文が掲載されているが，この論文はそのような状況下で止むなく私がペンネームで執筆したものである。

[2]　さしあたり，佐藤幸治『憲法（第3版）』青林書院，1995年，485頁。

3

第 1 章　生徒・親の「思想・良心の自由」と日の丸・君が代の義務化

「良心の自由」は信教の自由からは区別された内心の自由を意味していることになる。

　生徒が憲法19条により「思想及び良心の自由」を享有していることは，改めて書くまでもない。生徒のこの自由は「子どもの権利条約」によっても明示的に保障されているところでもある（14条1項）。

　一方，学校教育の場面での親のそれは，第一次的には，親の教育権それ自体に根拠をもつと言えよう。子どもの世界観や人生観に関する教育は，親のもっとも根源的な精神の内的自由領域に属し，したがってそれは，親の教育権の最重要かつ中核的な内容として，当然にこの権利に包摂されているからである[3]。ドイツの権威ある学校法学説が親の教育権を狭義には「親が自己の観念に基づいてその子を教育する権利」と定義している所以である[4]。

　ここではまた，欧米においては，親の教育権といえば歴史的には取りも直さず「信仰上ないし世界観上の親権」（Das konfessionelle Elternrecht）を意味してきたという事実を想起したいと思う。

　こうして親は，学校教育においては，憲法19条による保障にくわえて，親の教育権によって加重的に補強され，強化された「思想及び良心の自由」を享有していることになる。

　ちなみに，子どもの権利条約が，子どもに「思想及び良心の自由への権利」を保障したうえで，これらの権利を子どもが行使するに際して，親に対し「子どもに指示を与える権利」を法認しているのも（14条2項），上述のような親の教育権理解に立っているものと解釈できる。

第2節　日の丸・君が代の義務化

　今日，学校における児童・生徒や親の思想・良心の自由との関係でとりわけシリアスなのは，いわゆる「日の丸・君が代」問題であろう。

　よく知られているように，「日の丸」が国旗であり，「君が代」が国歌であると明記した国法は，歴史的にも，現行法制上も存在しない。（実定法上の）法的根拠がないままに，長い間，事実として国旗・国歌の取り扱いを受けてきたわけである。まず，このことを確認しておこう。

---

(3)　E.W.Bökenförde, Elternrecht-Recht des Kindes-Recht des Staates, In: Essener Gespräche zum Thema Staat und Kirche(14), 1980, S.86-S.87.
(4)　H.Avenarius/H.Heckel, Schulrechtskunde, 7Aufl.2000, S.436.

第 2 節　日の丸・君が代の義務化

　すなわち,「君が代」は古今和歌集に詠み人しらずとして収められていた古歌に, 明治 13 (1880) 年, 宮内庁楽師林広守が, 雅楽風の作曲をしたことに由来する[5]。そして同年の天長節に初演奏され, その楽譜に「大日本礼式」とい

---

(5)　司馬遼太郎氏の考証によれば, 国歌「君が代」の起源は下記のようであったとされる (司馬遼太郎『歴史の中の日本』(中公文庫) 中央公論社, 1993 年, 232 − 236 頁)。やや長くなるが, 重要な歴史的事実であるだけに, 以下に引いておきたいと思う。
　「徳川将軍家の大奥では, 元旦に『おさざれ石』という儀式があった。御台所は, 午前 4 時に起床する。化粧をおえたあと, 廊下に出る。廊下にはすでにもうせんが敷かれており, なかほどにタライがすえられている。そのなかに石が 3 つならべられている。やがて御台所がタライの前に着座すると, むこう側にすわった中臈が一礼し,「君が代は千代に八千代にさざれ石の」と, となえる。御台所はそれをうけて,「いはほとなりて苔のむすまで」と, 下の句をとなえる。そのあと中臈が御台所の手に水をそそぐ。そういう儀式のあったあと将軍家に年賀を申しのべる。
　この元旦儀式は将軍家だけでなく, 国持大名級の奥にもあったという。そのもとは徳川家の創始ではなく, 遠く室町幕府の祭礼からひきついでいるのではないかと想像される。
　明治 2 (1869) 年, 英国から貴賓がきた。それをもてなす場所は浜御殿 (浜離宮) ということにきまり, 数人の英語のできる者が接待役になった。ところが, 貴賓がきたばあい, 奏楽が必要であった。こういうばあいの奏楽のことは軍楽隊のやとい教師 J.W. フェントン (英国人) が面倒をみていたが, かれは接待役の詰め所へゆき, 日本の国歌はなんだときいた。薩摩藩士原田宗助も接待役のひとりであった。かれはあわてて上司にきくべく軍務官役所へかけつけ, おりから会議中であった藩の川村純義をよびだし, そのわけを話すと, 川村は急に怒りだし,「歌ぐらいのことでいちいちオイに相談すっことがあるか, 万事をまかすよいうことでオハンたちを接待役にしたのではないか」とどなりつけて会議の席へもどってしまった。……
　接待役の原田宗助は青くなったであろう。ともかく, お浜御殿へかけもどって同役に相談した。この同役が乙骨太郎乙である。……乙骨は旧幕臣だけに大奥のしきたりを多少知っており, ふと「おさざれ石」の儀式をおもいだし, こういうのはどうか, と言い, 歌詞を口ずさんでみせた。薩摩の原田は大いにおどろき「その歌詞ならわしくにの琵琶歌の中にもある」と手をうって賛成し, なにぶん火急のときであるだけにフェントンをよび, 原田みずからがそれを琵琶歌のふしでうたってみせた。フェントンはこの奇態なふしまわしにおどろいたらしいが, とにかく多少の手なおしをして楽譜にとり, 当日に間にあわせた。
　君が代うんぬんというのは類似の歌が『古今集』にもある。また今様にもあれば, 筑紫流の筝曲や薩摩琵琶歌にもあるところをみれば, この歌は「めでためでたの若松さま」と同様, 古くはその家々のことほぎのためにうたわれていて流布していたものであろう。
　国歌「君が代」が誕生するについてのはなしは諸説あり, たとえばフェントンからいわれた軍楽伝習生瀬川吉次郎が当時の砲兵隊長大山巌に告げ, 大山は同藩の野津鎮雄や大迫貞清にはかって薩摩琵琶歌のなかからこの歌詞をえらびフェントンに示したともいい, これが通説になっている。おそらく火急のおりだからいくつもの系路で人が動いたのであろう。しかしモトのモトは, 右のはなしがどうやらほんとうらしい。

第1章　生徒・親の「思想・良心の自由」と日の丸・君が代の義務化

うタイトルが付けられ，各条約国に送付されたことによって（明治21年），事実上，国歌としての地位を得た。

この「君が代」について法令上最初に触れたのは，明治26年の文部省告示3号である。ただそれは「小学校ニ於テ祝日大祭日ノ儀式」に歌う唱歌8曲の1曲として，「君が代」を指定したものであった。ついで明治33年の小学校令施行規則28条は，儀式に斉唱すべきものとして，こう規定した。「紀元節，天長節及1月1日ニ於テハ職員及児童，学校ニ参集シテ左ノ式ヲ行フヘシ。　1　職員及児童『君カ代』ヲ合唱ス」。その後昭和16（1941）年の国民学校令施行規則47条でも，同じような位置づけがなされている。

つぎに「日の丸」であるが，その起源は定かではない。明治3年の太政官布告57号商船規則が，日本の商船に「日の丸」を国旗として掲げるように命じてから，一般化し始めたという。その後，明治5年の太政官通達でも，県庁等では国旗を掲揚すべきことが定められ，また明治32年の船舶法は再び日本船舶の国旗掲揚義務を規定した。

第2次大戦後，しばらくの間は「日の丸」の掲揚には，連合国軍総司令部（GHQ）の許可を必要とし ── 1948年3月に総司令部覚書によって国旗の掲揚が正式に許可された ──「君が代」も斉唱されることはなかった。

だが昭和20年代後半以降，事態は大きな変化を見せる。すなわち，国民意識の高揚と愛国心の育成が学校教育に強く期待されることとなり，1950年には文部大臣が「国民の祝日には斉唱することが望ましい」との談話を発表し，文部省がこれを各学校に通達した。そして1958年の小・中学校学習指導要領の改訂に際して「特別活動」の項でこう明言されるに至る。

「国民の祝日などにおいて儀式などを行う場合には，児童（生徒）に対して，これらの祝日などの意義を理解させるとともに，国旗を掲揚し，『君が代』を斉唱させることが望ましい」（文部省告示80号・81号，下線＝筆者）。

とにかく筆者にとって原田宗助の話がおかしかったのは，戊辰戦争の砲煙がやっとしずまって新都へ諸藩兵があつまったころ，つまり川村純義にとって多忙なとき，そういう相談をもちかけられて「歌ぐらいのことでいちいちオイに相談すっことあるか」と下僚を一かつし，その一かつからこの歌が起源を発しているということである。いまひとつおかしいのはこの歌がもとはといえば徳川の大奥の儀式の歌であり，旧幕臣である乙骨太郎乙がそれから発想して提案したのに「君が代」起源説の通説では大山巌などが大きく正面に登場して，徳川大奥の元旦儀式や乙骨という要素がまったく消されてしまっているということである。このことは，歴史というものの奇妙さについて，きわめて暗示的な課題をふくんでいるようにおもわれる」。

そしてその後，1987年12月の教育課程審議会の答申「教育課程の基準の改善について」を契機に，この問題は新しい展開を見せ，いっそうの論議を呼ぶことになる。同答申は下記のように提言し，日の丸・君が代の義務化に道を開いたのであった。

　「入学式や卒業式などの儀式等においては，日本人としての自覚を養い国を愛する心を育てる……観点から，国旗を掲揚し国歌を斉唱することを<u>明確にする</u>」。

　そして，これを受けて，周知のとおり，1989年3月に告示された新学習指導要領では，「入学式や卒業式などの儀式等においては，その意義を踏まえ，国旗を掲揚し国歌を斉唱するよう<u>指導するものとする</u>」と明記されるに至ったのである。これは，日の丸掲揚・君が代斉唱を，事実上，義務づけたものであって，文部省によれば，従わない場合は学習指導要領違反で処分の対象になるとされている。そして実際，1990年度の卒業式以降，1995年に文部省と日教組との間でいわゆる「和解」が成立するまでを主に，「日の丸・君が代反対行動」で少なからぬ教員が停職・戒告・訓告などの懲戒処分を受けてきているところである[6]。新指導要領への切り替えは1992（平成4）年度の小学校を皮切りに始まったが，上記「義務化」は1990年4月の入学式から先取り実施されてきていることは周知のところであろう —— ちなみに，1998年春の卒業式や入学式における国旗掲揚と国歌斉唱の実施状況は，卒業式，入学式とも日の丸掲揚が98％，君が代斉唱も80％を超え，前回の1995年調査より0.3 - 2.7ポイント上昇している[7]。

第3節　「義務化」の憲法・学校法学的評価

　ところで，このような日の丸・君が代の義務化〈法的強制〉は，とりわけ以下のような点において，憲法・学校法制上，重要な問題ないし疑義を孕んでいると言えよう。

---

(6)　文部省地方課「教育委員会月報」平成9年10月号59頁など。
(7)　「毎日新聞」1998年10月16日付け。

第1章　生徒・親の「思想・良心の自由」と日の丸・君が代の義務化

1　君が代の法的根拠
—— 文部省告示による国歌としての確認・指定の可否

　前述のように，日の丸も君が代も国旗・国歌としての国法による明文上の根拠を欠いている。国旗・国歌は国家を表彰するシンボルであり，統合的な機能をもち，一国の統治作用に深く係わるものとして，実質的には憲法に準ずべき性質をもっていると言える[8]。そこで本来なら，これについては，憲法自身が定めを置くか，あるいはその委任を受けた特別な法律の制定によって確定することが求められている事柄だと解される。国際法レベルでより重要な意味をもつ国旗については，とくにそうだと言えよう。実際，諸外国の例を見ても，たとえば，フランス，ドイツ，スペイン，中国など国旗の制式を憲法で —— アメリカは連邦法で —— 規定している国が少なくない[9]。

　それはともかく，わが国の場合，日の丸・君が代は長年の慣行によって国旗・国歌として取り扱われてきており，また多くの国民から支持されているという現実もあり，そこでこれに関しては，「事実たる慣習」の域を超えて，国民の間にすでに法的確信が成立し，ともに慣習法によって根拠づけられている，と解されなくもない〈慣習法としての国旗「日の丸」・国歌「君が代」論〉。

　たしかに，国旗「日の丸」については，上述のようにその法的根拠を慣習法に求めることは可能だと見られる。ちなみに，この問題についての初の司法判断である那覇地裁判決〈平成5年3月23日〉も，「現在，国民から日の丸旗以外に国旗として扱われているものはなく，多数の国民が日の丸旗を国旗として認識して用いている」と述べて，検察側の「現行法制上，明文の規定はないが，慣習法によって国旗と認められている」との主張を支持している。また大阪府立東淀川高校事件に関する大阪地裁判決〈平成8年2月22日〉にも，「『日の丸』は慣習法上日本の国旗である」とある[10]。くわえて，現行法制上も，船舶法・商標法・自衛隊法などは「日の丸」が慣習法上国旗の制式となっていることを当然の前提としている。

　問題は国歌「君が代」の法的根拠である。歴史的な由来はともかく —— 古今和歌集に詠み人しらずとして収められていた古歌に由来すると言われている —— その歌詞は大日本帝国憲法下の天皇主権制＝絶対主義的天皇制国家にはよく適合しえても，民主主義を標榜し，国民主権を基本原理として象徴天皇制

---

(8)　奥平康弘・杉原泰雄編『憲法学6』有斐閣, 1997年, 189頁。
(9)　参照：「主要国別にみた国旗・国歌の沿革」季刊『教育法』1985年8月号, 163頁以下。
(10)　「朝日新聞」1996年2月23日付け。

第3節 「義務化」の憲法・学校法学的評価

をとる現行憲法とは相容れない，と言うべきであろう。慣習法は第一次的法源である成文法に抵触しないことを前提に，成文法に対して補充的な関係に立つ第二次的な法源に過ぎない。とすれば，第一次的法源である憲法に矛盾・対立する「君が代」は慣習法としての法的効力をもちえない，ということになる。

<u>文部省という一行政機関が，しかも学習指導要領＝文部省告示という法形式で有権解釈でもって国旗・国歌としての正当性を云々すること自体，事柄の性質上，法的には大いに問題があるが</u> —— ここで明治13年以降，もっぱら学校教育制度を媒介として，「君が代」が国歌であるごとく用いられてきた，という歴史的事実を押さえておきたい[11] ——。

上述したところにより，「君が代」に関しては，学習指導要領によって国歌として確認・指定することは許されえないと解される。表現を換えると，「<u>国旗および国歌はその性質においてもまた比較憲法的見地から見ても，憲法に準ずる取りあつかいをうけるべき事柄である。内閣が一片の告示で，これを指定できるものではありえない</u>」[12]ということである〈国会優位の原則〉。——<u>立法論としては，国民的な討議と合意をうる手続を踏んで，国旗・国歌について憲法自体で規定するか，これに関する特別法を制定すべきだと考える</u>〈民主的正当性の公証手続〉——。

この点，後に言及するように，ドイツにおいて，国家主義的色彩を濃厚に帯びていた国歌「世界に冠たるドイツ」（Deutschland-Deutschland über alles）の歌詞1・2番が，第2次大戦後，国歌として歌うことが禁止され，今日に至っているのが参考になる。

2 民主的法治国家の原理との関係
—— 文部省告示による義務化の可否

①憲法が謳う民主的法治国家の原理ないし「法律の留保の原則」は学校教育の領域にも当然に推し及ぼされなくてはならないこと，②教育主権上の決定は，そのもつ法的意味・重要度により，「基本的決定」とこれを具体化するための「副次的決定」とにカテゴライズすることができ，このうち前者は法治国家原理・民主制原理に基づき国民代表議会が法律上確定することを要し〈議会への留保〉，行政権への委任，とりわけ包括的委任は認められないこと，③い

---

(11) 詳しくは参照：佐藤秀夫編『日本の教育課題 (1)「日の丸」「君が代」と学校』東京法令出版，1995年，391頁以下。
(12) 奥平康弘・杉原泰雄編・前掲書191頁。

第1章　生徒・親の「思想・良心の自由」と日の丸・君が代の義務化

うといころの「基本的決定」とは，学校教育のように基本権が重要な意味をもつ領域にあっては，「基本権の実現にとって本質的な決定」を意味すること，等については既に言及したところである[13]。

　日の丸・君が代の掲揚・斉唱強制〈義務化〉は子ども・親・教員の「思想・良心・信仰の自由」や「親の教育の自由」，さらには「子どもの人格権」といった基本的人権とストレートに係わるものであり，まさに上記にいう「基本的決定」に属する事柄と見られる。だとすれば，これについては当然に「法律の留保の原則」が妥当しなくてはならないはずであろう。

　より敷衍して言えば，ドイツの憲法裁判所判決（1975年）や有力学説も説いているように，「倫理的な基本観念ないし宗教観の問題において，親の教育権がより強く発現を求める場合には強化された法律による具体化要請が妥当する。また一般的な意味をもつ教育政策上の基本的決定を含み，それゆえ，親の選択権行使のための条件を決定するような規律に関しても同様である。

　さらに国家の教育主権と親の教育権ないし子どもの人格権との，特別に敏感な緊張領域に触れる場合も，法律による具体的規律が求められる。このようなディメンションにおいては，教育政策上の基本的決定は特別な程度に基本権にとって重要な意味をもち（grundrechtsrelevant），したがってそれは，教育行政機関に委ねられてはならない」ということである[14]。

　こうして，仮に日の丸・君が代に十分に確たる法的根拠があったとしても，その義務化は法律によることが憲法の要請するところであり，文部省告示による義務づけは法治主義原理に違背し認められない，と解すべきこととなる —— 日の丸・君が代の法的根拠の存否とその義務化の可否・方途は，別途に検討する必要があるということである ——。

　ちなみに，先に引いた那覇地裁判決も，日の丸が国旗として慣習法上に定着を見ているとしつつも，「国内関係においては，国旗について何らの法律もなく，国民一般に何らの行為も義務づけていない」との判断を示している。また国旗について固有の憲法条項を擁しているドイツにおいてさえ，憲法学の支配的見解によれば，国旗掲揚義務について定めた法律がない限り，国民（私人）はそのような義務を負わないとされている[15]。

---

(13)　拙稿・「『学校の法化』と生徒の法的地位」，『教職研修』1997年5月号。
(14)　N.Niehues, Schul- und Prüfungsrecht, 1983, S.191.
(15)　H.D.Jarass / B.Pieroth, Grundgesetz für die Bundesrepublik Deutchland, 1997, S.493.

第3節　「義務化」の憲法・学校法学的評価

3　学習指導要領の法的性質との関係
—— 子ども・親に対する義務化の可否

　周知のように、学習指導要領 —— 文部省告示化は1958年以来 —— の法的性質をめぐっては見解が鋭く割れている。行政解釈は「学校教育法（法律）→学校教育法施行規則（省令）→文部省告示の順序で法律を補完しているため、法規命令としての性格を有し、法的拘束力をもつ」と捉えているのに対し[16]、教育法学の通説は「文部省による指導助言文書の告示にほかならない」との立場に立っている[17]。

　そもそも告示とは、行政機関がその意思や事実をひろく一般に公示する方式であるが、その内容の如何により、法規命令、行政規則、一般処分、営造物規則、単なる事実上の通知など様々な法形式に区別できる[18]。そして支配的行政法学説によれば、このうち、規律内容が直接に国民の権利・義務に変動をもたらすもの＝私人の法的利益に直接の影響を及ぼすものが「法規命令」であり、それは法律の授権の下にのみ定立され得るもので、法律と同様に、紛争解決のための基準として、裁判所をも含めた各国家機関を拘束する、と解されている[19]。

　学校の「教育課程の基準」である学習指導要領は、法治主義原理の要請するところにより、ほんらい、学校教育法の直接かつ具体的な授権をうけて、「法規命令」という法形式で定立されることが求められていると解される。それは教育委員会・学校・教員の職務遂行上の基準であると同時に、子どもの学習権や親の教育権の内実とも深く関係する行政立法だからである。

　この点、ドイツ法律家協会も、教育政策上の重要度および子ども・親の基本権に対してもつ意味に鑑みて、学習指導要領（Rahmenrichtlinien）は法規命令（Rechtsverordnung）として制定されなければならないと提言して、ドイツにおける法現実 —— ヘッセン州以外は行政規則 —— を批判している[20]。

　ただ、わが国現行の学習指導要領は、その法的根拠・内容・制定手続・形式に関して、法規命令としての成立要件を具備しているとは見られず、その法的実質は「行政規則」の域にあると解釈される。その結果、「行政規則としての

---

(16)　文部省教育管理研究会編『教育管理総覧』教育開発研究所、1987年、224頁。
(17)　兼子仁『教育法』有斐閣、1978年、380頁など。
(18)　原田尚彦『行政法要論』学陽書房、1994年、84頁。
(19)　藤田宙靖『行政法Ⅰ（総論）』青林書院、1993年、275頁。
(20)　Deutcher Juristentag, Schule im Rechtsstaat, 1981, S.168.

11

第1章　生徒・親の「思想・良心の自由」と日の丸・君が代の義務化

学習指導要領」は，教員に対しては拘束力をもつことがありえても〈行政内部関係〉── この場合，教員の「教育権限・教育上の自由」（学校教育法37条11項）との関係で規律事項により拘束力の存否・強弱は異なる ── 子どもや親との関係〈行政外部関係〉においては直接的な法的効果はもちえない，ということになる。現行学習指導要領による日の丸・君が代の義務化は，教職員との関係はいちおう措くとして，子ども・親に対しては，法技術的にも不可能だということである ── 現実には，児童の国歌斉唱拒否などを理由に担任教員が戒告処分をうけるという事件が起きているし（福岡市・1988年），また衆議院における「子どもの権利条約」批准に関する審議のなかで，外相が「日の丸・君が代に従わなければ子どもを処分も」と発言するまでに至っている（1993年）──。

　なお，ここでのテーマとの関係においては，学習指導要領の法的性質の如何はさしたる問題ではなく，その根拠法である学校教育法が，授権内容〈日の丸・君が代の義務化〉に関して，十分に必要な基本的決定をなしているか否か，ということこそが決定的に重要である，ということを押さえておく必要がある[21]。

4　子ども・親の「思想・良心の自由」との関係
── 全員一律強制の可否

　さらに，日の丸・君が代の義務化＝全員一律強制は，子どもや親の「思想・良心の自由」を侵害することになりはしないか，という問題がある。

　たしかに，これまで触れたような法治主義原理を実質的に踏まえたうえで，民主的手続に基づいてであれば，教育主権作用の一環として，学校で国旗掲揚・国歌斉唱（一般論としてのそれ）をフォーマルに実施することは法的には可能だと考えられる。それどころか，公教育＝国民教育の役割の一つとして，積極的な評価をうける場合もありうるであろう ── アメリカの教育現実を見よ ──。

　しかし，それには重要な前提がある。学校における国旗掲揚・国歌斉唱が子どもや親の「思想・良心の自由」の問題と見られる限り，子どもや親の側にはそれを「拒否する自由」〈拒否権・不参加の権利〉が保障されていなければならない，ということである。思想および良心の自由は，そのコロラリー（系）

---

(21)　同旨：N.Niehues, ditto.

第3節　「義務化」の憲法・学校法学的評価

として自己の思想および良心について「沈黙を守る自由」を含んでおり、さらにこの「沈黙の自由」は一定の「思想の表白を強制されない自由」を含んでいるからである[22]。

　なお、このコンテクストに位置する事件が実際に滋賀県の高校で起きている（1995年）。卒業式での「君が代」斉唱に際して、生徒の自主的な判断に任せて退席を認めた校長が、地方公務員法が定める法令遵守義務違反などを理由に、戒告処分をうけたのであるが、上述したところからは、県教委による処分は適法性を欠くと解されることになる。

　ちなみに、次号で取り上げるように、アメリカ連邦最高裁判所〈バーネット事件・1943年〉も、国旗掲揚に関して、愛国的な市民の育成・国家的な統合の確保という、州の正当な利益を認めながらも、「信教の自由」保障から、生徒にはその強制はできないとの見解を示している[23]。

　以上、詰まるところ、高度に人格的な、またすぐれて内面的な価値に関わる事柄については、学校は「教育における価値多元主義」を踏まえ、「教育の中立性」原理に基づいて、「寛容な学校」（tolerante Schule）でなければならないということである[24]。

---

(22)　宮沢俊義・芦部信喜補訂『全訂日本国憲法』日本評論社、1987年、236頁。
(23)　H.C.Hudgins / R.S.Vacca, Law and Education, 1985, p.350.
(24)　G.Eiselt, Zur Sicherung des Rechts auf ideologisch tolerante Schule, 1987.

第2章　アメリカにおける生徒・親の「思想・良心の自由」と国旗への忠誠宣誓

第1節　多民族国家統合のシンボルとしての国旗・国歌

　改めて書くまでもなく，アメリカは様々な民族や人種からなる多民族国家であり，50州から成る連邦国家でもある。そこで歴史的に，「これら他民族の生活や権益を保護しながら，相互共存を図り，アメリカ人としての共通の文化，言語，生活様式，価値観，国家に対する忠誠心と団結心を人為的に育成していくこと，即ち文化的同化が，統一国家の至上命令」[1]とされてきたし，今日においても基本的には変わるところはない。

　そして国旗・国歌は，ここにいう「国家に対する忠誠心と団結心を育成」するシンボル，表現を代えると，多民族国家の統合の象徴として，アメリカにおいて格別に重要な位置を占めてきており，したがって，学校教育においても国旗や国歌，とくに国旗に対する敬愛の念を育成することが，その重要な役割の一つとして強く期待されるところとなっている。いわゆる「良き市民（good citizenship）への教育」の一環としてのそれである。

　ちなみに，たとえば，ペンシルベニア州の公立学校規則（1949年制定）によれば，「国旗のみならず州旗についても，…各学校区は公費で旗，旗竿，掲揚に必要な道具を購入し，公私立のすべての学校に配給し，生徒には英語で書かれた『国旗規程』を配布することを義務」づけており，また「学校は…校庭に両方の旗を掲揚し，週に1時限を充てて，旗の意味，それに対する忠誠と尊敬の念を涵養する儀式や教育活動を行うこと」を求められているとされる[2]。

　またジョージア州法（1976年）にも，つぎのような規定が見られている[3]。

　「ジョージア州の公立学校の生徒はすべて，毎授業日，アメリカ合衆国旗に対する忠誠宣誓を暗唱する機会を与えられるものとする。地区教育委員会は，

---

(1) 金子忠史「日常生活のなかに根づく国旗・国歌 —— アメリカ」『教職研修』教育開発研究所，1990年3月号，60頁。
(2) 金子忠史・前出61頁。
(3) M.W.La Morte, School Law-Cases and Concepts, 1996, p.108.

忠誠宣誓を暗唱するための時間と方法を定める施策を講じる義務を負う」。

このように，アメリカの学校においては伝統的に国旗敬礼と忠誠宣誓は日常化しており，また国語・公民科・歴史・地理・音楽などの教科において，国旗や国歌が取り扱われ，愛国心を培う教育が行われてきている現実がある。

以下の考察に先立って，アメリカのこうした教育現実をまず押さえておかなくてはならない。

第2節　生徒の国旗敬礼拒否事件に関する判例

1　1930年代までの状況

アメリカは国旗敬礼拒否事件の豊富な先例をもっている。1930年代までに，すでに20州以上でこれに関する法的争訟が起きていたという[4]。

この問題について，連邦最高裁判所が最初に判断を示したのは，ゴービティス事件（Minersville School District v. Gobitis, 1940）においてである。事件の概要は，下記のようであった。

ペンシルベニア州マイナーズビレ学区の教育委員会規則は，教員および生徒に対して，毎日，学校活動の一部として実施される「国旗への忠誠宣誓」（pledge of allegiance to the national flag）に参加することを義務づけていた。「エホバの証人」の信者である兄妹二人が，教義の教えるところにより，それへの参加を拒否し，退学処分を受けた。父親が憲法上の「宗教の自由」に基づき，当該教育委員会規則は違憲・無効であるとして，退学処分の取消しを求めて提訴した。1審の連邦地方裁判所は原告の主張を認め，連邦控訴裁判所もこれを支持した。しかし連邦最高裁判所はこれら下級審の判断を棄却し，被告教育委員会側の勝訴を言い渡したというケースである。

この事案において，連邦最高裁判所は，教育委員会は国家的統一を鼓吹する手段として，国旗敬礼の強制を定めることができるとの立場をとり，大要，こう判示したのであった[5]。

「法は各人の確信や信念の追求に介入することはできないが，しかし政府は重大な公共の利益を促進すべき責務を負っている。憲法が保障している宗教の自由は，特定の宗派の教義への忠誠が直接的な不利益を蒙ることにはならな

---

(4) E.C.Bolmeier, Landmark Supreme Court Decision on Public School Issues, 1973, p.43.
(5) Data Research Inc., United States Supreme Court Education Cases, 1996, p.106.

い，一般的な立法まで排除するものではない。国家的統合は国家の安全の基盤であり，立法者はそれを達成するための適当な手段を選択する権限を有する。かくして就学の条件として，生徒にアメリカ国旗への敬礼を義務づけているマイナーズビレ学区の教育委員会規則は合憲である」。

けれども，この判決はただちに新聞，法曹ジャーナル，教育ジャーナル等において厳しい批判に曝されることになる。アメリカ市民自由協会などの在野の団体のみならず，連邦司法省も判決批判を展開した。こうした経緯もあって，その後，判決の多数意見に与した判事若干名が見解の変更を表明するに及び，かくして次に取り上げる，アメリカ憲法判例史上に名高い「バーネット事件判決」への途を準備することになるのである。

2 バーネット事件（West Virginia State Board of Education v. Barnette, 1943）に関する連邦最高裁判所判決

2-1 事件の概要

ウエスト・バージニア州法は，州内のすべての学校に歴史，公民，連邦憲法および州憲法についての授業を行うことを義務づけていた。アメリカ主義の理念・原則・精神を教え，育て，不滅なものにすること，および政府の機構や組織に関する知識を与えることがその目的であった。

この州法の要請を受けて，1942年にウエスト・バージニア州教育委員会規則が制定されたのであるが，以下の3点がその主要な規定内容をなしていた。

すなわち，①国旗敬礼を公立学校における正規の活動プログラムとすること，②すべての教員と生徒は，国旗に代表される国家への敬礼式に参加する義務を負うこと，③国旗敬礼拒否は反抗的行為とみなされ，それに応じた処分がなされるべきこと，がそれである[6]。

しかし州教育委員会に対しては「まるでヒトラーのようだ」との批判が，PTA，ボーイ・ガール・スカウト，赤十字，婦人クラブ連盟などから相次いで浴びせられ，一方，「エホバの証人」の信者の生徒が実際に上記規則に抗して学校での国旗敬礼を拒否した。これにより，この生徒が上記規則を遵守するまでは就学を認めないとの放校処分に付されたのであるが，合衆国憲法第I修正「宗教の自由」を根拠に，上記教委規則とそれに基づく放校処分の違憲性を問うたのが，本件である。

---

(6) E.C.Bolmeier, op.cit.pp.43-44.

第 2 章　アメリカにおける生徒・親の「思想・良心の自由」と国旗への忠誠宣誓

連邦地方裁判所は原告の訴えを認め，連邦最高裁判所も，判例を変更して（賛成意見 5 人：反対意見 3 人）原審判決を支持した。連邦最高裁としては，先に言及したゴービティス事件判決から 3 年後の重大な判例変更であった（1943 年 6 月 14 日）。

2 − 2　判　　旨

連邦最高裁判所は，愛国的な市民の育成・国家的統合の確保という，州の正当な利益（legitimate interest）を認めながらも，「すべての生徒に，就学の条件として，国旗への敬礼と忠誠の誓約を暗誦するようよう義務づけた州教育委員会規則は，宗教の自由を保障した合衆国憲法第Ⅰ修正に抵触する」との見解を示したのであった。判決理由（ジャクソン判事が執筆）では，高らかにこう述べられた[7]。

「自由な公教育は，世俗的教育と政治的中立の理念に忠実たろうとするなら，いかなる階級，宗派，政党，党派にも敵味方してはならない」。

「青少年を良き国民に教育しようとするなら，まさにそれゆえに個人の憲法上の自由の保障に気を配らなければならない。自由な精神をその根源において圧殺せず，また青少年が政府の重要な諸規則を無視しないように教育しようとすればである」。

「もしわれわれの憲法上の星座に確たる星があるとすれば，それは…いかなる公務員も，政治，ナショナリズム，宗教あるいはその他の見解に関することにおいて，何が正当（orthodox）であるかを指図することはできず，また市民に対して，言葉ないし行動によって，その信念を告白するよう強制できないということである。…われわれは，国旗への敬礼と宣誓を強制する地方当局の行動は，その権限に関する憲法上の限界を越え，合衆国憲法第Ⅰ修正がすべての官憲のコントロールから保護することを目的としている，知性及び精神の領域を侵害すると考える」。

「権利章典の目的は，特定の事柄を政治的な争いから取り出し，多数決や官憲の射程外に置き，それらを裁判所によって適用される法原理として確立することにある。生命，自由，財産，自由な言論，自由な出版，礼拝および集会の自由に関する各人の権利ならびにその他の基本的権利は票決に服従せしめられ

---

(7)　D.Fellman, The Supreme Court and Education, 1976, pp.38-44. D.Schimmel/L.Fischer, Parents, School, and the Law, 1987, p.56.

てはならない」。

さらに憲法裁判上重要なのは，この判決は「違憲審査基準」として，つぎのような法理を展開していることである。

〈a〉 いうところの「自由」は，「基本的ないし優越的自由」（Fundamental or preferred Freedom）と「通常の自由」（ordinary Freedom）とに区別できる。宗教の自由は前者に属し，後者の例としては，たとえば，ドライブの自由などが挙げられる。

〈b〉「通常の自由」は，州の側に一定の正当な自由があれば，これを規制ないし制約することが可能である。しかし「基本的な自由」にあっては，州が「止むに止まれない必要性」（Compelling need）を有していることを証明した場合に限り，これに対して規制を加えることができる。

〈c〉 本件の場合，「エホバの証人」に国旗敬礼を要求する，州の「止むに止まれない利益」は存在しない。彼らの敬礼拒否によって，いかなる重要な公益も脅威に曝される危険はなかったからである。かくして彼らの宗教上の基本的自由の方が優位する[8]。

3　バーネット事件判決以降の判例状況

上述のバーネット事件以降も，アメリカにおいては国旗敬礼拒否事件が少なからず起きている。ホールデン事件（Holden v. Board of Education N.J, 1966），フレイン事件（後述），バンクス事件（後述），ゴエッツ事件（Goetes v. Ansell, 1973），リップ事件（Lipp v. Moris, 1978）などがその例である。

概括的に言えば，ケースによって原告が依拠する基本的人権（条項）には違いがあるものの（後述），これらの裁判例においても，バーネット事件判決とほぼ同旨の法的判断がなされており，こうして，バーネット事件で表明された法原則は既に確定判例になっていると言ってよい，とされるに至っている[9]。

要するに，判例によれば，教育委員会は生徒に対して国旗の敬礼を強制できない。敬礼を拒否した生徒をその場から退去させることも，また起立だけでも要求することはできない。その生徒が静かにしており，敬礼式を妨害しない限り，またそれに参加している他の生徒の権利を侵害しない限り，敬礼を拒否したという理由だけによっては罰せられない，ということである[10]。

---

(8)　L.Fischer/D.Schimml/C.Kelly, Teachers and the Law, 1987, p.157.
(9)　E.C.Bolmeier, op.cit.p.52.
(10)　H.C.Hudgins/R.S.Vacca, Law and Education, 1985, p.351.

第2章　アメリカにおける生徒・親の「思想・良心の自由」と国旗への忠誠宣誓

4　拒否理由 ——「宗教の自由」・「表現の自由」・「良心の自由」

　これまで述べてきたところは，もっぱら「宗教の自由」〈信仰上の理由〉に基づく国旗敬礼拒否であるが，「表現の自由」および「良心の自由」〈良心的拒否〉も拒否理由たりうる，とするのが判例の立場である。以下に，それぞれについてリーディング・ケースを紹介しておこう。

4－1　「表現の自由」に基づく拒否

　フロリダ州の教育委員会規則によれば，国旗敬礼と忠誠宣誓を良しとしない生徒も，そのセレモニーの間，静かに起立していることが求められていた。しかし，それは「表現の自由」を侵害するものだとして，起立を拒否した生徒が停学処分を受けたケースで，連邦地方裁判所はこう判示して，生徒の訴えを支持した（Banks v. Board of Public Instruction of Dade County, 1970）。

　「他者とは異なった見解をもつ権利および自らの見解を表明する権利は…たとえこの権利に基づいて，起立や国旗への忠誠宣誓への参加を拒否することにより，国旗や国歌への無礼を表明する程度にまで至ったとしても，停学処分を課せられることによって抑圧されてはならない」[11]。

4－2　「良心の自由」に基づく拒否

　ニューヨーク州では法令上，国旗敬礼と忠誠宣誓に参加しない生徒は，教室を出て，ホールで待機していなくてはならないとされていた。このような取扱いは憲法上の権利の行使に対する懲罰に他ならないとして，不参加の生徒が提訴した。連邦地方裁判所は生徒の訴えを認めて，下記のように述べている（Frain v. Baron, 1969）。

　「生徒は良心の自由に基づいて，国旗敬礼に参加しない権利および敬礼が終了するまで静かに教室に留まる権利を有する。仮に他の生徒が彼の行動を真似ても，教室から排除されてはならない。合衆国憲法第Ⅰ修正は効果のない抗議はもとより，成功した異議申立て（successful dissent）も保護するものである」[12]。

---

(11)　E.C.Bolmeier, op.cit.p.51.
(12)　L.Fischer/D.Schimml/C.Kelly, op.cit.p.158. D.Schimmel/L.Fischer, op.cit.p.57.

第3節　教員の国旗敬礼拒否事件に関する判例

ところで，アメリカにおいては，教員に対しても国旗敬礼・忠誠宣誓を義務づけることも憲法上認められない，とされている。判例および支配的な学説によれば，これまで述べてきた「生徒の国旗敬礼・忠誠宣誓拒否」に関する法理は教員にも原則的妥当する，と解されているのである。リーディング・ケースを二つ引いておこう。

1　ルントクイスト事件 (State v. Lundquist, 1971)

社会科の教員が，宗教上の理由ではなく，自分のクラスに愛国主義を強制できないという理由で，その良心により，国旗敬礼式典への参加を拒否した事件で，メリーランド州裁判所は次のように述べている[13]。

「州法の国旗敬礼強制およびその違反に対する罰則規定は，合衆国憲法第Ⅰ修正および第14修正に違反し，違憲・無効である」。

2　ルッソ事件 (Russo v. Central School District, 1972)

ニューヨーク州の高校の芸術教員が，国旗敬礼セレモニーへの参加を拒否したが，その間，静かにかつ敬意を表して (respectfully) 起立していた。にも拘わらず，この行為により，教員は解雇された。この件で連邦控訴裁判所は，教員の行動は良心に基づくものであり，必ずしも不誠実なものではないとして，当該セレモニーへの教員の不参加の権利を肯認した。こう判じている[14]。

「われわれは，忠誠宣誓を拒否したからといって，直ちに市民の忠誠心に異議を唱えるべきではない。信念も目的もなく，精神的な惰性でもって，毎朝，ただ機械的に忠誠宣誓を暗誦している市民の忠誠は称賛されてはならないが，それと同じようにである」。

第4節　国旗敬礼義務化法の違憲性

既述したところからも窺えるように，今日，アメリカにおいては，生徒であ

---

[13]　E.C.Bolmeier, op.cit.p.51.
[14]　L.Fischer/D.Schimml/C.Kelly, op.cit.p.151.

第 2 章　アメリカにおける生徒・親の「思想・良心の自由」と国旗への忠誠宣誓

れ，教員であれ，国旗敬礼を義務づける州法は合衆国憲法第Ⅰ修正ないし第14修正に反して無効であり，破棄されるとの原則が確立している と言える[15]。つぎの事例がティピカルである。

1977年に制定されたマサチューセッツ州法は国旗への忠誠宣誓について，下記のように書いていた。

「すべての公立学校において，教員は毎日，第1時限の開始に当たり，そのクラスをグループで，国旗への忠誠宣誓を暗誦するように指導するものとする」。

同年マサチューセッツ州最高裁判所は，この法律が合衆国憲法第Ⅰ修正で保障された教員の権利を侵害するものだとして，州政府に対しその廃止を勧告した。バーネット事件に関する連邦最高裁判所判決に依拠しながら，生徒が国旗敬礼を免除されるのと同じ理由が，教員にもまた妥当する，との判断からであった。同裁判所によれば，「個人を強制された表現による信念に同化するように求め，それによってある信念をもつように仕向ける，政府のいかなる企ても，憲法第1修正によって禁止されている」ところなのである[16]。

なおアメリカにおいては，国旗をめぐる争訟事件として，これまで言及してきた国旗敬礼拒否事件の他に，いわゆる国旗不敬事件も起きているが，後者のケースにあっても，連邦最高裁判所は少数者の基本的人権の尊重という，民主主義ならびに人権保障の理念・本旨を踏まえた格調の高い判決を下しているということを，ここで付言しておかなくてはならない。事件の概要と判旨を端的に紹介しておこう。

1989年，連邦最高裁は国旗の冒瀆を有罪と定めたテキサス州法が合衆国憲法第Ⅰ修正に反し，違憲であるとの判断を示したのであるが（Texas v. Johnson, 491 U.S. 397〈1989〉），しかし同じ年に連邦議会は国旗保護法（The Flag Protection Act）の制定に踏み切った。同法は，合衆国の国旗と知りながら，それ

---

(15) ちなみに，下村哲夫「学習指導要領の法的拘束性と国旗・国歌の指導」『教職研修』（1990年3月号34頁）も，アメリカにおけるこの法域の判例状況を次のように概括している。

「州が授業による愛国心教育を要求するのは合憲であるが，個人の表現の自由を侵害するような州および教育行政機関の国旗敬礼規程とその執行は違憲で，生徒や教員は，宗教的信条にかかわりなく，良心的拒否または表現の自由を理由として国旗への敬礼と忠誠宣誓を拒否できる，というのが，連邦最高裁判所の立場である」。

(16) Opinions of the Justices to the Governor (Mass.1977), in, L.Fischer/D.Schimml/C. Kelly, ditto. Data Reasearch, Inc. Encyclopedia of American School Law 1993, p.106.

22

第4節　国旗敬礼義務化法の違憲性

を切り裂いたり，汚したり，焼いたり，床や地面に置いたままにしたり，さらには踏みつけたりした者はこれを処罰するというものであった。

　1990年，政治的な意思表明としてアメリカ国旗を燃やすことが，合衆国憲法第Ⅰ修正で保障された表現の自由と認められるかどうかが争われた事件で（United State v. Eichmann, 496 U.S.310,〈1990〉），連邦最高裁判所はつぎのように述べて，国旗保護法は違憲・無効であると判じている[17]。

　「悪意に満ちた民族的ないし宗教的な形容辞，低俗な理由による徴兵拒否，下品な風刺画のような国旗に対する冒瀆は，たしかに多くの人々にとって非常に不愉快ではある。けれども，単に社会がその考え方それ自体（the idea itself）を不愉快だとみなしているという理由で，政府がその考えを表明することまで禁止するようなことがあってはならない」。

---

(17)　M.W.La Morte, op.cit.p.108.

23

第3章　ドイツの国旗・国歌法制と民主的法治国家の原理

第1節　国旗の歴史と法制

1　国旗の法制史

ドイツの国旗は黒・赤・金の3色旗である。黒は人権に対する抑圧への抵抗，赤は自由への憧れ，金は真理と理想の追求を意味するという。

この旗は，1815年に設立されたイエナ大学「学生組合」（Burschenschaft）の旗に由来するといわれる[1]。一般化する契機となったのは，同学生組合が提唱し，1817年にワルトブルクでもたれた君候に対する全国学生抗議集会において，この旗が使用されたことによる。その後，1832年のハンバッハにおける学生・市民集会でも「自由主義的なナショナリズム」のシンボルとして用いられ，さらに1848年にフランクフルトで開催された「3月革命」憲法制定国民議会は，この3色旗のもとに招集された[2]。

こうして，この旗は「自由で，統一されたドイツ国家の理念」を象徴するものとされるに至り[3]，1919年のワイマール憲法によって，憲法上，正式に国旗とし明記された。「帝国の色（Reichsfarben）は黒・赤・金色とする。商船旗は……黒・白・赤色とする」（第3条）との条項がそれである —— なお，1867年にプロイセン主導で成立した北ドイツ連邦は黒・白・赤の3色を連邦の色と定め，また1871年のドイツ帝国憲法〈いわゆるビスマルク憲法〉も，これを継受して，「海軍旗および商船旗は黒・白・赤色とする」（第55条）との規定をもっていた。そこでワイマール憲法制定議会において，保守政党から国旗条項の草案に対して強い異議が唱えられ，政治的な妥協の産物として，上掲のワ

---

(1) M. Sachs〈Hrsg.〉, Grundgesetz- Kommentar, 2007, S.892.
(2) なお，参考までに，ドイツ3月革命の所産である1848年のプロイセン憲法は「学問の自由」（17条）および「教育の自由」（19条）の保障にくわえて，一国の憲法としては世界で初めて「教育をうける権利」（18条）を憲法上保障したことで教育法史上に不滅の地位を築いている〈L.Clausnitzer, Geschichte des Preußischen Unterrichtsgesetzes, 1891, S.162〉。
(3) L. Giese, Die Verfassung des Deutschen Reiches, 1931, S.44.

第3章　ドイツの国旗・国歌法制と民主的法治国家の原理

イマール憲法第3条が成立を見たという経緯がある[4]——。

しかし，ナチスが国家権力を奪取した1933年，時の大統領ヒンデンブルクが国旗はビスマルク帝国の色と同色の黒・白・赤色が望ましいと言明したことも伏線となって，1935年，それと同色のナチスの党旗ハーケン・クロイツ（Hakenkreuz・鉤十字）によってその地位を追われることになる。そして，第2次世界大戦後，1949年の西ドイツ国家の成立とともに，黒・赤・金の3色旗はボン基本法によって国旗として復活した（第22条），という歴史をもっている[5]。

2　現行法制と国民の権利・義務
2－1　現行の国旗法制

1990年10月，ドイツは国民的な宿願であった東西ドイツの再統一を成し遂げたが，旧西ドイツ基本法が，統一に伴う若干の修正を施したうえで，ほぼそのまま統一ドイツの憲法とされたこともあって，国旗条項も旧西ドイツ基本法のそれが同文のまま引き継がれた。

すなわち，ドイツ統一後の現行憲法も，ワイマール憲法の流れを汲んで，「連邦国旗は黒・赤・金色とする（Die Bundesflage ist schwarz-rot-gold）」（第22条）との条項を擁している。

この条項が外に対しては国際法上の意味をもち，国内的には統合規定（Integrationsvorschrift）としての位置を占めていることは，改めて書くまでもない。

なお，上記の憲法条項は大統領令によって具体化されており，1950年6月7日付の「ドイツ国旗に関する命令」[6]が，国旗の大きさや3色の割合などについての具体的な定めを置いている。

ただ，この点については，法治主義原則の観点からの批判がある。このような立場からは，憲法の国旗条項は，事柄の性質上，大統領令ではなく，法律によって具体化されなくてはならないとされる[7]。

ちなみに，ニーダーザクセン州においてだけは，ドイツ基本法22条を受け

---

(4) G. Anschütz, Die Verfassung des Deutschen Reichs vom 11. August 1919, 14Aufl., 1933, S.48-S.49.
(5) H. Pleticha, Bundesfarben und Bundeswappen, In: Deutschland Porträt einer Nation 2, S.208-S.209.
(6) Die Flaggenanordnug vom 7.6.1950.
(7) A. Hamann / H. Lenz, Das Grundgesetz für die Bundesrepublik Deutschland〈Kommentar〉, 1970, S.370.

て，州憲法（1951年制定）が「ニーダーザクセンは……州の紋章のある黒・赤・金色の旗を使用する。詳細は法律でこれを定める」（1条3項）と書いており，そこで特別法として，「紋章，旗および印章に関する法律」（1952年）が制定されている[8]。

2−2　国旗を掲揚する権利

憲法学の支配的見解が説くところによれば，各人は基本法22条により，国民的共属・悲しみ・喜び等の表徴として，「国旗を掲揚する権利」（Flaggenführungsrecht）を有しているとされる。この権利は，連邦や州およびその機関などの政府機構だけではなく，公法上の団体や施設，さらには私人にも保障されていると解されている。ここにいう私人には外国人も含まれる，とするのが通説である[9]。

ただこの権利は，経済的な目的など，他の目的のために国旗を使用することまで正当化するものではない。それどころか，かかる国旗の目的外使用は，商標法（Warenzeichengesetz vom 2.1.1968）により，法禁さるところとなっている（4条）。

2−3　国旗を掲揚する義務

一般に連邦や州の政府機関や公の施設，さらには公法上の団体や施設については，「国旗を掲揚する義務」（Flagenführungspflicht）があるとされている。この義務は，連邦の機関の場合は基本法22条から直接に導かれると解されており，また州の機関にあっては州法によって根拠づけられている。たとえば，ヘッセン州の「公の施設における国旗掲揚に関する法律」（1950年）は，こう規定している[10]。

「内務大臣は，州の全体ないし一部にとって政治的に一般的な意味をもつ特別な契機に基づいて，州の公の施設に対して，ならびに州の監督に服するかぎりにおいて，ヘッセン州の公法上の社団，施設および財団に対しても，旗の掲揚を命じることができる」（1条）。「州の行政機関には……連邦旗と州旗が掲揚されるものとする」（2条）。

---

(8)　Gesetz über Wappen, Flaggen ung Siegel vom 13.10.1952.
(9)　さしあたり，T. Maunz / G. Dürig〈Hrsg.〉, Grundgesetz- Kommentar, Bd.3, 2011, Art. 22, Rdnr.22.
(10)　Gesetz über das Beflaggen öffentlicher Gebäude vom 16.5.1950.

第3章　ドイツの国旗・国歌法制と民主的法治国家の原理

　そして，これを受けて，内務大臣布告「公の施設における旗の掲揚」（1993年）により，国旗を掲揚すべき日として，つぎの10日が指定されている。メーデー，ヨーロッパの日，基本法公布日，1953年6月17日の記念日，ドイツ人による抵抗運動の記念日，故郷の日，ドイツ統一の日，ヘッセン州憲法の施行記念日，普通選挙の日（ヨーロッパ議会・連邦議会・州議会・自治体選挙），がそれである(11)。

　つぎに，わが国のコンテクストにおいては重要な意味をもつ論点として，<u>一般国民（私人）は国旗掲揚義務を負うか</u>であるが，これについて憲法学の通説は，大要，つぎのように解している(12)。

　<u>国民（私人）の国旗掲揚義務について定めた「法律」（Gesetz）が存しない場合は，国民にはそのような義務はない。</u>法治主義の原則により，国民に対してはただ「法律」に基づいてのみ義務を課すことができるからである。

　<u>法律上，国民の国旗掲揚義務を設定することは可能である。ただしそれは，「信仰・良心の自由」および「宗教・世界観の告白の自由」（基本法4条1項）ないし「自由に見解を表明する権利」（基本法5条1項）に十分な配慮を払い，これらの基本権を侵害しない範囲および程度においてである</u> —— この前提として，国旗に関する規律は法規たる性質をもつ（もたなくてはならない）ということがある ——。それが国民の一般的な行動の自由を制限するからではなく，国家のシンボルの創造は，国家権力が由来する，国家の成員としての「市民たる地位・領域」（Sphäre des Bürgers）に触れるものだからであるとされる(13)。

　ちなみに，<u>現行法制上，私人の国旗掲揚が義務づけられているのは，基本法の妥当範囲に住所をもち，ドイツ国籍を有するものの所有にかかる船舶の航行についてだけで</u>（1951年2月8日の旗国法〈Flaggenrechtsgesetz〉1条1項）(14)，<u>それ以外の法域においてはこのような義務はいっさい法定されてはいない</u>(15)。

---

(11) F. Köller / H. Knudsen, Schulrecht-Hessen 2, 1997, 2.4.1.
(12) H. v. Mangoldt / F. Klein/C.Starck〈Hrsg.〉, Kommentar zum Grundgesetz Bd.2. 2010, S.384. T. Maunz / G. Dürig u.a., a.a.O. Art.22, Rdnr.23. H.Hofmann/A.Hopfauf〈Hrsg.〉, Kommentar zum Grundgesetz, 2008, S.731. H.D.Jaras/B.Pieroth, Grundgesetz für die Bundesrepublik Deutschland, 2007, S.537.
(13) I. v. Münch/P.Kunig〈Hrsg.〉, Grundgesetz-Kommentar, Bd.2, 2001, S.115.
(14) Gesetz über das flaggenrecht der Seeschiffe und die flaggenführung der Binnenschiffe vom 8.2.1951.
(15) I. v. Münch/P.Kunig〈Hrsg.〉, a.a.O., S.116.

第2節　国歌の歴史と法制

なお付言すると，教会に対しては，いかなる場合においても，また法律に基づくものであっても，国旗掲揚義務を課すことはできない，とするのが現行憲法体制の建前である。

第2節　国歌の歴史と法制

1　国歌の法制史

　1870年の普仏戦争では，「ラインの守り」がプロイセン・ドイツ側の国歌とされていたという。北ドイツ連邦を基にビスマルクによるドイツ帝国が成立したのは1871年であるが，それからおよそ20年後，1890年代に入って，「世界に冠たるドイツ」の邦訳で知られる「ドイツの歌」が，ハイドンがオーストリア皇帝に捧げた「皇帝賛歌」の曲に合わせて愛唱されるようになった。ナショナリズムを高揚させる歌として，当初は，もっぱら軍隊や保守派の間で歌われたとされる。

　この「ドイツの歌」は，1841年，詩人でブレスラウ大学の教授であったホフマン・フォン・ファラースレーベン（Hoffmann von Fallersleben）が作詞したものである。1番の歌詞「世界のあらゆることに優るドイツ」（Deutschland-Deutschland über alles）の意味するところについては，歴史的に，二様の解釈がなされてきている。

　一つは，「（領邦国家に分断している）ドイツの統一は世界のすべてに優る重要事」との解釈で，国民国家としてのドイツ統一を願う素朴な愛国主義者や民主主義者の捉え方である。二つは，いわゆる拡張主義や国粋主義の立場からの解釈で，「世界のすべてに君臨するドイツ」（世界に冠たるドイツ）を意味するとされる。

　この歌は，ワイマール革命後の1922年，ヒンデンブルク大統領による命令によって（大統領令），正式に国歌として認められた。社会民主党政権が軍隊や保守派の愛唱歌を国歌として支持したのは，革命の過激化を恐れて軍部と結託した結果だといわれている。

　1933年から1945年までのナチス独裁時代は，先に言及した1番の歌詞は，国家主義・拡張主義を鼓吹する手段として政治的に余すところなく利用された。

　第2次大戦後，連合国管理委員会は，この国歌をナチスのイデオロギーを支えたものとして禁止した。しかし，1952年，ホイス大統領はアデナウアー首

29

相の要請に応え，その返書において[16]，国家的な行事に際しては，3番の歌詞「祖国ドイツのための統一と権利と自由！」(Einigkeit und Recht und Freiheit für das deutsche Vaterland) を国歌として歌うことを承認し，かくして「ドイツの歌」の3番だけが国歌として復活した。

ドイツ再統一後の1991年，ワイツゼッカー大統領は改めて「ドイツの歌」の3番を国歌として確認し，依然として国歌をめぐる議論はあるものの，今日に至っている[17]。

2　現行の国歌法制

国旗の場合と異なり，国歌については，ドイツ基本法にも，法律上もなんらの定めもない。既述した通り，「ドイツの歌」の歌詞3番の国歌としての確認・指定は，大統領と首相との間の往復書簡においてなされた。それは，大統領令という法形式をとってはおらず，また連邦官報で告示されることもなかったので，いかなる意味においても法規性を欠く，とするのが憲法学の一般的な理解である[18]。

かくして国歌に係わる大統領の決定は，行政機関に対しては政治的な拘束力をもつが，一般国民に対する法的拘束力はない，と解釈されている[19]。

なお，集会において，あるいは文書の普及によって，連邦ないし州の旗・色・紋章・歌を公然と侮辱した者は，3年以下の自由刑ないしは罰金刑に処せられることになっている（刑法90a条）。

敷衍して記すと，これまでのところ，基本法22条の国旗条項ないしは国歌に関する大統領決定をめぐっては，法的争訟は1件もなく，したがって，この法域における判例は存在していないとされる。

第3節　学校教育における国旗・国歌の取扱い

学校教育において，国旗や国歌をどのように扱うべきかについて，ドイツの

---

(16)　Schreiben vom 2.5.1952. なお大統領と首相との間の往復書簡は，H. Lechner / K. Hülshoff, Parlament und Regierung, 1958, S.270ff に収載されている。

(17)　以上，参照：H. D. Kiemle, Ausdruck der Volksseele, In:〈Zeit 1990.Nr.1〉．雪山伸一「国歌への批判深まるドイツ」(「朝日新聞」1994年10月21日付け)。

(18)　さしあたり，R. Wassermann〈Hrsg.〉, Kommentar zum Grundgesetz für die Bundesrepublik Deutschland, Bd.1, 1989, S.1597.

(19)　T. Maunz / G. Dürig〈Hrsg.〉, a.a.O., Art.22, Rdnr.32.

第3節　学校教育における国旗・国歌の取扱い

現行学校法制はなんら語るところがない。国旗・国歌をめぐって学校現場でコンフリクトが起きることも殆どないようで，学校法学書や教育行政・学校経営書の類にも，これに関する記述はまったく見当たらない。そこで以下に，ドイツ人の友人や知り合いの学生たちから聞いた話とドイツ滞在中の学校訪問等による私自身の見聞から，その実際の一端を紹介しておこう。

①　ドイツでも，州や学校種によって一様ではないが，通常，入学式や卒業式は行われている。しかしその際，国旗を掲揚したり，国歌を斉唱することは先ずない。

②　大統領府や首相官邸など連邦政府の主要な建物には，平常の日でも，国旗が掲げられている。しかし学校では，国家的祝祭日でも，そのような光景は見られない。

③　社会科で学習するドイツ基本法のテキストに国歌が収載されているが，通常，授業で習うことはない。ただヘッセン州がその例であるが，州によっては，6学年から7学年にかけて，社会・音楽・国語の授業で国歌について教えているところもある。

④　かつて，ヘッセン州においては，キリスト教民主同盟政権によって「学校教育における国歌の義務化」が企図されたが，教員組合が強く反発し，実現しなかったという事実がある。

⑤　国旗・国歌ではないが，ベルリンのクルト・シューマッハ基礎学校の校長室には，ワイツゼッカー大統領（当時）の写真が掲げられていた。校長の話によれば，各学校はそうしなければならないとのことであった。

第4章　教育をうける権利〈学習権〉の法的構造

第1節　現代的人権としての教育をうける権利

1　教育をうける権利の憲法史

　日本国憲法 26 条 1 項は「すべて国民は，法律の定めるところにより，その能力に応じて，ひとしく教育を受ける権利を有する」と書いている。国民の「教育をうける権利」(right to receive education, Recht auf Bildung) の憲法上の保障である。ここにいう「教育をうける権利」はすぐれて現代的な人権である，ということを先ず押さえておきたい。

　教育をうけることが教会や篤志家などによるチャリティーではなく，国家・社会によって保障されるべき人間固有の権利だとする思想は，フランス革命期の諸憲法（草案）において既に表明されていた。たとえば，1793 年の「ジロンド憲法」は「初等教育は，すべての者の需要であり，社会は，すべてのその構成員に対し，平等にこれを引きうけるものである」（23 条）と謳っていたし──憲法委員会においてはとくに M.J. コンドルセが主導的役割を果したとされる[1]──また同じ年の「山嶽党憲法」も概ね同じような条項を擁していた（22 条）。

　教育をうける権利を，憲法上の基本的人権として，一国の憲法において世界で最初に明記したのは，ドイツ三月革命の所産として制定を見た 1848 年のプロイセン憲法である──わが国においては，学説上，ソビエト憲法（1936 年）が最初であるとの考証が通説化しているが，これは誤りである──。同憲法は「学問の自由」（17 条）および「教育の自由」（19 条）の保障にくわえて，高らかにこう宣明したのであった。

　「プロイセンの少年は十分な公の施設によって一般的な国民教育（allgemeine Volksbildung）を保障される」（18 条）。

　そして，これに対応して，同憲法は国および地方公共団体には公立学校の設置・維持義務（22 条）を，親・後見人には「子どもに一般的な国民教育をうけ

---

[1]　高木八尺・末延三次・宮沢俊義編『人権宣言集』岩波書店，1968 年，134 頁。

第4章　教育をうける権利〈学習権〉の法的構造

させる義務」(18条) をそれぞれ課し，こうして，子どもの「教育をうける権利」を中核にして公教育法制を構想していた。

しかし上記の「教育をうける権利」の保障条項は，1850年の改正プロイセン憲法では姿を消すこととなる。「少年の教育に対しては公立学校によって配慮されなければならない」(21条) と改定されたのである[2]。

「教育をうける権利」が一国の憲法上に再び復活を見るのは，それから実に88年後，1936年のソビエト憲法においてである。「ソ同盟の市民は教育をうける権利を有する」(121条) との条項がそれである。

<u>このような歴史的な流れを経て，第2次大戦後，教育をうける権利は世界各国の憲法で一般的に承認されるに至る。</u>フランス第4共和国憲法前文(1946年)やイタリア憲法34条3項 (1948年) などとともに，<u>日本国憲法もこうした憲法動向のなかで，この権利を保障したのであった。</u>

一方，教育をうける権利は，普遍的な人権として，国際法のレベルにおいても確認されているということが重要である。1948年の世界人権宣言は「すべての人は，教育への権利 (right to education) を有する。教育は，少なくとも初等ないし基礎的な段階においては，無償でなければならない」(26条1項) と書いているし，また児童権利宣言 (1959年) にも「児童は教育をうける権利を有する」(7条1項) とある。さらに子どもの権利条約 (1989年) も同旨の定めを置いているところである (28条1項)。

2　わが国の旧法制と「就学する権利・学習権」

ところで，上述したところと係わって，ここで以下の事実を指摘しておかなくてはならない。

よく知られているように，明治憲法下においては，学校教育を受けること (子ども) および子どもに学校教育を受けさせることは，納税の義務や兵役の義務と同じく，臣民の国家に対する公義務〈義務としての学校教育〉とされていたのであるが，しかし明治40年代以降，わが国においても<u>「就学する権利・学習権」〈国民の権利としての学校教育〉という捉え方が，実定法の解釈論として既に見られていた</u>ということである。

たとえば，大山幸太郎『日本教育行政法論』(目黒書店，1912年，714頁，722

---

(2)　以　上，L.Clausnitzer, Geschichte des Preußischen Unterrichtsgesetzes, 1891, S.162-S.166.

第1節　現代的人権としての教育をうける権利

頁）においては，就学は国民の義務であると同時に，子どもと親の権利でもあるとして，こう述べられている。

「尋常小学校ニ入学シテ其ノ教育ヲ受クルハ総テノ国民ノ義務ニシテ又権利ナリ。何人ト雖モ此ノ義務ヲ免ルルヲ得ザルト同時ニ，何人ト雖モ其ノ権利ヲ防グルヲ得ザルヲ原則トス」（下線・筆者，以下同じ）。

「児童ヲシテ尋常小学校ニ入学セシメ其ノ教育ヲ受ケシムルハ其ノ保護者ノ義務ニシテ同時ニ権利ナリ」。

また，織田萬『教育行政及行政法』（富山房，1916年，171頁）にも，「基礎教育ハ各人ガ個人及国民ノ一員トシテ生存スルニ欠クベカラザルノ教育ニシテ……貴賤貧富，才不才等ニ拘ラス何人モ平等ニ之ヲ受クルコトヲ得」，との記述が見えている。ここにおいては，学校教育が臣民の国家に対する義務ではなく，国民の権利として，さらに言えば，生存権的基本権として明確に位置づけられていると言ってよい。

さらに，こうした考え方は教育学や教育運動の側にあってはいっそうの進展・深化を見せており，そこにおいては，「教育をうける権利の保障としての公教育」，「生存権的・文化的基本権としての学習権」という思想が既にそうとう明確に展開されていたのであった。日本最初の教員組合である「日本教員組合啓明会」の指導者，下中弥三郎の所説にそれを代表させよう。大正9（1920）年に啓明会の機関誌『啓明』（2月号）に発表された「学習権の主張」という論文で，つぎのように提唱しているのである。

「教育を受くることは，社会成員の義務ではなくて権利である。国家は，均等に，国民教育を施設する義務がある」，「人類には，出生と共にその社会に"生活する権利"がある。学習権は人類の生活権の一部である」，「"文化"という社会的遺産の"分け前"に，公正に興かる権利を，ここに私は"学習権"と呼ぶのである」，「教育は必要である。教育は尊重せねばならぬ。しかし，その教育は決して人間を国家に従属せしむる為の方法ではない。人間の自由の為の，人類の真の発展の為の教育である」（下中弥三郎教育論集『萬人労働の教育』平凡社，1974年，170-171頁，178頁）。

しかし，このような「教育をうける権利・学習権」というすぐれて現代的な公教育概念は，当時の教育法制度や社会的実態とはかけ離れており，その法制化は日本国憲法・教育基本法の成立を迎えるまで待たなくてはならなかった。

第4章　教育をうける権利〈学習権〉の法的構造

第2節　教育をうける権利と学習権

1　社会権的基本権としての教育をうける権利

　上述したところからも窺えるように，教育をうける権利は，基本的人権の伝統的類型に従えば，第一義的には，生存権的・社会権的基本権に属していると言える[3]。現代においては，教育をうけることなしには人は人たるに値する文化的生活を営むことはできないし，それどころか労働によってその生存を維持することすら不可能だからである。

　別言すれば，教育をうける権利の第1次的な内容をなすのは「均等な教育機会を保障される権利」だということである。そこでこの権利に対応して，国家（地方自治体）は合理的な教育制度を敷き，学校を設置するなど，教育の諸条件の整備義務を負うことになる。

2　学習権としての教育をうける権利

　以上を踏まえたうえで，いうところの教育をうける権利は，より本質的には，すべての子どもの学習による人間的な成長発達・人格の自由な発展を保障する文化的次元の人権であり，経済的性格の強い一般の社会権とは著しくその性質を異にしている，ということが重要である。憲法26条1項が保障する教育をうける権利はいわゆる「学習権」の保障をその第一義的な内容としている[4]，と言い換えてもよい。

　敷衍して言えば，「子どもの生存権は……将来に亘っての人間的成長の権利であり，それは学習の権利を含む文化的視点を含んだ概念なのである。子どもにとっての生存権を，その将来に亘っての人間的成長・発達の権利を含んでとらえなおすとき，その発達の権利は，適切な学習の権利を含んで」おり，そしてこの「発達と学習の権利は，今日では教育を受ける権利として憲法上規定され」ている[5]，という把握である。

　こうした教育をうける権利の学習権としての法的構成は，今日，学説のみならず，判例によっても積極的に支持されるところとなっている。

---

(3)　F.Klein/F.Fabricius, Das Recht auf Bildung und seine Verwirklichung im Ballungsraum, 1969, S.166.
(4)　同旨・芦部信喜著・高橋和之補訂『憲法（第5版）』岩波書店，2011年，264頁
(5)　堀尾輝久『人権としての教育』岩波書店，1991年，66頁。

その先鞭をつけたのは，第二次教科書訴訟に関する東京地裁判決〈いわゆる「杉本判決」昭和45年7月17日・判例時報604号1頁〉であるが，最高裁判所も「学テ判決」（昭和51年5月21日）において，以下のように判示して，学習権説を採用している。

「この規定（憲法26条）の背後には，国民各自が，一個の人間として，また，一市民として，成長，発達し，自己の人格を完成，実現するために必要な学習をする固有の権利を有すること，特に，みずから学習することのできない子どもは，その学習要求を充足するための教育を自己に施すことを大人一般に対して要求する権利を有することの観念が存在していると考えられる。換言すれば，子どもの教育は，教育を施す者の支配的権能ではなく，何よりもまず，子どもの学習する権利に対応し，その充足をはかりうる立場にある者の責務に属するものとしてとらえているのである」[6]。

第3節　教育をうける権利の法的性質

1　複合的人権としての教育をうける権利

上述のように，教育をうける権利が本質的には学習による人間的な成長発達・人格の自由な発展を保障する権利だとすれば，それは当然に「幸福追求権」（憲法13条）の一環としての「教育の自由」を前提としていると解されることになる〈自由権としての教育をうける権利〉。「『幸福追求権』の保障は，人がその選ぶところに従って適切な教育をうけることができるという権利を当然措定しているものと解さなければならない」[7]からである。

この結果，国（地方自治体）が教育制度を整備し，学校教育を運用するに際しては，各人の「教育の自由」が充足されるように配慮が要請される。敷衍すると，教育をうける権利の保障効果として，「学校制度は，そこにおいて多様な能力や関心が展開できるように形成されることを求める国家に対する請求権」が導かれることになる[8]。ドイツの学校法学説にいわゆる「個性化を求める権利」（Recht auf Individualisierung）の保障である[9]。

---

(6)　青木宗也他編『戦後日本教育判例大系(1)』労働旬報社，1984年，344頁。
(7)　佐藤幸治『憲法（第三版）』青林書院，1995年，626頁。
(8)　N. Niehues, Schul-und Prüfungsrecht, 1983, S.146.
(9)　K.D.Heymann/E.Stein, Das Recht auf Bildung, in: Archiv des öffentlichen Rechts (1972), S.221.

ちなみに，この点，先に引いた最高裁「学テ判決」にも「教育内容に対する国家的介入についてはできるだけ抑制的であることが要請される」，とりわけ「子どもが自由かつ独立の人格として成長することを妨げるような国家的介入，例えば，誤った知識や一方的な観念を子どもに植えつけるような内容の教育を施すことを強制するようなことは，憲法26条，13条の規定上からも許されない」[10]とある。憲法26条は生存権的・社会権的基本権としての教育をうける権利の保障にくわえて，「教育の自由」の根拠規定たりうるとの解釈である。

　かくして，いうところの教育をうける権利は社会権と自由権の両側面をもつ，複合的性格の現代的人権であると理解されることになる[11]。

2　教育をうける権利の法的権利性

　ところで，このような「教育をうける権利」の法的性格について，従来，通説・判例は，憲法25条の生存権規定の場合と同様，憲法26条は綱領的宣言であり，国に立法を通じて国民の教育をうける権利を実現していくべき政治的義務を課しているにとどまる〈いわゆるプログラム規定説〉と説いてきた[12]。教育をうける権利は法的権利ではないという理解である。

　けれども，既述したように，この権利は一般の社会権的基本権とは区別され，個人の発達権・学習権を内実とする文化的色彩を濃厚に帯びた教育基本権なのであり，そこでこの本質とかかわって，法的権利として理解すべきものと解される[13]。

　そしてこの場合，たしかに「教育を受ける権利の内容は広範かつ多面的であるから，法的権利であるといっても，抽象的なものであることは否定し難い」[14]と一般的には言えるとしても，しかし，事柄や範域によっては，具体的な請求権や要求権をも予定している，憲法上の具体的権利だと見るのが妥当だと考える。特定の場合に，特定の事柄については，教育をうける権利の保障は単に抽象的権利たるに止まらず，具体的効力をもつ法的権利として裁判規範たりうるということである[15]。

---

(10)　青木宗也他・前出書345頁，346頁。
(11)　同旨：佐藤功『日本国憲法概説（全訂第四版）』学陽書房，1993年，288頁。
(12)　さしあたり，法学協会『註解日本国憲法（上巻）』有斐閣，1969，501頁。
(13)　同旨：佐藤幸治・前出書627頁。
(14)　佐藤幸治・同前。

たとえば，正当な理由もなく，生徒が授業や学校行事への参加を拒否された場合などが，その例である。生徒は教育をうける権利の基幹的な内容として，憲法上，「授業や学校行事に参加する権利」を有していると見るべきだからである。教育をうける権利の内容は，憲法自体によって保障されている中核部分と，立法政策上の裁量権を留保して，法律によってはじめて具体化される部分とから成っている，と言うことができる[16]。

ちなみに，ドイツにおいても，通説・判例によれば，教育をうける権利は通常，裁判規範たりえない抽象的権利と解されているが，しかし，たとえば，障害児の「家庭において教育をうける権利」(Anspruch auf Hausunterricht) については，これに具体的権利性を肯認した判例が見られている[17]。

なお，以上の脈絡において，教育をうける権利は学校教育法令の適用や解釈を実質的に規定する，という実際的な効果をもつことが重要である[18]。

第4節　学習権の主体と名宛人

1　学習権の主体

憲法26条1項は「すべて国民は，……ひとしく教育を受ける権利を有する」と書いて，教育をうける権利の主体を「すべての国民」としている。この文言と係わって，つぎの2点が重要である。

第一。改めて書くまでもないが，学習権は子どもだけが享受している，子どもに固有な権利ではない。まさしくすべての国民がひとしくこの権利を享有している。

かくして，国民の学習権，住民の学習権，障害者の学習権，労働者の学習権など権利主体ごとに学習権の諸相が語られうることになるが，しかし上記の憲法条項は，主要には，子どもに向けられているということである。この権利は，子どもにとっては（子ども時代にあっては），成人の場合とは比較にならないほどに，格別な重みと重要な意味をもつ権利だからである。学習権は，子どもにとっては「人権中の人権」と本質規定される所以である[19]。

---

(15)　同旨：戸波江二『憲法』ぎょうせい，1996年，262頁。
(16)　参照：奥平康弘「教育を受ける権利」芦部信喜編『憲法Ⅲ人権(2)』有斐閣，1987年，372頁。
(17)　フライブルク行政裁判所判決・1973年，SPE II A II, S.101.
(18)　J.Staupe, Schulrecht von A-Z, 1996, S.175.

第4章　教育をうける権利〈学習権〉の法的構造

そこで外国の憲法には，教育をうける権利の主体をあえて子ども・少年だけに限って明記している規定例も見られている —— たとえば，ドイツのノルトライン・ウェストファーレン州憲法5条1項「すべて子どもは（Jedes Kind），教育をうける権利を有する」——。

第2に，いわゆる国籍条項の問題がある。はたして，在日外国人（の子ども）はわが国にあっては憲法上，教育をうける権利を享有しえないのか。これについては，後に稿を改めて取り上げるので，ここでは立ち入らない。

2　子どもの学習権の名宛人

子どもの学習権は，憲法上の基本的人権として，他の諸々のそれと同じく，第一義的かつ直接的には，国家〈地方自治体を含む〉をその名宛人としている。

ただこの権利にあっては，法的により正確には，いわゆる「教育主権」（Schulhoheit）と直接的な対応関係に立っていると捉えられる。ここで「教育主権」とは，議会制民主主義の憲法秩序を基礎とし，直接には憲法前文〔国民主権の原則〕によって根拠づけられている，国家＝主権者たる国民総体に帰属する公教育制度の組織・編成・運用に関する一般的形成権・規律権のことをいう。

と同時に子どもの学習権は，子どもの教育について第1次的な権利を有し，責任を負っている始源的教育権者である親（子どもの権利条約18条1項）にも向けられている。子どもは肉体的・精神的未熟さのゆえに，親による保護と援助がなければ生命を維持することも，人間として成長・発達することもできない，という自然的所与に基づく。いわゆる親の教育権・教育責任は，子どもの生存権と人間としての成長・発達権ないし学習権を確保し，それを有意なものとするための自然法的な与件をなしている，と言い換えてもよい。

憲法26条2項が，同条1項による教育をうける権利の保障をうけて，「すべて国民は，……その保護する子女に普通教育を受けさせる義務を負ふ」と書いているのは，普通教育に引きつけて，この理を確認したものである。

ここで，いうところの親の教育権は「子どもの最善の利益」（子どもの権利条約3条）に向けられた，義務性を濃厚に帯びた権利であり〈義務に拘束された権利・Pflichtgebundenes　Recht〉[20]，その主たる実質は子どもの成長権・学

---

(19)　堀尾輝久『人権としての教育』岩波書店，1991年，68頁。

習権によって強く規定されている〈基本的人権であると同時に，基本的な義務としての親の教育権〉，ということを確認しておきたいと思う。

なお，親は民法上，「子の監護及び教育をする権利を有し，義務」を負っているが（民法820条），親の「子どもに教育をうけさせる義務」は，先の憲法条項により，国民としての憲法上の基本的義務に属している，ということになる。

第5節　学習権の法的内容

1　多義的な教育基本権としての学習権

既に言及したように，教育をうける権利・学習権は各人の人間としての生存と成長・発達さらには人格の自由な発展や人格的自律に係わる教育基本権（Bildungsgrundrecht）であり，しかも旧来の基本的人権の類型によっては把握できない，社会権としての性格と自由権としてのそれを併せもつ複合的人権として捉えられる。

くわえて，前述の通り，権利主体も各様であり，さらには対象となる教育・学習領域も学校教育だけに止まらずあらゆる生活領域を包摂するから，いうところの学習権の対象や内容はきわめて広範かつ多面的なものとなる。学習権は個別基本権ではあるが，包括的人権にも似て，基底的で多義的な教育基本権たることを本質的属性としている，ということである。

2　学習権の保護法益

学習権には上述のような特質が認められるのであるが，この権利による保護領域ないし法益は，ドイツの指導的な教育法学者I. リッヒターも書いているように[21]，大きく，以下のような四つの基幹的な権利領域に区分することができる。

①　ミニマムの保障を求める基本権（Minimumgrundrecht）

人が生存を維持し，かつ人間としての尊厳を確保して生きて行くために必須不可欠な知識や資質・能力を備えられるよう，これを求めることができる権利のことである。

---

(20) U. Fehnemann, Bemerkungen zum Elternrecht in der Schule, DÖV.1978, S.489.
(21) In: R. Wassermann〈Hrsg.〉, Kommentar zum Grundgesetz für die Bundesrepublik Deutschland, 1989, S.699ff.

第4章　教育をうける権利〈学習権〉の法的構造

② 発達権

各人の人間的な成長・発達や人格の自由な発展を保障し，人格的自律権へと連なる権利である。国・地方自治体の学校教育権との関係においては，学校教育（制度）はそこにおいて各人の多様な能力や関心が発展できるように形成され，運営されるように求めることができる権利を含んでいる[22]。

この権利はまた「信教の自由」，「思想・良心の自由」，「表現の自由」，「集会・結社の自由」といった一連の精神的自由権を，生徒に対して学校においても，ないし学校教育と係わってその保障を呼び起こすものである。

③ 教育へのアクセス権

教育の機会均等の原則によって法原理的に担保されているもので，すべての段階の，あらゆる教育機関へアクセスする権利と，そこにおいて各人に適合的な教育サービスをうける権利を保障するものである。

④ 公教育運営への参加権

生徒を学校による単なる「教育の客体」としてではなく，自律（自立）と自己責任に向けての「学習の主体」として措定し，その論理的帰結として，公教育運営へのいわゆる「生徒参加」を根拠づける手段的権利である[23]。民主的な法治国家における学校教育は〈自律的で成熟した責任ある市民への教育・自由で民主的な主権主体への教育・能動的な政治主体への教育〉，参加型モデルによって構築され運営されることを要請するのであり，公教育の組織法原理がこれに対応している。

このように，いうところの学習権はさまざまなアスペクトと広がりをもつ多義的な権利である。したがって，その内容を個別的かつ網羅的に列挙することは不可能であるが，以下にティピカルなそれを幾つか取り上げ，端的に概括しておくこととしよう。

3　教育の機会均等に関する請求権

歴史的にも，今日においても，教育をうける権利・学習権の第1次的な内容をなしてきているのは，「均等な教育機会を保障される権利」である。欧米における公教育制度の成立史が示しているとおり，歴史的には，教育をうける権利の対象法益はもっぱら教育機会の確保と均等保障にあったのであり，事実，

---

(22) E.Stein, Das Recht des Kindes auf Selbstentfaltung in der Schule, 1967, S.38.
(23) K.D. Heymann/ E.Stein, a.a.O., S.231.

これに対応して19世紀後半以降 ── 国によって違いはある ──, 義務教育制が採用され, 義務公教育の無償化が計られたのであった。

わが現行法制も,「すべて国民は, ひとしく, その能力に応じた教育を受ける機会を与えられなければならず, 人種, 信条, 性別, 社会的身分, 経済的地位又は門地によって, 教育上差別されない」(教育基本法4条)と書いて, この権利を確認的に法認している。

ただ, ここで上記法条にいう「ひとしく, その能力に応じた教育を受ける機会」という語句については若干コメントが必要である。

まず「その能力に応じた教育」とはその人に適合的な教育という意味である。憲法26条1項は「能力に応じて, ひとしく教育をうける権利」を保障しているが, これは, すべての子どもが能力発達のしかたに応じて, 可能なかぎり能力発達ができるような教育を保障される権利, と解すべきだからである[24]。

いやしくも, 能力がない者は教育をうける権利や機会を奪われてもよい, という意味に読むことは決して許されえない。

またここに「能力」とは「教育をうけるのに必要な能力」のことである。したがって, このような能力の存否を判定するために, 学校が入試による選抜を行うことは, 公立の義務教育学校を除いては憲法上許可される。他方, そのような能力とは無関係な事柄 ── たとえば, 資産・社会的身分・家庭事情など ── を理由に入学を拒否することは許されない, と解すべきことになる[25]。

4　中立な学校教育を要求する権利

現代公教育の基幹的な制度原理の一つとして,「教育の政治的・宗教的中立性」原理がある。公教育内容の基本の確定を含む, 公教育制度の組織・編成・運用に関する一般的規律権は教育主権作用に属しているが(既述), その発動に際しては「教育における価値多元主義」を踏まえ, 学校教育は政治的にも宗教的にも中立でなくてはならない, という原理である。より具体的に言えば, この原理によって,「国家は教育内容の形成に際して寛容たることの要請を考慮し, 社会に存在する様々な見解にオープンでなければならない。くわえて, 国家は学校においては, 教育の全体計画に対する親の権利と責任を尊重するこ

---

[24]　同旨：兼子仁『教育法』有斐閣, 1978年, 231頁。
[25]　宮沢俊義著・芦部信喜補訂『全訂日本国憲法』日本評論社, 1987年, 274頁。

第 4 章　教育をうける権利〈学習権〉の法的構造

とが求められる。寛容・控え目・客観性が，とりわけ世界観に敏感な教科や学習領域においては要求される」[26]ということである。

わが現行法制も以下のように書いて，「公教育の中立性」原理を明文上確認している。

「法律に定める学校は，特定の政党を支持し，又はこれに反対するための政治教育その他政治的活動をしてはならない」（教育基本法 14 条 2 項）。「国及び地方公共団体が設置する学校は，特定の宗教のための宗教教育その他宗教的活動をしてはならない」（同法 15 条 2 項）。

この公教育法制における中立性原理は，第 1 次的には，子どもの「中立な教育をうける権利」に対応している。憲法 26 条が保障する「教育をうける権利」は，「国に対して合理的な教育制度と施設を通じて適切な教育の場を提供することを要求する権利」であるが[27]，この権利は単に「教育機会の確保と均等保障」という教育の外的条件と係わるだけではなく，学校教育がその内容においても中立で，ミニマムな基準を充足するなど「適切な教育」であることを求めるものだからである。

と同時にこの「公教育の中立性」原理は，親の「宗教教育の自由」をはじめとする親の「教育の自由」とも強く対応している，ということが重要である。親の教育権とは，本来，「国家による影響から自由に，その子の教育を自己の固有の観念に従って形成する権利」だからである[28]。

こうして生徒は「中立な教育をうける権利」に基づいて，また親は子どもの権利の擁護者ないし代行者たる資格において，あるいは自らの始源的な権利として，中立な学校教育を求めることが可能となる。この生徒と親の権利は，別名，「イデオロギー的に寛容な学校を求める権利」と称しうるであろう[29]。

具体的には，たとえば，親（生徒）は教育課程行政の有りようについて，その中立性を求めて，この権利に依拠して発言したり，要求することが可能だと解される。

実際，すでに「南京大虐殺」に関する記述の当否をめぐって，中学歴史教科書の検定合格処分の無効確認を求める訴訟が親から提起されているし（1991

---

(26)　H.Heckel/H.Avenarius, Schulrechtskunde, 6Aufl.1986, S.358.
(27)　佐藤幸治・前出 626 頁。
(28)　H.Heckel/H.Avenarius, a.a.O., S.302.
(29)　G.Eiselt, Zur Sicherung des Rechts auf eine ideologisch tolerante Schule, DÖV, 1978, S.866.

第5節　学習権の法的内容

年・東京), アメリカにおいても, 親が教科書としての適合性を疑問視して, その使用中止を求めた判例が見られている（オハイオ事件・1974年）── この件で連邦最高裁判所は, 教科書として適格であるか否かは,「現代の社会的基準」(contemporary community standards) に照らして審査されなくてはならないとしたうえで, しかし親が当該教科書の内容・性格を事前に知っていたか, 学校における使用について同意した場合には, この限りではないと判示している[30]。

また個々の教員の教育活動に関しても, 生徒・親は「客観的で中立な教育」を権利として要求できるということが導かれる。いわゆる「偏向教育」の是正・インドクトリネーションの中止要求権である。

たしかに学校教員は現行法制上,「教育上の自由・教育権限」を享有している（学校教育法37条11項）。しかしそれは教員自身の利益のために保障された個人的自由・権利ではなく, あくまで「子どもの利益」に向けられた承役的な職務権限なのである ── 教員の教育権は子どもの「学習権」・「人間的な成長発達権」によってその内実を強く規定されるということである ──。この点, 大学教員が個人的自由権として, 憲法上,「学問の自由」（憲法23条）を保障されているのとは大きく異なっている。

この結果, たとえば教員が授業で論争題を扱う場合には, 専門的教育権の行使として, 教員は自己の見解を表明することは可能であるが ── もちろん子どもの年齢や成熟度による ──, しかし同時に子どもに対してこれに関するさまざまな見解を客観的に提示する義務を負っている, ということになる。

ちなみに, 1952年の連邦最高裁判所判決以来, 学校教員も「Academic Freedom」を享有しているとされてきているアメリカにおいても同様に解されており[31], またドイツ・ヘッセン州憲法は, 教員の教育活動における「宗教的中立性」に関して, 下記のように規定してこの原則を憲法上確認している。

「寛容があらゆる授業の原則でなければならない。教員はすべての教科で, すべての生徒の宗教的および世界観的な感情を尊重し, 宗教・世界観上の諸見解を客観的に提示しなくてはならない」（56条3項）。

---

(30)　D. Schimmel / L. Fischer, Parents, Schools, and the Law, 1987, p.139.
(31)　H.C. Hudgins, JR / R.S. Vacca, Law and Education, 1985, pp.206-208.

45

第4章　教育をうける権利〈学習権〉の法的構造

5　安全に教育をうける権利・危険な学校教育を拒否する権利

　教育をうける権利には，その内容として「安全に教育をうける権利」が包含されていると解される。くわえて，子どもは「生命・自由および幸福追求権」（憲法13条）の保護法益として，「生命・身体を害されない権利」を享有している。

　そこでこれに対応して，学校・教員は児童・生徒の安全保持義務を負っており —— 学校・教員の教育責任に内包されている義務でもある ——，また国・自治体の教育行政機関に課せされている教育諸条件の整備・確立義務（教育基本法16条2・3・4項）には，学校における安全体制の整備義務が含まれているということになる。

　一方，子どもの上記権利の代位者として，親も，教育行政機関や学校・教員に対し子どもの生命・身体・健康に配慮した「安全で健康な教育を求める権利」をもっているということになる。

　この点，子どもが「いじめ」で火傷をしたのは，学校がいじめ防止策をとらなかったのが原因だとし，親が「子どもに対する安全に教育をうけさせる権利」を侵害されたとして損害賠償を求めた裁判で，横浜地裁が「安全に教育をうけさせる親の権利は固有の権利とは認められない」と判示して，親の訴えを斥けたのは[32]，支持するわけにはいかない。

　ところで，この生徒の「安全に教育をうける権利」〈親の安全な教育を求める権利〉は，今日とみに社会問題化している「いじめ」・校内暴力・体罰（教員暴力）・教員による性暴力や虐待，学校事故などのネガティブな事柄に対して防御的に機能すると同時に，学校給食・体育の授業・学校行事などのあり方をも規制し，これらにおいて学校側に過失（安全保持義務違反）があった場合には，その責任を追及できる具体的な権利である。

　ちなみに，一連の「いじめ裁判」において，同じ趣旨から，学校・教員の安全保持義務違反＝過失が認定されてきていることは，ここで改めて書くまでもないであろう[33]。

　一方，この権利は反射的な法的効果として「危険な学校教育を拒否する権利」を呼び起こす，ということに留意を要する。したがって，「いじめ」その他の理由で，学校に行けば具体的な危険に遭遇することが容易に推定されるよ

---

(32)　「朝日新聞」1992年2月21日付け。
(33)　東京・中野富士見中学校事件に関する東京高裁判決・平成6年5月20日など。

うな場合には，子ども・親は権利として就学を拒否することができると解される。

実際，高知県の町立中学校で2年生の男子生徒がいじめを受けて全治2週間の怪我をし，学校側の対応に不信感をもった親が1ヵ月半も登校させていない，という事件が起きている[34]。

参考までに，アメリカの判例にも，「子どもの健康や福祉が脅かされている学校から，親はその子を退かせる（withdraw）権利を有する」との判決が見られている〈ペンシルベニア州最高裁判決・1972年〉[35]。

―――――――――――
[34]　「朝日新聞」1994年12月14日付け。
[35]　D.Schimmel / L. Fischer, op.cit., p.159.

第5章　日本国憲法と「教育の自由」

第1節　「教育の自由」法理の生成

「教育の自由」はすぐれて歴史的に形成されてきた教育法上の原理である。この法理は，元来，教育の私事性や市民的自由の保障確立という自由主義的要請に由来するもので，それは，アンシャン・レジーム時代のカトリック教会による教育独占との抗争を経て，フランス革命下，公教育制度の組織化過程で，教育の国家的独占原理と対立・拮抗するなかで生成したものである[1]。

「教育の自由」の法理を法制史上最初に明記したのは1793年のブキエ法1条＝「教育は自由である」(L'enseignement est libre) であるが[2]，それを国民の基本的人権として憲法上最初に保障したのは，1795年のフランス憲法300条である。そこには，こう書かれていた。「市民は科学，文学および美術の進歩に協力するために，私的教育施設および私的協会を設立する権利を有する」。

その後，この憲法上の教育法理は，19世紀における近代市民法の発展と相俟って，19世紀西欧諸国の憲法に継受され，近代憲法に普遍的な法原理として確立したのであった。

たとえば，「19世紀自由主義の典型的な産物」[3]，あるいは「欧州での50年にわたる憲法史の経験の果実として…最もリベラルのものの典型」[4]と評され，

---

[1] 中村睦男「フランスにおける教育の自由法理の形成（1）」『北大法学論集』23巻2号（1972年），239頁以下。野田良之「フランスにおける教育の自由」『教育』1971年12月号，7～9頁。

[2] E. Spranger, Die wissenschaftlichen Grundlagen der Schulverfassungslehre und Schulpolitik, 1963 (Neudruck), S.32.
　なおシュプランガーによれば，フランス革命期，「教育の自由」という概念については本質的に相異なる二様の理解が存在したとされる。一つは，コンドルセの立場で，「良心の自由」保障の帰結としての「公教育制度の全般的自律」という捉え方であり，他はミラボーが主張した「教育市場への委託による自由化論」である (E. Spranger, a.a.O. S.31-32)。
　ここでわれわれは，すでにフランス革命期において，今日のいわゆる新自由主義的な教育政策の思想的萌芽が見られることに，改めて注目したい。

[3] 清宮四郎解説・訳「ベルギー憲法」宮沢俊義編『世界憲法集』岩波書店，1967年，56頁。

第5章　日本国憲法と「教育の自由」

　その後，多くの国の憲法が範としたベルギー憲法（1831年制定）は[5]，市民の民主的自由保障の一環として，次のように高唱した。「教育は自由である。これに対するすべての抑圧措置は禁止される」（17条）。
　また，ベルギー憲法の影響を強くうけて生まれた1848年のオランダ憲法も，下記のように宣明して，「教育の自由」を憲法上の基本権として明示的に保障したのであった。「教育を与えることは，政府による監督を除き，自由なものとする」。
　さらにドイツ3月革命の所産であるプロイセン憲法（1848年）も ── 参考までに，明治憲法がモデルとしたプロイセン憲法は1850年の改定憲法である ── ，一国の憲法としては世界で初めて「教育をうける権利」を保障すると同時に（18条1項），「教育を行いまた教育施設を設置経営することは，各人の自由である」（19条）と明記したのであった[6]。

第2節　現代公教育法制と「教育の自由」

　20世紀各国憲法も社会国家原理，とくに生存権的・社会権的基本権たる「教育をうける権利」の保障と，第一義的には，この権利の保障を規範原理とする「公教育」法制を形成することによって，それまでの私的自治的な「教育の自由」に修正を施したとはいえ，この法理を基本的には承認した。
　くわえて，国連の経済的，社会的及び文化的権利に関する国際規約（1966年・13条2項）や子どもの権利条約（1989年・29条2項）などの国際法による確認と保障をもうけることとなり，こうして「教育の自由」は今日においても教育法上の最重要な基幹的法原理の一角をなしていると見られるのである。
　表現を代えると，今日の公教育法制は，先に触れたとおり，第一義的には「教育をうける権利」の保障を規範原理としてはいるが，基幹法理として「教育の自由」を包蔵し，それを踏まえて形成されているということである[7]。

---

(4)　武居一正解説・訳「ベルギー憲法」阿部・畑編『世界の憲法集（第2版）』有信堂，1998年，382頁。
(5)　ベルギー憲法をモデルとして19世紀に制定された憲法としては，たとえば，下記が挙げられる。1837年のスペイン憲法，1844年と1864年のギリシャ憲法，1848年のオーストリア，オランダ，プロイセン，ルクセンブルクの各国憲法，1866年のルーマニア憲法（武居一正，同前）。
(6)　L. Clausnitzer, Geschichte des Preußischen Unterrichtsgesetzes, 1891, S.162.
(7)　奥平康弘『憲法』弘文堂，1994年，もこう述べる。「公教育の発展は，少なくとも欧米

ちなみに，この点，ドイツのラインラント・プファルツ州憲法（1947年）がきわめて示唆的である。こう書いている（27条）。

「1項 ―― その子の教育について決定する親の自然権は，学校制度形成の基盤（Grundlage für die Gestaltung des Schulwesesns）をなす。

2項 ―― 国および地方自治体は，親意思を尊重して，秩序ある子どもの教育を保障する公の諸条件および諸制度を整備する権利を有し義務を負う」。

第3節 「教育の自由」の歴史的内容

ところで，いうところの「教育の自由」は歴史的にどのような法原理として形成されたのか。

上述したように，この憲法原理は国家ないし教会による「学校独占」(Schulmonopol) を排除する原理として生誕した。それは宗教的・政治的多元主義社会，別言すれば，市民の思想・信条の多元性の保障を前提として，「教育をする権利」を私人の自由権的基本権として保障したものであった。すなわち，近代市民法にいう「私的自治」の教育におけるそれである〈教育における私的自治〉。

具体的には，それは，①親の家庭教育の自由〈家庭教育権・宗教教育権〉，②親の学校〈教育の種類〉選択の自由，③私立学校・私的な教育施設の設置と経営の自由，④私立学校における教育の自由〈私学教育の自由〉，⑤公立学校における教育方法の自由，を内容としていた[8]。

ただこの場合，欧米においては伝統的に宗教的私立学校が私学の大半を占めてきたから，上記①と⑤を除けば，いうところの「教育の自由」の法的実態は多分に親の「宗教的」私立学校選択の自由と「宗教的」私立学校の設置・教育の自由に帰着していた。つまり，端的にいえば，「親の教育権・親の教育の自由」とそれに対応した「宗教的私学の自由」こそが「教育の自由」の第1次的な内容をなしていたのである。この歴史的事実は押さえておかなくてはならな

諸国では，教育の私事性を完全に払拭したわけではない。ベースには，親の教育の自由が厳然とある」（90頁）。

(8) I. リヒターによれば，「教育の自由」とは各人の「教育する自由」(Lehrfreiheit) と「学習する自由」(Lernfreiheit) に他ならない。彼の理解では，フランス憲法やベルギー憲法にいう「教育の自由」は「教育する権利」と「学習する権利」，それに私学の「教員を選択する権利」を保障したものである (I.Richter, Bildungsverfassungsrecht, 1973, S.77)。

第5章　日本国憲法と「教育の自由」

い。

　以下に，先に引いた規定例にプラスして，これについての代表的な憲法条項と判例上の顕著な証拠を示しておこう[9]。

〈1〉憲法条項

◎フィンランド憲法82条（1919年）――「私立学校…を設立し，そこにおいて教育を行うことはすべての市民の権利である」。「家庭教育は当局の監督に服さない」。

◎アイルランド憲法42条（1937年）――「国は，子どもの第一義的で自然的な教育者は家族であることを認識し，親の資力に応じて子どもの宗教的，道徳的，知的，身体的および社会的教育を行う親の不可譲の権利および義務を尊重することを保障する」（1項）

「親は，この教育を家庭，私立学校，または国が承認しもしくは設立した学校のいずれにおいても行うことを自由とする」（2項）

「国は，親に対し，その良心および法律上の選択権を侵して，その子どもを国が設立した学校または国が指定したいかなる形態の学校にも送るよう強制してはならない」（3項）

◎イタリア憲法33条（1947年）――「団体および私人は，国の負担を伴うことなしに，学校および教育施設を設ける権利を有する」（3項）

「法律は，国家の承認を求める私立学校の権利と義務について定めるにあたり，私立学校に対して完全な自由を保障しなければならず，また私立学校の生徒に対しては，国立学校の生徒が享受するのと等しい修学上の取り扱いを保障しなければならない」（4項）。

◎ドイツ基本法（1949年）――「子どもの監護および教育は親の自然的権利であり，かつ何よりもまず親に課せられた義務である」（6条2項）

「私立学校を設立する権利は保障される」（7条4項）。

◎デンマーク憲法76条（1953年）――国民学校の教育について一般的に設けられた基準に相応する教育を，その子がうけられるように自ら配慮する親…は，国民学校においてその子…に教育をうけさせる義務を負わない」。

◎ポルトガル憲法（1976年）――「学習の自由および教育の自由は保障される」

---

(9)　各国の憲法条項はS.Jenkner（Hrsg.），Das Recht auf Bildung und die Freiheit der Erziehung in Europäischen Verfassungen, 1994, に依った。

(43条1項)「国立学校に類似した私立学校の設立は，自由とする。ただし，国の監督を受けるものとする」(44条)。
◎スペイン憲法 27 条（1978 年）——「何人も教育への権利を有する。教育の自由は認められる」(1項)

「国は，親が子どもに親の信条と一致する宗教的道徳的人格を形成させる手助けとなる親の権利を保障する」(3項)

「法人および自然人は，憲法上の原則の尊重のもとに，教育機関を設立する自由が認められる」(6項)。

〈2〉 判例 —— アメリカ連邦最高裁判所判決
◎ネブラスカ事件（Meyer v. Nebraska, 1925）—— 英語による授業を私立宗派学校に強制した 1919 年のネブラスカ州法はアメリカ合衆国憲法修正第 14 条に違反するとして，私立宗派学校における教育の自由とこのような学校を選択する親の教育権を確認した[10]。
◎オレゴン事件（Pierce v. Society of Sisters, 1925）—— すべての学齢児童の公立学校就学を強制した 1922 年のオレゴン州法は，子どもを私立学校で教育する親の自由と私立学校の設置・教育の自由を侵害するもので，合衆国憲法修正第 14 条に違反するとした[11]。
◎ウィスコンシン事件（Wisconsin v. Yoder, 1972）—— ウィスコンシン州法は子どもを 16 歳まで就学させる義務を親に課していたが，宗教上の理由から，親が第 9 学年以上の就学義務を拒否したケースで，州は「親の教育の自由」を凌駕するほどの強力な利益を有さないとした[12]。

なお付言すれば，フランスにおいても，私立学校の行政権による閉鎖を認めた 1921 年デクレ第 5 条を無効としたコンセイユ・デタ（最高行政裁判所）の越権訴訟判決（1924 年）が見られている[13]。

---

(10)　E. C. Bolmeier, Landmark Supreme Court Decisions on Public School Issues, 1973, pp.11-18.
(11)　D. Fellman, The Supreme Court and Education, 1976, pp.3-5.
(12)　Data Research Inc., U.S. Supreme Court Education Cases, 1993, pp.84-85.
(13)　野田良之・前出 12 頁。

第5章 日本国憲法と「教育の自由」

第4節　憲法上の基本権としての「教育の自由」

　先に見たように，欧米諸国においては，「教育の自由」は国民の自由権的基本権として憲法上明記されるか，もしくは確たる判例法理となっているのであるが，日本国憲法には「教育の自由」を直接明文で謳った条項は見当たらない。しかし近代市民国家の憲法原理，より正確には「普遍基本法原理」[14]をふまえて制定されたわが憲法が〈前文「人類普遍の原理」・97条「人類の多年にわたる自由獲得の努力の成果」〉，これを保障していない筈はなかろう。

　これについてはまず，「教育の自由」の歴史的な沿革に注目する必要がある。上述したように，歴史的には，それは「思想・信条の自由」と深く結合した精神的自由権として生成・発展したもので，その実体は多分に「親の教育の自由」とこれに強く対応した「宗教的私学の自由」に他ならなかった。

　こうした歴史的経緯からすると，「教育の自由」は「思想および良心の自由」（19条），「信教の自由」（20条），「表現の自由」（21条）といった一連の精神的自由権の保障に含まれ，また憲法13条〈幸福追求権〉の保護法益に含まれている「親の教育権（教育の自由）」に根拠を有すると解してもよかろう。

　さらに，旭川学力テスト事件に関する最高裁判決〈昭和51年5月21日〉も判示ているように，「教育をうける権利」は本来，「教育の自由」を前提としているから，憲法26条に「教育の自由」の根拠を求めることもできよう[15]。敷衍すれば，教育をうける権利は「自由権としての性質と生存権的基本権としての性質の両面をもつ」ということである[16]。

　ただ，以上はあくまで憲法上に明文の根拠規定を求めた場合であって，「教育の自由」の第1次的な根拠とするにはやや間接に過ぎるとの批判も生じよう。先に垣間見たように，「教育の自由」は教育法制上，それ自体として積極的で重要な意義を有しているものだからである。

---

(14)　松下圭一『政治・行政の考え方』（岩波新書），1998年，17頁。
(15)　樋口陽一・佐藤幸治・中村睦男・浦部法穂『注釈日本国憲法（上巻）』青林書院，1991年，602頁。
　　　関連して，ドイツの国法学者 E. シュタインもこう述べている。「教育をうける権利は一般的な平等原則によってだけでなく，基本法が保障する自由権によって具体化される」（E. Stein/M.Roell, Handbuch des Schulrechts, 1992, S.182）。
(16)　永井憲一『教育法学』エイデル研究所，1993年，30頁。佐藤功『日本国憲法概説』学陽書房，1993年，288頁。

第4節　憲法上の基本権としての「教育の自由」

とすれば，その直接の根拠は「憲法的自由」に求めるのが最も妥当であろう。これは，憲法の自由権条項は「人類の自由獲得の努力の歴史的経験に即し，典型的なもの」を例示的に掲げているものであって，「列挙した自由以外のものはこれを保障しないという趣旨ではない」。これら以外の自由も「一般的な自由または幸福追求の権利の一部として広く憲法によって保障されている」とするものである[17]。「教育の自由」はこうした「憲法的自由」の一つとして，それ自体憲法による保障をうけている，と解される。

ちなみに，最高裁下記「学テ判決」において，憲法上の根拠条項を示すことなく，「親の教育の自由」とともに，「私学教育における自由も…一定の範囲においてこれを肯定するのが相当である」との判断を示している[18]。

なお，この点，西欧諸国においても，「教育の自由」はすべての国で憲法の構成要素をなしており，したがって，この自由を明記していない国においても当然に憲法上の保障を得ている，と解されている[19]。

---

[17]　高柳信一「憲法的自由と教科書検定」『法律時報』41巻10号，57頁。
[18]　青木宗也編『戦後日本教育判例大系』労働旬報社，1984年，345頁。
　　なお兼子仁『教育法』有斐閣，1978年も「私学設置や教科書作成などに関する国民の教育の自由は，全体としては明文条項のない憲法的自由に該当する」とする。
[19]　F. R. Jach, Schulverfassung und Bürgergesellschaft in Europa, 1999, S.91.

第6章　国家の教育権と国民の教育権
―― 教育権論争とは何だったのか

第1節　論争の始まりと展開

　よく知られているように，昭和30年代以降，わが国の教育界はいわゆる「55年体制」を背景として数々の深刻な教育紛争に見舞われた。それらは，基本的には，与党の教育政策を執行していこうとする文部省（教育委員会）と，これを阻止しようとした教職員組合との対立・抗争であったと捉えられるが，そこにおいて一貫して重要な争点をなしてきたのが「教育権」の問題であった。言葉を換えれば，一連の主要な教育紛争とそこから生じた教育裁判は，端的に言えば，教育権をめぐる争い＝教育権の争奪戦であったと言っても差し支えないであろう。

　その端緒をなしたのは，1958（昭和33）年を中心に各地で実施された教員に対する勤務評定をめぐる紛争であった。法制上，校長が学校管理職として位置づけられ，教員勤評の第1次評定者と定められたことにより，教員に対する校長の監督権との関係で，「教員の教育権」の法理が語られ始め，論議を呼ぶことになったのである。

　ただ勤評裁判においては，もっぱら教組役員を地方公務員法上のストライキあおり罪（61条4号）に問えるかどうかが焦点となり，「教育権」の問題は直接には裁判上の争点となるまでには至らなかった[1]。

　同じく1958年，新たに道徳教育の特設を含めた小・中学校の学習指導要領が，文部省告示という法形式で公示され，しかもそれは，文部省の見解によれば，教育課程の国家基準として法的拘束力をもつとされた。文部省・教育委員会は，その周知徹底をはかるために"道徳講習会・伝達講習会"なる教員研修を各地で開催したが，これに教員組合側が阻止運動をもって対したため，一団の講習会反対事件が発生した。

---

(1) 詳しくは参照：拙稿「勤評反対闘争事件」田中二郎・佐藤功・野村二郎編『戦後政治裁判史録 (3)』第一法規，1980年，41頁以下。

第6章 国家の教育権と国民の教育権

　この事件では，文部省告示たる学習指導要領に法規的効力があるのか，学校の教育課程編成権の主体は誰か，教員には（自主）研修権が保障されているのか，国家は学校で道徳教育を実施できるのか，その場合，親の教育権との関係は如何，といった問題が，いわゆる「教育権」と連なってシビアな法的争点となった。

　「教育権」の問題が正面から取り上げられ，それ自体として本格的な論戦の対象となったのは，「学力テスト事件」においてである。

　文部省は1961年から4年間，全国の国公私立の中学校とその2・3年生全員を義務づけて「全国中学校一斉学力調査」を強行した。文部省によれば，「学力調査」は教育課程に関する諸施策の資料を得るための「行政調査」（地教行法52条2項）とされたが，それは多分に「学力テスト」の実質を帯びていたところから，果たして文部省にそのような権限があるか，が大きな問題となった。

　具体的には，公教育内容の決定権はどこに帰属しているのか，教育基本法10条が謳う「教育の自主性と教育行政の条件整備性」の原理は，教育行政権の教育内容へのオフ・リミットを定めたものなのか，これらと連動して，教員には職務遂行上「教育権の独立」の法的保障があるのか，学習指導要領の法的拘束力の存否はどうか，等の問題が裁判上の争点の基軸に据えられ，これに関して行政解釈と教育運動・民主教育法学の側の見解が真向から激しく対立するという構図をとった[2]。

　1965年，東京教育大学・家永教授の提訴によって始まった「教科書裁判」は，それまで法律レベルで論じられてきた教育権問題を，憲法論レベルに引き上げたという意味で，教育権論争において一つの大きなエポックを画するものとなった[3]。原告・家永側は，現行の教科書検定制度は以下により違憲だとして，自著「新日本史」に対する検定不合格処分の取り消しを求めたのであった。

　すなわち，教科書内容の事前審査・思想審査である点で憲法21条2項が禁止する検閲に該当し，また教科書に盛り込まれている著者の学問研究の成果に介入するという点で「学問の自由」（憲法23条）の侵害に当たり，さらに国家が公教育内容を一方的に決定するという点で，子どもの学習権や国民・教員の

---

(2) 兼子仁・吉川基道『教育裁判』学陽書房，1980年，34頁以下。
(3) 教科書裁判の憲法訴訟的意義と課題については，参照：芦部信喜『人権と憲法訴訟』有斐閣，1994年，275頁以下。

「教育の自由」（憲法 26 条・23 条・教育基本法 10 条）を侵すものである。くわえて，憲法 31 条が定める適正手続保障にも違背している。

ここでは何と言っても，子どもの学習権や「国民（教員・教科書執筆者・親）の教育の自由」という「教育基本権」（Bildungsgrundrecht）保障の存否との法的緊張で，国家権力による公教育内容の決定の可否という憲法問題が基本的な争点をなしてきていることは(4)，改めて書くまでもないであろう。

第 2 節　何が争われたのか

上述したところからも窺えるように，「教育権」をめぐる争点は具体的にはきわめて多岐に亘っているが，この問題に対する理論的立場という観点から捉えると，それは端的には「国民の教育権説」と「国家の教育権説」との四つに組んだ一大論争であった，と特徴づけることができよう。敷衍して言えば，いうところの「教育権論争」は，これを一言でいえば，教育権は国民にあるのか，それとも国家に属しているのかというアプローチによる，これら両説の教育権の所在をめぐる理論闘争であったと概括できる。

ここに「国民の教育権説」とは，要するに，教育権は親と教員を中心とする国民の側にあり，公教育内容に対して国家が介入することは許されない，との立場をいう(5)。

これに対し，国家は国民の信託に基づいて適正な教育を施す国政上の責任と権能を有しており，これには当然に公教育内容に関する決定権も含まれる，とするのが「国家の教育権説」である(6)。

ところで，ここで重要なことは，「論争」にいわゆる「教育権」はもっぱら公教育内容の決定権を意味しているということである。かくして，「教育権論争」とは，詰まるところ，公教育内容の決定権は誰にあるのか，その帰属主体の如何を問う争いであった，と結論されることになる(7)。

---

(4) 芦部信喜著・高橋和之補訂『憲法（第 5 版）』岩波書店，2011 年，194 頁。
(5) 国民教育研究所編『国民と教師の教育権』明治図書，1968 年，175 頁以下。
(6) 西崎清久監修『教科書裁判にみる教育権論争』第一法規，1986 年，66 頁以下。
(7) 内野正幸「教育権の所在をめぐる判決の検討」芦部信喜編『教科書裁判と憲法学』学陽書房，1990 年所収，37 頁。

第6章　国家の教育権と国民の教育権

第3節　論争の一応の結着

　1976年5月21日，北海道永山中学学テ事件に関して最高裁判所の判断が示された。教育権問題を争点とする教育裁判において，最高裁が初めて下した判決である。

　判決は「文部省学テ」を適法とし，それを阻止しようとした被告人を全員有罪と結論したものであるが，いわゆる「教育権」に係わる判旨に関しては，国側はもとより，教育法学の通説によってもきわめて高い評価を受けることとなり，この意味において本判決は教育権論争に，その大筋において一応の結着をもたらしたと評されよう。判決は，いわゆる「国民の教育権説」と「国家の教育権説」のいずれも極端かつ一方的な説として斥け，重要な争点に関して，大要，以下のように判示したのであった[8]。

〈1〉教員の教育権について
① 「学問の自由」を保障した憲法23条により，教員は「教授の自由」を有し，公権力による介入を受けないで教育内容を決定できるとする見解は，採用できない。
② 普通教育の場においても，子どもの教育が教員と子どもの間の直接の人格的接触を通じ，その個性に応じて行わなければならないという本質的要請に照らし，教員には一定の範囲において「教授の自由」が保障されている。

〈2〉親の教育権・私学教育の自由について
① 子どもの教育の結果に利害と関心をもつ関係者が，それぞれ教育の内容および方法につき関心を抱き，それぞれの立場からその決定・実施に対する支配権ないしは発言権を主張するのは，極めて自然な成行きである。
② 親は子どもに対する自然的関係により，子どもの教育に対する一定の支配権，すなわち子女の教育の自由を有する。しかしこの親の教育の自由は主として家庭教育等学校外における教育や学校選択の自由にあらわれるものであり，私学教育における自由も限られた一定の範囲においてこれを肯

---
[8] 青木宗也他編『戦後日本教育判例体系』（第1巻）労働旬報社，1985年，340頁以下。

定するのが相当である。

〈3〉国家の公教育内容決定権について
① （教員の教授の自由，親の教育の自由および私学教育における自由がそれぞれ一定の範囲において妥当することを前提に），それ以外の領域においては，一般に社会公共的な問題について国民全体の意思を組織的に決定，実現すべき立場にある国は，国政の一部として広く適切な教育政策を樹立，実施すべく，また，しうる者として，憲法上は，子ども自身の利益の擁護のため，あるいは子どもの成長に対する社会公共の利益と関心にこたえるため，必要かつ相当と認められる範囲において，教育内容についてもこれを決定する権能を有する。
② 教育はほんらい人間の内面的価値に関する文化的営みとして党派的な政治的観念や利害によって支配されるべきではないから，教育内容に対する国家的介入についてはできるだけ抑制的であることが要請される。とりわけ子どもが自由かつ独立の人格として成長することを妨げるような国家的介入は憲法26条，13条の規定上からも許されない。

第4節　論争に欠けていたもの ── 残された課題

　先に触れたように，いわゆる「教育権論争」は基本的には「国民の教育権説」対「国家の教育権説」という二極構造で展開されただけに，理論的には大雑把でラフなところがあり，その後に少なからぬ課題を残したと言える。なかでも，以下の4点は，「教育権の法的構造」の解明という見地からは，殊更に重要だと考えられる。

〈1〉「教育権」概念の整理
　「国民の教育権」，「教員の教育権」，「国家の教育権」，「親の教育権」，「私学教育の自由」などのタームからも知られるように，ひとくちに「教育権」と言っても，その法的性質・種類・内容は様々である。法的性質としては，教育基本権，教育権限，教育権力（教育権能）の種別が認められ，その種類・内容においても基礎的権利，消極的権利，積極的権利，能動的権利に区別されうる。
　けれども「論争」においては，「教育権」という同一名称のもとにこれらの

第 6 章　国家の教育権と国民の教育権

異同関係が捨象され，概念の混交が見られている。それに「教育権」をもっぱら公教育内容の決定権に矮小化してしまっているのも，重大な欠陥の一つに数えられよう。

〈2〉「教育主権」概念が入用

　公教育制度の組織・編成・運用に関する一般的形成権ないし規律権は，司法，課税，警察等に関する権能と同じく，国家の主権作用に属していると解される。「教育主権」（Schulhoheit）と称せられるべき国家的権能である[9]。改めて書くまでもなく，日本国憲法は「国民主権の原則」に立脚しているから，ここにいう公教育制度に関する国家主権＝教育主権の主体は国民全体ということになる。つまり，教育主権とは「主権者たる国民が総体として有している公教育についての権能」のことに他ならない。

　この教育主権＝国民の教育権力は，現行の国民代表制・議会民主制下にあっては，憲法構造上，現実には「国権の最高機関」（憲法 41 条）である国会をはじめ，内閣，司法，その他の国家機関が，主権者である国民の信託に基づき，国民に代わって，これを分担し行使することになっている。こうして，統治機構は当然に公教育に関して権能を有し，義務を負っているのであるが，このことを目して「国家の教育権」と呼称するのであれば，これにはおそらく異論はないであろう[10]。

　かくして「国民の教育権」か，しからざれば，「国家の教育権」かという，二律背反的な概念設定はその根本において致命的な欠陥を包蔵していると言わなくてはならない。

〈3〉公教育内容の決定と国民主権の確保

　教育においても国民主権を確保するというのであれば，いうところの「教育主権」には当然に，学校制度の内的規律権＝基本的な公教育内容の決定権が含まれているということが帰結される筈である〈公教育内容の決定における国民主権の確保〉。

　とすれば，法的アプローチとしては，国家（地方自治体）＝統治機構が公教育内容に関してもある種の権能をもっていることを前提に，その範囲や態様・

---

(9)　H.Avenarins/H.Heckel, Schulrechtskune, 7 Aufl.2000, S.234ff.
(10)　奥平康弘「教育をうける権利」芦部信喜編『憲法Ⅲ　人権（2）』有斐閣，1987 年，420 頁。

強度の如何を，子どもの学習権や「思想・良心・信教の自由」などの各種の基本権，親の教育権・教育の自由，私学教育の自由，教員の教育権限や学校の教育上の自律性，さらには国民の学問の自由や表現の自由などの諸自由や権利との法的緊張・対抗関係において，それぞれの事柄や法域について，個別具体的に見定めていくことこそ肝要であると言えよう。「論争」における理論構成はあまりにも粗雑であるとの批判を免れえない。

〈4〉「親の教育権」の制度的現実化

「親の教育権」は親子という自然的血縁関係にもとづくオリジナルなもので，いわば「親族上の原権」ないし「人間の根元的権利」に属している。「始源的で前国家的な権利」・「親としての自明の権利」，つまりは「自然法的な権利」（natürliches Recht）だということである。わが国の実定法制も，親の教育権のこのような本質的属性を踏まえ，民法820条で確認的に規定しているが，それに止まらず，この権利は憲法によっても根元的基本権として厚く保護され，優越的な保障をえているばかりか ──「憲法的自由」ないし13条（幸福追求権）の保障内容として ──，自由・民主・人権保障を謳う憲法構造の基底に位置していると解される。

ところが「論争」においては，「国民による教育の負託」ないしは「親の教育権の委託」という概念操作を介して，「親の教育権」はいつの間にか国家的教育権能の正当性を根拠づけるための，あるいは教員の教育権を導出し補強するための理論的粉飾に成り下がっている，といっても過言ではない。<u>学校教育における親の教育権と教育責任の現実化のための法制度の構成が具体的に問われなくてはならない</u>筈であろう[11]。

---

(11) この問題については，拙著『学校教育における親の権利』海鳴社，1994年，に詳しい。

第7章　教員の「教育上の自由」は基本的人権か

第1節　教員の「教育上の自由」の法的属性

1　法的権利としての教員の「教育上の自由」

　学校教育法によれば，教員の職務は「児童の教育をつかさどる」ことにある（37条11項＝中学校・義務教育学校・高校・特別支援学校にも準用）。

　改めて書くまでもなく，教育は子どもの人間としての個性豊かな成長・発達を目ざす，高度に人格的で創造的な精神的営みであり，そこで，事の本質上，教員は子どもの資質・性格・発達の状態などを考慮し，各自それぞれに創意工夫しながら教育活動を展開することが要請される。

　その際，教員には教育活動の「合法性」を確保することは勿論であるが，その域を超えて，様々な教育上の可能性のなかから，何がもっともよく子どもの成長・発達に適うかの「合目的性」＝「子どもの最善の利益」（子どもの権利条約3条）を追求することが求められている(1)。

　つまり，「教育過程は個人的で状況関係的なものであり，それ故に，その核においては規範や命令による画一化にはなじまない」のであり，こうして，この「教育過程の自律性から教育内容と方法の決定に関する一定の自由が帰結されることになる」(2)。

　また教員は職務上，自らが自由で自律的に行為できる場合においてだけ，児童・生徒を民主的自由ないし「自律的で成熟した責任ある市民」（自律的人間型）に向けて教育することができると言えよう(3)──自らが不自由で，非民主的・従属的な関係に置かれた「管理された教員（verwaltete Lehrer）」にどうして「自律への教育」・「民主主義への教育」が期待できよう。1920年代，ドイ

---
(1)　J.Rux/N.Niehues, Schulrecht, 5Aufl., 2013, S.283.
(2)　H.U.Evers, Verwaltung und Schule, VVDStRL(1966), S.178.
(3)　同旨：H.Heckel, Schulrecht und Schulpolitik, 1967, S.195.
　　ちなみに，朝日新聞（2016年7月6日付け）は「『主権者教育』縛られた教室で」の見出しで，神奈川県の高校教諭の話としてこう報じている。「生徒から聞かれた。『先生はどう思う？』。教諭は思う。『先生は考えを言えないことになっています』とでも話せばよいのか。それで自分の意見を持てと指導できるのか」。

ツ教員組合が「教職の自由」（Freiheit des Lehrerberufs）を求め，「教員の解放なしには，子どもの解放はありえ得ない」をスローガンに教育運動を展開した所以である。

くわえて，「教育の仕事は専門職とみなされるべきである」（ユネスコ「教員の地位に関する勧告」6項・1966年）から，教員は職務遂行上，相対的にではあるが，「専門職的自律性」（professional autonomy）を享有することになる。

こうして教員にはその職務遂行に際して，自らの教育専門的判断と固有責任において行為し，決定できる職務事項・領域が認容されなくてはならない，ということが導かれる。教職に内在的な職務上の自律性と固有責任の承認である。

表現を代えると，教員がその教育責任を適切に果たすためには，教員に対して「教育上の自由」が法的に保障されなくてはならない，ということであり〈教育責任を遂行するための教員の教育上の自由〉，だとすれば，先に引いた学校教育法の教員の職務規定には，明記されてはいないが，この理が当然に包含されていると解するべきであろう。

実際，ドイツにおいては，1960年代後半以降，各州の学校法が「学校の教育自治」や「教員会議権」とともに，その基盤をなす「教員の教育上の自由（Pädagogische Freiheit des Lehrers）」を「教員としての特別な権利」として実定法上保障するところとなっており[4]，そして教員のこの自由は，学説・判例上，教員の公務員法上の地位を補充・修正する学校法原理だと解されるに至っている[5]。

ちなみに，この点について，たとえば，ヘッセン州学校法（2005年）は下記のように明記している（86条2項）。

「教員は，第1条から第3条が規定する原則および目的（教育をうける権利の

---

(4) ドイツにおける「学校の教育自治」や「教員の教育上の自由」法理の形成・法制化過程について，詳しくは参照：拙稿「西ドイツにおける学校自治の法的構造」季刊『教育法』28号，総合労働研究所，1978年，143頁以下。

(5) さしあたり，H.Avenarius/F.Hanschmann, Schulrecht, 9Aufl. 2019, S.666. I, Richter, Die gesetzliche Regelung des Lehrerstatus, In: RdJB(1979), S.254.
　なお，この法理の理論化および法制化過程においては，ドイツ学校法学の始祖・H.ヘッケルが決定的に重要な役割を果たした。ヘッケルは「Die Pädagogische Freiheit in der Sicht des Schulrechts」（1958年）を皮切りに，これに関する夥しい数のモノグラフィーを著し，そしてその成果がドイツ学校法制史上初めてヘッセン州学校法（1961年）において法制化を見たのであった。

保障と学校の教育責務およびこれらを実現するための原則について規定・筆者注) の範囲内において，その固有責任において教育を行う。<u>教員の教育活動のために必要とされる教育上の自由は，法規や会議決定によって不必要かつ不当に制限されてはならない</u>」(下線・筆者)。

そして，上記のような「教員の教育上の自由」の法的保障の効果として，同州においては，学校監督庁や校長による教員の教育活動に対する監督は法監督 —— 合法性を確保するための監督で合目的性の適否には及びえない —— だけに限定されるところとなっている[6]。

2 教員の「教育上の自由」は憲法上の基本権か

このように教員は職務法制上，教育上の自由（教育権）を享有していると解されるのであるが，有力は憲法・教育法学説および「学力テスト」事件に関する最高裁判決（1976年）によれば，教員のこの自由は憲法上に根拠をもつ基本的人権だと捉えられている。このような見解は，憲法上の根拠条項により，大きく，以下の4説に分かれている。

〈1〉憲法的自由説

この説は，日本国憲法の自由権条項は「人類の自由獲得の努力の歴史的経験に即し，典型的なもの」を例示的に掲げているのであって，「列挙した自由以外のものはこれを保障しないという趣旨ではない」。これら以外の自由は「一般的な自由または幸福追求の権利の一部として広く憲法によって保障されている」とするもので，かくして，「主権の実質的担い手になるべき次の世代を権力に干渉されずに国民的立場において教育する自由」たる「教育の自由」は，こうした「憲法的自由」の一つとして，憲法による保障を受けている，と解するものである[7]。

〈2〉憲法23条説＝学問・教授の自由説

教員の教育上の自由は憲法23条「学問・教授の自由」によって保障されている，と解する立場である。こう説かれる。

「教育においては真理教育が要請され，教育は学問的成果にもとづいて，…

---

[6] J.Rux, Die pädagogische Freiheit des Lehrers, 2002, S.143-S.153.
[7] 高柳信一「憲法的自由と教科書検定」『法律時報』（臨時増刊・1969年8月号）日本評論社，57頁。

および子どもの発達の法則性に即して行われなければならない」から,「教師は各教科の関連科学および教育学の学問的成果を身につけ,自らも関連科学と子どもの成長発達に関する研究者でなければならず,その研究成果にもとづく教育実践を行わなければならない」。

こうして,「普通教育段階においても,教師は職務遂行上,学問の自由＝教授の自由が保障されている」[8]。

また指導的な憲法学説によっても,「初等中等教育機関における教師の教育の自由を憲法の保障から排除する説は妥当ではない。また,学問の自由を伝統的な意味の『大学の自由』に限定しないで解する以上,教授の自由と教育の自由を概念上区別する見解も,必ずしも説得的とは思えない。教師の教育の自由を学問の自由に含まれるものと解する積極説…が妥当であろう」とされ[9],さらに先に触れた最高裁判決も,憲法23条の学問の自由には教授の自由が含まれるとしたうえで,下記のように判じている[10]。

「普通教育の場においても,例えば教師が公権力によって特定の意見のみを教授することを強制されないという意味において,また子どもの教育が教師と子どもの間の直接の人格的接触を通じ,その個性に応じて行われなければならないという本質的な要請に照らし,教授の具体的内容及び方法につきある程度自由な裁量が認められなければならないという意味においては,一定の範囲における教授の自由が保障される」。

〈3〉 憲法 26 条＝教育をうける権利説

憲法26条が保障する「教育をうける権利」の内容は広汎かつ多面的であり,この権利の前提には,「教育の自由があり,したがって,国が教育制度を確立し教育の場を提供するに当たっては,各人のそうした自由が最大限に充足されるように配慮することが要請される。

教育は人格的接触を通じて人の潜在的資質を引き出す創造的作用であるから,教育の実施にあたる教師の一定の『教育の自由』も,当然そのような配慮の中に含まれていなければならない」とする見解である[11]。

---

(8) 日本教職員組合編『教職員の権利全書』労働旬報社,1984年,25頁。
(9) 芦部信喜『憲法学Ⅲ 人権各論 (1)』有斐閣,1998年,218頁。
(10) 最高裁昭和51年5月21日判決,青木宗也他編『戦後日本教育判例大系 (1)』労働旬報社,1984年,344頁。
(11) 佐藤幸治『憲法 (第3版)』青林書院,1995年,627頁-628頁。同旨:種谷春洋「学

〈4〉憲法23条および26条説

この説は、「教師の教育権には複合性があるため、その保障の根拠もまたある程度複合的にならざるをえない」として、次のように述べている。

学校教師の教育の自由は「真理教育という意味での『学問の自由』との結びつきがあるが、……より広く、文化をになう国民としての文化的教育の自由や、子どもの成長発達を見定めていく専門的教育の自由を意味するものと考えられるのである。そしてとくに、個人および集団としての学校教師の専門的教育の自由は、子どもの教育をうける権利保障（憲法26条）の一環をなすという意味で現代的な教育人権性を有していると解される」[12]。

3 「義務に拘束された自由」としての教員の「教育上の自由」

上述のように、わが国においては、学説・判例上、教員の「教育上の自由」（教育権）は憲法上に根拠をもつ教員の基本的人権だとする見解が有力なのであるが、しかし、このような見解は、その憲法上の根拠条項の如何に拘わらず、いずれも妥当とは言えない。それは、主要には、次のような理由による。

①いうところの教員の「教育上の自由」は、以下に述べる通り、「自由」とは言っても、親の教育権の義務性にも似て〈義務性を強く帯びた権利としての親の教育権〉[13]、義務性を濃厚に帯びた「義務に拘束された自由（pflichtgebundene Freiheit）」たることをその本質的な属性としている[14]ということが重要である。

改めて書くまでもなく、大学教員は基本的人権として、つまり憲法上の個人的自由権として、「学問・教授の自由」（憲法23条）を享受しているが、普通教育学校の教員の「教育上の自由」はいかなる意味においても、このような個人的自由権―「国家が個人の領域に対して権力的に介入することを排除して、個人の自由な意思決定と活動とを保障する人権」[15]ではありえない。それは、教員自身のために保障された「自利をはかる権利」（eigennütziges Recht）では

　問の自由」芦部信喜編『憲法Ⅱ 人権（1）』有斐閣、1984年、392頁。
(12)　兼子仁『教育法』有斐閣、1978年、272頁-273頁。同旨：永井憲一『主権者教育の理論』三省堂、1991年、207頁。
(13)　U.Fehnemann, Bemerkungen zum Elternrecht in der Schule, In: DÖV(1978), S.489.　この点、J.ミュンダーが親の教育権の本質的属性を「義務権」（Pflichtrecht）と把捉しているのが特徴的である（J.Münder, Familien-und Jugendrecht, 1980, S.89.）。
(14)　H.Avenarius/F.Hanschmann, a.a.O., S.666.
(15)　芦部信喜著・高橋和之補訂『憲法（第5版）』岩波書店、2011年、83頁。

なく，教員がその職務を責任をもって遂行し，学校がその教育責務を履行できるように，学校・教員職務法制上の要請にもとづいて保障されているものである〈「他者の利益をはかる承役的権利」(fremdnütziges, dienendes Recht)〉[16]。

つまり，教員のこの自由は教員の個人的自由ではなく，「学校目的および子どもの利益に向けられた自由 (auf den Schulzweck und auf das Interesse des Kindes bezogene Freiheit)」だということである[17]。

敷衍すると，いうところの教員の「教育上の自由」は，教員によって支援・促進されるべき児童・生徒の学習権・人格の自由な発達権ならびに適切な学校教育を提供するという国（自治体）の教育責務に対応する自由であり，したがって，その法的実質は児童・生徒の学習権・人格の自由な発達権によって強く規定されるとともに，教育主権＝国民総体の教育権能によっても相当の規律を受けることになる（後述），ということである[18]。

②公教育制度の計画・組織・編成・運用に関する一般的形成権ないし規律権は，司法，課税，警察等に関する権能と同じく，国家の主権作用＝教育主権に属しているのであるが[19]，学校教育の目的や内容・方法などのいわゆる「内的事項」もまた，教育主権＝国民総体の教育権能＝国家的教育権能の規律対象に含まれている。国民の「教育をうける権利」（憲法26条1項）に対応して公教育体制を維持し，そこにおける教育内容の水準を維持し，さらには国民教育としてナショナルなレベルで一定の共通性をもたせようとする限り，国家・統治機構が教育内容に関しても一定範囲・程度の権能や責務をもつに至ることは当然だからである[20]。

---

(16) この点に関する同旨の憲法学説として，以下のような見解も見られている。
　「子どもや親の立場からみると，教師は権力そのものであって，決して自由権の担い手たりえない存在なのである」。「教師が不当な権力的干渉を受けずに教育を行えるような保障…は絶対に必要なことである」。「ただしそれは，……教師の自由な創意・工夫なしに真の教育は成り立ちえない」し，したがって，「子どもの教育を受ける権利も満たされえないからである」（浦部法穂『憲法学教室』日本評論社，2004年，192頁）。

(17) H.U.Evers, a.a.O., S.181.

(18) 同旨：F.Hennecke, Versuch einer juristischen Begrundung von pädagogischer Freiheit, In: RdJB (1986), S.240. G.Eiselt, Schulaufsicht im Rechtsstaat, In: DÖV (1981), S.821ff.

(19) H.Avenarius/F.Hanschmann, a.a.O., S.186.

(20) 同旨：E.W.Bökenförde, Elternrecht-Recht des Kindes-Recht des Staates, In: Essener Gespräche zum Thema Staat und Kirche.Bd 14, 1980, S.84. この問題について詳しくは参照：拙著『生徒の法的地位』教育開発研究所，2007年，62頁以下。

第1節　教員の「教育上の自由」の法的属性

　こうして，教員の「教育上の自由」も教育主権による規律を受けることとなり，くわえて，現代公教育の基幹的な制度原理の一つとして，「教育の政治的中立性」の原理も存している。

　ちなみに，この点，先に言及したように，「学力テスト」事件に関する最高裁判決は普通教育学校の教員にも，憲法23条にもとづいて，「一定の範囲における教授の自由が保障」されていると判じているのであるが，しかし，この判決は，〈a〉児童・生徒には教授内容を批判する能力がなく，教師が強い影響力・支配力をもつこと，〈b〉子どもの側に学校や教師を選択する余地が乏しく，教育の機会均等をはかるうえからも全国的に一定の水準を確保する要請が強いこと，などを挙げ，「教師に完全な教授の自由を認めることは，とうてい許されない」とし，教育内容に対する国の「必要かつ相当と認められる範囲」の規律権を容認している点で，この限りにおいては，上述したところと基本的には同じ理論的立場に立っていると捉えられる。

　なお上述した点について，比較学校法学の観点ら若干補強しておくと，ドイツにおいても1960年代から1980年代初頭にかけて，教員の「教育上の自由」の根拠をドイツ基本法が保障する「教授の自由（Lehrfreiheit）」（5条3項）に求める学説が強力に唱導された[21]。しかし憲法学の支配的見解は「教授の自由」にいう「教授」とは自己の研究によって得られた成果を伝達することと狭義に解し，この条項はもっぱら大学教員を対象とする学術・研究条項であるとして，学校教員への適用を排除してきている[22]。

　また教員の「教育上の自由」を子どもの「自己の人格を自由に発達させる権利」（基本法2条1項）から導出する見解も存したが[23]，学界において支持を獲得するには至らず，こうして学校法学の権威・H. アベナリウスによれば，「このような従前の試みは頓挫したと言わなければならない」と論断されるに至っている[24]。

---

(21)　I.Staff, Schulaufsicht und pädagogische Freiheit des Lehrers, In: DÖV (1969), S.30ff. W.Perschel Die Lehrfreiheit des Lehrers, In: DÖV (1970), S.34ff. A.Laaser, Wissenschaftliche Lehrfreiheit in der Schule, 1981, S.29ff など。

(22)　T.Maunz/G.Dürig (Hrsg.), Grundgesetz-Kommentar, 2011, Art.5Abs.3, Rn.212. H. Dreier (Hrsg.), Grundgesetz-Kommentar, 2004, Art.5 Abs.3, Rdnr.30. M.Sachs (Hrsg.), Grundgesetz-Kommentar, 2007, Art.5 Rn.212. I.v.Münch/P.Kunig, Grundgesetz-Kommentar, 2012, Art.5 Rn.103. など。

(23)　E. Stein, Das Recht des Kindes auf Selbstentfaltung in der Schule, 1967, S.8. S.57-S.61.

第7章 教員の「教育上の自由」は基本的人権か

　また1952年の連邦最高裁判所判決（Adler v. Board of Education, 342 U.S. 485,〈1952〉）以来、学校教員も合衆国憲法修正第1条＝（信教・言論・報道・出版の自由・集会の権利の保障）および第14条＝（明文上の根拠を欠く憲法の権利を保護するデュー・プロセス条項）により、「学問の自由」（academic freedom）を享有しているとされてきているアメリカにおいても[25]、教員のこの自由は生徒の成熟度・判断能力ならびに学校の機能・規律の維持要請によって制約をうけると捉えられているところである[26]。ちなみに、通説的な教員法制書にも次のような記述が見えている[27]。

　「連邦最高裁判所はこれまで数多くのケースで、学問の自由―教える権利、評価する権利、新しいアイディアを試す権利―は民主主義社会にとって基本的なものであることを強調してきている。しかし一方で、他の憲法上の権利と同様、学問の自由は絶対的なものではなく、競合する諸利益との均衡が計られなければならない。教員は学校の規律を実質的かつ本質的（materially and substantially）に妨げるのでなければ、修正第1条が保障する権利を制限されることはない」。

4　学校法制上の職務権限としての教員の「教育上の自由」

　学校教育法37条11項が定める教員の職務は、国・地方自治体・学校法人等に負託された教育主権＝国民総体の教育権能の行使ないし親の教育権が、さらにその組織体内部で教員に授権されたことに基づいている。

　つまり、一般に教員の教育権と称されているものの法的性質は、第1次的には、学校教育の権利主体たる設置者法人の内部において配分された職務権限、

---

(24)　H.Avenarius/H.P.Füssel, Schulrecht, 8Aufl.2010, S.664.
　　　同旨：F.Ossenbühl, Die pädagogische Freiheit und die Schulaufsicht, In: DVBl（1982）, S.1160. I, Richter, a.a.O., S.251. C.Starck, Staatliche Schulhoheit, Pädagogische Freiheit und Elternrecht, In: DÖV（1979）, S.273.
(25)　1952年の連邦最高裁判所判決で、ダグラス判事はこう説いている（H.C.Hudgins/R.S. Vacca, Law and Fducstion, 1985, pp.206-207）。「われわれの憲法体系においては、州は職員の思想や表現の自由を否認することによって、彼らを2級市民（second-class citizens）に貶める権能をもってはいない。憲法は社会のすべての人に思想・表現の自由を保障している。すべての人がこの権利を享有する資格をもっている。他ならぬ教員はまさしくこの権利を有している」。
(26)　M.Imber/T.V.Geel, Education Law.2000, pp.312-315. R.D.Gatti/D.J.Gatti, Encyclopedic Dictionary of School Law, 1975, pp.16-17.
(27)　L.Fischer/D.Schimmel/C.Kelly, Teachers and Law, 1987, p.120.

すなわち，公立学校教員について言えば，それは地方公務員たる教員が地方自治体の内部機関として容認された教育権限に他ならない(28)。
　表現を代えると，「教師は，親の直接的な信託（私立学校の場合）もしくは間接的な信託（国・公立学校の場合），および国民一般の抽象的な信託に基づいて存在するところの学校設置者の agent（機関）として，子どもたちと接する。教師の'教育権'は，こうした制度的な制約のもとにおいてのみ成立するものであるから，権利というよりは，権限である」ということである(29)。
　ちなみに，ここで「権限」とは，国・地方自治体・各種法人または個人の機関が，法律上もしくは契約上，それぞれその与えられた職務の範囲内において，することのできる行為（処分の能力）またはその行為（処分の能力）の範囲・限界をいう(30)。
　既述したように，たしかに教員には職務遂行上，自らの判断と責任において決定できる事項・範囲が認容されているが，しかしそれは，第1次的には，あくまでこのような「権限」としてである。いうところの教員の「教育上の自由」は学校教育法令の範囲内において許容されているものであり，さらに事柄によっては，教育委員会の学校管理権や校長の校務掌理権のコントロール下に置かれることになる。「教員の教育上の自由は，主体的公権として，『職務命令からの自由』（fachliche Weisungsfreiheit）を帰結し，したがって，学校監督庁の行政規則・訓令や校長の職務命令はこれに対して法的拘束力をもたず，教員のこの権利を制限する場合には法律の法形式を必要とする」(31)という性質のものではない。
　この点，既述したように，教員の「教育上の自由」をすべての州において実定法上の権利として明示的に保障しているドイツにおいても，教員のこの自由は学校法その他の法規はもとより，規律事項によっては，学習の枠組規程（学習指導要領・Rahmenrichtlinie）によっても拘束される，とするのが学校法学の通説および判例である(32)。
　参考までに，これに関する判例を一つ引くと，たとえば，シュレスヴィヒ・

---

(28)　同旨：市川昭午『教育行政の理論と構造』教育開発研究所，1975年，215頁以下。
(29)　奥平康弘「教育を受ける権利」芦部信喜編『憲法Ⅲ　人権（2）』有斐閣，1987年所収，417頁。
(30)　味村治他共編『法令用語辞典』学陽書房，2003年，586頁。
(31)　M.Stock, Pädagogische Freiheit und politischer Auftrag der Schule, 1971, S.272-273.
(32)　さしあたり，J.Staupe, Schulrecht von A-Z, 2001, S.172.

第7章　教員の「教育上の自由」は基本的人権か

ホルシュタイン州高等行政裁判所判決（1991年）は，教員の「教育上の自由」と学習指導要領の拘束力との関係について，下記のように述べている[33]。

「立法者によって強調されている，教員の自らの授業に対する教育上の責任は，教員を学習指導要領の規律から解除するものではない」。

なお，いうところの教員の「教育上の自由」を「親の教育権」と対比すると，親の教育権が親子という自然的血縁関係にもとづくオリジナルなもので，いわば「親族上の原権」・「憲法上の自然権的基本権」・「子どもの教育についての包括的・全体的な教育基本権」であるのに対し〈「始源的教育権（Das primäre Erziehungsrecht）としての親の教育権」〉[34]，学校教員のそれは教育公務員として配分された副次的・部分的・機能的・技術的な教育権限である〈「副次的教育権（Das subsidiäre Erziehungsrecht）」〉，という点で，その法的性質・権利としての強度と重み・妥当範囲において決定的な差異がある。この違いは学校法制上，格別に重要であるが，わが国においてはこのことは全くといってよいほど認識されていないのが現状である。

5　主権者教育における教員の「政治的意見表明の自由」の可能と限界

上述のように，教員は「教育者としての特別な権利」として，学校法制上，教員の「教育上の自由」を享有していると解されるのであるが――ただし，文部科学省筋は教員のこのような権利の存在を認めてはいない〈教育委員会・校長など職務上の上司の命令に委ねられた教員の職務権限の範囲と強度〉[35]――，一方でその職務遂行に際して政治的中立性を要求されている。果たして，教員は主権者教育において政治的な事柄を取り扱う場合，その有する「教育上の自由」に依拠して，たとえば，沖縄県の基地問題や日韓の歴史認識問題など，現下の争論的な政治テーマを取り上げたり，また，これに関して自己の政治的見解を表明することができるのか。可能な場合，それはどのような態様においてなら認容されるのか。またこの場合，教育の政治的中立性の原理，学校の役

---

(33)　OVG Sch-H, Beschl. v.30. 4.1991, In: SPE（Dritte Folge・2007），480-5.
(34)　「親の教育権」について，詳しくは参照：拙著『学校教育における親の権利』海鳴社，1994年。
(35)　たとえば，木田宏『教育行政法』良書普及会，1983年，217頁は，こう述べている。「教諭の職務は，特定の学級の担任を命ぜられ，特定の教科の授業を担当し，……具体的な公務分掌を担当する等上司の命令によって具体的に定まるものである」。

第1節　教員の「教育上の自由」の法的属性

割・主権者教育の目的，生徒の学習権・人格の自由な発達権との関係はどうなるのか。

この問題は，わが国においては，既述した通り，1950年代前半の文部省による日教組へのいわゆる「偏向教育」批判以降，長年に亘って深刻な論議を呼んできているが，この問題について，文部科学省の通知「高等学校等における政治的教養の教育と高等学校等の生徒による政治的活動等について」(2015年) は下記のように述べている[36]。

「(政治的教養の教育の) 指導に当たっては，教員は個人的な主義主張を述べることは避け，公正かつ中立な立場で生徒を指導すること」。「指導に当たっては，学校が政治的中立性を確保しつつ，現実の具体的な政治的事象も取り扱い，生徒が有権者として自らの判断で権利を行使することができるよう…指導すること」。「学校における政治的事象の指導においては，一つの結論を出すよりも結論に至るまでの冷静で理性的な議論の過程が重要であることを理解させること」。

つまり，文部科学省の見解によれば，教員が主権者教育で現実の具体的な政治的事象を取り扱うことは差し支えないが，しかしその際，教員が個人的な見解を述べることは許されないとされる。

また文部科学省内・教育法令研究会編「教育法令コンメンタール」は教育基本法14条2項の解説でこの問題に触れ，次のように述べている[37]。

「教員が政治的教養に関する教育を行う場合，党派的な主張や政策に触れることはあり得ることであり，各政党の政策等を評価，批判することが直ちに本項に抵触するものではないが，その場合には，…教員の個人的な主義主張を避けて公正な態度で指導」しなければならない。

ここでは，より具体的に教員が主権者教育において各政党の党派的な主張や政策に触れ，それについて評価・批判することは可能であるが，ただその場合，上記通知と同様，教員が個人的な見解を表明することは許されないとされている。

さらに現行法制上，学校においては教科用図書以外に補助教材を使用することができるとされており（学校教育法34条4項），したがって，教員は主権者

---

[36]　文部科学省初等中等教育局長通知，各都道府県教育委員会等宛て，「高等学校等における政治的教養の教育と高等学校等の生徒による政治的活動等について」（平成27年10月29日。）
[37]　文部科学省内・教育法令研究会編『教育法令コンメンタール (1)』第一法規，1506頁。

教育で時事的な事柄を取り扱う場合，たとえば，新聞などを補助教材として使用できるのであるが，ただその場合，学校は補助教材の使用について，教育委員会への届出とその承認を受ける義務を課されるところとなっている（地方教育行政法33条2項）。くわえて，2015年の文科省通知「学校における補助教材の適切な取扱いについて」は[38]，教育委員会に対して「必要に応じて補助教材の内容を確認するなど，各学校において補助教材が不適切に使用されないよう管理を行うこと」を義務づけている。

　以上から知られるように，主権者教育に係わる現行法制とこれに関する文科省の公権解釈によれば，教育行政機関は主権者教育の内容や方法についてもかなり強度の規律権・介入権を有しており，こうして，この面で教員の「教育上の自由」ないし「政治的意見表明の自由」が機能する余地は著しく狭くなっている。

　しかし，このような文科省の解釈とそれの基づく教育行政運用は，果たして，教育基本法14条の本旨に適っていると言えるのか。

　もとより，教員が主権者教育において，自己の政治的信念や党派的見解だけを生徒に対して一方的に述べることは，教育基本法14条2項が禁止する党派的政治教育＝インドクトリネーションに該当し，許されない。しかし，教員が憲法の理念や基本的価値，教育における価値多元主義，教育の中立性原理などを踏まえ，生徒の学習権・人格の自由な発達権にも配慮して，主権者教育でリアルな政治的テーマを取り上げ，これについて自己の見解を表明することは，むしろ教育上有益であり，教育基本法14条の趣旨に適うと言えよう。それを通して，生徒は現実の政治問題について知識を獲得し，自らの批判的な判断力を形成し，自分自身の政治的見解や立場がもてるような契機になるからである〈主権者としての政治の成熟への教育〉。

　敷衍すると，教員が政治教育で「論争的な問題を積極的に取り上げ，生徒が対立する見解について自分たちで情報を集め，分析・整理して，議論し，価値判断し，意見表明していくという政治参加のための『技能』を培っていく教育」を進めることは〈積極的市民への教育〉，まさに教育基本法14条が要請するところであり，このような「市民の存在を前提として初めて，国民主権・民主主義の統治が機能しうる」からである[39]。

---

(38)　文部科学省初等中等教育局長通知，各都道府県教育委員会等宛て，「学校における補助教材の適切な取扱いについて」（平成27年3月4日）。
(39)　竹内俊子「『政治教育』と主権者教育」『修道法学』（第39巻2号），2017年，565頁

第1節　教員の「教育上の自由」の法的属性

　政治教育における教員の「政治的意見表明の自由」は，上述した教員の「教育上の自由」の保護法益であるだけでなく，教育基本法14条にも根拠をもつ優れて教育法的な権限である，ということが重要である。
　なお，この点，下記のような学校法制度を擁しているドイツとは際立った違いが見られている。すなわち，ドイツにおいては，
　①　1976年以来，政治教育の基本原則として，「ボイテルスバッハの合意」（Beutelsbacher Konsens）が存しており，〈a〉教員は自らの見解によって生徒を圧倒し，それによって生徒の自律的な判断の獲得を妨げてはならない〈政治教育における教化の禁止〉，〈b〉学問と政治において議論のあることは，授業においても議論のあるものとして扱わなくてはならない〈政治的な論争問題は授業においてもそのようなものとして扱うこと〉，〈c〉生徒は政治状況と自分の利害関係を分析し，自分の利害に基づいて，自らが当面の政治状況に影響を与えることが可能な状況に置かれなくてはならない〈政治教育の目的は生徒に自律的な政治的判断力を獲得させ，政治的成熟度を高めることにある〉，の3原則が政治教育の基本原則として確立しており，各州の政治教育に係わる政策・法制・判例・学説も基本的には概ねこの基本原則を踏まえている状況にある。
　②　学説・判例上，一般的に教員には授業において「政治への禁欲」＝「授業と政治の隔離」は求められておらず，むしろ学校の重要な役割の一つが生徒を政治的成熟に向けて育成することにあることから，すべての教科を貫く教授原則として，教員には広い意味での「政治教育への義務」が存している。
　③　学校法学の支配的見解および判例によれば，教員が授業において政治的な事柄を取り扱う場合，教員は自己の政治的見解を表明することができる。た

―566頁。
　なお国家公務員法102条1項に基づく人事院規則14－7（政治的行為）の第7項は教育公務員の職務の特殊性を尊重して挿入された規定である。この点について，GHQの担当職員が次のように述べているのが注目される。
　「教育者は当然日本の青少年にあらゆる部面の経済的政治的問題を教えなければならないという責任を有しているものでありますから，この規定は特に人事院がこれらの教育職員に適用するために挿入されたものであります。もしそれらの教育職員によってあらゆる方面の問題が知らされないならば，青少年はその知識を正しく用い，正しい判断を出すことを期待し得ないでありましょう。これが民主主義における教職員の任務であります。それ以外のものは独裁であります」〈1949年10月14日・GHQ公務員課長代理マッコイ氏声明・鵜飼信成『公務員法（新版）』有斐閣，1983年，261-262頁より引用・下線筆者〉。

77

第 7 章 教員の「教育上の自由」は基本的人権か

だその場合，教員は自己の政治的信念や見解だけを生徒に対して一方的に述べることは許されず〈教化の禁止・Indoktorinationsverbot〉，これに関する様々な見解を客観的に提示しなくてはならない。これに関して生徒が自らの批判的な判断力を形成し，自分自身の政治的見解や立場がもてるようにするためである。

④　以上のことは各州の現行学校法も明文でもって確認するところとなっている。規定例を引くと，たとえば，ベルリン州学校法はこう書いている（67条3項）。「教員は授業において自己の見解を表明する権利を有する。但し，学校の教育責務の範囲内において，授業の対象として重要だと見られる他の見解もまた認められるように配慮しなくてはならない。生徒に対する一方的な影響力の行使は，いかなる場合においても認められない」。

⑤　ドイツにおいては現行学校法制上，学校の「教育自治」ないし教員の「教育上の自由」は基幹的な法理として確立しており，教科書の採択や補助教材の選定・使用は各学校ないし教員の自律的な決定事項に属している。したがって，教科書検定制度は敷かれているものの ── わが国におけると同様，教科書検定制度違憲訴訟が提起されたが，連邦行政裁判所はこの制度は教育主権の一環をなすもので，国家の学校監督権（基本法 7 条 1 項）に根拠をもつ判示して，訴えを斥けている（1973 年）── その域を超えて，教育行政機関が学校における政治教育の教科書の採択や補助教材の選定・使用，つまりは政治教育の内容や方法には権力的に介入できない仕組みになっている[40]。

第 2 節　国民の政治活動の自由

ドイツの文部大臣会議の「民主主義教育の強化に関する勧告」（2009 年）も述べているように[41]，「民主主義は自明ではなく，それは常に習得し，闘い取り，活性化され，防御されなければならない，ということを我々は知っている。民主主義は，信念をもち，政治・社会とコミットする民主主義者を必要とする」。

つまり，民主主義の成否は基本的には主権者たる国民の政治意識・政治的成熟度，自由な政治活動の保障の有無の如何に係っていると言える。国民主権の

---

(40)　拙著『ドイツの学校法制と学校法学』信山社，2019 年，74 頁以下。
(41)　KMK Beschluß v. 6.3. 2009 (Beschl.Sammlung Nr.554), Demokratie als Ziel, Gegenstand und Praxis historisch-politischer Bildung und Erziehung in der Schule.

原則に立脚し，民主主義を基幹的な政治原理とする憲法体制下においては，国民の政治活動の自由は「人間の尊厳」に淵源し，「国民主権に係わる基本的人権」として，憲法上重要な位置を占めている。日本国憲法も「集会，結社及び言論，出版その他一切の表現の自由は，これを保障する」(21条1項)と規定して，この権利を憲法上の基本的人権として確認している。

ただこの権利は上記憲法の規定を俟つまでもなく，民主主義国家におけるそのもつ意味に由来して，憲法の根本原理である国民主権の原則および民主制原則から必然的に導かれる，国民としての「政治的基本権」(politisches Grundrecht) ないし「民主的基本権」(demokratisches Grundrecht) に他ならないと捉えられる[42]。

この点，アメリカの憲法判例においても，1940年代から1960年代にかけて，民主政の過程に直接係わる政治的表現の自由＝政治活動の自由は，他の基本的人権よりもより厚い保障をうけるとする「優越的地位」(preferred position) の理論が判例上に確立し──政治活動の自由など精神的自由権を制限する立法は，「合憲性の推定」がより狭い範囲でしか与えられない──この理論は広く学説の支持を得ているとされている[43]。

なお国民の政治活動の自由は「個々の国民の対国家的な『権利』として重要であるというにとどまらず，この権利の行使をとおして主権者たる国民全体の政治的水準をたかめ，もって民主主義体制そのものを健全強固ならしめるという『社会的機能』を営むもの」[44]であるとの指摘は重要である。国民の政治活動の自由は民主主義国家の政治的基盤をなす，まさに「政治的基本権」ないし「民主的基本権」なのである。

第3節　教員の市民的自由としての政治活動の自由

もとより教員は職務外にあっては，つまり，プライベートな範域においては，国民ないし市民として，基本的に政治的権利や自由を保障されている。日本国憲法も国民の政治的な意思決定過程に参加する権利＝参政権については，「公務員を選定し，及びこれを罷免することは，国民固有の権利である」(15

---

(42) H.Dreier (Hrsg.), Grundgesetz-Kommentar, 2004, Art.38.Rn.119.
(43) 芦部信喜『憲法学Ⅱ（人権総論）』有斐閣，1996年，175頁，213頁-222頁。
(44) 芦部信喜「現代における言論・出版の自由」東京大学社会科学研究所編『基本的人権（第4巻）』1968年，198頁。

第7章　教員の「教育上の自由」は基本的人権か

条1項）と明記しているが，それ以外にも教員は，たとえば，政治的な思想・信条をもち（憲法19条），新聞紙上で自己の政治的な意見を表明し（同21条1項），政治的な集会に参加し（同前），政党や労働組合に加入して政治・社会活動を行う（憲法21条1項・憲法28条）ことが憲法上の基本的人権として当然に保障されている。

　ちなみに，この点について，世界教員憲章（1954年）は前文で「教師は完全な市民的権利と職業的権利とを自由に行使する資格をもっている」と謳い，またユネスコの「教員の地位に関する勧告」（1966年）も「教員の社会生活および公的生活への参加は，教員の個人的発達，教育活動および社会全体の利益のために奨励されなければならない」（79項），「教員は市民が一般に享受する一切の市民的権利を行使する自由をもち，かつ公職につく権利をもたなければならない」（80項）と宣明し，これをうけてより具体的に次のように述べているところである（81項）。「公職につく要件として，教員が教育の職務をやめなければならないことになっている場合，教員は先任権と年金のために教職にその籍を保持し，公職の任期終了後には，前職ないしは，これと同等の職に復帰することが可能でなければならない」。

　実際，この勧告を先取りする形で，ドイツにおいては基本法48条2項＝「何人も議員としての職務を引き受け，かつこれを行使することを妨げられてはならない。このことを理由とする解約告知または免職は許されない」により，教員の連邦議会・州議会・自治体議会選挙への立候補・議員としての職務行使の自由が憲法上保障され，議員としての活動が終了した後，当該教員は再び公務員関係に復帰することができ，その場合，職位と基本給は従前のそれと同様の扱いとなっている[45]。

　なお，とかく教員政策上，教員に対する権利保障よりも，権利規制に傾斜しがちな文科省筋にあっても，さすがに教員の市民的権利としての政治活動の自由は，これを容認せざるをえず，「教員も一私人としては，思想の自由，表現の自由に基づく政治活動の自由が保障されるべきである」との見解を示している[46]。

---

(45)　H.Avenarius/F.Hanschmann, Schulrecht, 9Aufl. 2019, S.643.
(46)　文科省内・学校管理運営法令研究会『新学校管理読本』第一法規，2012年，72頁。

第4節　教員の労働組合員としての政治活動の自由

　労働組合の主たる目的は「労働条件の維持改善その他経済的地位の向上を図ること」（労働組合法2条）にあるが，同時にその目的を達成するために，労働組合には必要な政治活動や社会的な活動を行うことも認められている。政治と経済が密接に関係している今日においては，このことは当然であろう。
　ちなみに，この点を確認して，最高裁〈三井美唄労組事件判決・昭和43年12月4日・刑集第22巻13号1425頁〉も下記のように述べている。
　「現実の政治・経済・社会機構のもとにおいて，労働者がその経済的地位の向上を図るに当たっては，単に対使用者との交渉においてのみこれを求めても，十分にはその目的を達成することができず，労働組合が右の目的をより十分に達成するための手段として，その目的達成に必要な政治活動や社会活動を行うことを妨げられるものではない」。
　この判旨は労働組合全般を貫いて妥当すべきものであるから，教員の労働組合であり職能団体でもある教職員組合，つまり地方公務員法52条1項が定める「職員がその勤務条件の維持改善を図ることを目的として組織」する，『職員団体』または『その連合体』にも当然に妥当すると解される[47]。
　こうして，教員は労働組合員として政治活動の自由を原則的に享有しているのであるが，しかしその現実の行使に当たっては，教育の政治的中立性要請，学校教育の目的や学校の任務，教員の教育主権上の義務，教職に内在する職務上の義務などとの関係で制約を受けることになる。
　この問題は当該政治活動が行われる場所（学校の内外），時間帯（勤務時間の内外），当該政治活動の対象（同僚教員，生徒・親・一般市民の区別），態様などを考慮して，各個のケースに即して個別・具体的にアプローチすることが求められるが，教員の労働組合員としての政治活動に関し，一般的には下記のような法的類型が存していると言える。
　① 教員は学校の内外を問わず，勤務時間内に政治活動を行うことはできない。教員は公務員として，勤務時間中は職務専念義務を負っているからである（地方公務員法35条）。
　② 教員は同僚や上司との関係においては，生徒との関係におけるよりも，

---
[47]　日本教職員組合編『新教育労働者の権利』労働旬報社，1976年，624頁。

第 7 章　教員の「教育上の自由」は基本的人権か

　　より広範かつ強度の政治的意見表明の自由を有している。こうして教員は職場で休憩時間，始業前や放課後などに同僚教員に対して教職員組合のビラを配布したり，自らの政治的な見解を表明することは認められる。休憩時間は労働者の自由な利用に委ねられなくてはならないと法定されている〈休憩時間自由利用の原則・労働基準法 34 条 3 項〉。

③　ただ教員が休憩時間，始業前や放課後などに，生徒に対して教職員組合のビラを配布したり，組合の主張や意見を一方的に述べることは許されない。この場合は，教育基本法 14 条 2 項が禁止する党派的な政治活動に当たるからである。

④　教員が校内において勤務時間中，政治的主張の腕章やバッジを着用することは，教育の政治的中立性を損なう行為として認められない。ドイツの連邦労働裁判所も判じているように[48]，「教員が争いのある問題について，議論するのではなく，一方的な態度表明をすることは，教員のもつ権威に鑑み，生徒に対して大きな影響を与えることになるからである」。

⑤　教員が勤務期間外に教職員組合主催のデモや集会に参加したり，組合のビラを校外で配布することは原則として自由である。これらの行為は「集会の自由・表現の自由」（憲法 21 条 1 項）の保護法益に当然に含まれているからである[49]。

---

(48)　BAG Urt. v. 2.3. 1982, In: RdJB (1983), S.256.
(49)　ドイツにおけるこの法域の法制・学説・判例について，詳しくは参照：拙著『ドイツの学校法制と学校法学』信山社，2019 年，508 頁以下。

第8章　ドイツにおける教員の「教育上の自由」の法的構造

第1節　基本法の制定と学校の「教育自治」・教員の「教育上の自由」

1　伝統的学校法制・行政法理論の継受

　ドイツ基本法7条1項は「すべての学校制度は国家の監督に服する」と定めたが，これはワイマール憲法144条と同文であり，また基本法と前後して生まれた諸州の憲法も概ねこのような伝統的法条を継受した。その結果，当然であるかのように，ドイツ基本法施行後の判例や通説も国家の学校監督概念に関する伝統的解釈を維持した。

　たとえば，基本法制定当時の代表的な註釈書は，ワイマール憲法144条との法条の一致を根拠として，大要，次のように述べる。

　「基本法7条1項は学校制度の統一性を確保するための制度的保障で，『学校の唯一の主人』（alleiniger Schulherr）としての国家にすべての学校制度に対する支配権を容認したものである。そこにいう国家の学校監督とは，かつて G. アンシュッツがワイマール憲法144条の解釈として観念したごとく[1]，『国家に独占的に帰属する学校に対する行政上の規定権』（das dem Staate ausschließlich zustehende administrative Bestimmungsrecht über die Schule）に他ならない。国家の学校監督の内容と範囲に関する従来の法および行政実例は，今後も継続して有効である」[2]。

　また判例ではコブレンツ高等行政裁判所判決〈1954年7月10日判決〉をはじめ，連邦行政裁判所も一貫して「国家の学校監督とは学校制度の組織・計画・統轄・監督に関する国家的支配権の総体である」との見解を示した[3]。

---

[1]　G.Anschütz, Die Verfassung des deutschen Reichs vom 11. August 1919, 14 Aufl. 1933, S.672.
[2]　H.v.Mangoldt/F.Klein, Das Bonner Grundgesetz, 1957, S.281-282.
[3]　H.Hering, Die Rechtssrephung des Bundesverwaltungsgerichts zum Schulrecht, In: DÖV (1968), S.98.

第8章　ドイツにおける教員の「教育上の自由」の法的構造

他方，伝統的な教育行政法制・学校管理論も基本的に継承された。すなわち，すべての州の学校法が学校を従前どおり「権利能力を有さない非独立的営造物」（unselbständige, nichtrechtsfähige öffentliche Anstalt）として位置づけ，これらの条項の解釈においても，

学校を教育行政の最末端機関とみなす伝統的な学校営造物理論が依然として通説的地位を占めた。またいわゆる公法上の特別権力関係論が教育行政・学校法域においてはなお根強く支配的であったし，さらに公法上の勤務関係・忠誠関係に立つ教員には旧来の官吏法理が厳格に適用されたのであった。

以上のような伝統的な学校法制と行政法解釈理論により，学校および教員は学校監督庁の包括的な支配権と強い緊縛下に置かれ，こうしていわゆる「管理された学校」（Die verwaltete Schule）が現出した。この状況を H. ベッカーは「学校は教育行政のヒエラルキーのなかで地区警察や税務局などと同程度に最下級行政機関化しており，校長は税務吏員以下の決定の自由しかもたず，教員は『授業形成の自由』を剥奪され単なる行政執行吏に堕している」と表徴し[4]，また H. ルンプフは「教員を疲労困憊させる教育行政の恐怖」とさえ表現した[5]。

2　教員の「教育上の自由」・学校の「教育自治」の法制化

このような法制的・理論的状況下にあって，教育機関としての学校の特性や教員の職務活動の特殊性を根拠として，旧来の学校特別権力関係論の克服，伝統的な学校監督概念や学校営造物理論および教員の官吏法上の地位の修正を指向して主張されたのが，いわゆる教員の「教育上の自由」（Die pädagogische Freiheit des Lehrers）および学校の「教育自治」（Die pädagogische Selbstverwaltung der Schule）の法理である。この法理を構築しその立法化を強力に唱導したのは，ドイツにおける学校法学の始祖であり，その後長年に亘って学校法学研究をリードした H. ヘッケルであった。

ヘッケルはまず1956年の論文「学校法の今日的状況と将来の課題」において，「今日の学校政策の特徴を簡潔に表現する言葉の一つは，自律的な教育施設としてではなく，第1次的に最下級行政機関として把握されている学校たる『管理された学校』である。教育となじまない官僚主義の危険が学校を外部

---

(4)　H.Becker, Die verwaltete Schule, In: Merkur (1954), S.1155ff.〈Nachdruck in RdJB (1993), S.130ff.〉.

(5)　H.Rumpf, Die Misere der höheren Schule, 1966, S.27.

第1節　基本法の制定と学校の「教育自治」・教員の「教育上の自由」

からだけではなく，内部からも脅かしている」と指弾し，この現状を打開する方途として次の点を提言した。

すなわち，学校監督に対する学校・教員の法的地位を明確化すること，および教育権者（親）の学校教育参加によって「学校の民主化」をはかることがそれである。そして特に前者について「学校には一定程度の真の自治を，教員には明確に規定された教授・教育の自由を，教員会議には必要な権限と責任を保障するのが将来の学校立法の課題である」と力説したのであった[6]。

翌1957年には不朽の名著『学校法学』（Schulrechtskunde, 1Aufl., 1957）を刊行し[7]，併せて「教員の教育上の自由と服務義務」および「学校法および学校行政の今日的諸問題」という論文を著して，下記のように主張した。

「教員は自分自身が自由である場合にだけ，自由への教育（Erziehung zur Freiheit）を行うことができる。したがって，学校法は学校教育の本質と意義にそくした教育上の自由を保障しなければならない」[8]。

「学校における教育活動は教員会議，校長，教員が責任をもって行い，教育行政当局は緊急の必要がある場合にだけ，それらの教育上の自由を制限しうるとの法律上の明記が必要である」[9]。

「学校は親と教員によって協同で自主的に管理運営され（genossenschaftlich selbst verwaltet），かつその諸条件は自由に運用されるもので，公行政主体はもっぱら諸条件の整備に任ずべきである」[10]。

そして1958年にはこれに関する本格的なモノグラフィー「学校法の観点における教育上の自由」を公にし[11]，この教育法理の立法化のために必要な法

---

(6) H.Heckel, Heutiger Stand und künftige Aufgaben des Schulrechts, In: DÖV（1956），S.589.

(7) 『学校法学』（Schulrechtskunde）の初版は1957年に刊行されたのであるが，同書はその後版を重ね〈第2版＝1960年，第3版＝1965年，第4版＝1969年，第5版＝1976年〉，第6版（1986年）からはH.アベナリウスが共著者となり，そしてヘッケル没後に刊行された第7版（2000年）はアベナリウスによってかなりの補訂がくわえられた。2010年に出版された第8版はアベナリウスとフュッセルの共著となり，書名も「学校法」（Schulrecht）と変更されたが，同書においてもヘッケルの学校法学理論が一貫して通底しており，ドイツにおける学校法学の不朽の名著として今日に至っている。

(8) H.Heckel, Schulrechtskunde, 1Aufl.1957, S.168..

(9) ders., Pädagogische Freiheit und Gehorsamspflicht des Lehrers, In: ZBR（1957），S.221.

(10) ders., Gegenwartsprobleme des Schulrechts und der Schulverwaltung, In: DVBl.（1957），S.484.

(11) H.Heckel, Die pädagogische Freiheit in der Sicht des Schulrechts, In: DIPF (Hrsg.),

第8章　ドイツにおける教員の「教育上の自由」の法的構造

的構成をはかり，そして著書『ドイツの学校の基本規程』において教員の「教育上の自由」と学校の「教育自治」について，下掲のような法文を具体的に提示したのであった[12]。

「教員は，法律，学校監督庁の命令ないし教員会議の決定に基づく制約が存しない限り，自己の責任において教授し，教育を行う。教員の教育上の自由は，ただ緊急の必要がある場合においてだけ，これを制約することができる」(17条)。

1960年代以降もヘッケルは一貫してこのテーマを重視して追究し，下記のような諸論稿において「教員の教育上の自由」と「学校の自由」（Schulfreiheit）の法理のいっそうの緻密化に努めるとともに，この法理の法制化の必要性を強く説いたのであった[13]。

「ドイツの学校法の発展にとっての行政判例の意義」(1963年)，「教育上の自由と学校監督」(1963年)，「学校の自由と学校監督」(1965年)，「法的な拘束と教員の教育上の自由」(1966年)，「学校の自由と学校監督庁の命令権」(1966年)，などの論稿がそれである。

またF.ペーゲラーも教育学の観点から，「学校は教育に内在する教育専門的自律性にもとづいて運営されるべきである」と述べ，「管理された学校」（verwaltete Schule）から「教育的な学校」（pädagogische Schule）への変革の必要性を強く説いた[14]。

さて以上のような提言は，1920年代における「学校の自治」ないし「教職の自由」獲得の歴史的成果を背景としつつ，1950年代後半から1960年代後半にかけて各州において法制化を見ることになる。

すなわち，1956年，ハンブルク学校行政法が「学校における自治は教員会

Pädagogische Forschung und Pädagogische Praxis, 1958, S.99ff.
(12) ders. Eine Grundordnung der deutschen Schule, 1958, S.49ff.
(13) H.Heckel, Die Bedeutung der Verwaltungsrechtsprechung für die Entwicklung des deutschen Schulrechts, In: DÖV (1963), S.442ff.
　ders., Pädagogische Freiheit und Schulaufsicht, In: Hessische Lehrerzeitung (1963), S.171ff.
　ders., Schulfreiheit und Schulaufsicht, In: ZBR (1965), S.129ff.
　ders., Rechtliche Bindung und Pädagogische Freiheit des Lehrers, In: Deutsche Schule (1966) S.398ff.
　ders., Schulfreiheit und Weisungsrecht der Schulaufsichtsbehörden, In: ZBR (1966), S.84ff.
(14) F.Päggeler, Der pädagogische Fortschritt und die verwaltete Schule, 1960, S.11.

第1節　基本法の制定と学校の「教育自治」・教員の「教育上の自由」

議と校長によって担われる」（1条2項）と明記したのを嚆矢として，1960年代末までにノルトライン・ウエストファーレン（1958年），ヘッセン（1961年），バーデン・ビュルテンベルク（1964年），ザールラント（1965年），バイエルン（1966年）およびラインラント・プファルツ（同年）の7つの州学校法が「教員の教育上の自由」ないし「学校の教育自治」を保障するまで至ったのである[15]。

このうち当時，法構成的にもっとも整備され，かつその後の各州における学校法制改革に多大な影響を与えた<u>ヘッセン州学校行政法（1961年）</u>は「学校の教育上の固有責任」（Pädagogische Eigenverantwortung der Schule）と銘打って，次のように書いた[16]。

「学校監督庁の権限および学校設置主体の行政上の権限を妨げることなく，学校は法規定の範囲内で，その教育事項を教員会議と校長によって自ら（selbst）規律する」（45条1項）。

「<u>教員は法律，学校監督庁の命令および教員会議の決定の範囲内で，その固有責任において教授し，教育を行う。教員の教育上の自由はただ必要な場合に限り，制限されうる</u>」（52条2項）。

なおこれらの法理に関する学校法律上の明示的保障を欠く州においても，教授・教材規程等で教員の教育上の形成権を保障しており，したがって，上記法理は当然のものとして承認されているとされた[17]。

3　学校監督概念の再構成

国家に全学校制度に対する無制限な規制権力を帰属せしめる伝統的な学校監督概念は「絶対主義国家の全権」（Allmacht des absoluten Staates）の思想と強く結合しており，したがってそれは，自由で民主的な社会的法治国家を標榜するドイツ基本法下においては否定ないし修正される必然性を伴っていた。

すなわち，第1に，「教育行政における法治主義の原則」（20条3項）が確立

---

(15) これら7州の法制状況について詳しくは参照：M.Stock, Pädagogische Freiheit und politischer Auftrag der Schule, 1971, S.17ff.

(16) これは，ヘッケルが『ドイツの学校の基本規程』で提示した立法案をほぼそのまま採用したものである。当時，ヘッケルはヘッセン州文部省に奉職していた。この法律について詳しくは参照：H.Heckel, Das neue Schulverwaltungsgesetz in Hessen, In: RWS (1961), S.289ff. M.Stock, a.a.O., S.17-S.34. なおヘッケルによれば，このヘッセン州学校行政法は上記ハンブルク州学校行政法の影響を強く受けて制定されたものである（ders., a.a.O.S.291）。

(17) H.Heckel, Schulrecht und Schulpolitik, 1967, S.195.

第8章　ドイツにおける教員の「教育上の自由」の法的構造

されたことによって，「法律から自由な」(gesetzesfreie) 学校監督庁の一般的な規範定立権はもはや認容される余地はない。

第2に，基本法は国家の教育独占を排して「教育における地方自治」(28条2項)，「私立学校の自由」(7条4項)，「親の教育権」(6条2項) および子どもの「自己の人格を自由に発達させる権利」(2条1項) を保障し，さらには上述のように教員の「教育上の自由」と学校の「教育自治」も法的確立を見たことによって，国家の学校監督権もこれらの諸自由・諸権限との法的緊張で「制約された権力」(begrenzte Gewalt) たらざるをえない。

こうして伝統的な国家の学校監督概念は，その歴史的な特殊性は考慮されながらも，ドイツ基本法制に即して再構成されることになる。それをヘッケルの所説に代表させて端的に概括すると，以下のようである[18]。

基本法7条1項は学校が国家の影響領域に編入されるという原則から出発しており，そこにいう国家の学校監督とは学校に関する国家の権利・義務の包摂概念である。それは内容的には二つの権能に大別される。

一つは，学校制度に関する国家の一般的形成権・規律権 (allgemeine Gestaltungs- und Normierungsrecht) で，これがいわゆる「教育主権」(Schulhoheit) と称されるものである。具体的には，中央段階での教育制度に関する組織計画，教育目的や教育内容の基本の確定，学校の組織編制や教員の資格・法的地位，就学義務，学校設置基準等の確定などである。これらは国家の主権作用の一環として国民代表議会ないし政府の権能に属する。

二つは，法的に固有な意味での監督で，これは教育活動に対する「専門監督」(Fachaufsicht)，教員に対する「勤務監督」(Dienstaufsicht)，および国以外の学校設置主体の学校行政活動に対する「法監督」(Rechtsaufsicht) からなる。これらの監督権は法律の定めるところにより教育行政機関がこれを行使する。そして以上のような国家的諸権能の実質や具体的内容および強度は，上述の諸教育主体・学習主体の権利や自由との法的緊張において，個別かつ具体的に確定されなければならない。

---

(18) ders., Schulrechtskunde, 5Aufl.1976, S.158ff. usw.

第2節　教員の「教育上の自由」に関する各州の現行学校法規定

　既述したように，ドイツにおいては，教員の「教育上の自由」の法理はすでに1960年代末までに多くの州で法制化を見るに至ったのであるが，その後，1970年代前半とドイツ統一後，1990年代前半の2度に亘る各州における学校法制改革を経て，今日においては，この法理はすべての州で学校法上に明記されるところとなっている。

　ただひとくちに「教員の教育上の自由」と言っても，各州学校法におけるその概念規定やこれに関する法文およびターミノロジーは各様の様相を呈している。そこでそれらの規定を類型化し，各類型それぞれについて規定例を引いておくと，下記のようである[19]。

① 「教員の直接的な教育責任」（unmittelbare pädagogische Verantwortung）＝ BW州学校法38条2項，BA州教育制度法59条1項，SN州学校法40条2項
　◎BW州学校法38条2項＝「教員は，基本法，バーデン・ビュルテンベルク州憲法および本法1条で規定された教育目的，教育計画および教員に適用されている法規や命令の範囲内において，生徒の教育に対して直接的な教育責任を負う」。

② 「教員は自由に，かつ固有の教育責任において」（frei und in eigener pädagogischer Verantwortung）＝ RP州学校法20条1項
　◎同条同項＝「教員は，学校に適用されている法規・行政規則，学校監督庁の命令および教員会議の決定の範囲内において，生徒に対する教育活動を自由に，かつ固有の教育責任において行う」。

③ 「教員の固有責任における教育」（in eigener Verantwortung）＝ BE州学校組織構造法10条1項，HH州学校法88条2項，HB州学校法59条2項，SL州学校規程28条1項，NW州学校法57条1項
　◎HH州学校法88条2項＝「教員は，本法1条から3条が規定する目的と原則，法規と行政規則，および53条に基づく学校会議の決定と57条

---

(19)　なお各州学校法の当該規定は原則として下記によった。H.Knudsen (Hrsg.), Schulrecht in Deutschland – Sammlung der Schulgesetze der Bundesrepublik Deutschland, 2007.

第8章　ドイツにおける教員の「教育上の自由」の法的構造

２項に基づく教員会議の決定の範囲内で，その固有責任において，生徒を教育・助言・看護する」。
④「教員の固有の教育責任」(in eigener pädagogischer Verantwortung) ＝ SH州学校法83条１項，TH州学校法34条２項，NS州学校法50条１項，MV州学校法８条２項
　◎SH州学校法83条１項＝「教員は固有の教育責任において教育活動を行う。その際，教員は法規と行政規則，とりわけ学校の教育目的，学習指導要領と教授計画，さらには校長および学校監督庁の指示に拘束される」。
⑤「固有の教育上の自由と責任における教育」(in eigener pädagogischer Freiheit und Verantwortung) ＝ SA州学校法30条１項
　◎同条同項＝「教員は固有の教育上の自由と責任において教育活動を行う。教員は法規と行政規則および会議の決定に拘束される」。
⑥「教員の固有責任・教育上の自由」(in eigener Verantwortung・pädagogischer Freiheit) ＝ HE州学校法86条２項，BB州学校法67条２項
　◎HE州学校法86条２項＝「教員は，本法１条から３条が定める原則と目的，その他の法規と行政規則および会議の決定の範囲内で，固有責任において，生徒に対する教育・助言・看護を行う。教員の教育活動のために必要とされる教育上の自由は，法規と行政規則ないし会議の決定によって不必要ないし不当に（unnötig oder unzumutbar）狭められてはならない」。

第３節　現行法制下における教員の「教育上の自由」の憲法・学校法学的構成

１　権利としての教員の「教育上の自由」

上掲のように，今日，ドイツにおいては教員の「教育上の自由」はすべての州の学校法において明示的に保障され，有力な学校法学説によれば，この法理は「教員に対して固有責任にもとづく教育活動の形成領域を保障するもの」であり，「教員の公務員法上の地位を補充し修正する原則」と解されている[20]。
しかし一方で，たとえば，ザールラント学校規律法（1996年）が「公立学校は学校設置主体の権利能力を有さない公の施設である」（16条１項）と規定し

―――――――――
(20) H.Avenarius/H.P.Füssel, Schulrecht, 8Aufl., 2010, S.663.

90

第3節　現行法制下における教員の「教育上の自由」の憲法・学校法学的構成

ているのを始めとして，今日においてもすべての州の学校法が，依然として学校を「非独立的・権利能力を有さない公の施設」と明記している。また教員も公務員として基本法33条にいう公法上の勤務関係・忠誠関係に立ち，一般公務員法の原則および学校監督庁の勤務監督と職務監督に服している。したがって，「教員の教育上の自由」が法制化されているとはいえ，この自由の法的位置づけ・性質・内容・権利としての強度等に関しては議論の分かれるところである。つまり，「非独立的・権利能力を有さない公の施設」としての学校の「教育的自治・自律性」，「公務員」としての教員の「教育上の自由」という，伝統的解釈によれば相容れない構造が法制化されているからである。

そこで実際，1960年代以降の教員の「教育上の自由」の保障法制下にあっても，この権利の法的権利性を否定する見解も存している。

たとえば，元ノルトライン・ウエストファーレン州文部大臣のミカート教授は，1965年8月3日付のヘッケル宛書簡で下記のように述べている[21]。

「教育上の自由ないし教育上の自律性（pädagogische Freiheit oder pädagogische Autonomie）という概念は教育学から援用されたものであって，憲法・行政法上の根拠を欠いている。……教員の公務員法上の特別な地位に関する法的基盤は存しない。……私の見解によれば，教員会議のような学校の内部機関に固有の権限を承認することはおよそ不可能である。それどころか私は，学校および教員はたとえその見解や確信に反する場合でも，その判断や決定を自ら変更することを強制されうるとの見解を採る」。

また H.ペットゲンもヘッセン州学校行政法45条2項（当時）が 'Die pädagogische Freiheit' というタームを使用しながら，この概念を定義していないことを指摘して，この法文はプログラム的宣言であり「法的な点においては不毛なものである」との見解を示しており[22]，さらに H.ハルニッシュフェーガーも「教員の個人的な教育の自由は法的権利ではなく，単なる事実上の残余でしかない」と述べている[23]。

しかしこのような教員の「教育上の自由」の法的権利性の否定説に対して，学校法学の支配的見解はこの自由を法概念，すなわち法的権利として位置づけている。ちなみに，この点，H.ビスマン著「法概念としての教育上の自由」

---

(21) Schreiben vom 3. 8. 1965, zit. aus H.Heckel, Schulrecht und Schulpolitik, 1967, S.208.
(22) H.Pöttgen, Eingeschränktes Weisungsrecht der Schulaufsichtsbehörden?, In: ZBR (1966), S.49
(23) H.Harnischfeger, Rechtsfragen der Gesamtschule, 1970, S.49.

(Pädagogische Freiheit als Rechtsbegriff・2002年）という書名が特徴的である[24]。そして通説によれば，この権利は「教育者としての特別な権利」であり，「学校における教育活動を教員の確信に従って正しいと思うように行う権利」と定義される[25]。

ただこの権利が教員の「主体的公権」（subjektives öffentliches Recht）なのか，つまり，具体的な請求権や訴権を伴う権利であるか否かについては，学説上，厳しい見解の対立が見られている。これについては否定説が通説を占めているが，これを肯定する有力な学校法学説も見られている[26]。

いずれにしても，今日，ドイツにおいてはいうところの「教員の教育上の自由」が法的権利であるということについては学説・判例上，大方の合意が成立しているのであるが，しかしその具体的な法律構成となると諸説が混在しており，各様の様相を呈するところとなっている。

従来，これに関する学説は大きく二分している。一つは，教員の「教育上の自由」を公務員法上に位置づける立場であり，二つは，これを憲法上の基本権として構成する所論である。憲法・学校法学の通説は前者を採り，後者はさらにその根拠を「学問・教授の自由」（基本法5条3項）に求める説と，「自己の人格を自由に発達させる権利」（同法2条1項）に依拠する説とに分かれている。以下，その模様を具体的に見ていくこととしよう。

2　H.ヘッケルの教員の「教育上の自由」に関する法理論

先に垣間見たように，教員の「教育上の自由」法理の唱導者・H.ヘッケルは1950年代から1960年代半ばにかけてこの問題について多数の論稿を著し，詳細に論究しているが，その理論的な骨子を摘記すればおよそ下記のようである[27]。

---

(24)　H. Wißmann, Pädagogische Freiheit als Rechtsbegriff, 2002.
(25)　H.Heckel, Pädagogische Freiheit und Gehorsamspflicht des Lehrers, In: ZBR (1957), S.218.
(26)　否定説としては，さしあたり，H.Avenarius/H.P.Füssel, a.a.O., S.664.
　　これに対して有力な肯定説としては，たとえば，M.Stock, Pädagogische Freiheit und politischer Auftrag der Schule, 1971, S.243ff. J.Rux, Die pädagogische Freiheit des Lehrers, 2002, S.139ff. T.Burmeister, Die pädagogische Freiheit-ein klagloses Recht?, In: RdJB (1989), S.415ff. が挙げられる。
(27)　この問題に関するヘッケルの見解の骨子は下記の著書・論文から摘出した。
　　H.Heckel, Pädagogische Freiheit und Gehorsamspflicht des Lehrers, In: ZBR (1957),

第 3 節　現行法制下における教員の「教育上の自由」の憲法・学校法学的構成

①　学校は行政法上，確かに「権利能力を有さない非独立的営造物」として位置づけられているが，しかし学校を第一義的にその営造物性から把握するのは妥当ではない。「営造物としての学校」は，学校が本来そうであるもの，すなわち，教員によって担われ，生徒および教育権者なしには考えられない教育施設について，その法制度面だけを表徴しているに過ぎない。人的に把握された学校にあっては，教員は単なる学校監督上の従属的客体ではなく，個人として，また公務員として，さらには教員として固有の自由権および形成権（Gestaltungsrecht）の主体である。

②　しかし教員は職務遂行上，学校法に所定の教育目的，教材計画，教授要綱，学校の秩序維持のための規程，成績評価基準，進級規程などに拘束され，これらによる一般的規律の範囲内においてだけ，自由権を享有する。このような制約は，教育行政のヒエラルキーにおける教員の法的地位および学校制度に対する一般的規律権を包含する国家の学校監督権から生じるものである。

③　一般的には，教員は他の行政公務員と同様の公務員法上の規律に服するが，しかしその職務の特殊性・教育過程の本質・自由国家における教員への教育委託から，一般的服従義務および職務上の自由に関する公務員法上の地位の修正がもたらされるのであり，その特例が「権利としての教育上の自由」（pädagogische Freiheit als eines Recht）を基礎づけるのである。

④　教員は自らが自由に教育することができる場合においてだけ，生徒を民主的自由に向って教育することができる。それゆえに，学校監督庁による規律は，教員の教育的主導性を許容する「枠組規定」（Rahmenvorschrift）でなければならない。また教育行政当局は教員の教育上の自由を尊重し，教授・教育上の個々の問題の規律に際しては極力控え目でなければならず，かつ教員に対す

S.218.
　ders., Die pädagogische Freiheit in der Sicht des Schulrechts, In: DIPF（Hrsg.）Pädagogische Forschung und Pädagogische Praxis, 1958, S.99ff.
　ders., Pädagogische Freiheit und Schulaufsicht, In: Hessische Lehrerzeitung（1963）, S.171ff.
　ders., Schulfreiheit und Schulaufsicht, In: ZBR（1965）, S.129ff.
　ders., Rechtliche Bindung und Pädagogische Freiheit des Lehrers, In: Deutsche Schule（1966）S.398ff.
　ders., Schulfreiheit und Weisungsrecht der Schulaufsichtsbehörden, In: ZBR（1966）, S.84ff.
　ders., Schulrecht und Schulpolitik, 1967, S.193ff.
　ders., Schulrechtskunde, 5Aufl.1976, S.209ff.

るその機能は原則として指導，助言，鼓舞に限定される。

⑤　学校監督上の一般的規律に対しては，教員の教育上の自由は劣位することになるが，教員の教育活動に対する個別的な命令に対しては，重要な法的効果を有する。したがって，この権利の具体的な内容は，各個の場合に，学校監督庁の一般的規律権と教育上の自由を享有する教員の法的地位・権限とを比較衡量して決定する以外にない。

⑥　教員の教育上の自由は「教育方法の自由」（Methodenfreiheit）と同義ではない。なぜなら，教員のこの自由は教育内容の選択権や決定権を含んでいる一方で，教員は学校監督官による教育方法上の命令を順守しなければならないからである。

⑦　<u>教員が享有する「教育上の自由」は，すべての教員において同質かつ同範囲ではない。たとえば，ギムナジウムの上級段階で教えている経験に富んだ教員は，若い試補教員よりもより広範で，より強度の自由な裁量・決定領域を有する。</u>

⑧　教員はそれに関して養成を受けていない科目，責任をもって担当することができないと思う科目，特別な技能・技術を必要とする科目および良心的事由から担当できないと考える科目については，その担当を拒否することができる。

⑨　教員は授業の実施，授業計画，特定の教材・教具の使用さらには教育方法などに関して，適法に成立した教員会議の決定に拘束される。また<u>校長は当該校における教育上・管理運営上の総括責任者として，その範囲内で，教員に対して職務上命令権を有する。ただし校長の命令権は原則として学校秩序の維持・調整に限定され，教員の教育活動に直接的に介入することは許されない。</u>

以上がH.ヘッケルにおける教員の「教育上の自由」法理に関する見解の骨子であるが，この所説はその後の学校法学説に大きな影響を与えた。これ以後の「教員の教育上の自由」法理に関する立論は，程度の差はあれ，ほとんどすべて何らかのかたちで上記ヘッケル論に依拠している，と言っても過言ではない。

3　H.U. エファース，I. v. ミュンヒ，E.W. フースの所説

かつてE. シュプランガーは「教育の自律性」の根拠をその個人的本質に求め，「教育は必然的に個人的なものである。それは道徳的に自律した個人（sittlich selbständige Personen）によって行われ，道徳的に自律した個人の発達を

第3節　現行法制下における教員の「教育上の自由」の憲法・学校法学的構成

固有の目的とする」と述べた[28]。H-U.エファースはこうした見解を踏まえて教員の「教育上の自由」を概要，次のように構成している[29]。

「<u>教育過程は個人的かつ状況関係的なものであり，それ故に，そのケルン（核心）においては法規範や命令による画一化にはなじまない</u>」。したがって，この「<u>教育過程の自律性（Eigengesetzlichkeit des Bildungsvorganges）から，教育内容と教育方法の決定に関する一定の自由が生じる</u>」ことになる」。

また「自律的な道徳的人間として自律的な道徳的人間を育成するという，自由国家における教員に対する教育委託は『学校経営の自由な形成』を要請する。つまり『<u>自由な授業の形成</u>』はすでに基本法の要請するところなのである」。このような根拠に基づく教員の教育上の自由は「教員の公務員法上の地位を補充する原理で，それは一般的な規律の範囲内で，教育上の主導性を展開する権限を教員に与えるものである」。

そして「この自由は教員を一般の行政公務員と同じく，ただ単に違法性や期待不可能性から保護するだけではなく，さらにそれ以上に，必要な場合には，教員がそれに基づいて行政裁判所に提訴しうる権利として構成される」。しかし「<u>この権利は教員の基本的人権でも個人的な自由でもなく『学校目的および子どもの利益に向けられた自由』</u>（auf den Schulzweck und damit auf das Interesse des Kindes bezogene Freiheit)」であるから[30]，「正当かつ適切に生徒の成績を評価すべしとの基本法の要請は，教員の教育上の自由に優先し，生徒の利益のために教員の裁量領域を制限することは許容される」。

I.v.ミュンヒは1964年に発表したこの問題に関するモノグラフィー「教員の教育上の自由」において，この法理を実定学校法上の原理として承認したうえで，この権利の根拠・範囲・限界について詳細に論究しているが，それを端的に要約すれば，以下のようである。

「<u>教員の教育上の自由は，教員がその特殊な任務を遂行するために公務員法に基づいて教員に帰属する権利</u>であり，それは授業活動だけではなく，たとえば，成績評価など教員の専門的知識に基づいて行われるすべての学校措置や教育上の決定にまで及ぶ。しかし教員のこの<u>自由はその性質上，当該校の教育計</u>

---

[28]　E.Spranger, Die wissenschaftlichen Grundlagen der Schulverfassungslehre und Schulpolitik, 1963（Neudruck), S.47.
[29]　H.U.Evers, Verwaltung und Schule, VVDStRL (1966), S.177-S.183.
　　ders., Verwaltung und Schule, In: DÖV (1964), S.808-S.809.
[30]　ders., VVDStRL (1966), S.181.

画や教材計画，学校監督庁の命令，校長の職務命令，教員会議の決定さらには行政裁判所の審査権などによっても制限されるものである」[31]。

またE.W.フースは先に触れたエファースと同じくドイツ国法学教員学会における報告において，教員の「教育上の自由」の法理を承認しながらも，しかし「それにも拘わらず，教員の勤務法上の法的地位は原則的には，他の命令に拘束された公務員（weisungsgebundene Beamte）と区別されるものではない」と結論している[32]。

4　教員の「教育上の自由」と「学問・教授の自由」

これまで見てきたような教員の「教育上の自由」の公務員法上の法的構成に関する通説的見解に対して，W.パーシェルは鋭くこれを批判し，基本法5条3項が保障する「学問・教授の自由」（Lehrfreiheit）に教員の教育上の自由の根拠を求めている[33]。

パーシェルによれば，通説的見解が説くように，「この自由が公務員法上の服従義務の範囲内で教育過程の自律性から生じる単なる事実上の活動領域（faktische Spielraum）でしかないなら，教員の公務員法上の法的地位の修正についてはほとんど語りえない」とされる。

なぜなら，このように把捉された「教育上の自由」は法的実質を伴わない空虚な美辞でしかなく，教員という地位に投影された僅かな反射権（Rechtsreflexe）として司法上の権利ではないからである。すべて公務員は『法律，一般的命令，訓令および個別的命令の範囲内で，自己の責任において職務を遂行する』（連邦公務員法37条）のであり，その意味では，このような教育上の自由は警察官の行為裁量（Handlungsermessen）と何ら変わるところはない」。

しかし<u>教員の「教育上の自由」が</u>「一般的・個別的命令によって残された事実上の残余の自由以上のものであるなら，すなわち，それが<u>憲法上の基本権として不可侵の本質をもつものであれば，この自由の学校制度内部における自由な展開に対する桎梏は除去される</u>」。

---

(31) I.v. Münch, Die pädagogische Freiheit des Lehrers, In: DVBl (1964), S.790ff.
(32) E.W.Fuß, Verwaltung und Schule, VVDStRL (1966), S.223-S.227.
(33) W.Perschel, Die Lehrfreiheit des Lehrers, In: DÖV (1970), S. 34-S.38.
　　ders., Freiheit, pädagogische, In: M.Baethge/K.Nevermann (Hrsg.), Enzyklopädie Erziehungswissenschaft, Bd 5 - Organisation, Recht ond Ökonomie des Bildungswesens, 1984, S.494-S.496.

第3節　現行法制下における教員の「教育上の自由」の憲法・学校法学的構成

このような視座からパーシェルは，「学問・教授の自由」の憲法史を検証したうえで，基本法5条3項を条理解釈し，「基本法のこの条項は中等教育段階以下の学校教員にも妥当する」と結論する。そして，このように解釈することは「法条に適合するだけでなく，自由と人間性の価値を確認し，それに見合う教育目的を設定している国家および学校制度の任務にもとりわけ適うもの」と論断する。

ただ学校教員のこの自由は，「生徒の人格の自由な発達を旨とし，その前提条件として保障されているものであるから，基本法1条（人間の尊厳）および2条（一般的人格権）から導かれる制約に服し，その限りにおいて，大学教員の『教授の自由』に比して，その基本権性では劣性とならざるをえない。だがこのことは，両者の『教授の自由』の質的相違を意味するだけで，学校教員の『教授の自由』を排除する根拠とはならない。したがって，この自由に対する第1次的な制約は教育科学の成果，教員の合議制的協同，および生徒の人格権と親の教育権によってであり，学校監督権はあくまで真の意味での監督として，副次的なものでなければならない」と論結する。

またI.シュタッフも，ドイツ3月革命の所産である1848年のプロイセン憲法の審議・制定過程からワイマール憲法成立までの憲法史を検証し，これらの憲法の審議過程や草案においては憲法上の「学問・教授の自由」が学校教員をも対象としていたことを実証し[34]，くわえて，現行基本法の構造的解釈から教員の「教育上の自由」の根拠を基本法5条3項の「学問・教授の自由」に求めている[35]。

そしてこの権利は「教育内容をその真実の内容において教えることによって，教育上の規準の客観化に資するものであり，学校監督庁の包括的支配権はこの権利によって制限され，学校監督庁は教員の教育活動や教育上の評価・決定が法規に違反する場合および普遍妥当的な教育上の評価原則を無視している場合にだけ，これに介入できる」との見解を示している。

このように，教員の「教育上の自由」の根拠を憲法上の「学問・教授の自由」に求める論者として，その他に，E.ベック[36]，L.ディエッツエ[37]，H.ワ

---

(34) このような「学問・教授の自由」の歴史的なアプローチとしては，下記が本格的である。A.Laaser, Wissenschaftliche Lehrfreiheit in der Schule - Geschichite und Bedeutungswandel eines Grundrechts, 1981.
(35) I.Staff, Schulaufsicht und pädagogische Freiheit des Lehrers, In: DÖV (1969), S.30ff.
(36) E.Beck, Die Geltung der Lehrfreiheit des Art.5 Ⅲ GG für die Lehrer an Schulen,

97

イラー[38], G. ロエレッケ[39]などが挙げられる。

これに対して，憲法学・学校法学の通説的見解および判例は基本法5条3項が保障する「学問・教授の自由」の学校教員への適用を排除している。通説・判例によれば，同条項にいうところの「教授」(Lehre) は自己の研究によって得られた知識や知見の伝達に限定されるのであり，したがって，それは専ら高等教育領域に限局されるものである[40]。大学教員の「教授の自由」と学校教員の「教育上の自由」はその法的根拠と法的性質を大きく異にするからだとされる。そしてこのような理論的立場からは，教員の「教育上の自由」の根拠を基本法5条3項に求める所説はすでに挫折したと評されている[41]。

5 教員の「教育上の自由」と生徒の「自己の人格を自由に発達させる権利」

しかし，H.U. エファースが指摘しているように，いうところの教員の「教育上の自由」はその本質において「学校目的および生徒の利益に向けられた自由」であることを考慮すると，上掲論者のように，この自由を憲法上の自由権的基本権である「学問・教授の自由」だけからストレートに導出する立論には，それなりの難点があると言わなくてはならない。この点を踏まえて，基本法2条1項が保障する生徒の「人格を自由に発達させる基本権」(Grundrecht auf die freie Entfaltung seiner Persönlichkeit) から，教員のこの自由の憲法上の

1975.
(37) L.Dietze, Von der Schulanstalt zur Lehrerschule, 1976.
(38) H. Weiler, Wissenschaftsfreiheit des Lehrers im politischen Unterricht, 1979.
(39) G.Roellecke, Wissenschaftsfreiheit als institutionelle Garantie?, In: JZ (1969), S.727ff.
(40) M.Sachs (Hrsg.), Grundgesetz-Kommentar, 2007. Art.5, Rn.212.
　　I.v. Münch/P.Kunig (Hrsg.), Grundgesetz-Kommentar, 2012. Art.5, Rn.103.
　　H.v. Mangoldt/F.Klein/C.Starck (Hrsg.), Kommentar zum Grundgesetz, 2005, Art.5, Rn.375.
　　H.Jarass/B.Pieroth, Grundgesetz für die Bundesrepublik Deutschland-Kommentar, 2007, Art.5, Rn.123.
(41) J.Rux, Die pädagogische Freiheit des Lehrers, 2002, S.87ff.
　　G.Eiselt, Schulaufsicht im Rechtsstaat, In: DÖV (1981), S.825. F.Ossenbühl, Die pädagogische Freiheit und die Schulaufsicht, In: DVBl (1982), S.1160. E.Pieske, Gesetzesvorbehalt im schulrechtlichen Bereich unter besonderer Berücksichtigung der pädagogischen Freiheit, In: DVBl (1979), S.331. I, Richter, Die gesetzliche Regelung des Lehrerstatus, In: RdJB (1979), S.251. C.Starck, Staatliche Schulhoheit, pädagogische Freiheit und Elternrecht, In: DÖV (1979), S.273ff. H.Avenarius/H.P.Füssel, a.a.O., S.664.

第3節　現行法制下における教員の「教育上の自由」の憲法・学校法学的構成

保障を帰結しているのが，E. シュタインである。

　シュタインによれば[42]，基本法2条1項の「自己の人格を自由に発達させる権利」はその内容として「自由な教育をうける権利」(Recht auf freie Erziehung) を包含しており，したがって当然のことながら，「学校の教育活動は生徒の人格の自由な発達を旨として行われなければならない」。「この基本権はあらゆる国家領域に浸透し，その自由な構造を要請するものであり，それ故，憲法上の教育目的を規定し，かつそれでもって基本法7条1項が規定する国家の学校監督権を制限し，学校制度形成の内容的な根本規範となる。またこの基本権は学習過程に対してだけではなく，教育・教授過程にも効果を及ぼすもの」である。

　この結果，「授業の内容的形成に係わるすべての決定は，必然的に学校の自治事項でなければならない」。そしてこのような場合においてだけ，「基本法2条1項の要請するところにより，具体的な教育状況において，もっとも強力に生徒の人格の自由な発達を可能にさせる教育内容や教育方法を，その判断で優先させることができる裁量領域が教員に許容されることとなる」とされる。

　この見解は，教員の「教育上の自由」の根拠とその限界を生徒の「自己の人格を自由に発達させる権利」から導いているわけで，その限りでは「教育条理」を踏まえた立論だと評されよう。

6　教員の「教育上の自由」と「表現の自由」・「良心の自由」

　いうところの教員の「教育上の自由」を「表現の自由」(基本法5条1項) ないし「良心の自由」(基本法4条1項) という憲法上の基本権から導くことができるかについては，判例・学説はほぼ一致してこれを否定する。たとえば，教員は「表現の自由」・「良心の自由」に依拠して教授計画から逸脱した授業を行うことができるか否か，が争われたケースで，ラインラント・プファルツ懲戒裁判所は次のように判じてこれを否定している[43]。

　「学校の教育目的を具体化するために策定される教授計画は…憲法上保障された表現の自由を制約する。教授計画から外れた授業は，良心の自由の基本権によっても保護されえない」，「教授計画から外れた授業は，なによりも先ず生徒の専門的に妥当な教育をうける権利を侵害する」。

---

(42)　Ekkehart Stein, Das Recht des Kindes auf Selbstentfaltung in der Schule, 1967, S.8. S.57-S.58, S.61

(43)　Disziplinarhof Rheinland-Pfalz, Urt. v. 15. 11. 1963., In: RWS (1965).S.148.

学校法学の通説もこれを支持し、たとえば、パーシェルはこの点についてこう述べている[44]。「『教育上の自由としての教授の自由』(Lehrfreiheit als pädagogische Freiheit) は良心の自由保障からは導かれえない。それは特定の場合、個々の教員に一定の拒否権を与えるにすぎない。……生徒が享有する『自己の人格を自由に発達させる権利』および『良心の自由』から、教員には自己の信念や見解の宣伝を差し控える義務が生じる。また教員の表現の自由は教材説明に不可欠なものではあるが、しかしこれ自体を個人的な表現の自由の範疇で把握することはできない」。

7 M. シュトックの教員の「教育上の自由」の法的構成

M. シュトックは1971年にこのテーマに関する本格的な単著「教育上の自由と学校の政治的委託 ── 解放的な学校組織構造の法的問題」を著し[45]、また1986年には「学校の教育責務に照準を当てた教員の教育上の自由」というモノグラフィーを公刊しているが[46]、そこにおいてシュトックはこれまでの緒論を批判的に検討・摂取し、学校の組織構造の有りように引きつけて、独自の教員の「教育上の自由」論を構築している。端的にその結論だけを摘記すれば、下記のようになろう。

① 教員の「教育上の自由」はまず第1に生徒の「学習の自由」の前線防御として機能し、また同時に国家目的の実現にも資するものであるから、それは教員という職務と学校という組織に内在的な根拠をもつ。

② この権利は<u>主体的公権</u>であり、具体的な請求権や訴権を伴う権利である。したがって、教員はこの権利の侵害に対しては行政裁判所に提訴して争うことができる。

③ この権利は<u>主体的公権として「職務命令からの自由」</u>(fachliche Weisungsfreiheit) を帰結する。したがって、学校監督庁の個別的な命令・訓令等はこの権利に対して法的拘束力をもたず、これを制限する場合には「法律」の形式を必要とする。

④ 教員会議によって担われる教員の「教育上の自由」の総体としての「学

---

(44) W.Perschel, a.a.O., S. 39.

(45) M.Stock, Pädagogische Freiheit und politischer Auftrag der Schule ‐ Rechtsfragen emanzipatorischer Schulverfassung, 1971

(46) M.Stock, Die pädagogische Freiheit des Lehrers im Lichte des schulischen Bildungsauftrages, In: RdJB (1986), S.212ff.

校の自由」(Schulfreiheit) は職務法的側面と組織法的側面を有し，この両面で伝統的な学校営造物理論を修正し，学校を「部分的に権利能力を有する営造物」(teilrechtsfähige Anstalt) たらしめる。

⑤ 生徒に対する違法行為は教員の地位権と学校の組織権への侵害に転化し，教員および学校はこれに対してその違法性を主張することができる。つまり，「教員の教育上の自由」および「学校の自由」は対外的な法的自律として，これを生徒の側から捉えれば，制度的な権利保障体系として成立する。

8 教員の「教育上の自由」に関する学校法学の通説的見解

以上，教員の「教育上の自由」の法的構成に関する学説の動向を見てきたのであるが，この権利の法的性質・強度，具体的な内容・効力・限界等をめぐっては諸説が混在しており，いまだペンディングな点が少なくないという状況にある。くわえて，1990年代後半から2000年代前半にかけての各州における学校法制改革によって，たとえば，学校監督の役割や機能が変容し，また教育スタンダードや学校プログラムが導入されるなど，教員の「教育上の自由」をめぐる法制構造にも変化が見られている。

そこで以下では，上述した学説動向を踏まえたうえで，教員の「教育上の自由」に関する今日における学校法学の通説的見解を，H. アベナリス・H. ヘッケル（共著）『学校法学』(Schulrechtskunde〈第7版〉2000年）と H. アベナリス・H.P. フュッセル（共著）「学校法」(Schulrecht〈第8版〉2010年）に代表させ，これに係わる記述を端的に概括・摘記しておくこととしたい[47]。この書物の初版は H. ヘッケルによって 1957 年に刊行されたのであるが，その後，半世紀を超えて版を重ね，現在ドイツにおけるもっとも権威ある指導的な学校法学書だからである。

① 教員は他の公務員と同じく，職務上，命令に拘束される（weisungsgebunden）。しかし教員の「教育上の自由」は教員に対して，その固有責任において教育活動を行う活動領域を保障するものであり，教員の公務員法上の地位を修正し補充する法原則である。ただこの原則が現行法制上，基本法 33 条 5 項にいう「職業官吏制度の伝統的諸原則」をなすか否かは定かでない。

② 教員の「教育上の自由」は，その根拠と正当化事由が教員としての教育

---

(47) H.Avenarius/H.Heckel, Schulrechtskunde, 7Aufl., 2000, S.341〜S.346.
H.Avenarius/H.P.Füssel, Schulrecht, 8Aufl.2010, S.663〜S.667.

第8章　ドイツにおける教員の「教育上の自由」の法的構造

上の責務に求められる，<u>「義務に拘束された自由」</u>（pflichtgebundene Freiheit）である。<u>この自由は教員の個人的な自由ではなく，「学校目的および子どもの教育上の利益に向けられた自由」</u>という特質をもつ。

③　<u>この権利は個々の教員の主体的公権ではない</u>。したがって，教員はこの権利に依拠して学校監督庁に対して請求権を行使したり，行政裁判所に提訴することはできない。

④　上記の特質と係わって，<u>教員の「教育上の自由」は憲法上にも関係条項をもつ</u>ことになる。第1次的には教員によって担われる，機能十分な学校を維持するという国の責務を定めた基本法7条1項，次いで教員によって促進されるべき生徒の「自己の人格を自由に発達させる権利」を規定した基本法2条1項がそれである。

⑤　教員の「教育上の自由」の根拠を「学問・教授の自由」（基本法5条3項）に求めることはできない。教員のこの自由は上述したような特性を有する権利として，<u>教育主権＝学校制度に対する国家の全般的責任</u>（基本法7条1項）に基づく法的規律に服するものだからである。こうして教員は憲法，法律およびその他の法規の尊重義務を負うに止まらず，学校監督庁の指針や命令，学習指導要領，教育スタンダードにも拘束される。

⑥　教員のこの自由の限界は学校制度の機能が損なわれるか，子どもの「教育上の利益」ないし「客観的かつ専門的に適切な教育をうける権利」が侵害されるかどうか，によって見定めていくこととなる。こうして，学校監督庁の教員に対する専門監督権は一定の範囲において当然に留保され，学校監督官の指示は教員を拘束する。

⑦　けれども，<u>教員の「教育上の自由」保障は学校監督官の教員への対応は，原則として，助言・提案・指摘に止まることを要請する</u>。学校監督庁は合法的で適正かつ秩序ある教育活動が危うい場合に限り，教員の教育活動に規制的に介入できる。この場合，「教員の教育上の自由」を侵害されたと思う教員は，直近の身分上の上司に異議を申し立てることができる。

⑧　この自由は「教育方法の自由」と同義ではない。なぜなら，この自由は教員の教育活動全体を対象法益とする一方で，ケースによっては，教員は教育方法に関する学校監督官の指示や命令にも従わなくてはならないからである。

⑨　<u>教員は正当な手続きを経て成立した教科会議などの教員会議や学校会議の決定に拘束される。また学校会議の決定に係る学校プログラムについても同様である</u>。

第4節　教員の「教育上の自由」に関する判例の動向

　教員の「教育上の自由」に関する各州の現行学校法制と学説は上述したような状況にあるが，それでは行政裁判所はこの問題についてどのような判断を示してきているのか。定評のある教育判例集・「学校法および試験法に関する判例集」〈全4巻〉（SPE = Sammlung schul‐und prüfungsrechtlicher Entscheidungen Drittr Folge）の2014年版には「教員の教育上の自由」と係わって19の判例が収載されているが，以下に見る通り，この問題に関する行政裁判所の見解にはきわめて厳しいものがあると評されよう。もとより各州の学校法制状況や争われたケースにもよるが，19の案件のうちで，教員の側が「教員の教育上の自由」を根拠に勝訴したのは2件に過ぎない。争点となった事項に即して，代表的な判例の判旨を記すと下記のようである[48]。

〈1〉教員の「教育上の自由」の法的性質
① ミュンスター高等行政裁判所判決（1989年）[49]
　「ノルトライン・ウエストファーレン州学校行政法14条2項が定める教員の教育上の固有責任は，学校監督庁に対する教員の訴権を伴う主体的な個人的公権（einklagbares subjektives öffentliches Individualrecht）を根拠づけるものではない」。
② マンハイム上級行政裁判所決定（1997年）[50]
　「バーデン・ビュルテンベルク州学校法38条2項によって教員に保障されている教育上の自由は，学校監督庁に対する個々の教員の訴権を伴う主体的公権を創設するものではない」。

〈2〉教員の「教育上の自由」と学習指導要領の拘束力
① シュレスビッヒ高等行政裁判所決定（1991年）[51]

---

(48) J.ルクスは「教員の主体的権利としての教育上の自由」（Die pädagogische Freiheit als subjektives Recht der Lehrer）という理論的立場から，教員の教育上の自由に係わる否定的な判例について批判的な考察を加え，これを厳しく指弾している（J.Rux, a.a.O., S.120‐S.135.）。
(49) OVG Münster, Urt. v. 25. 8. 1989〈SPE 480 Nr 12〉.
(50) VGH Mannheim, Beschl. v. 28. 10. 1997〈SPE 480 Nr.16〉.

第 8 章　ドイツにおける教員の「教育上の自由」の法的構造

「立法者によって強調されている教員の教育上の固有責任は，教員の教育活動について，教員を学習指導要領の拘束から解除するものではない」。

〈3〉 教員の「教育上の自由」と学校監督権
① 　ベルリン行政裁判所判決（1985 年）[52]
「学校監督庁の任務は法的規制だけに止まるものではない。それは教育上の専門的な規制（pädagogisch-fachliche Kontrolle），したがってまた合目的的な規制（Zweckmäßigkeitskontrolle）にも及ぶ。学校組織構造法 10 条が規定している教員の教育上の固有責任は，教員が行う成績評価について，学校監督庁のこれに対する修正的な介入を排除するものではない」。
② 　ベルリン行政裁判所判決（1987 年）[53]
「教員の教育上の自由が勤務法上の命令拘束性の範囲内での，単なる職務機能の反映なのか，それとも教員に自律的な法的地位を認容するものなのか，については争いがある。ただ学校監督庁が教員に対し成績評価について一般的な指示をすることは，許容されない方法で，教員の教育上の自由領域に介入することにはならない」。

〈4〉 教員の「教育上の自由」と校長の職務権限
① 　デュッセルドルフ行政裁判所判決（1984 年）[54]
「一般学校規程 13 条 2 項は個々の教員に対して，特定の教育手段を他者による影響から自由に自ら決定する権利，つまり，上司によって尊重されるべき固有の権利を保障するものではない。教員は非独立的な学校の一部として活動しているのであり，したがって，個々の教育上の措置や決定についても上司の命令に拘束される」。
② 　マンハイム上級行政裁判所決定（1988 年）[55]
「校長は成績評価について一般的に妥当している原則を保持するという，校長としての責任の範囲内において，教員に対して個々の場合にその成績評

---
(51)　OVG Schleswig, Beschl. v. 30. 4. 1991〈SPE 480 Nr. 13〉.
(52)　VG Berlin, Urt. v. 20. 9. 1985〈SPE 480 Nr.10〉. 2 審の OVG Berlin Beschl. v. 30. 1. 1987〈SPE 480 Nr.11〉もこれを支持。
(53)　VG Berlin, Urt.v. 17. 12. 1987〈SPE 480 Nr.1〉.
(54)　VG Düsseldorf, Urt. v. 7. 3. 1984〈SPE 480 Nr.2〉.
(55)　VGH Mannheim, Beschl. v 27. 1. 1988〈SPE 480 Nr.9〉.

価について指示をすることができる。そして校長のこの指示が実施されない場合には，教員の行った評価を他の評価によって代えることができる」。

〈5〉教員の「教育上の自由」と教科書の使用
① リューネブルク高等行政裁判所判決（1992年）[56]
「ニーダーザクセン州学校法35条1項によれば，教員は自己の教育上の責任において教育活動を行うことができる。しかしこの規定は，当該校で採択された教科書を授業で使用すべしとの指示に対する防御権（Abwehrrecht gegen die Weisung）を，教員に与えるものではない」。
② 連邦行政裁判所決定（1994年）[57]
「教科会議の提案にもとづき，教員全体会議で採択が決定された教科書を，教員に対して授業で使用することを義務づけることは，教員の教育上の固有責任を侵害するものではではない」。

〈6〉教員の「教育上の自由」と成績評価
① コブレンツ高等行政裁判所決定（1972年）[58]
「成績評価に際して，その方法の選択については，教員に広範な裁量領域が認められなくてはならない。口述試験の方法が所定のものとは異なる場合でも，これに異議を唱えることはできない」。
② マンハイム上級行政裁判所判決（1975年）[59]
「機会均等の原則は口述試験に際して，すべての生徒について同じ頻度で同じ方法と様式で行われることを求めるものではない。もとより一定の限界は存するが，生徒に対する口述試験をどのように実施するかは教科教員の教育上の裁量に属する」。

第5節　教員の「教育上の自由」をめぐる個別問題

1　学校監督庁の専門監督権と教員の「教育上の自由」

学校監督庁はその有する「専門監督権」（Fachaufsichtsbefugnis）にもとづい

---
(56)　OVG Lüneburg, Urt. v. 13. 10. 1992〈SPE 480 Nr.17〉.
(57)　BVerwG, Beschl. v. 28. 1. 1994〈SPE 480 Nr.14〉.
(58)　OVG Koblenz, Beschl. v. 15. 3. 1972〈SPE 480 Nr.4〉.
(59)　VGH Mannheim, Urt. v. 16. 10. 1975〈SPE 480 Nr.6〉.

第8章　ドイツにおける教員の「教育上の自由」の法的構造

て，教員の教育活動や教育専門的な措置・決定にいかなる範囲で，どの程度まで介入できるか。この問題は，結局のところ，「教員の教育上の自由」を具体的にどのような法的性質・内容の権利として把握するかに掛かっている。1960年代以降，この問題は具体的には，学校・教員の教育専門的な措置・決定に対する司法審査権の限界が，学校監督庁の専門監督権にも妥当するか，否定の場合，学校監督庁は学校・教員の教育専門的な事項について，これに介入し変更させたり，学校・教員に代わって自ら決定できるか否かが，学説・判例上の争点をなしてきた。

　この問題について1960年代初頭，H.ラウターバッハは，教員の「教育上の自由」の法理と教育専門的な措置・決定の特殊性を根拠として，学校監督庁の専門監督権は行政裁判権と同様の限界に服するとの見解を示した[60]。すなわち，学校監督庁は学校・教員の教育専門的な措置・決定についてはただ，①事実誤認はないか，②事項外的考量 (sachfremde Erwägung) によって導かれていないか，③普遍妥当的な評価原則を無視していないか，④現行法に抵触していないか，についてだけしか審査しえないとしたのであった。

　ちなみに，この見解は，学校による教育上の専門技術的な価値判断に関する司法審査の限界として，連邦行政裁判所が1959年に示した見解とまったく同一である[61]。

　このような立論をさらに徹底させて，学校監督庁の学校・教員に対する専門監督権は「純然たる法監督」(reine Rechtsaufsicht) だけに限局される，とする学説が見られている。たとえば，K.ネーバーマンは「専門監督が枠組規定の保持，つまり法監督に限定されるなら，その時に初めて法的に保障された（学校の）自律性が語られうることになる」と述べ[62]，またM.シュトックも「教員・学校の自由が事実上のものではなく法的に重要な意味をもつもの（rechts-relevant）であるなら，学校の管理・維持の領域に止まらず，教育事項に対する専門監督権も法監督だけに限定されることになる」との立場をとっている[63]。

　今日においても，教員の「教育上の自由」の法的現実化という観点から，このような見解を支持する有力な学説が見られているが[64]，ここで重要なのは，

---

(60) H.Lauterbach, Bemerkungen zur Stellung der Klassenkonferenz im pädagogischen Bereich gegenüber der Schulaufsichtsbehörde, In: RWS (1961), S.327.

(61) BVerwG, Urt. v. 24. 4. 1959, In: P.Seipp, Schüler-Richter-Lehrer, 1963, S.55-S.56.

(62) K.Nevermann, Reform der Schulverfassung, In: RdJB (1975), S.207.

第5節　教員の「教育上の自由」をめぐる個別問題

1981年にドイツ法律家協会（Deutscher Juristentag）が公表した「法治国家における学校 —— 州学校法案」がこの立場を採っていることである[65]。

　すなわち，同協会の学校法委員会の作成に係る上記法案は，「教員の法的地位」と題して「教員は……固有の責任において教育を行う。教員の教育活動のために必要な教育上の自由は，法規や会議の決定によって，不必要ないし不当に狭められてはならない」（66条2項）と書いて，「教員の教育上の自由」の法理を確認したうえで，この法理を現実かつ具体的に保障するための方途の一つとして，こう規定したのであった。「教育行政庁は，各個の場合に，ただ教員が法規に抵触している場合においてだけ，教員の教育活動に介入することが許される」（73条2項）。

　しかし，このような見解は少数説に止まり，憲法学・学校法学の通説や判例の採るところではない。この問題に関する通説の骨子を摘記すると，次のようになろう。

　①　上記のような所論は学校監督権と行政裁判権の本質・機能的差異を無視している。法的審査を任とする司法権と異なり，専門監督権は学校の教育活動や教育措置・決定の合法性（Rechtsmäßigkeit）についてだけでなく，合目的性（Zweckmäßigkeit）に関する審査・統制をも当然に包含する。その根拠は，学校監督官の教育専門性および学校教育・教育行政の命令拘束性と議会に対する責任に求められる[66]。

　②　教員の「教育上の自由」は法規や学校監督上の規程・命令の範囲内で容認されている相対的なものである。学校は決して法的な意味でのアウトノミーを享有してはいない。生徒や親の権利保護のために，学校監督庁には専門監督

---

(63)　M.Stock, Pädagogische Freiheit und politischer Auftrag der Schule, 1971, S.24-25.
　　ders., Die pädagogische Freiheit des Lehrers im Lichte des schulischen Bildungsauftrages, In: RdJB (1986), S.223.
(64)　J.Müller, Schulische Eigenverantwortung und staatliche Aufsicht, 2006, S.82-S.83.
　　dies., Abschaffung der Fachaufsicht im Schulbereich als Gebot der Zeit?, In: DVBl (2006), S.878.
　　F.R.Jach, Abschied von der verwalteten Schule, 2002, S.84.
　　J.P.Vogel, Verfassungsrechtliche Bemerkungen zur Verselbständigung der Schule, In: Zeitschrift für Pädagogik 41 (1995), S.44.
(65)　Deutscher Juristentag, Schule im Rechtsstaat, Bd.Ⅰ - Entwurf für ein Landesschulgesetz, 1981, S.98. S.102.
　　なおこのドイツ法律家協会の州学校法案については，RdJB (1981) Heft3 が特集号を組んで詳細な検討を行っている。

第8章 ドイツにおける教員の「教育上の自由」の法的構造

上の命令諸権限が留保されなければならない。国民の権利を犠牲としての「教育上の自由」の絶対化は法治国家においては認容されえない[67]。

③　だがしかし，教員の「教育上の自由」の法理の法的効果として，専門監督上の過度にわたる介入は禁止される。また学校監督庁は学校の瑕疵ある決定や措置を取り消し，再度学校に決定を求めることができるだけである。学校に代わって学校監督庁自らが決定することはできない。これらの決定は「高度に人格的な専門的判断」（höchstpersönliches Fachurteil）を含むものだからである[68]。

以上が学校監督庁の学校・教員に対する専門監督権の範囲および強度に関する通説の要点であるが，ここで刮目に値するのは，ブレーメン，ヘッセン，ニーダーザクセンおよびメークレンブルク・ホアポンメルンの4州においては，上述したラウターバッハのいう学校・教員に対する専門監督の「法監督」への制限論＝学校・教員の教育上の措置・決定に対する，学校監督庁の専門監督権と行政裁判権の，その範囲・強度に関する等置論がすでに法制化を見ているということである[69]。

ちなみに，この点に関する規定例を引くと，たとえば，ニーダーザクセン州学校法（1998年）は「専門監督は学校の固有責任を侵害しないように行使されなければならない」（121条1項）との原則を確認したうえで，具体的に次のように規定している。

「教育行政庁は専門監督の範囲内において，教育上の評価や決定をただ下記の場合に限り取り消しないし変更することができる。すなわち，①法規ないし行政規則に抵触している場合，②不当な前提ないし事項外的考量から出発している場合，③一般的に承認された教育上の原則ないし評価基準に抵触している場合。」（同条2項）。

この規定は，同法32条と50条1項がそれぞれ「学校の自律性」と「教員の教育上の自由」を優れて実質的に保障していることの法的帰結であるとされ

---

(66)　G.Eiselt, Ein höchst gefährlicher Vorschlag: Schulaufsicht als reine Rechtsaufsicht, In: RdJB (1981), S.170-S.172.
(67)　H.Heckel, Schulfreiheit und Schulaufsicht, In: ZBR (1965), S.131.u.a.
(68)　F.Ossenbühl, Die pädagogische Freiheit und die Schulaufsicht, In: DVBl (1982), S.1163.
(69)　当該条項は下記の通りである。NS州学校法121条2項（1998年），HB州学校行政法12条3項（2005年），HE州学校法93条3項（1997年），MV州学校法95条4項（2006年）

る。

　ただ一方で，ハンブルク，ラインラント・プファルツ，ザクセン，ザクセン・アンハルトおよびシュレスビッヒ・ホルシュタインの5州においては，教員の教育活動に対する学校監督庁の専門監督に関して具体的な制約規定は存しておらず，こうして，この法域における法制状況には州によりかなりの違いが見られている。

　なお敷衍すると，1980年代後半から1990年代前半にかけての各州の学校法制改革に際して，学校監督庁の学校・教員に対する専門監督は法監督だけに限定されるとする，上記ドイツ法律家協会の学校法案を採用した州はなく，今日に至るも見られていない[70]。

2　校長の職務命令権と教員の「教育上の自由」

　現行法制上，公立学校の教員は州の公務員（Beamte）として，公務員法上のヒエラルキーに編入されている。したがって，教員についても「上司」（Vorgesetzter）という法概念が当然に妥当する。こうして現行法制上，すべての州で校長は「教員の直接の上司」として位置づけられている。つまり，校長は学校における教育上および管理運営上の全体責任の範囲内において，教員の職務行為に関して，拘束力のある命令を発することができる[71]。

　ちなみに，この点について現行学校法制も，たとえば，ザールラント州学校参加法（2005年）は，こう明記している（16条5項）。「校長はその任務を遂行するにあたって，……教員に対して命令をする権限をもつ（weisungsberechtigt）」。

　このように校長は教員に対して職務上の上司としての権限を有しているのであるが，しかしそれがいかなる範囲でどの程度まで及びうるかとなる──とくに教員の教育活動に対する校長の指示・命令権の存否・強度──，教員の「教育上の自由」との法的緊張が問われなければならないことになる。

　この問題は「教員の教育上の自由」に係わる重要な事柄であるが，これに関する今日の通説的見解を端的に要約しておくと，次のようになろう[72]。

　「校長はいまだ養成途上にある教員に対しては，その教育活動に関し，教

---

(70)　H.Avenarius/H.P.Füssel, a.a.O., S.184.
(71)　さしあたり，D.Margies/K.Roeser, Schulverwaltungsgesetz, 1995, S.203.
(72)　さしあたり，H.Avenarius/H.P.Füssel, a.a.O., S.666.
　　　J.Rux, Die pädagogische Freiheit des Lehrers, 2002, S.184.

第8章　ドイツにおける教員の「教育上の自由」の法的構造

授・教育的観点から職務上，命令できる。しかし全的に養成を終えた教員（vollausgebildete Lehrer）の場合は，授業を査察する権限はもつが，教員の教育活動に関しては，教員の「教育上の自由」の法的効果から，原則としてこれに介入することは許されず，ただ例外的な場合にだけ介入することができる」。

　そして，ここでいう例外的な場合とは，次のようなケースをいうとされる。すなわち，教員の当該教育活動が法規や行政規則，学校監督庁の命令や学校の諸機関（教員会議や学校会議など）の決定に抵触している場合，教員の教育活動の質に欠陥が認められる場合，平等原則からの要請がある場合，それに生徒に対する評価に関して教員間で著しい差が存する場合，などがそれである。

　ちなみに，この点を確認して，ヘッセン州学校法（2005年）も次のように規定している（88条4項）。「校長は上司として……教員に対して命令権を有する。ただ校長は，法規や行政規則，本法93条3項が規定する専門監督に関する原則と規準，学校プログラムの拘束力ある教育上の原則ないし学校の諸会議の決定に抵触している場合に限り，教員の教育活動に介入し，指示をすることができる」。

　なお上記と関連して，校長は果たして教員の授業を査察する権利（Unterrichtsbesuchsrecht）をもつか，ということも問題になるが，ここでは，通説・判例はこの権利を承認し[73]，また現行法制上も校長のこの権利（ないし義務）を明記している州が多く見られている（たとえば，ザクセン学校法42条2項，ヘッセン州学校法88条4項など），という事実だけを指摘するに止める。

3　教員の「教育上の自由」と学習指導要領の法的拘束力

　宗教教育については別として[74]，基本法はもとより，各州の憲法にも「学習指導要領」（Lehrplan・Rahmenrichtlinie）に関する規定は存在していない。学校法でこれに関する規定を置いている州は見られているが，こうした学校法上の規定の存否に拘わらず，学習指導要領の制定は伝統的に国家の学校監督権に包摂されていると解され，そこで文部省は法律による明示的な授権がなくても当然に，学習指導要領を行政規則（verwaltungsvorschrift）で定めることができ，そしてそれは，判例・通説によれば[75]，教員の教育活動を拘束すると

---

(73)　さしあたり，T.Böhm, Grundriß des Schulrechts in Deutschland, 1995, S.77.
(74)　宗教教育の学習指導要領については，3州の憲法が規定している。NW州憲法14条2項，RP州憲法34条，SL州憲法29条がそれである。これらの州憲法によれば，宗教教育の学習指導要領は教会ないし宗教団体の同意を得て制定されることとされている。

110

第5節　教員の「教育上の自由」をめぐる個別問題

されてきた。「法から自由な領域（rechtsfrei）」において，「行政権によって定立された法」（administrativ gesetztes Recht）としての学習指導要領という位置である[76]。

たとえば，ラインラント・プファルツ州懲戒裁判所は，芸術の教員が授業時間中に平和問題を取り扱った事件で，次のように判じている[77]。「国は学校監督主体として憲法で規定された教育目的を実現するために，学校制度の計画・統轄・規律・促進の義務を負っている。この教育目的は学習指導要領によって具体的に達成されるものであるから，それは当然に教員の教育活動を拘束し，これに対する違反は懲戒処分の対象となる」。

しかし，旧来のこうした教育行政運用や解釈に対してはとりわけ1970年代半ば以降，厳しい批判が加えられてきた。それは大きく二つに分けることができる。

一つは，学習指導要領の法的性質に関するもので，法律による授権のない「行政規則としての学習指導要領」は基本法が要請する法治国家原理および民主制原理とは相容れない。この面においても「法律の留保の原則」が当然に妥当し，したがって，学習指導要領は法規命令（Rechtsverordnung）の法形式で制定されなくてはならず，その限りにおいて法的拘束力が認められる，とする立場である。学習指導要領は子どもの「自己の人格を自由に発達させる権利」（基本法2条1項）や「親の教育権」（同6条2項）といった「基本権にとって重要な意味をもつもの」（Grundrechtsrelevant）だからである[78]。

この点は，先に触れたドイツ法律家協会の州学校法案が強く求めたところであるが（7条1項），この提案を受けるかたちで今日においては，たとえば，ヘッセン州学校法（4a条3項），バイエルン州教育制度法（45条2項），バーデ

---

(75)　今日における通説・判例としては，さしあたり，H.Avenarius/H.P.Füssel, a.a.O., S.664. OVG Schleswig, Beschl. v. 30. 4. 1991〈SPE 480 Nr. 13〉.
(76)　G.Eiselt, Richtlinien für Unterricht und Erziehung im Schulwesen als admistrativ gesetztes Recht, In: DÖV（1980）, S.405.
(77)　Disziplinarhof Rheinland-Pfalz, Beschl. v.15. 11. 1963, In: RWS（1964）, S.147.
(78)　E.Stein/R.Monika, Handbuch des Schulrechts, 1992, S.61.S.195.
　　H.U.Evers, Parlamentszuständigkeit zur inhaltlichen Gestaltung des Unterrichts, In: RdJB（1982）, S.235.
　　Deutscher Juristentag, a.a.O., S.165-S.165.
　　K.Nevermann, Lehrplanrevision und Vergetzlichung, In: VerArch 1980, S.241ff.
　　BVerwG, Urt. v. 17. 7. 1980, In: NJW（1981）, S.1056.

第8章　ドイツにおける教員の「教育上の自由」の法的構造

ン・ビュルテンベルク州学校法（35a条5項）などがその例であるが、多くの州学校法がこの立場を採用するところとなっている。

　二つは、教員の「教育上の自由」ないし「学校の自律性」を根拠とするもので、こうした立場からは当然のことながら教員・学校の決定権の拡大と、これに対応した教授要綱・学習指導要領の枠組規定性ないし最低基準性が強調される。それは端的に伝統的な「教授要綱」（Lehrplan）から「枠組的指針」（Rahmenrichtlinie）への転換要求だと捉えられる。「細部にわたる厳格な教授要綱」に対する批判は1950年代前半に展開された「管理された学校」批判以来のものであるが[79]、「教員の教育上の自由」ないし「学校の教育自治」が法制化を見るに至った後、とくに1970年代以降、これに対する批判は一段と加速した。こうして、この時期以降は「教員の教育上の自由」を踏まえた学習指導要領の有りようが追求され、そして今日においてはそれを法制化した立法例が見られるに至っている。ヘッセン州学校法とニーダーザクセン州学校法がその範例である。

　ちなみに、ニーダーザクセン州学校法は「教育活動のための枠組的指針」（Rahmenrichtlinien für den Unterricht）と題して（122条1項）、次のように規定している。

　「教育活動は枠組指針にもとづいて実施される。それは文部省によって策定され、個々の教科の一般的かつ専門的な目標と教授上の原則を含まなくてはならない。……またそれは拘束力ある教育内容と選択に委ねられる教育内容を適切な割合で定め、こうして教員が所定の目標をその固有の教育責任において達成し、同時に生徒の関心を考慮できるような状態に置かれるように規定するものとする」。

　なお上述したところと基本的にはほぼ同じ趣旨から、生徒の「自己の人格を自由に発達させる権利」を根拠として教授要綱の枠組規定性を導く所説も見られている[80]。こう述べる。「学校制度に一定の統一性をもたせるという要請は、現行のような細部にわたる教授要綱を正当化するものではない。授業計画や教材配分に関する細部にわたる厳格な規程に代えて、簡明な指針（einfache

---

(79)　H.Becker, Quantität und Qualität-Grundfragen der Bildungspolitik, 1968, S.157.
　　　この点、F.ヘネッケも「細部にわたる教授要綱は学校の教育活動に対して侵害性（Eingriffscharakter）をもつ」と指弾している（F.Hennecke, Staat und Unterricht, 1972, S.157）.
(80)　Ekkehart Stein, a.a.O., S.61.

Richtlinien)でもって良しとすべきである。そうすることによって始めて，具体的な教育状況において，教員に生徒の人格の自由な発達をもっとも強く可能にする，教育方法や教育専門的な価値を優先できる裁量領域が確保されることになるからである」。

第9章　生徒・親の知る権利と教育情報の公開・開示

第1節　国民・住民の知る権利と公共的教育情報の公開

1　国民の知る権利と情報公開法制

　国民の「知る権利」(right to know) はすぐれて現代的な人権である。この権利は，国民主権・民主制原理にもとづいて非公開政治に対抗する概念としてアメリカで生まれ，今日，西欧型民主主義国家においては，独立の法的権利として基本的人権のカタログに重要な地位を占めるに至っている[1]。

　敷衍して言えば，知る権利は「すべての基本的人権の前提をなす，あるいは国民の憲法上の権利に内在的にもしくは黙示的に含まれている権利」と捉えられ[2]，そこで在来の「表現の自由」保障とは別に，この権利を憲法上わざわざ明記している例も見られている。たとえば，ドイツ基本法（憲法）は高らかにこう書いている。

　「何人も，……一般に近づくことのできる情報源から妨げられることなく，知る権利（Das Recht, sich zu unterrichten）を有する（5条1項）──ドイツでは知る権利を別名「情報の自由」(Informationsfreiheit) と称し，学説・判例上，これには消極的に「情報を受け取る自由」だけではなく，自ら積極的に「情報を収集したり創造する権利」が包含されている，と解されている──[3]。

　さて知る権利は，それを具体化する情報公開法制＝情報公開の制度化を要請することになるが，よく知られているように，スウェーデンをはじめとする北欧3国やアメリカなど，欧米諸国においてはこの法域は既にかなりの発達を見せている状況にある[4]。

---

(1)　芦部信喜『現代人権論』有斐閣，1977年，396頁。
(2)　平松毅「知る権利の展開 ── とくにスウェーデン法制に関連して」『法律時報』44巻7号，56頁。
(3)　I.v.Münch/P.Kunig〈Hrsg.〉, Grundgesetz-Kommentar, 2000, S.401. B.Pieroth/B.Schlink, Grundrechte Staatsrecht Ⅱ, 19Aufl., 2003, S.138.
(4)　参照：松井茂記『情報公開法』有斐閣，2003年，3頁以下。

第9章　生徒・親の知る権利と教育情報の公開・開示

　ちなみに，情報公開制度を世界で最初に確立したスウェーデンでは，わが国の江戸時代に当たる1766年に「出版の自由に関する法律」が制定され，それ以来，情報公開制度は憲法上の制度として位置づけられ，今日にいたっている。

　わが国においても，「知る権利」の明文上の保障は欠くものの[5]，長年の懸案であった情報公開法（「行政機関の保有する情報の公開に関する法律」）が1999年5月に制定され（2001年4月施行），情報公開制度がようやく発足を見るに至った。

　ただ地方自治体レベルでは，1980年代以降，情報公開条例の制定＝「住民の知る権利の実定法化」がかなりのピッチで進展してきたことは，周知のところであろう。そして2003年4月現在，わが国で最初に情報公開条例を制定した山形県金山町をはじめ（1982年4月），47都道府県すべて（都道府県では神奈川県が最初・1983年4月）と2890の市町村（全体の89.9％）が情報公開条例をもつに至っている。「民主主義国家における標準装備としての性格を持つ情報公開制度」は[6]，わが国にあっては，金山町という山形県北部の人口約8,000人の「小さな町の大きな試み」から始まり，それからおよそ20年を経た今日，漸く一般化しつつあると言えよう。

　ここで参考までに，本格的な情報公開条例として知られる大阪府公文書公開条例（1984年施行）の「前文」を掲記しておきたい。情報公開制度の意義を格調高くこう謳いあげている。

　「情報の公開は，府民の府政への信頼を確保し，生活の向上をめざす基礎的な条件であり，民主主義の活性化のために不可欠である。府が保有する情報は，本来府民のものであり，これを共有することにより，府民の生活と人権を守り，豊かな地域社会の形成に役立てるべきものである。このような精神のもとに，府が保有する情報は公開を原則とし，……公文書の公開等を求める権利を明らかにすることにより，『知る権利』の保障と個人の尊厳の確保に資するとともに，地方自治の健全な発展に寄与するため，この条例を制定する」。

---

(5)　知る権利が憲法21条（表現の自由）に根拠を置く憲法上の基本的人権であることは，学説・判例上，ひろく認められているところである。さしあたり，浦部法穂・中村睦男・佐藤幸治・樋口陽一『注釈　日本国憲法（上巻）』青林書院，1991年，490頁以下。栗林壽夫・戸波江二『憲法』青林書院，1995年，183頁など。
(6)　宇賀克也「情報公開訴訟判例の動向」『法学教室』1997年6月号，5頁。

2　知る権利の保障と「情報の原則公開」の原理

　先に引いた大阪府公文書公開条例も直截に述べているように，情報公開制度の主旨は，住民の知る権利を制度的に保障するとともに，行政機関等に情報の開示義務を課すことにより，「地方自治の本旨」(憲法 92 条) に則って，

　①　民主主義の活性化＝住民の行政参加〈住民自治〉と住民による行政の監視，

　②　個人の尊厳を踏まえた，住民の生活と人権の保障を期すことにある。

　これは，いうところの知る権利が，情報を受け取る自由としては自由権であるが，情報公開を要求する権利としては請求権ないし社会権としての性格を有し，さらに住民の直接参政の前提をなしているという面では〈情報なくして参加なし〉，参政権でもある[7]，ということに対応している〈複合的な権利としての知る権利〉。

　ここで重要なのは，上記にいう住民の知る権利は「情報の原則公開」の原理を導くということである。ちなみに，この点を確認して，たとえば，福岡地裁判決 (1990 年) は次のように判じている[8]。

　「(公開条例は) 基本的には，憲法 21 条等に基づく『知る権利』の尊重と同法 15 条の参政権の実質的確保の理念に則り，それを県政において実現するために制定されたものであって，県の有する情報については公開を原則とするものと解される」。

　もちろん，行政機関等が保有している情報のすべてが公開の対象となるわけではない。個人のプライバシーの確保や行政の公正かつ適正な執行の確保などを旨として，性質上，公開にはなじまない情報も存在する。そこで実際，各自治体の情報公開条例も個人情報，法人等情報，行政執行情報，法令秘情報等を適用除外事項と定めている。

　問題は，どのような種類の情報がどの範囲まで非公開とされ得るか，にある。ここでは，知る権利の憲法上の保障の法的効果として，また情報公開原則からの要請として，以下のような一般原則が存していることだけを，取り敢えず確認しておきたいと思う[9]。

　①　非公開とすることができる情報は，必要最小限でなくてはならない。しかもそれはあらかじめ可能な限り個別かつ具体的に画定される必要があ

---

(7)　参照：芦部信喜『人権と議会制』有斐閣，1996 年，49 頁。
(8)　福岡地裁判決・平成 2 年 3 月 14 日『判例時報』1360 号，92 頁。
(9)　参照：兼子仁『行政法学』岩波書店，1997 年，217 頁以下。

第9章　生徒・親の知る権利と教育情報の公開・開示

る。
② 　情報の公開・非公開の線引きは行政機関の自由裁量に委ねられてはいない。それは，住民の知る権利と公開しないことによって確保される利益との，情報内容に即した法益衡量によって決せられる事柄である。
③ 　公開すると行政の執行に支障を生じる，といった類の一般概括的な命題は非公開事由たりえず，行政的支障は具体的に立証されなくてはならない。
④ 　住民の権利や自由と強く係わる情報の管理は，行政内規事項ではなく，法律・条例事項に属している。

3　情報公開条例と公共的教育情報の公開

　改めて書くまでもなく，ここにいう情報公開条例は教育委員会・首長部局や学校が保有している公共性を帯びた教育情報〈公共的教育情報〉にも適用される。現に，たとえば，埼玉県行政情報公開条例によれば，県民は，県教育委員会が「作成した文書で，決裁が終了したもの」「入手した文書で，受理等の手続きが終了したもの」はその公開を請求できることになっている（2条1項）。そして実際，同県ではこれまで学校教育に関して，たとえば，教育委員会の会議録，校則見直し調査，学校事故報告書，非行・問題行動に関する実態調査，登校拒否・不登校調査，教職員の初任給・昇給・昇格の基準，体罰禁止の徹底についての通知，国旗掲揚・国歌斉唱についての通知などについて，県民からの公開要求が認められている。
　一方，福岡県では県立高校の中途退学者・原級留置者数が公開され，神奈川県では県教育委員会が県立高校2校について推薦入試の合否判定基準を全面公開し，また同県大和市と相模原の教育委員会は国旗掲揚・国歌斉唱を議題とした職員会議録の公開に踏みきっている。さらに箕面市は教育委員会の会議と議事録を公開しており，また広島県や栃木県などかなりの自治体では体罰事件報告書が公開されている。
　以上の他，個人情報保護条例にもとづく個人情報の開示は別として，これまでに目についたものだけでも，下記のような各種の情報が住民からの公開請求の対象になっている。
　教科書採択の関係文書，学校内規，教育課程届・行事予定表，いじめ・不登校の学校別データ，いじめに関する実態調査票，教員の懲戒処分に関する起案文書，教職員に係る欠勤報告書，PTA文書，県立高校の全体保護者会の録音

第1節　国民・住民の知る権利と公共的教育情報の公開

テープ，教育委員の行政視察についての旅行命令簿，学校給食の実施明細書，学校建築許可通知書，公立学校施設設備費国庫負担金の交付通知書，校舎等改築工事請負契約書，等々。

アメリカでは「情報の自由に関する法律」(1966年) が情報公開原則を確立して以降，従来の「公文書＝公用文書」観を克服して，「公文書は公共用財産である」(Public record are public property) という至言がひろく語られるようになったという[10]。わが国においても，そのような認識が次第に芽生えつつあるようであるが，教育界にあってもそうして傾向の一端が漸く見え始めていると言えよう。

いずれにしても，情報社会の進展や「知る権利」の自覚化＝情報公開制度の拡充などと相俟って，教育における情報公開・開示も今後一段と加速するものと予想される。

4　情報公開条例の不存在と住民の知る権利

それでは自治体において上述のような情報公開条例が制定されていない場合にはどうなるのか。この場合，住民が教育情報の公開を請求できるか否かは，いうところの「知る権利」の法的性質の如何にかかることになる。

これについて，憲法学の通説によれば，「知る権利」は「表現の自由を，特に情報の受け手の側から捉えたものであり，その意味で，その根拠は憲法21条に求められる」。この権利はまた「国民主権・民主主義の原理からも当然に理由づけられる」が，しかし「それはなお抽象的権利にとどまり，それを具体的権利たらしめるためには，請求者の資格・請求手続・開示を求め得る情報の範囲，請求が拒否された場合の救済などに関する制度が，法律または条例によって設けられなければならない」と説かれている[11]。

つまり，憲法論としての「知る権利」は疑いもなく「権利」として，別言すれば「情報公開請求権としての知る権利」として存しているが，それが具体的請求権となるためには，情報公開法・条例等により開示請求権が公開の基準・要件・手続等を伴って具体的に設定される必要があり，それまでは抽象的権利にすぎないとされている。かくして，憲法学の通説的理解に従えば，情報公開の制定をみていない地方自治体においては，「教育における住民の知る権利」

(10)　兼子仁・同上書216頁。
(11)　佐藤功『日本国憲法概説』学陽書房，1993年，226頁。同旨：伊藤正己『憲法（第3版）』弘文堂，1995年，324頁など。

119

第9章　生徒・親の知る権利と教育情報の公開・開示

は理念的・背景的権利にとどまっており，住民は憲法上の「知る権利」にもとづいて直ちに教育情報の公開を請求することはできないことになる。
　たしかに，知る権利は行政機関の情報開示という作為を求めるものであること，および三権分立構造下における司法権の地位を考慮すると，法律・条例等による開示基準と具体的開示請求権の設定をまたずに，「直ちに一般的に」司法的強制可能な権利とみることは困難だと言えようが，しかし知る権利の概念規定や法的構造の捉え方と係わって，以下のような有力な異説があることに，ここではむしろ特に注目したいと思う。
　「『知る権利』というコンセプトはたった一つの実体法的な内容を持つ権利を志向するのではない。……実定法の世界では，さまざまな内容・形態をもって現れる。そうであるなら，……総体としてこれを頭から『後景的権利』とか『抽象的権利』と性格づけ，法律による明示的な承認のないかぎりは，およそ実定法的な効果がないものと解する有力学説は，正鵠を得ていないと思う。……法律の制定がない以上は，なんぴとも，どんなコンテクストのもとにおいても，ある特定行政情報の開示請求権を金輪際認められないのだろうか。……コンテクストのいかんによっては，実定法構造の織り目を縫って，何らかの形で開示請求権を認めることがあり得ると思う。その可能性が正当だと主張するのが，広義の『知る権利』論なのである」[12]。
　なお以上の「教育における住民の知る権利」と関連して，箕面市教育委員会会議録の閲覧・謄写不許可処分に関する大阪地裁判決（1980年）は[13]，注目に値しよう。判旨によれば，住民は地方自治法上の権利を行使するための手段的権利として，住民自治・会議公開の原則により，教育委員会会議録の閲覧請求権および謄写請求権をもつ，とされている。妥当な判断として支持したいと思う。

5　国民・住民の知る権利と生徒・親の知る権利

　ところで，これまで述べてきたことは，もっぱら「国民・住民の教育を知る権利」と，それに対応した「公共性のある教育情報の公開」についてである。たしかに生徒や親も，国民・住民の知る権利や情報公開条例にもとづいて，教育情報の公開請求権を行使できよう。しかしそれは生徒ないし親としての固有

---

(12)　奥平康弘『憲法Ⅲ　憲法が保障する権利』有斐閣，1993年，200頁。
(13)　大阪地裁判決・昭和55年9月24日，『判例時報』992号，32頁。

の権利ではなく，国民・住民たる地位において有する権利に他ならない。

　くわえて，生徒・親の知る権利は，もちろん集団性をもつ教育事項については，情報公開請求権として集団的にも行使され得るが，たとえば，内申書や指導要録の開示請求のように，生徒の個人情報に関する開示請求権として機能することのほうが重要で，より多くを期待されていると言えよう。国民・住民の知る権利に対応した公共的教育情報の一般「公開・非公開」と，生徒・親の知る権利にもとづく個人的教育情報の本人ないし親に対する「開示・不開示」とは似て非なる事柄である，ということを押さえておこう。

第2節　学校教育における生徒の知る権利

1　生徒の知る権利の法的根拠

　改めて書くまでもなく，生徒は憲法上の基本的人権として「教育を受ける権利〈学習権・発達権〉」（憲法26条1項）を享有しているが，この権利には，その本質的な内容として，「知る権利」が包蔵されていると解される。それどころか，「子どもの『教育を受ける権利』は，表現をかえていえば，子どもの『知る権利』に他ならない」[14]とさえ言うことができる。「知る」という契機は，人間の生存，わけても人格的生存にとって本来的に不可欠なものであり，そしていうところの「教育を受ける権利」は，まさにかかる人格的生存の確保・保障を本旨とする権利なのだからである。このことは，教育をうける権利が生存権的基本権として生成し，憲法によって明示的保障を獲得するに至った歴史的経緯を辿れば，容易に知られるところである。

　くわえて，「生徒の知る権利」は学校教育の目的や学校の役割・責務それ自体によって基礎づけられ，そこから導出される，すぐれて教育法的な権利でもある，ということが重要である。自由で民主的な法治国家における学校の目的は，端的に言えば，児童・生徒を「自立し（自律的で）成熟した責任ある市民＝パブリック・シチズン（public citizen）」に向けて育成することにあると言えよう。この，いうなれば「自律（立）への教育」・「責任ある市民への教育」という学校教育の課題は，その目的上必然的に，児童・生徒を学校による一方的な「教育・指導の客体」〈消極的・従属的人間型〉ではなく，より積極的に人格の自由な発達権をもつ「学習の主体」〈積極的・自律的人間型〉として措定

---

[14]　奥平康弘『同時代への発言（下）』東京大学出版会，1979年，26頁。

第9章　生徒・親の知る権利と教育情報の公開・開示

することが求められるが，この場合，自律的で責任ある人間形成にとって「知ること」は必須不可欠の基本的要件をなしている筈だからである。

　ちなみに，この点，ドイツの指導的な学校法学説も，上述したところとほぼ同じ趣旨から次のように述べている[15]。些か長くなるが，引いておきたいと思う。

　「教員および学校当局に向けられた子どもの知る権利〈情報への権利・Informationsrecht〉は，最適な教育をうける子どもの基本権の本質的構成要素を成していると把握される。なぜなら，教育は一方的な権力行使の過程ではなく，人間的な触れ合いと絶えざるコミュニケーションの過程であり，それはただ相互的な信頼基盤があってのみ成果が期待できるもので，そのためには，生徒の発達段階と教育目的に照らしての，相互の情報が不可欠だからである。生徒は教育における客体ではなく，等価値のパートナーなのである。そうしたものとして，成熟した，あるいは成熟しつつある生徒は，彼の成績の状態や発達に関しての教員の見解を知らされずに置かれてはならない。

　教育の目的は，取りも直さず自律的に行為する人格にある。この目的に向かって，生徒もまた学校の教育過程において，学習方法を自ら決定し，学習の重点を自分で決定し，時間を有効に配分することなどを，徐々に学ばなくてはならない。これらのすべては，それに対応した情報がなければ不可能である。かくして生徒の知る権利は，親のそれと同じように，憲法上の要請として定礎されていることは自明だと言えよう」。

　なおドイツにおいては，通説・判例上，学校教育における生徒の知る権利は基本法2条1項が謳う「自己の人格を自由に発達させる権利」（Recht auf die freie Entfaltung seiner Persönlichkeit）から直接導出される具体的権利だと解されており[16]，そこでこれに対応する形で，実定法制上も，各州の学校法が生徒のこの権利を確認的に法認している状況にある。たとえば，ヘッセン州学校法（1997年）は「親および生徒の知る権利」（Informationsrechte der Eltern und der Schülerinnen und Schüler）と銘打って，こう明記している。「生徒およびその親はすべての重要な学校事項について知らされる……ものとする」（72条）。

　いずれにしても生徒は，憲法21条に根拠をもつ「国民の知る権利」とは別に，生徒としての固有の権利として，第一義的には教育をうける権利〈学習

---

(15)　F.Ossenbühl, Rechtliche Grundlagen der Erteilung von Schulzegnissen, 1978, S.23-S.24.
(16)　J.Staupe, Schulrecht von A-Z 2001, S.116.

権・発達権〉の本質的内容として，さらにはプライバシー権（憲法13条）の一環をなす「自己に関する情報をコントロールする権利」にも基礎づけられて，憲法上，「学校教育における知る権利」を有している，ということが格別に重要である。

ここで，教育は「まさに知識・情報の拡がりにむけてなされる人間活動であるがゆえに，『知る権利』は他のいかなる領域にもまして枢軸をなすものでなければならない」[17]という命題を，併せて確認しておきたいと思う。子どもの権利条約が「教育上……の情報ならびに指導を，すべての子どもが利用可能であり，かつアクセスできるものとする」(18条1d)と書いて，子どもの「教育情報へのアクセス権」を確立しているのも，同じような認識に立脚しているものと思考される。

第3節　学校教育における親の知る権利

1　親の知る権利の法的根拠

子どもの学習権や人間的な成長発達権に真によく応えるためには，学校と親との相互理解や協同が不可欠であり，そのためには，相互に子どもの教育について十分な情報を必要とする。また親が学校教育の有りようについて意見を表明したり，要望を提出するなどして，親の教育権を現実かつ有効に行使するためには，また同時に親としての教育責任や義務を全うするためには，子どもの学校教育現実について知っておく必要があろう（知らされていなくてはならない）[18]。

こうして親の教育権 —— 親子という自然的血縁関係にもとづく「親族上の原権」・「始源的で前国家的な自然権」として，憲法13条（幸福追求権）によって保障されていると解される —— の重要な内容として，というよりはむしろ，ドイツの有力な教育法学者・I.リヒターがいみじくも指摘しているように[19]，親の教育権の「基礎をなす権利」(Basisrecht) として，学校教育についての親の「知る権利」ないし「情報への権利」が含まれていると見られよう〈憲法上の権利としての親の知る権利〉。また既述した子ども自身の「知る権利」に代位するものとして，親の子の権利は憲法26条1項によっても基礎づけられて

---

(17) 奥平康弘『同時代への発言（下）』，26頁。
(18) H.Avenarius/H.Heckel, Schulrechtskunde, 7Aufl.2000, S.444.
(19) I.Richter, Bildungsverfassungsrecht, 1973, S.47.

いると解される。さらに，既述した通り，学校教育は，教育主権＝国民総体の教育権能〈国民の教育権力〉の規律下に置かれているものの，法的には，親の教育権の委託〈附合契約としての教育委託契約〉にもとづくというアスペクトをもつということも，親の知る権利を補強的に根拠づけることになる。

「教育における国民・住民の知る権利」が国民主権・民主主義の原理および「表現の自由」保障に根拠をおき，これには「情報の公共性の原則」がセットになっているのとは異なり，「親の知る権利」は，子どもの学習権・発達権やプライバシー権とも対応して，第一次的には，「親の教育権」それ自体から導出されるのであり，さしあたりは国民主権，民主主義，住民自治といった一般的な政治＝憲法原則とは無関係であるということを，ここでは押さえておきたいと思う。

なお，以上の点について，ドイツの法制や学説・判例は大いに参考になる。

先に触れたように，ドイツでは憲法上の基本権として「国民の知る権利」が明示的な保障をうけているが，通説・判例によれば，「学校教育における親の知る権利」・「学校に対する親の情報請求権」は基本法６条２項の「親の教育権」保障から直接に，しかも具体的権利として導かれると解されている。その根拠は，上述したところとほぼ同旨である。

たとえば，連邦憲法裁判所は「子どもの人格の形成を目的とする親と学校の共通課題は個々の権限には分けられない。それは相互の意義ある協同においてのみ達成され得る」としたうえで，そのためには相互に十分な情報が不可欠であり，こうして「親は，基本法６条２項に基づき，学校領域における様々な事柄や事象について情報請求権を有する。それを秘匿することは，子どもに対する親の個人的教育責任を侵害することになる」と判示している[20]。

2　親の知る権利の法的性格

親の知る権利は，親の教育権の法的性質に対応して，第一次的には，教育主体としての親が自分の子どもについて有している個人的な権利である。つまり，それは本来，わが子の教育に関する個人情報をコントロールすることを本旨とする権利だと言える。この「個人権としての親の知る権利」(Das individuelle Informationsrecht) には，子どもの学習権や人格の自由な発達権などとともに，プライバシー権が対応しており，したがって，この面における親の知る

---

(20)　BVerfG, Urt.v.9.2.1982, In: SPE S. Ⅱ E1/16.

第3節　学校教育における親の知る権利

権利は原則として集団化ないし集団的行使にはなじまない。

しかし一方で，親の教育権は「共同的権利」ないし「集団的基本権」でもあるというアスペクトをもっている，と捉えられる。これは，親の教育権が個人的自由権であるとともに，教育運営参加権や要求権といった積極的かつ能動的な権利でもある，ということに対応している。こうして親は，たとえば，PTAなどを通して，個人のプライバシーには触れない集団性をもつ学校教育事項について〈公共性のある教育情報〉，その知る権利を集団的にも行使できる。この場合，親の知る権利は第一次的には，学校教育運営への参加を確保するための参加権としての性格をもつ〈情報なくして参加なし・既述〉。

実際，後に言及するように，ドイツにおいては学校法制上，親の知る権利は「学校教育における教育権者の直接参加」の一環として位置づけられている。

詰まるところ，親の「知る権利」ないし「情報への権利」は個人権的側面と共同権的側面の両面をもっており，そこで当然のことながら，そのいずれであるかにより，対象とする法益や権利の行使形態・手続等も自ずから異なってくるということになる。

つぎに親の知る権利は，教育情報を「受け取る」受動的な権利であるとともに，それを「求める」積極的な権利であり，したがって，自由権であると同時に社会権的な性格を併せもっている，ということに留意を要しよう。つまり，親の知る権利は，消極的にこの権利の行使を妨げる教育行政機関や学校の行為の排除を要求するとともに〈妨害排除請求権〉，教育行政機関や学校に対して積極的に教育情報の公開・開示を義務づける権利 ―― 教育行政機関・学校の情報提供義務をもたらす権利 ―― でもある。

この場合，教育行政機関や学校が負う情報提供義務は，憲法上の親（子ども）の知る権利に対応する義務であるから，同じく憲法レベルのそれに属しているということが重要である。ドイツの学説を借用すれば，「親はその義務である教育上の課題を全うするために必要な場合は，学校から情報を求めることができる。親の請求にも拘わらず，学校がこれに応えず，教育上重要な情報を提供しなかったり，秘匿することは，違憲に当たることは疑いを容れない」[21]ということになる。

これを別言すれば，各個の場合に個別的な実定法上の根拠規定がなくても，

---

(21)　F.Ossenbühl, Das elterliche Erziehungsrecht im Sinne des Grundgesetzes, 1981, S.151.

親の教育権保障から，学校や教育委員会などに対する親の情報開示請求権が具体的な権利として導かれる，ということでもある。親の教育権は背景的権利や抽象的権利などではなく，「憲法上の具体的権利」なのだからである。

　こうして，親はそのもつ教育権にもとづいて，直接に，つまり個人情報保護立法の存否に拘わらず，その子に関する教育情報の開示を請求することが可能であると解釈される。先に紹介した通り，今日，指導的憲法学説によれば，「知る権利」は一般に具体的請求権をともなわない抽象的権利と解されているが，それは「国民の知る権利」には妥当しえても，「親の知る権利」には当てはまらない。親の知る権利の権利としての具体的効力は，個人情報保護立法によって創出されるのではなく，立法（条例）化はこの権利の実定法による具体的確認にすぎない，ということが重要である。

　いずれにしても，親（生徒）の知る権利に対応して，教育行政機関・学校は子どもに関する特定個人情報についてはいうに及ばず，その他の教育情報に関してもこれを可能な限り開示（公開）する義務が存しているという一般原則を，ここでは確認しておきたいと思う。そうすることは，たとえば，内申書や指導要録の当事者開示といった生徒・親の知る権利に関する具体的事件において，解釈論上，重要な意味を果たすことになる筈である。

　なお関連して付言すると，「生徒・親の知る権利」という権利の存在は意識されてはいないようであるが，わが国においても先般，小学校設置基準および中学校設置基準の制定によって（2002年3月），「学校の保護者に対する積極的な情報提供義務」が法制化を見るに至った（小学校設置基準3条・中学校設置基準3条），という法現実は重要である。

3　親の知る権利の対象・範囲

　親の知る権利は，学校教育事項のいかなる範囲・どの程度にまで及びうるのか。

　これについては，ドイツの連邦憲法裁判所判決（1982年・前出）や有力な学校法学説も述べているように，「親は，親の教育権の行使にとって重要な意味をもつ，ないしは本質的な（wesentlich）すべての事実について，知る権利を有している」と見られる[22]。そしてこの場合，親の知る権利とそれに対応する教育行政機関・学校（教員）の情報提供義務の範囲および強度は，親の教育

---

(22)　N.Niehues, Schul-und Prüfungsrecht, Bd.1, Schulrecht, 2000, S.89.

第 3 節　学校教育における親の知る権利

権や子どもの人権に触れる度合が強くなればなるほど拡大し，強くなると言えよう。また世界観や宗教と関係する事柄，政治・道徳などのすぐれてイデオロギーや価値に係わる教科など，親の教育権がその性質上きわめて「敏感な領域」（sensible Sphäre）についても，同じことが妥当しよう。

　そして，こうして「強化された親の知る権利」は，情報の自由・情報収集の自由・情報公開請求権を内実とする狭義の「知る権利」を越えて，「意見を聞かれ，共同討議を求める権利」といった，親の手続法上の参加権を呼び起こすことになると解される[23]。ドイツ・ニーダーザクセン州学校法が，「親の知る権利」保障の一環として，「教員は授業の内容・計画・形成についてクラスの親と協議しなければならない。このことは，親の教育権に特段触れる教科について妥当する」（96条4項）との定めを置いて，実定法化しているが如くである。

　それでは，このような一般的な基準を学校教育の領域に具体的に適用したらどうなるのか。さしあたり，以下のような事項に関しては，原則として，親の知る権利・学校側の情報提供義務が存しているということになるであろう[24]。

　学校教育の目的・学校の基本的な教育方針や教育目標，授業の内容・方法，宗教的・政治的な色彩を帯びた学校のセレモニー，学校での重要な出来事や子どもの状況，特別支援学級への指定や原級留置など子どもや親の法的地位・権利領域に触れる教育行政機関・学校の措置や決定および生徒懲戒の根拠・手続，指導要録や内申書などの重要な個人情報を記載した学校文書，子どもの進路にとって重要な意味をもつ学力テストの結果や学校における成績評価，知能検査・性格テスト・進路適性検査など子どもの人格権に強く触れる検査等の用途や結果，成績評価基準・方法，学校・PTAの財務状況，教職員人事の仕組みと運用の基本，教育制度や教育行政の概要。

　いずれにしても，概括的に言えば，今日のわが国における学校の閉鎖性〈法的には，行政内部関係としての学校関係・伝統的な学校特別権力関係論的思考の残存〉，法治主義・民主主義原理の学校への適用要請，それに知る権利の観念が生まれ発展してきた本来の趣旨などからいって，親の知る権利の対象である学校教育事項の範囲は，個人のプライバシーに属する事項を除き，可能な限り広く解するべきであろう。

---

(23)　E.W.Böckenförde, Elternrecht-Recht des Kindes-Recht des Staates, In: J. Krautscheidt/H.Marre［Essener Gespräche zum Thema Staat und Kirche］, 1980, S.90.
(24)　参照：兼子仁・早川昌秀『学校の情報公開』ぎょうせい，2000年，58頁以下。

なお以上と係わって、教員は公務員として守秘義務を負っているが（地方公務員法34条），これによって親の知る権利には原則として対抗できない。ただ親に告知することが「子どもの利益」（子どもの権利条約3条など）を損なう直接かつ現在の危険が存するなど，特定の例外的な場合には，報告義務を免除されることがありうる。

4　親の知る権利の種類

親の知る権利の種類や態様は，個人的権利か共同的権利かにより，また学校教育事項の種類や性格によっても異なり，一概にはカテゴライズできない。一般的な権利態様としては，学校教育における親の知る権利として，次のような権利が含まれていると見られる。

(a) 学校教育に一般的にアクセスする権利。

(b) 学校の教育現実や子どもの学習状況など先に掲記した事項について「報告をうける権利」〈教育情報の開示請求権〉。

(c) 親の教育権や子どもの権利〈親・子どもの法的地位〉に強く触れる学校の措置・決定および学校の懲戒権の発動に際して，事実関係・その根拠・妥当性などについて，事前にヒアリングをうける権利〈聴聞権〉。

(d) 親の教育権や子どもの権利と強く係わる学校の公文書（学校教育法施行規則15条）について，〈イ〉それを閲読する権利，〈ロ〉そこに記載された内容について説明をうける権利，〈ハ〉記載内容の当否を争う手続を求める権利，〈ニ〉記載内容の訂正ないし取消しを求める権利。

なお付言すれば，上記の (a) ないし (b) の権利の一態様として，たとえば親は，事前に了解を得るなど一定の要件下ではあるが，「学校を訪問する権利」や「授業を参観する権利」，さらには校長・教員に「面談を求める権利」をもっていると言えよう。

この点，アメリカ・スイス・ドイツなどでは，これの権利が現行法制上実際に法認されているのが参考にされてよいであろう。ちなみに，ドイツのノルトライン・ウエストファーレン学校参加法（Schulmitwirkungsgesetz・1977年）は，こう明記している。「教育権者は子どもが就学しているクラスの授業および学校行事に参加する権利を有する」（11条10項）。

5　親の知る権利と子どものプライバシー権

ところで，このコンテクストにおいて，子どもが独立の人格権の主体である

第3節　学校教育における親の知る権利

以上，あるいは子ども自身が知る権利ないしプライバシー権を有している以上，子どもの個人情報については，親といえどもこれに関し知る権利はないのではないのか，との疑念が生じよう。

実際，親が子どもの内申書の開示を求めて提訴したケースで，浦和地裁（1997年）は内申書を「他人に知られたくない個人情報」に当たるとしたうえで，「未成年の子どもの親といえども，親が子供のプライバシーに関する情報を公開請求できると解釈することは，子供のプライバシーを軽視するもので許されない」との判断を示している[25]。

けれども，このような見解は親の教育権の本質的属性についての基礎的な理解を欠くもの，と評さなくてはならない。

上述のように，生徒と親は独自の権原にもとづいて，それぞれ憲法上の基本権として知る権利を享有していると解されるのであるが，教育行政機関や学校・教員などの対外部関係においては，親子という自然法的な関係，別言すれば，親の教育権の基本権としての特殊性に由来して，両者はいわゆる「束ねられた権利」(gebundelte Rechte) としも機能しうる[26]，という独特な法構造をもつ。それに親は，子どもの権利の擁護者・代行者としての地位における権利の他に，親自身の固有の権利としても子どもの教育について「親の教育権」を有しており，そしてこの親の教育権には，前述した通り，「親の教育権の行使にとって重要な意味をもつ，ないしは本質的なすべての事実について知る権利」が，その基底的な内容として当然に含まれているからである。子どものプライバシーに深く係わる情報であっても，その種類によっては，親は子どもの知る権利に代位して，あるいは自らの知る権利にもとづいてその開示を求めることができる，と解すべきなのである。

この点，親が自殺した子どもに係わる学校情報の開示を求めた裁判で，東京地裁判決（1997年）が「子供が親の監護・養育下にある場合，子供の交遊関係などは親として当然，認識していなければならない」とし，「子供固有の情報であっても親の個人情報と同じ」との立場から，親に知る権利を認めているが[27]，妥当な判断だと言えよう。

---

(25)　浦和地裁判決・平成9年8月18日，「朝日新聞」1997年8月19日付け。
(26)　H.Avenarius/H.P.Füssel, Schulrecht, 8.Aufl.2010, S.331.
(27)　東京地裁判決・平成9年5月9日，「日本経済新聞」1997年5月10日付け。

第9章　生徒・親の知る権利と教育情報の公開・開示

第4節　生徒・親の知る権利と指導要録・内申書

1　生徒の「正当な教育評価をうける権利」と教員の評価権

改めて記すまでもなく，憲法26条1項は「すべて国民は，…ひとしく教育をうける権利を有する」と書いている。社会的・文化的基本権としての「教育をうける権利」〈学習権・発達権〉の憲法上の保障である。この憲法条項は，教育の機会均等の確保だけではなく，生徒の人間的成長発達権・学習権を実質的に保障しようとするものだから，ここにいう「教育をうける権利」には，その内容として，「正当な教育評価をうける権利」(Recht auf Erteilung der richtigen Zensuren) が当然に含まれていると見られる。

生徒は，学校（教員）によって，正当に評価される憲法上の権利をもっている，と言い換えてもよい。公平かつ客観的に妥当な教育評価を受けるのでなければ，生徒の人間的成長発達権・学習権は損傷されてしまうことになるからである。

一方，学校（教員）は「教員の教育権限」（学校教育法37条11項）の重要な一環として「教育評価権」を有しているが，その恣意的な行使〈教育評価権の濫用〉が許されないことは勿論である。それどころか，教員の教育評価権の行使は，生徒の「正当な教育評価をうける権利」によって強く規定されている，ということが重要である。

こうして，教育評価にさいしての，いわゆる「教育専門的な裁量」は決して学校・教員の「法から自由な裁量」ではなく，羈束裁量だということが帰結される。

本題の検討に先立って，まず以上のことを確認しておきたいと思う。

2　指導要録・内申書の開示をめぐる自治体の政策動向

さて「学校教育における生徒・親の知る権利」と係わる大きな問題の一つに，指導要録および内申書の不開示制があるが，近年，この問題が社会的に深刻な論議を呼んでいることは，人のよく知るところである。とくに1990年代に入って，各地で指導要録ないし内申書の開示請求事件が相次いでおり，今日，その数は夥しいものとなっている。

一方，この間に生徒・親からの開示請求→教育委員会の請求拒否決定→公文書公開・個人情報保護審査会への不服申立て→「審査会」の答申という一連の

第4節　生徒・親の知る権利と指導要録・内申書

係争手続において「審査会」によって（全面）開示の答申が数多くだされ[28]、また「知る権利の保障と情報公開」という時代的要請も相俟って、現今、この面における自治体の政策はかなりドラスティックな展開を見せている状況にある。

　すなわち、内申書については、いわゆる「内申書裁判」（東京地裁判決・1979年）を直接的な契機として、その有りようが厳しく問われることとなったのであるが、開示制としては、1992年に長野県が在校生を対象とし総合所見欄を除いて部分開示したのが最初である。

　その後、埼玉県（卒業生・1993年）、上田市（在校生・1993年）、茨城県（卒業生・1994年）、福山市（卒業生・1994年）と部分開示制の導入が続き、そして1994年3月には逗子市で、卒業生だけを対象としてではあるが、所見欄を含めて全面開示されるに至る。さらに同年新潟市が、翌年には船橋市が同様の全面開示の決定をし、そして1995年5月、川崎市において内申書は卒業生・在校生を問わず全面的に開示されるという画期を迎えることになる。

　ほどなく、こうした開示政策は都道府県レベルでも採用されるところとなり、1996年10月、大阪府が都道府県としては初めて川崎市と同様の全面開示制を採用し、今日に至っている。

　つぎに指導要録については、内申書の場合よりも、〈a〉開示請求事件がはるかに多く発生しており、〈b〉全面開示を促す審査会答申もより多くを数え ── 全体の約7割を占める ──、〈c〉これを承けて開示制を導入した自治体の数もかなり上回っている、という違いは存している。ただ政策の大きな流れとしては、両者は概ね附合しているので、指導要録に関しては、以下に、開示政策の推移・最初に導入した自治体とその時期を摘記するに止めたい。

① 卒業生だけを対象とした部分開示制　　川崎市（1990年11月）
② 在校生も対象とした部分開示制　　　　川崎市（1990年11月）
③ 卒業生だけを対象とした全面開示制　　箕面市（1992年6月）
④ 在校生も対象とした全面開示制　　　　川崎市（1994年4月）

3　指導要録・内申書不開示の理由・根拠

　既述したように、今日、指導要録や内申書を生徒・親に開示する自治体が増

---

[28] 詳しくは参照：教育情報開示弁護団「内申書・指導要録の開示に関する審議会答申書」、1996年。同「内申書・指導要録に関する判決集」、2004年。

加しつつある —— とは言っても，開示派は未だごく限られたマイノリティーに属している。不開示派自治体が大部分を占めているのが現状である ——。
　指導要録や内申書の記載内容は，なぜ当事者である生徒や親にも開示されないのか(29)。それはいかなる理由，どのような根拠に基づいているのか。
　まず内申書の不開示を裏づける一般的な理解を，東京麹町中学校内申書事件に関する東京地裁判決（1979年）に代表させよう。こう述べている(30)。
　「いわゆる内申書と呼ばれるものは，その性質上専ら教育的見地から公正な判断に基づいて，ありのままに記載されることが原則的には望ましいと解すべきであり，そのためには記載内容が絶対的に秘密であることが制度上保障されている必要があり，これによって右の公正が担保されるというべきである」。
　「およそ人物評価のたぐいは，それを公正に行おうとすれば，よい評価にせよ，悪い評価にせよ，その者の面前においてもしくは公開されることを前提としては容易になし得ないことは経験上明らかである」。
　指導要録の不開示理由も基本的には同じことになるが，たとえば，文部省（当時）は下記のような理由を挙げ，開示に否定的な立場を表明している(31)。
　① 本人への開示を前提とした場合，客観的で公正な記述が困難となり，指導のための信頼できる資料とならなくなる恐れがあること。
　② 評価について学校側と本人や親との認識にギャップがある場合，学校側と本人との信頼関係を損ないかねないこと。
　③ マイナス評価によって本人の向上心や意欲を阻害したり，自尊心を傷つけたりするなど教育上好ましくない影響を及ぼす可能性があること。
　その他，これまでに教育委員会の開示請求拒否決定や審議会に不開示（部分）答申，さらには判例・学説などにおいて挙げられている主要な不開示理由を摘記すると，以下のようである。
　① 教育情報の開示は先ずもって教育問題であり，本来それは教員の専門性に委ねられるべき事柄である。
　② 指導要録・内申書を開示すると，教員が無難な記述に終始し，制度自体が形骸化する。
　③ 開示することによって，学校の事務量や教員の負担が激増する。

---

(29) 鳥取市弁護士会の調査では「内申書をみたい生徒は78％」の結果が出たとされる（『季刊教育法』87号，134頁）。
(30) 東京地裁判決・昭和54年・3月・28日『判例時報』921号134頁。
(31) 以上，菱村幸彦「教育情報の公開をどう考えるか」，『季刊教育法』93号，16頁。

④　内申書の場合は時間的な制約があり、入試の前に開示するのは不可能である。
⑤　不開示は戦前からの学校慣行として長年にわたって定着しており、既に学校慣習法となっている。
⑥　指導要録の様式や内容は不開示を前提に定められている。
⑦　内申書を開示すれば、教員の教育評価権が侵害されることになる。
⑧　親はわが子についてのマイナス評価を冷静に受け止めることはできず、感情的に教員に圧力をくわえ、学校教育が機能麻痺に陥る[32]。

4　不開示 ―― 開示の法益衡量

　さて、われわれはこの問題をどう考えたらよいのだろうか。以下、内申書の不開示制だけに論点を絞って考察していきたいと思う。

　結論から言えば、学校法学の観点からは、内申書の記載内容は原則として当事者たる生徒・親には開示されるべきもの、と解釈される。生徒・親は内申書の開示を求める法的権利をもっている、と言い換えてもよい。敷衍すれば、内申書の開示を根拠づける権益ないし法益は、学校法制上、不開示のそれに優位しているということである。それは、主として、次のような理由に基づく。

　第1に、内申書は子どもの「進学への期待権」や学校選択権、したがってまた将来の進路や人生的幸福〈幸福追求権・憲法13条〉にも強く触れうるということである。ここで「進学への期待権」とは、「選抜に関わる教育機関は、合理的かつ公平な基準および方法のもとで能力の判定および合否の決定を行い、子どもの進学への期待に誠実に応える義務がある。他方子どもは、…進学する資格・能力・可能性を……教育本来の目的に照らして、判定してもらう法的権利がある」[33]ということである。

　中学内申書は、現行法制上、学力検査成績等とならんで高校の入学選抜資料たるものと規定されており（学校教育法施行規則90条1項）、したがって、記載内容の如何によっては、子どものこれらの権利を不法に侵害する可能性がある。現に「内申書裁判」では、内申書の「行動および性格の記録」におけるマイナス評価の記載が、原告の進学阻害を招いたのではないか、が重要な争点と

---

[32]　以上について参照：菱村幸彦、前出論文、16頁以下。米沢広一「教育個人情報の保護（上）（下）」『法学教室』1996年6月号、52頁以下、同年10月号、111頁以下。教育情報開示弁護団・前出答申集。
[33]　奥平康弘「内申書裁判と教育裁量」『法律時報』1981年7月号、66頁。

133

なった。「生徒本人や父母に知らせがたいような平常評価記載によって進学を左右する仕組みは，学習権保障的な教育制度としては不条理」[34]だというべきであろう。

　第2に，内申書の開示を求める権利は，生徒の学習権・人間的な成長発達権および親の知る権利の保障内容に当然含まれていると見るべきだからである。ドイツの判例や学説も指摘するように[35]，学校教育における親の知る権利の対象のうち最も重要なのは，子どもの成績や成績に関係する態度・行動についての情報および進学適正評価の関する情報であろう。また生徒の学習権は，既述した通り，その本質的な内容として，学校教育における「生徒の知る権利」を予定しており，生徒はこの権利の一環として，自分の成績がどのように評価されているか，教員は自分の人格・行動や進学適性をどう見ているか等について，学校（教員）から情報を得る権利をもっていると解されよう。

　第3に，教育における法治主義原則〈学校の法治主義化〉からの要請がある。これについては，ドイツの指導的な学校法学者・H. アベナリウスの的確な指摘に代弁してもらおう。いわく[36]，「学校の重要な決定の基礎をなした評価を秘密にしておくことは，法治国家的な学校行政の精神に抵触する。学校や教育行政機関に対する親の情報請求権がもたらす不快感は，生徒および親の法益を保護するために，また親と学校との信頼関係に鑑みて，我慢しなければならない」。

　第4として，先に引いた東京地裁の判旨とは逆に，内申書は当事者に開示した方がむしろ，その内容について公平が担保されるということが挙げられる。「だれにも開示されず，だれの批判にもさらさずに，こっそりと作成され伝達されることにより，かえって個人情報は，評価者（情報作成者）の偏見・誤解・不注意その他の欠陥のゆえに不公正にわたることがありうる」[37]と言えよう。

　今日，内申書の作成が担任教員一人に任されることはないようであるが，しかし生徒・親の側から見れば，記載内容の公正を担保する制度はセットされてはいないのである。

　それに，1991年度に導入された「観点別学習状況の評価については，客観

---

(34)　兼子仁『教育法』有斐閣，1978年，428頁。
(35)　たとえば，N.Niehues, a.a.O., S.287.
(36)　H.Heckel/H.Avenarius, Schulrechtskunde, 6Aufl. 1986, S.330.
(37)　奥平康弘・前出論文73頁。

的な評価基準を設定するのが難しく，主観的な評価になりがちであるのが短所であるといわれてい（る）」[38]ということにも留意を要しよう。

　第5に，何よりも問題なのは，内申書は当事者に開示せずに，評定者である教員（集団）の「教育専門的判断」に委ねられるのが公正を保つのに必要であり，また生徒自身の利益にも叶うという論〈いわゆる専門職への白紙委任論〉は，学校・教員（集団）の無謬性を前提としている，ということである。これは観念的な「教師」像に立つ幻想であろう。ここでは「教職の専門性」がほとんどマジック・ワードと化していると評してよい。教員に対する過大な信頼と，それと裏腹の親に対する不信・蔑視に立脚している，と言ったら過言であろうか。

　「教育専門的判断」とは言っても，所詮は人間の営為であり，可謬かつ相対的なものである。ここで，新聞紙上を賑わしている「教員の事件簿」，さらには「完全専門職」と目されている医者によって医療過誤事件が多発している，という現実を想起しよう。教員についても，「人は過誤を侵し，悪をなしうる」という「法学的人間型」を措定すべきなのである。

　なお，上述した点と係わって，「自然的正義」や「適正手続」の法理のもとで，権力行使者と権力行使をうける市民との間の対話を保障し，決定に利害関係を有する者は決定過程に参加させることが「公平」であると考える，英米法の考え方を参考にしたい。

　第6．内申書を生徒に開示した方がはるかによく教育的ではないか，ということがある。先に引いたF.オッセンビュールの所説にもあるように，「自律（自立）への教育」をめざす教育課程においては，生徒は決して単なる客体であってはならない。「人格的自律権」の責任ある主体たりうるように，教育評価情報であっても生徒にそれを開示し，受け止め・意見を述べさせ，今後のための参考に供することは，こうした教育過程の要請するところだと考えられる。

　教育評価記録の類を開示すれば，教育の本質に鑑み，教育関係そのものが破壊され成立しなくなる，と見る向きがわが国の教育界には多いようであるが，いうところの「教育の本質」とはいったい何なのか。まさか「知らしむべからず，由らしむべし」が教育の本質的要請というのではなかろう。その教育観は

---

(38)　文部省新学校経営研究会編『教育内容・方法の基礎知識』教育開発研究所，1996年，204頁。

いかにも観念的で学校教育主体の側の都合だけによる独善的なもの，と言えば言い過ぎであろうか。なお，もし仮にその通りだとしても，この論は始源的教育権者である親の「知る権利」には対抗できない。

　第7に，学校関係は「教育関係」であると同時に「法律関係」でもある，ということを理解すべきである。具体的には，内申書における教育評価行為は，第一義には，たしかに学校・教員の「教育上の行為」(Pädagogischer Akt) ではあるが，しかしそれは生徒（親）の法的地位や権利領域に触れ，権利侵害性を伴う「法的教育行為」(Pädagogischer Rechtsakt) でもある，と捉えられる。

　だとすれば，それは原則として司法審査の対象となるということであり，このことは当然に開示を求めることになる。内申書の開示はすぐれて教育問題であると同時に，法律問題でもあるということを押さえておきたい。

　最後に，仮に内申書に不実記載があった場合，不開示のままであれば，生徒（親）の側にはそれによって蒙る不利益を回復する手段がまったく存在していない，ということも法的には重要である。

　なお付言すると，現今，自治体における内申書の開示政策はさらなる進展を見せ，たとえば，東京都では生徒・親の対する内申書の事前通知制が採られるに至っており，また埼玉県でも2004年度から同様の制度が導入されている[39]。

第5節　アメリカとドイツの教育個人情報開示法制

1　アメリカの「家庭教育権およびプライバシーに関する法律」(1974年)

　スウェーデンをはじめとする北欧3国とともに，アメリカが情報公開制度の先進国であることは，人のよく知るところである。先に触れたように，「知る権利」という概念はアメリカで生まれたのであり，また実定法としても「情報の自由に関する法律」(The Freedom of Information Act.1966年) や「政府サンシャイン法」(Government in the Sunshine Act.1976年) などの情報公開法を擁している国なのである[40]。

　こうした法状況に対応する形で，これまで考察してきた「学校教育における

---

(39)　「毎日新聞」2003年6月13日付け。
(40)　詳しくは参照：堀部政男編『情報公開・プライバシーの比較法』日本評論社，1996年，29頁以下。

生徒・親の知る権利」の法域においても、アメリカはおそらくもっともよく体系的に整備された法制度をもっていると言えよう。その中核をなすのが、1974年に単独法として制定された「家庭教育権およびプライバシーに関する法律」(Family Educational Rights and Privacy Act) である。以下にこの法律の概要を紹介し、参考に供したいと思う[41]。

1-1 制定の経緯

1925年、全米教育協会は、学校はすべての生徒について、「学校記録」—— school record, student record, educational record など呼称は一定していない —— を保持するように勧告した。適切かつ効果的な教育指導を行うためには、学校は生徒の学年・履修科目・ガイダンス・健康および心理状態など「子どものすべて」(whole child) を把握しておく必要がある、という理由からであった。

この勧告をうけて、多くの学区が学校に対して「学校記録」の保有を義務づけることになる。しかも、通常、その記載内容はかなり詳細にわたり、たとえば、ニューヨーク市の場合、記載事項として、以下のような事柄が含まれていた。生徒の個人的・社会的行動、パーソナリティーや特徴的な行動、懲戒記録、テストの結果、健康状態、ガイダンス記録、生徒の行動記録、トラッキングに関する助言。このような学校記録制度は、当初、教育学的には進歩的なアイディアとして高く評価されたという。

ところで、この学校記録は当事者である生徒や親には開示されなかった。学校記録に何が書かれているのか、それがどのように利用されているのか、生徒や親は知ることができなかった。こうして、1960年代に入り、情報化社会の進展と相俟って、学校記録の濫用や弊害が目立ち始め —— たとえば、1960年代において、CIA や FBI は全米の約60％の学校の生徒記録にアクセスしていたという[42] —— 、その当事者開示をめぐって法的争訟が相次ぐことになる。

たとえば、アレン事件〈Van Allen v. McCleary, 1961〉では、息子は心理的療法を必要とすると教員に宣告された親が、息子の学校記録の開示を求めたが拒否され、裁判所に提訴した。

この件で、ニューヨーク州最高裁判所は「当該公文書の記載内容に利害関係

---

(41) この法律についての本格的な研究として、中嶋哲彦『生徒個人情報への権利に関する研究』風間書房、2000年がある。
(42) D.Schimmel/L.Fischer, Parents, Schools, and the Law, 1987, p.169.

第9章　生徒・親の知る権利と教育情報の公開・開示

を有する者は，それを閲読する権利をもつ」とのコモン・ローに依拠して，「憲法上もしくは立法あるいは行政上の認容ないし禁止規定の存否に拘わらず，親はその子の学校記録を閲読する (inspect) 権利をもつ」と判示したのであった。

また同じく1961年，生徒の退学処分に係わるデイクソン〈Dixon v. Alabama State Boardof Education, 1961〉において，連邦地方裁判所はこう判じている[43]。「生徒は学校記録にアクセスし，そこに誤りや不正確な記載がある場合には，それにチャレンジする適正手続上の権利 (a due process right) を有する」。

その後の判例においてもほぼ同旨の判断が続いて示され，また他方で親による開示の法制化要求運動が一段と高揚するなかで，1960年代の後半までには，多くの州が学校記録の濫用をコントロールするための立法措置を講じることを余儀なくされる。しかし，規律対象は限定的で，しかも学校側にはなお大幅な自由裁量が認められるなど，これらの州法は概して，当事者の権利保護法制としては相当に不備なものであった。

1969年，ラッセル・セージ基金の援助により，学校記録の倫理的・法的側面を検討するための委員会が設置され，翌年，同委員会は「学校記録の収集・保持・公表のための指針」というタイトルの報告書を公刊した。

委員会は「生徒についての情報の収集とその使用に関する学校の実例は，個人のプライバシー権と学校に求められる知る必要との間の望ましいバランスを脅かしている」と現状を分析し，とくに以下の点を指摘した。

① 生徒や親に関する情報が，彼らの同意なしに収集されている。
② 生徒や親は，学校記録にどのような情報が含まれ，それがどのように利用されているかについて，ほとんど知らされていない。
③ 親や生徒が学校記録にアクセスできるのは，一般に出席記録と成績記録だけに限定されている。
④ 学校記録のもつ秘密性によって，親はそれが正確であるか否かを争うことができない。不実記載にチャレンジする公式手続が存在しないから，誤った記載が永久記録の一部になる危険がある。
⑤ 権限のない人々が学校記録にアクセスするのを規制する法的措置が講ぜ

---

(43) 以上，K.Alexander/M.D.Alexander, The Law of Schools, Students, and Teachers, 1984, p.237.

られていない。
　そして結論として，委員会はこう述べた。「これらの欠陥は合衆国における個人のプライバシーに対する重大な脅威となっている。これらの諸問題が存するが故に，また統一的・包括的な州法が存在しないが故に，これに関する国家的立法が必要である」[44]。

1－2　「家庭教育権およびプライバシーに関する法律」の内容と通説的解釈
　本法は，上述の委員会報告書の趣旨に沿って制定されたものである。制定にさいしてはバックレイ上院議員が多大な役割を果たした。そこで，別名，バックレイ修正法（Buckley Amendment）とも呼ばれている。本法の主要な規定内容とこれに関する通説的理解を，学校教育に引きつけて摘記すると，以下のようである[45]。

①　親はその子の教育記録を「閲読・調査する権利」（right to inspect and review）を有する。この権利は，教育記録の種類・位置づけ・責任者について知らされる権利，必要な場合には教育記録のコピーを得る権利，教育記録の記載内容について説明をうける権利を含む。職員は合理的な期間内に親の開示要求に応えなければならない。それは，いかなる場合においても45日を越えてはならない。

②　本法でいう educational record とは，学校が保有している生徒に直接（directly）係わるすべての情報をいう。

③　親は，教育記録の内容が誤っており，生徒のプライバシーその他の権利を侵害すると思う場合には，その訂正を求める権利をもつ。学校が訂正を拒否した場合，学校は親にその旨を通知し，さらに親は聴聞権（right to hearing）を有しているということを告知しなければならない。

④　聴聞手続においては，親には証拠を提出する機会が保障される。また学校は拒否決定の理由を書面で説明する義務を負う。聴聞の結果，記載内容に誤りがあることが判明すれば，学校はその訂正義務を負う。記載内容が事実であっても，親にはそれにコメントする権利，学校の決定には不同意である旨を記載する権利があることを，学校は親に知らせなければならな

---

(44)　以上，D.Schimmel/L.Fischer, The Rights of Parents in the Education of Their Children, 1977, pp.90-92.
(45)　D.Schimmel/L.Fischer, Parents, Schools, and the Law, 1987, pp.168-178.
　　なお法令の主要部分は，M.W.La Morte, School Law, 1996, pp.424-426, に所収。

い。親によるかかるコメントや記載は，教育記録の一部として，学校によって保管されなくてはならない。教育記録が開示される場合は，これらもまた開示される。

　聴聞は直接の利害関係をもたない人々によって実施される。したがって，教育記録を記載した教員は別として，校長，教員，指導主事，教育委員などは聴聞手続に参加できる。

⑤　個人識別情報（personally identifiable information）をアウトサイダーに開示する場合は，学校は事前に，親の書面による同意を得る必要がある。その際，学校は開示目的，開示される記録の内容，開示をうける個人ないし団体名を示さなくてはならない。

⑥　住所氏名録的な情報（directory information）は，親の同意なしに開示されてよい。生徒の氏名，住所の他に，電話番号，誕生日・場所，学習分野，スポーツ活動，出席日数，奨学金を受けているか，などの事実に関する情報がこれに属する。しかし学校は，これらの情報を開示する前に，いかなる情報がこれに該当するか，およびこれらの情報についても親は開示を拒否できる権利をもっている旨，親に告知する義務がある。

⑦　正当な教育上の利益をもつ教員その他の学校職員，生徒が入学予定の学校職員，生徒の健康と安全の保護のために情報を必要としている人，ならびに生徒が応募している奨学金支給機関の関係者に対しては，親の同意がなくても，例外的に，教育記録を開示できる。

⑧　学校は親に対して，本法によって親がどのような権利を保障されているか，について告知する義務を負う。

⑨　各学区は，教育記録に関する成文化された措置を講じなければならない。

⑩　親は子どもが受けたテストの問題や解答について，知らされる権利をもつ。

⑪　本法に違反した教育機関に対しては，連邦教育省からの補助金は支給されない。

⑫　本法が保障する諸権利は，子どもが18歳未満または中等後教育機関に就学する以前においては，親がこれを行使する。

2　ドイツにおける学校法制状況

ドイツの学校法制・学説・判例状況については，これまでの考察において部

分的には既に言及したところであり，若干重複することになるが，その構造を端的に概括すれば，以下のようである。

2-1 憲法上の基本権としての生徒・親の知る権利

既述したように，ドイツにおいては「国民の知る権利」が憲法上明記されているが（基本法5条1項），これとは別に，「親の知る権利」と「生徒の知る権利」も，通説・判例によれば，それぞれ「親の教育権」（基本法6条2項）と「自己の人格を自由に発達させる権利」（基本法2条1項）の重要な保護法益として，というよりは，これらの権利の「基礎をなす権利」として憲法上の保障をうけていると解されている。生徒および親はともに固有の権原に基づき，憲法上の基本的人権として「知る権利」を享有している，と見られているわけである[46]。

2-2 具体的権利としての生徒・親の知る権利

しかも生徒・親のこの権利は，「知る権利」についてわが国の憲法学界において一般的に理解されているような，いわゆる抽象的権利──法律によって具体化されてはじめて法的効力をもつ権利──ではなく，当該憲法条項から直接導出される具体的権利だと解されていることは重要である。

こうして，各個の場合に個別的な法令上の根拠規定が存在しない場合でも，憲法による「自己の人格を自由に発達させる権利」と「親の教育権」保障から，生徒ないし親は教育行政機関や学校・教員に対して，教育情報の開示請求権を具体的な権利として享有している，ということが帰結されることなる[47]。そしてこの場合，教育行政機関や学校・教員が負う情報提供義務は，憲法上の生徒・親の知る権利に対応する義務であるから，同じく憲法レベルのそれに属しているという解釈になる。

2-3 教育個人情報の開示法制

生徒・親の知る権利が上述のように位置づけられ，理解されていることもあって，ドイツにおいては，通説・判例はもとより，現行の学校法制も教育個人情報については開示を原則とする，との建前に立っている。

---

(46) H.Avenarius/H.Heckel, a.a.O., S.444 u.a.
(47) さしあたり，J.Staupe, a.a.O., S.116.

第9章　生徒・親の知る権利と教育情報の公開・開示

2-3-1　開示の対象となる教育個人情報

先に引いたように，連邦憲法裁判所の判決（1982年）や有力な学校法学説が説くところによれば，「親は，親の教育権の行使にとって重要な意味をもつ，ないしは本質的な（wesentlich）すべての事実について，知る権利を有している」とされている[48]。

そしてこの場合，親（生徒）の知る権利とそれに対応する教育行政機関・学校（教員）の情報提供義務の範囲および強度は，当該教育事項が親の教育権や子どもの人権に触れる度合が強くなればなるほど拡大し強くなる，と解されている。

こうした一般原則は各州の学校法によっても確認的に法定されるところとなっており，たとえば，ヘッセン州学校法（1997年）は「親および生徒の知る権利」と題して，こう明記している。「生徒および親はすべての重要な学校事項（alle wichtige Schulangelegenheiten）について知らされる……ものとする」（72条）。

またノルトライン・ウエストファーレンの一般学校規程（1978年）も，生徒について，「生徒はとりわけ自分に関係する本質的な事柄について知らされる……権利を有する」（3条3項）と書いている。

以上のような一般条項を承けて，また連邦行政手続法が「公文書を閲読する権利」（Recht auf Akteneinsicht）を保障していることとも相俟って（29条1項）[49]，教育個人情報の開示に関しては，学校法制上，主要には，次のような規定例や確定判例が見られている。

まず生徒の学校履歴書類（Schullaufbahnakte）について，たとえば，ブレーメン州学校法（1981年）は「教育権者（親を指す・筆者注）には，その子に関する学校履歴書類を閲読することが保障される。成年に達した生徒は自分の学校履歴書類について，同様の権利を有する」（31条a）との定めを置いている。

またシュレスヴィヒ・ホルシュタイン州などにおいては，初等学校から中等学校への進学に際しての「学校の勧告的意見書」（Schulgutachten）に関して，親に対しそれを閲読する権利を法令によって明示的に保障している。

たとえば，同州の「オリエンテーション段階に関する規程」（1980年）にはこうある。「学級担任は親を招いて個別に面談を行い，基礎学校の意見書なら

---

(48)　N.Niehues, a.a.O., S.89.
(49)　詳しくは参照：P.Stelkens/H.J.Bonk/M.Sachs, Verwaltungsverfahrensgesetz, 4.Aufl. 1993, S.573ff.

びに学校種の勧告について話し合うものとする。学級担任は親に対し意見書の閲読を保障しなければならず，また親が希望すればその正本を交付しなければならない」(2条3項)。

　成績評価やその基準・根拠についても，たとえば，ノルトライン・ウエストファーレン州学校参加法（1977年）がその例であるように，生徒は自分の成績とその評価基準や根拠に関し，教員から随時，報告ないし説明をうける権利をもつとされている（9条）。

　さらに試験の成績や試験関係文書についても，かつて連邦行政裁判所は「試験官の不偏性を確保する必要性から，生徒ないし親の試験の不合格理由を知る権利の制限が導かれる」(1964年)として，学校側の不開示を支持したのであるが，今日の通説・判例によれば，こうした見解は訴訟当事者の機会の均等ならびに法律上の審問を請求する権利（基本法103条）を侵害するものとして斥けられている[50]。

　その他，学校医の診断書，教育上ないし心理学的な検査，障碍児学校への指定や懲戒権の発動に際しての専門的な調査・鑑定書などの記載内容についても，生徒・親の側に開示請求権が容認されている。

2-3-2　開示の限界

　ドイツの法制は教育個人情報の開示原則に立脚しているとは言っても，当然のことながら，あらゆる個人情報を開示すべしというのでは勿論ない。教育行政機関・学校は，①開示することによって任務の遂行が著しく妨げられる場合，ないしは，②事柄の本質上，秘密を擁する事項については，学校文書の開示を拒否できることになっている（連邦行政手続法29条2項）。

　けれども，この要件は厳格に解釈されることを要し，しかも拒否理由は実体的に根拠づけられなければならないとされる。学校の教育措置・決定は，その中核部分において，裁判上のコントロールを免れるからである。

---

(50)　E.Stein／M.Roell, Handbuch des Schulrechts, 1992, S.269.

第10章　親の教育権と学校教育

第1節　なぜ「親の教育権」なのか

1　学校教育への親の異議申立て

　かつては教育界における争いといえば，文部省対日教組という具合にほぼ相場が決まっていた。これまでの主要な教育裁判が，両者の対立に起因し，それをめぐるものであったことがこのことを端的に示していると言ってよい。勤評・学テ裁判がその代表である。

　ところが，近年，様相がかなり異なってきた。親（子ども）が学校教育の有り様や学校での出来事について，教員・学校ないし教育委員会にクレームをつけたり，裁判所に訴えるというケースが多発しているのである。親が学校教育に異議を唱えたり，先生や学校を訴追するなどということは，わが国の教育伝統からすればおよそ想像できなかったところに違いない。

　くわえて，親（子ども）の側からの異議申立てが学校教育のほぼ全域に亘っているという事実にも，注目しないわけにはいかない。今日とみに社会問題化している「いじめ」，教員暴力・虐待・セクハラ，いわゆる「体罰」──<u>体罰という用語は可罰者（教員）が常に正当であり，被罰者（児童・生徒）の側に非があるということを前提としており，妥当ではない</u>──はもとより，下記のような広範な事項にまで及んでいるのである。

　髪形や服装など校則による生徒規律・生徒指導，学校の教育責任，日の丸・君が代の義務化，就学義務，男女共学，学校教育内容の一部拒否，宗教教育の自由，学校行事，修学旅行，教育課程，補助教材，教科書検定・採択，指導要録，内申書，成績評価，教育をうける権利，障害児教育，義務教育の無償制，公私立高校間の学費格差，私学助成，入学者選抜方法，入学不許可，就学拒否，学区制・就学校の指定変更・学校選択・越境入学，学校統廃合，部活動，学校掃除，進路指導，学校給食，教員の授業ぶり，学級担任の変更，授業内容や方法，教育情報の開示・公開，生徒や家族のプライバシー，PTA会誌のあり方……等々。

　一般に，裁判にまでもち込まれるのは余程の場合であろう。それに，学校内

第 10 章　親の教育権と学校教育

の出来事には司法審査にはなじまない問題が数多くある。教育界に独特な閉鎖性や法アレルギーという現実もある。「子ども人質論」に象徴されるような親の側のセルフ・コントロールもある。いわゆる「公法上の学校特別権力関係論」的思考の残存や後遺症も見られる。これらのことを考慮すると，親（子ども）—— 学校間のトラブルはかなりの件数に達しているのではないであろうか。欧米の教育現実からも推測できるように，<u>市民社会化や法律社会化の進展，親の権利意識の高揚，子どもの権利の確認と拡充，学校観の変容，学校の法治主義化＝学校教育関係の法的把握</u>などと相俟って，今後，こうした傾向は<u>一段と加速</u>すると見てよいであろう。

2　疎外されてきた存在 —— 親
2−1　法制の不備と研究の貧困

ところで，そもそも親は公教育制度の全体構造の中でいかなる位置を占め，子どもの学校教育についてどのような権利をもち，責任を負っているのか。プロイセン絶対主義教育体制下の法諺：「学校の権利は親の権利を破棄する」(Das Schulrecht bricht das Elternrecht) のように，親は学校教育についてはまったくの無権利なのか。それとも，たとえば，ドイツにおけるように，親は憲法上の基本的人権として「親の教育権」(Das elterliche Erziehungsrecht) を保障されており，それに基づいて，学校教育の場面でも，たとえば，「知る権利」や学校運営への参加権など，さまざまな権利をもっているのか。そうだとした場合，国・自治体の教育権能や学校・教員の教育権限との関係で，親の権利は学校教育のいかなる範囲で，どの程度にまで及びうるのか。

<u>この問題は公教育法制の基本構造に触れる重要な問題だと見られるが</u>，これについてわが国の現行学校法制はほとんど語るところがないし，教育法学や教育行政学等の研究分野においても未だペンディングな課題に属していると言ってよい。近時，いわゆる学校・家庭・地域の連携というコンテクストにおいて，「地域住民や保護者のニーズを踏まえた教育行政・学校教育」などが漸く政策課題とされ始めてきてはいるが，それはともかく，<u>学校法制上は依然として「疎外された存在 —— 親」</u>なのである。

2−2　国民の教育権と親の教育権

たしかに，昭和 30 年代以降，いわゆる「教育権」に関する問題がにわかに争論化し，「国家の教育権」論に抗して，「<u>親と教師を中心とする国民の教育</u>

第1節　なぜ「親の教育権」なのか

権」論が活発に展開されてきた。「教育の自由」の伝統を欠くわが国において，その果たした役割は実に大きいと言えよう。しかし，端的にいえば，この理論の主たる眼目は対教育行政権との関係において「教員の教育権」を確立することにあり，親の教育権にはそれほどウエイトが置かれてはいない。それどころか，直截に言えば，「親の教育権の委託」という概念操作を介して，親の教育権は教員の教育権を導出し，それを補強するための理論的粉飾に成り下がっている，と言っても過言ではない。親はア・プリオリにそのもつ始源的教育権を委託するものとして措定され〈親の教育権の教員への委託論〉，学校教育における直接的な権利行使主体ないし責任主体としては位置づけられてはいないのである。

　しかも問題なのは，そこにおいては「親と教師の提携」がこともなげに説かれているということである。子どもの学習権や人間的な成長発達権によく応えるためには，親（家庭）と教員（学校）の相互理解や協同が不可欠であることは改めて言うまでもない。PTAの制度理念が，それを端的に示していると言えよう。しかし，親と教員（学校）が「子どもの利益」ということで即自的に提携できると考えるのは，些か情緒的にすぎはしないか。子どもの教育をめぐって，親と教員（学校）の間には対立的な契機が存在しているということも，認識すべきなのである。だからこそ既述したように，両者が法廷で対決するという事態が多発するに至っているのである。

　親 ── 教員・学校関係の現実を直視しよう。多くのPTAの実態が如実に物語っているように，親は学校教育の主体ないしパートナーとは見なされてはいない〈法制上，PTAは社会教育関係の任意団体とされている〉。それどころか，学校（教育権）の親（の教育権）に対する圧倒的優位，学校教育における親の無権利，親の教員・学校への従属というのが現実ではないであろうか，── 一方で，子どもの教育をもっぱら学校に委ね（押しつけ），親としての教育責任を果たそうとしない学校依存の無責任な親や，学校に対して無理難題ばかりを要求するエゴイスティックな親も目立つ，というのもまた現実である ──。

　他方，法的筋道からしても，教員の教育権は公務員制度内で配分された職務権限であるから，「国家の学校教育権」の一部をなしており，その意味では，文科省や教育委員会の教育権能と同列に位置していると言えよう。ちなみに，ドイツにおいては，「国家の学校教育権」（Das staatliche Schulerziehungsrecht）なる語は通常「親の教育権」との対抗関係において用いられ，それが「教員の

教育権」も包含する概念であることは自明視されている[1]。

　また学校教育関係は，これを法的に捉えれば，学校（国・自治体）と子どもおよび親との間の法律関係，すなわち，相互的な法主体間の権利・義務関係に他ならない。そこにおいては，親（子ども）の権利と教員（学校）の権利との衝突や後者の濫用や違法行使による前者の権利侵害が当然にありえる。

　だとすれば，親の教育権と教員の教育権を一般的・抽象的な国民全体の教育権に解消するのは，いかにもラフで恣意的な理論構成だと言わなくてはならない。親の教育権はほんらい親が一国民として自分の子に対してだけ有する個人的権利であるのに対し，国民全体の教育権とは主権者国民総体の教育権能＝教育主権〈国民の教育権力〉のことに他ならない。親の教育権は「国民の教育権」とは異なる親に独自で固有な権利であり，それ自体の法的構造や学校教育における位置・内容が学校教育権との関連で，具体的に明らかにされてしかるべきであろう。

　いずれにしても，わが国の従来の教育権論においてはその重点が国・教育行政機関・学校・教員の側に傾斜しすぎており，親の教育権はあまりにも過小評価されてきた憾みがある，との誇りを免れえない。それは親の側から見れば，「学校教育権内部での抗争」でしかなかったと言えないであろうか。学校教育における親の無権利という今日の法制状況・教育現実は，そのことと決して無縁ではないと見られる。

　なお，以上と関連して，西欧の法制状況についてひとこと付言しておきたいと思う。

　西欧においては歴史的にも，今日においても，「親の教育権」こそが教育権論の基軸をなしてきており，「教育権」といえば，第1次的には，親のそれを意味している。ドイツ語の「教育権者」（Erziehungsberechtigte）というタームが親を指しているという事実が，このことを端的に象徴していよう。また親と学校は概して緊張関係にあり，多くの教育裁判は教員・学校の教育上の措置・決定などいわゆる「学校内部法」（Das innere Schulrecht）と係わって発生している。そこで，これに対応して，この領域における法制度はすでにそうとう程度に整備されており，また学校法学理論も緻密な展開を見せている状況にある。

---

(1) さしあたり，K. Liske, Elternrecht und Staatliches Schulerziehungsrecht, 1996, S.26ff.

3 親の教育権の空洞化
3-1 就学上の義務主体としての親

ところで，後に言及するように，わが国においても親の教育権は単に民法上の権利たるに止まらず，自然権的な基本権として現行憲法によっても厚く保護されていると解される。そしてこの親の教育権にはその「基礎をなす権利」（Basisrecht）としての「知る権利」をはじめ，教育上の自由権や選択権，教育要求権や学校教育への参加権など，各種の自由や権利が包摂されていると見られる。

しかし，この親の教育権は最高裁学テ判決〈昭和 51 年 5 月 21 日〉にも「主として家庭教育等学校外における教育や学校選択の自由にあらわれる」[2]とあるように，わが国の教育現実においては，家庭教育や社会教育の領域ではともかく，学校教育に関しては，ほとんど有名無実化していると言ってよい[3]。

というのも，現行の学校法制は，親を就学上の義務主体としてだけ措定しており，学校教育における権利主体ないしは積極的な責任主体としては捉えてはいない。ほんらい始源的な教育権者である筈の親は，民法上はともかく，学校法制上はもっぱら義務だけを課させられ（憲法 26 条 2 項・教基法 10 条 1 項など），実定法上〈国内法〉，親に対する教育上の権利保障条項はいっさい存在してはいない。日本国憲法の誕生によって「義務としての教育」から「権利としての教育」へ教育法制構造は決定的な転換を遂げた筈であるが，こと「学校法制における親の位置」に関しては ── 近年，政策動向と制度現実に変化の兆しが見られ始めてはいるが ── ，依然として，「義務としての教育」が存続していると言っても差しつかえない[4]。

3-2 無権利客体としての親

かくして親はその権利や自由を大幅に制限されて公教育運営からも疎外され，それどころか，学校教育権との関係においては，先に引いた法諺：「学校の権利は親の権利を破棄する」にも似て，法制上はほとんど何らの権利ももたない客体＝学校教育のアウトサイダーに堕している，というのが現実である。国家の学校教育独占・臣民の義務としての学校教育・公法上の特別権力関係と

---

(2) 青木宗也編『戦後日本教育判例体系』（第 1 巻）労働旬報社，1984 年，345 頁。
(3) 市川昭午編『教育改革の論争点』教育開発研究所，2004 年，21 頁以下。
(4) 参照：拙稿「教育法制における親と子の地位」日本教育法学会編『戦後 50 年と教育法学』（年報 26 号）有斐閣，1997 年，58 頁以下。

第 10 章　親の教育権と学校教育

しての学校関係といったメルクマールで刻印された，明治憲法下の学校教育・教育行政運用とその残映，さらには儒教的教育観，学校と家庭の教育領域分担論や親代わり論，生活学校・丸抱えの教育観，学校部分社会論，教職の専門職性論＝学校の専門職組織論，教育裁量論，等々が相俟ってのことである。

　すなわち，現行法制とその通説的解釈によれば，親には「教育義務」ではなく「就学義務」が課され，親が子どもを家庭だけで教育したり，学校教育に代えて私教育を受けさせることは許されない。義務教育については就学校指定制が採られているから，学校選択の自由も大幅に制約されている ―― ただ，周知のとおり，東京都品川区が 2000 年度から小学校について「ブロック内学校選択制」をスタートさせたのを機に，現今，学校選択制を導入する自治体が相次いでおり，2004 年 11 月現在，その数は全国の自治体の約 1 割〈小学校＝8.8％，中学校＝11.1％〉を数えるに至っている（「朝日新聞」2005 年 3 月 26 日付け）――。教員の評価・選択権や人事行政への参加権，教科書の決定・選定過程への参加権も法制上の制度としては認められておらず，また学校教育内容を個別的に選択（拒否）したり，その決定に参加することも認められてはいない。教育政策・立法過程や教育行政過程さらには学校の意思決定過程にも教育権者たる親として係わることはできない。学校の教育過程に直接関与できないことは勿論である。

　学校の教育状況や内申書など学校の公文書の記載内容について，知る権利やこれに対して異議を申し立てる権利も保障されてはいない。私学設置・経営の自由が保障されているとはいっても，その主体は原則として学校法人に限定され（学校教育法 2 条），私人たる親はこれを享有することができない。

　この点，西欧型自由・民主主義諸国においては，公教育制度は私教育原理を包蔵し，親の教育権を踏まえて構築されており ―― ドイツのラインラント・プファルツ州憲法が端的にこう明記しているのが象徴的である。「子どもの教育を決定する親の自然的権利は，学校制度形成の基盤を形成する」(27 条 1 項) ――，親は「学校教育の協同的主体」として，様々な権利を有し責任を分有しているのと大きく異なっている。

　ちなみに，若干の具体例を摘記すると，たとえば，デンマークやアイルランドにおいては，義務教育の制度類型として，「教育義務（Unterrichtspflicht）」〈家庭義務教育〉制度が敷かれており，子どもの義務教育を家庭を中心とする私教育の場で行うか，学校で行うかの決定は親に委ねられている。

　またオランダにおいては，「教育の自由」（vrijheid van onderwijs）が教育に

おける最重要で基幹的な法制度原理をなしてきており，親は「私学設置の自由」をもつ他，公立の義務教育学校についても「学校選択の自由」を享有している。教員の人事権が学校自治の一環として各学校に属しているのであるが，「教員選任委員会」には親代表も加わっている。

ドイツでは，先に垣間見たように，親の教育権の憲法上の保障を受けて，親の公教育運営への参加が法律上制度化されているが，ヘッセン州など2州では，「共同決定親の参加権は教育課程行政や人事行政の領域にまで及んでおり，さらにハンブルク州においては，教育的に適格な親は授業の形成に参加できる権」（Mitentscheidungsrecht）をも含む，とまでされている。また親の教育権にはその基礎をなす権利として「知る権利」が当然に内包されていると解されており，親は「知る権利」に基づいて，授業訪問したり，子ども（親）にとって重要な意味をもつすべての学校事項について知る権利をもつとされている。

一方，アメリカにあっては，「家庭教育権およびプライバシーに関する法律」（Family Educational Rights and Privacy Act of 1974）によって，親にその子の教育記録を閲読・調査する権利やその訂正を求める権利が保障されており，またマサチューセッツ州では，一定の法定要件の下で，親（生徒）に公教育内容の請求権が法認されるまでに至っている[5]。

3-3 親の教育権の現実化と教育責任の強化

ここで改めて確認しておきたいと思う。世界人権宣言（26条3項）や子どもの権利条約（18条1項）も明記しているように，ほんらい親は子どもの教育について第1次的な権利を有し，責任を負っている。親は親子という自然的血縁関係に基づいて，自然法的な「親の教育権」をもっていると同時に，親として「特別に強化された教育責任」を負っている，と言い換えてもよい。

そしていうところの親の教育権は，すでに触れた通り，自然権的な基本権として，憲法による保障を受けていると解されるのであり，しかもこの権利は「教育の自由」の主要な一環として，現行教育法上の最重要原理の一角をなしていると見られる。近代以降，自由権的基本権として憲法的確立を見た「教育の自由」の第1次的な実体は，「私学の自由」に対応した「親の教育の自由」に他ならなかったという歴史的事実を，ここで押さえておきたいと思う。

---

[5]　以上について詳しくは参照：拙著『学校教育における親の権利』海鳴社，1994年。

第10章　親の教育権と学校教育

　また学校教育は，教育主権の規律下に置かれているものの，親の教育権の委託というアスペクトをもっている，ということも重要である。それに，親はその子の教育を国・教育行政機関・学校・教員に白紙委任したわけでもあるまい。
　さらに，ドイツ連邦憲法裁判所の判旨（1972年）にもあるように[6]，「子どもの人格の完成を目ざすという，親と学校の共通の教育上の任務は，両者の有意味な協同においてだけ達成されうる」という，教育上の要請もある。ここで，子どもの荒れ，いじめ，不登校，非行といった問題現象を想起しよう。こうした問題はひとり学校だけでとうてい対応できるものではない。学校外の各種の機関やさまざまな教育主体，なかでも親との連携・協同が不可欠であろう。親の教育権と教育責任は子どもの全生活関係に及び，しかも第三者である学校・教員とは違い，親だからできるという事柄も少なくないからである――栃木県黒磯市の中学校女性教員刺殺事件（1998年1月）を直接の契機として，学校による生徒の所持品検査の当否が社会的に大きな論議を呼んだが，その過程で「親の役割や責任」について語られることはほとんどなかった。けれども，このような場合こそまさに親の出番ではないのか――。
　このように見てくると，家庭教育に限らず，学校教育の領域においても，親の教育権を現実化し，日常的に活性化すると共に，親の教育責任をも問う制度的な方途が追求されてしかるべきである，ということになりはしないだろうか。
　敷衍すると，親を学校教育や教育行政の制度運営に権利・責任主体として構成的に組み込み，そこにおいて，言葉ほんらいの意味での「教育権者」たるにふさわしい位置を確保し，これまで空虚な美辞に止まり現実的な実効性を欠如してきた「親の教育権」に，積極的かつ具体的な内実を獲得させることが求められる，ということである。
　そうすることは同時に，学校における生徒の人権を後見するとともに，「教育主権による社会化の対象としての生徒」に，自らの義務や責任の履行を促すことにもなると考えられる。
　なお，子どもの法的地位を踏まえたうえで，親の教育権に視座をおいて学校教育を理解することは，「学校における児童・生徒や親の人権保障」，「学校教育における自由と自治・分権の拡大」，「学校教育の民主化」，「学校の法治主義

---

(6)　H.Avenarius / H.Heckel, Schulrechtskunde, 2000, S.436.

化」,「教育行政・学校の官治的封鎖性の打破」といった,わが国の学校教育(法制)が抱えている課題にアプローチすることにもなると思われる。

第2節　親の教育権の法的構造

1　親の教育権とは何か

　親の教育権とは,狭義には,「親がその信念や価値観にもとづいて子どもを教育する権利」[6]といちおう定義されようが,広義には,「親がその子の教育について,あるいは教育に係わって有する権利・義務の総体」と把握されよう。
　そこで,いずれにしても,ここにいう「教育」の範囲・内容が問題となるが,これと関連して民法820条は,「親権を行う者は,子の監護及び教育をする権利を有し,義務を負う」と書いて,「監護」と「教育」を概念上区別している。そして,家族法学の通説が説くところによれば,監護とは身体の保全育成をはかる行為であり,教育とは精神の発達をはかる行為である,とされている[7]。こうした説に厳格に従えば,親の教育権の範囲・内容はもっぱら子どもの精神的な発達に係わる事項だけに限定され,たとえば,学校において「子どもの身体の安全を求める権利」などは親の教育権の対象法益には含まれないことになる。
　たしかに「教育」と「監護」は概念的には別物であろう。しかしこれらの権能は現実の動態にあっては,多くの場合,密接不離・不可分一体をなしており,両者を明確に区別することは不可能であるし,またその意味もないと言えよう。民法820条が「監護及び教育」というのは,親権の身上監護の面を包括的に示したものであって,それは,一言でいえば,子を自立した責任ある市民・社会人に育成するという親の職分のことに他ならない。「監護及び教育」は両者を包摂する単一の統一的な概念として理解されるべきなのである。換言すれば,民法学上,親権は一般に身上監護権と財産管理権に大別されるが,親の教育権は,とりわけそれを広義に捉える場合には,原則として前者と同義に解してよいと思われる。

---

(7)　中川淳一『親族法逐条解説』日本加除出版,1990年,423頁。

2 親の教育権の法的性質
2-1 自然権としての親の教育権

先に引いたように，民法820条は親権の一部として，親の教育権を規定しているが，この権利はその起源を家族という自然的秩序に発し，親子という自然的血縁関係にもとづくオリジナルなもので，いわば「親族上の原権」(familiäres Urrecht) ないしは「人間の根元的権利」(menschliches Elementarrecht) に属していると言えよう[8]。「婚姻および家族の理念の中には，その本質的要素として必然的に子女の教育という機能を当然包含している」と解されるからである[9]。

そして，家族は人類の発生と同時に存在し，それは国家に先行する社会の基礎単位であるところから，一般にこの権利は「始源的で前国家的な権利」，すなわち「自然権」(natürliches Recht) だと解されている。

現にワイマール憲法は「子を教育して，肉体的，精神的および社会的に有能にすることは，親の至高の義務かつ自然的権利であ（る）」(120条) と書いて，親の教育権の自然権性を憲法上明文をもって確認していたし，またスペイン憲法でも，親の教育権は，「すべての実定法以前の，かつそれに優位する権利」(22条1項) だとされ，さらにアイルランド憲法によっても「あらゆる実定法に先行し，譲渡不可能かつ消滅せざる権利」(41条) だとされている。

また英米においても，親はコモン・ローにもとづく natural right として，子どもの知的および道徳的な育成を指導する始源的かつ不可譲の権利を有するとされ，そしてこの権利は，学説・判例上，通常の憲法上の権利ではなく，「基礎的な憲法上の権利」(fundamental constitutional right) だとみなされている[10]。

わが国においても，学説・判例上，この点に関してはほとんど異論はないと言ってよい。たとえば，有力な教育法学説は「親の教育権が，自然の親子関係にもとづいて子の生まれながらの学習権を保障する，条理上当然の手だてだという意味でなら，自然法的といっても悪くはない。すくなくとも，自然の条理にもとづく権利として『自然権』とよばれるのにふさわしい」[11]と説き，また和歌山県教組勤評反対事件に関する和歌山地裁判決（1963年）も，端的にこう

---

(8) E. Stein / W. Joest / H. Dombois, Elternrecht, 1958, S.10.
(9) 田中耕太郎「教育権の自然法的考察」『法学協会雑誌』69巻2号，1951年，103頁。
(10) J.W.Whitehead / W.R.Bird, Home Education and Constitutional Liberties, 1987, p.31.
(11) 兼子仁『国民の教育権』岩波新書，1971年，52頁。

第 2 節　親の教育権の法的構造

判示している。「教育は，先ず，家庭教育に始まる。子供に対する本源的教育権者はその両親であり，民法 820 条は，このことを規定しているが，このことは法律の規定をまつまでもなく，法以前の自然法上の権利である。」[(12)]。

　親の教育権は「自然権」に属しているということから，以下のような法的効果が導かれることになる。

　第 1 に，子どもの教育に対する第 1 次的な権利と責任は親にあるということである。この点を確認して，世界人権宣言が「親は，子どもに与えられる教育の種類を選択する優先的権利（prior right）を有する」（26 条 3 項）と謳い，また子どもの権利条約も「親は……子どもの養育および発達に対する第 1 次的責任を有する」（18 条 1 項）と書いていることは，すでによく知られている。別言すれば，親は子どもの教育に際して何が子どもの福祉や最善の利益に最もよく叶うかの「解釈優先権」(Interpretationsprimat) をもっている，と言えよう。親の教育権は「始源的教育権」(Das primäre Erziehungsrecht) であるのに対して，国・自治体・学校（教員）などのそれは「副次的教育権」(Das subsidiäre Erzihungsrecht) だと呼称される所以である。

　こうして，国・自治体・学校は親の教育権を尊重する義務を負い，学校教育は可能なかぎり親意思を反映して運営されなければならない，ということが帰結される。

　第 2 に，親の教育権は，国家に先行する始源的な権利であるから，実定法上，明文の根拠規定がない場合でも，「親としての自明の権利」として，すでに条理（法）上保障されている，ということが導かれる。先に引いた民法 820 条の「親の監護・教育権条項」は，いわばその実定法的反映にほかならない。

　第 3 に，親の教育権には，通常の権利よりも（憲法上）優先的な保障が与えられている，ということが帰結される。このことは，親の教育権と国・自治体の学校教育権が対抗関係に立つ場合，なんらかの利益衡量手続を経ることになるが，その際，前者は後者の側の「真にやむをえない利益」(compelling interest) にもとづく，必要最小限度の制約しか受けない，ということを意味する。

　第 4 に，「自然法」上の存在としての家族制度と係わって，国・自治体は，濫用や懈怠がない限り，親から教育権を剝奪したり，その本質的な内容に破壊的な介入をしてはならない義務を負っていることになる。それどころか，「親

---

(12)　和歌山地裁判決・昭和 38 年 10 月 25 日，兼子仁編『教育裁判判例集』東京大学出版会，1964 年，79 頁。

第 10 章　親の教育権と学校教育

……が子どもの養育責任を果たすにあたって適当な援助を与え（る）」（子どもの権利条約 18 条 2 項）義務があると言えよう。

2 − 2　憲法上の基本権としての親の教育権

　親の教育権はすぐれて歴史的に形成されてきた法理であるが，教育法制史上，その淵源が近代憲法上に自由権的基本権として確立をみた「教育の自由」にあり，しかもその主要な内容をなしてきたことは既によく知られている。くわえて，今世紀に入り，ワイマール憲法を嚆矢として，「婚姻や家族に関する権利」が憲法上の基本権として各国で保障されることとなり，こうして今日では親の教育権を憲法上明記している国は少なくない[13]。

　日本国憲法には親の教育権を明文で謳った条項は見当たらないが，憲法 13 条〈幸福追求権〉の保障内容に当然含まれていると解される。有力な憲法学説も説いているように，各個別的基本権規定によってカバーされず，かつ「自律的な個人が人格的に生存するために不可欠と考えられる基本的な権利・自由として保護するに値すると考えられる法益」は，憲法 13 条が保障する幸福追求権によって基礎づけられるからである[14]。

　また憲法 24 条に親の教育権を読みこむことも可能である。同条 1 項にいう「『夫婦が同等に有する権利』のなかに，子に対する親権 ── その結果として，子の監護教育に関する権利が存在する ── が含まれて」おり，また同条 2 項の「『家族に関するその他の事項』の中に，親権 ── したがって両親の教育権 ── が含まれることは自明の理」だからである[15]。

　ちなみに，アメリカ連邦最高裁判所の判例（1923 年）にも，「結婚し・家庭を設け・子どもを育てる」個人の権利を一体的に捉え，この権利は憲法上の自由としての「親の教育の自由」に属するとした判例が見えている[16]。

　くわえて，いわゆる「憲法的自由」に親の教育権の根拠を求めることもできる。ここに「憲法的自由」とは，憲法の自由権条項は「人類の自由獲得の努力の歴史的経験に即し，典型的なもの」を例示的に掲げているのであって，「列

---

(13)　たとえば，ベルギー憲法 24 条，デンマーク憲法 76 条，フィンランド憲法 82 条，アイルランド憲法 42 条，ドイツ基本法 6 条，スペイン憲法 27 条，イタリア憲法 30 条。
(14)　芦部信喜・高橋和之補訂『憲法（第 4 版）』岩波書店，2007 年，115 頁。
(15)　相良惟一「両親の教育権の実定法的考察」『京都大学教育学部紀要』8 号，1962 年，177 頁。
(16)　Meyer V. Nebraska, 1923, in, E.C.Bolmeier, Landmark Supreme Court Decisions on Public School Issues, 1973, p.11.

法律婚って変じゃない？ 結婚の法と哲学

〔法と哲学新書〕 **山田八千子** 編著

新書・並製・324頁　ISBN978-4-7972-8344-0 C3332

定価：**1,628**円（本体 1,480 円）

結婚の契約化と家族法の再編はどう展開するのか。同性婚・嫡出推定・ケア・契約・親密圏等、それぞれの専門分野での多角的・多様な視点から「結婚を哲学する」。

力点憲法

齊藤正彰 著

5変・並製・268頁　ISBN978-4-7972-2373-6 C3332

定価：**3,190**円（本体 2,900 円）

解と項目選定に「力点」を置いた新型入門教が誕生。図解は250以上配し、学習のスターに有益な 30 章を選び、違憲審査の説明に 5 章分を割く。薄さと相互参照も追求。

Primary行政法

村中洋介 著

A5変・並製・336頁　ISBN978-4-7972-3471-8 C3332

定価：**3,520**円（本体 3,200 円）

初学者のための法律学入門書、プライマリーシリーズ第１弾。事例・判例をベースに、わかりやすく、学習に必要十分な情報と独学学習にも使いやすく解説。

033　東京都文京区本郷6-2-9-102　東大正門前
3818)1019　FAX:03(3811)3580　E-mail:order@shinzansha.co.jp

信山社
http://www.shinzansha.co.jp

新会社法〔第6版〕

〔法律学の森〕　青竹正一 著

A5変・上製・880頁　ISBN978-4-7972-2916-5 C3332
定価：7,700円（本体7,000円）

会社法施行規則、産業競争力強化法等の改正
ソフト・ローの改訂・公表、また、最高裁判
所の判例をはじめ、会社法全般にわたって相
次ぐ重要判例を組み入れた最新第6版。

商法総則・商行為法〔第4版〕

〔法律学講座〕　青竹正一 著

A5変・並製・726頁　ISBN978-4-7972-8061-6 C3332
定価：7,920円（本体7,200円）

研究から実務まで幅広く有用の好評書、2024
年3月刊行の最新版が登場！　最近の改正（電
気通信事業法施行規則、金融商品取引法等）
を反映し判例および文献も補充した第4版。

シン会社法プラス

上田廣美 著

A5変・並製・320頁　ISBN978-4-7972-3581-4 C3332
定価：3,520円（本体3,200円）

企業を目指す一般の大学生やビジネスマンの
ためのわかりやすいテキスト。理論と実務は
車の両輪。ハード・ローとソフト・ローが
これ1冊で両方学べる、待望のテキスト！

〒113-0033　東京都文京区本郷6-2-9-102　東大正門前
TEL:03(3818)1019　FAX:03(3811)3580　E-mail:order@shinzansha.co.jp

海と国際法

柳井俊二 編著

A5変・並製・312頁　ISBN978-4-7972-1325-6 C3332
定価：3,960円（本体3,600円）

海に関わる国際法の主要分野である、領域、航行の自由、資源、経済活動、安全保障等々、第一線研究者による最新の海洋法テキスト。海洋国家を守るための最先端の基礎知識を学ぶ。

ウクライナ戦争犯罪裁判　正義・人権　国防の相克

新井　京・越智　萌 編

A5変・並製・162頁　ISBN978-4-7972-8790-5 C3332
定価：3,190円（本体2,900円）

戦争犯罪は誰がどのように訴追すべきか。ウクライナ国内での刑事裁判を素材に検討する。ウクライナにおける事案・刑法・刑事手続の特徴と日本への含意を示す。

宅建プロフェッショナル六法2024

池田真朗 編

A5変・並製・380頁　ISBN978-4-7972-7094-5 C3332
定価：2,750円（本体2,500円）

宅建試験受験者が、具体的な条文で本質的な理解を深め、また合格後も、法令の最新改正をフォローし、より的確な仲介業務等を実現するために必備の六法最新版。

033　東京都文京区本郷6-2-9-102　東大正門前
(3818)1019　FAX:03(3811)3580　E-mail:order@shinzansha.co.jp

信山社
www.shinzansha.co.jp

所有権について考える デジタル社会における財産

〔民法研究レクチャー〕　**道垣内弘人** 著

四六変・並製・112頁　ISBN978-4-7972-1135-1 C3332
定価：1,540円（本体1,400円）

デジタル化が進みつつある現在、土地や財産、仮想通貨や電子書籍など、日常目にする現代的課題を所有権（物権・債権）を通し、学びの基本から考える。

労働法〔第8版〕

川口美貴 著

A5変・上製・1112頁　ISBN978-4-7972-3658-3 C3332
定価：5,500円（本体5,000円）

要件と効果、証明責任を明確化。新たな法改正・施行と、最新判例・裁判例や立法動向に対応。長年の講義と研究活動の蓄積を凝縮した労働法のスタンダードテキスト第8版。

プラクティス知的財産法Ⅰ 特許法〔第2版〕

田村善之・時井 真・酒迎明洋

A5変・並製・394頁　ISBN978-4-7972-2728-4 C3332
定価：3,960円（本体3,600円）

《実践的感覚が身につく人気テキスト、待望の第2版！》特許に関わる弁護士や、企業法務部・知財部員、そして司法試験受験生に、幅広く有用の実践テキスト最新版！

〒113-0033　東京都文京区本郷6-2-9-102　東大正門前
TEL:03(3818)1019　FAX:03(3811)3580　E-mail:order@shinzansha.co.jp

挙した自由以外のものはこれを保障しないという趣旨ではない」。これら以外の自由や権利も，「歴史上，また人権保障の条理解釈上にうらづけのあるもの」は憲法で保障されている，というものである[17]。既述のように，親の教育権は歴史的に「教育の自由」の第１次的な実体をなしてきた権利であるから，こうした「憲法的自由」の一つとして，憲法の保障を受けていると見られるわけである。

以上，親の教育権の憲法上の根拠について見たわけであるが，それはより根元的には，私的領域としての家庭＝人間的自然としての家族制度，教育の私事性，教育における価値多元主義・市民の思想・信条の多元性などの保障要請と係わって，自由・民主主義体制自体によって根拠づけられている，ということが重要である。

2－3　憲法上の具体的権利としての親の教育権

このように，親の教育権は憲法上の明示的な保障を欠いてはいるものの，憲法13条，24条の保護法益ないし「憲法的自由」として，憲法による保障をえている基本的人権だと見られるが，それは抽象的権利ではなく，「直接に妥当する客観的権利」（unmittelbar geltendes objektives Recht）として，具体的内容をもった法的権利であると解される。言葉を換えると，親の教育権は具体的権利として憲法みずからが確定していると見られ，こうして，この権利は，いわゆる「憲法の力をもつ基本権」として，立法・司法・行政を拘束するとともに，裁判所に対してその保護・救済を求め，法的強制措置の発動を請求しうる権利だということである。親の教育権は，既述したように，自然法的な人間の根元的権利・憲法上の根元的基本権として，憲法秩序の基底に位置しており，そこで，この権利には憲法上優先的な保障が与えられていると見るべきだからである。

2－4　国際法上の普遍的人権としての親の教育権

親の教育権は，国内法による保障に止まらず，国際的にも普遍的な妥当性をもっていると考えられる。親の教育権は「超国家的な核（überstaatliche Kern）をもつ」と観念される所以である。既に触れた通り，世界人権宣言が親に「子どもの教育に関する優先的選択権」を保障し，また国連の子どもの権利宣言

---

(17) 高柳信一「憲法的自由と教科書検定」『法律時報』41巻10号，57頁。

が,「子どもの教育および指導について責任を有するものは子どもの最善の利益をその指導の原則としなければならない。その責任は,まず第1に子どもの親にある」(7条2項)と書き,さらには子どもの権利条約が「親の第1次的教育責任」(18条1項)を確認している通りである。

3 親の教育権の法的属性・類型

ドイツの学校法学の権威I・リッヒターも指摘しているように[18],親の教育権は,基本的人権のカタログのなかできわめてユニークな地位を占めていると言える。自由権,社会権,受益権,参政権といった基本的人権の伝統的なカテゴリーによっては把握できない,複合的な性格を併せもつ特殊な基本権であり,またその対象法益も各個別基本権のそれをはるかに超えて実に広汎かつ多岐にわたっている。その基本的な属性ないし特徴的メルクマールを摘出すると,以下のようである。

〈1〉 親の個人的な教育の自由権

親の教育権は,その歴史的な経緯からも知られるように,基本権の類型としては,第1次的には,教育主体としての親個人の,しかも自分の子についてだけ働く自由権的基本権に属している。自由権的基本権として,それは,消極的には,公権力や第三者による親の教育権領域や子どもの人権領域への不当な介入に対する防御権(Abwehrrecht)として,また積極的には妨害排除請求権として機能する[19]。

なお,民法820条にいう親の監護・教育権についても,それが一身専属的身分権として,排他的・妨害排除的性質を有し,その侵害に対しては原則として損害賠償請求権が発生することは,学説・判例上,ひろく承認されているところである。

〈2〉 子どもの利益に向けられた承役的基本権

このように親の教育権は,第1次的には,自由権的基本権に属しているが,他の自由権とは法構造的にその性格を大きく異にしている。というのは,一般に自由権は,対公権力との関係において,権利主体の自己決定権の保障を確保

---

(18) I. Richter, Bildungsverfassungsrecht, 1973, S.47.
(19) H. Avenarius / H. Heckel, a.a.O. S.443. I. Röbbeln, Zum Problem des Elternrechts, 1966, S. 17 など。

158

することを本旨とするが，親の「教育の自由権」にあっては，その自由は親の自己実現の自由ではなく，「子どもの利益や福祉の実現に向けられた自由」に他ならないからである。

　言い換えると，親の教育権は，その本質において，親自身の利益のために保障された「自利をはかる基本権」(eigennütziges Grundrecht) ではなく，子どもの利益・福祉に向けられた「他者の利益をはかる基本権」(fremdnütziges Grundrecht)，すなわち「承役的基本権」(dienendes Grundrecht) だという特質を有している[20]。

〈3〉 社会権的基本権
　上述の〈2〉とも関連するが，親の教育権は，第1次的には，親の個人的自由権であるが，しかしこの権利は，通常の自由権とは異なり，社会権的基本権たる性格を併有しているという特質をもっている。既述したように，親の教育権は子どもの利益の実現を旨とする承役的基本権なのであり，そこで，この権利の主たる実質は子どもの「人格を自由に発達させる権利」・「学習する権利」によって強く規定されているからである。別な表現をすると，「教育を受ける権利は，市民的自由の主体を社会的存在として定立するものとして，自由権と社会権の両面をふくみ，むしろそれらの基礎をなす。…さらにその基礎をなす家族に関する基本権は，自由権と社会権の母たる位置づけをもつ」[21]ということである。
　この「社会権的基本権としての親の教育権」は，子どものいわゆる学習権を有意なものとするための手段的権利として，教育における一連の積極的権利を根拠づけるものである。

〈4〉 子どもの教育についての包括的な教育基本権
　親の教育権は，本質上，子どもの教育についての「包括的・全体的教育権」(allumfassendes-und Gesamterziehungsrecht) だという本質的属性をもっている[22]。その対象や内容は，子どもの成長・発達に係わるすべての事項ないし

---

[20]　U. Fehnemann, Die Bedeutung des grundgesetzlichen Elternrechts für die elterliche Mitwirkung in der Schule, In: AöR (1980), S.534. F. Ossenbühl, Das elterliche Erziehungsrecht im Sinne des Grundgesetzes, 1981, S.50-S.51.
[21]　利谷信義「家族と国家」筑摩書房，1987年，128頁。
[22]　H. Heckel, Schulrecht und Schulpolitik, 1967, S.176.

第10章　親の教育権と学校教育

子どもの福祉の実現に資するあらゆる事柄に及ぶものであり，「信教の自由」，「思想・良心の自由」，「表現の自由」といった在来の特定の市民的自由ないし個別的基本権によってだけではカバーしきれない。この権利は各種の消極的権利，積極的権利および能動的権利を包摂すると同時に，それ独自の存在理由と内実をもつ包括的教育基本権たる性質を有している。この親の教育権の包括的保障としての機能は，憲法上，個別的保障を受けていない法益にも及ぶことにある。

なお，親の教育権の包括性は親子関係の包括性に対応しており，この点，学校教員の「教育権」が，教育公務員として配分された職務権限として，「部分的・技術的教育権」にすぎないのと決定的に異なる。

〈5〉親集団としての集団的基本権

親は，上述した個人的自由としての教育権にくわえて，親集団としても教育上の権利を有していると条理解釈される。親の教育権のこの属性については，後に改めて取りあげるので，ここではこれ以上立ち入らない。

〈6〉公教育運営への参加基本権

親の教育権は，既述した教育における消極的自由や選択権，さらには教育要求権や請求権を内実とするだけでなく，公教育運営への各種の参加権を内包する観念と捉えられる。この点についても，上記〈5〉と併せて後に言及するので，これ以上立ち入らない。

4　親の教育権の法的内容

親の教育権は，既に垣間見たように，本質上，子どもの教育についての包括的・全体的教育権であり，その対象や内容は，子どもの成長・発達や福祉に係わるすべての事柄に及ぶ。したがって，その具体的内容をいちいち個別的に列挙することは不可能であるが，比較教育法制史上に，また親の教育権保障の条理解釈上に裏づけのあるものとして，さらには前述したような親の教育権の基本権としての特質に由来して，その主要な内容としては，たとえば，以下のような各種の権利が予定されていると見られる。

① 親の基礎的権利

　　知る権利，適正な手続的処遇をうける権利，教育上平等な取扱いをうける権利など。

② 親の消極的権利
　〈a〉親の教育上の自由権 —— 家庭教育の自由，私学設置・経営・教育の自由など。
　〈b〉親の教育選択権・評価権 —— 学校選択権，教員選択権，学校教育内容の一部拒否権など。
③ 親の積極的権利
　教育の機会均等に関する請求権，中立な学校教育を要求する権利，安全な学校教育を求める権利・危険な学校教育を拒否する権利，学校教育内容に関する要求権，教育の条件整備要求権，教員人事に関する要求権など。
④ 親の能動的権利
　公教育運営への参加権・学校教育の協同形成権，PTAへの参加権，教育行政機関に対する請願権など。

第3節　親の教育権と学校の専門的教育権

1　学校教育における親の教育権の範囲・強度

　さて，このように，親は権利として教育行政機関や学校・教員に教育上の要望や要求を出したり，公教育運営に共同責任的に参加することが可能だと解されるが —— 親の教育権の内容として教育上の要求権と参加権が含まれているということ ——，ただその際，国家の教育主権や地方自治体の教育事業経営権による制約にくわえて，学校・教員のいわゆる「専門的教育権」ないし「専門職的自律性」との関係で，その範囲および強度が問題となる。
　まず親の教育要求権・教育参加権は，その権利形態は措くとして，学校教育事項のいかなる範囲にまで及びうるのか。
　これについては，領域的には，原則としてオフ・リミット〈立入り禁止領域〉はないと見られる。すなわち，いわゆる「内的学校事項」と「外的学校事項」の如何に拘らず，学校教育の全領域が親のこうした権利の対象となりうると言える —— 現実には既にそのような事態になっており，学校教育のほぼ全般に亘って，親の側からの異議申立てが多発していることは，先に触れたとおりである ——。
　具体的には，たとえば，学校の施設・設備，学校安全，学校財務，PTA，学校と地域との関係・学校開放などはもとより，学校の教育方針，全校的な教育課程編成，授業の内容・方法，成績評価・指導要録・内申書，学校行事，部

161

活動，生徒指導・校則，生徒懲戒，校内人事・校務分掌・学校の教育組織編制，教員の資質や勤務態度なども，その有りようの如何によっては，親は教育権の行使として，これについて要望・要求・請求したり〈要求権・請求権〉，報告をうけたり〈知る権利〉，意見を求められたり〈聴聞権〉，場合によっては，学校・教員と共同で討議・決定できると解される〈協同権・共同決定権〉。

親の教育要求権・教育参加権の対象をこのように広範に捉えることに対しては，なかんずく教育課程の編成や授業の内容・方法，成績評価などの「教育専門的事項」，さらには教員の人事に関する事柄までそこに含めることには，おそらく異論のある向きが少なくないであろう。

けれども，「教員選択」というディメンションにおいて，またそこから導出される権利として，親（子ども）には「特定の教員〈いわゆる問題教員・欠陥教員〉を拒否する権利」や「集団的な人事要求権・異議申立て権」が留保されていると条理解釈されるのであり，また学校における教育課程の編成についても，これに関して親に「原告適格」を認めた判例がすでに存在しているのである。ちなみに，その判旨〈大阪地裁・1973年3月1日判決・判例時報721号24頁〉にはこうある。

「親権者はその子女が学校においてほどこされる教科・科目の授業およびそのもとになる教育課程の編成について法律上の利害関係を有するものというべきであり，教育課程の内容が，生徒に適切な教育をほどこすことを目的として制定された教育関係法令の規定に違反していると，原告は主張するのであるから，原告には右課程の編成の取消を求める適格がある」。

なお，以上と関連して，「親が教育内容に対し積極的な関心をもち，これをきびしく批判していくことが何よりも必要である」，「このような批判をくぐりぬけることによってのみ教師の力量はたかめられる」[23]との指摘は，重要だと考える。

つぎに親のこの教育要求権や教育参加権は，その権利の性質・強度において，学校・教員の「専門的教育権」とどのような関係に立つことになるのか。

これについて一般的に言えば，いわゆる「教育専門的事項」に関しては，原則としてその最終的決定権はあくまで学校の側にあると言えよう。これらの事項の決定は，一般的には，「教育の専門機関」である学校に委ねた方が，子どもの人間的な成長発達権によく応えることになると見られるからである。

---

[23] 持田栄一『教育における親の復権』明治図書，1973年，168頁。

第3節　親の教育権と学校の専門的教育権

　それに実定法上も，教育専門的事項に関する決定権は，教育主権による規律に服しながら，「学校の教育権限」〈校長の校務掌理権・教員の教育権限など・学校教育法37条〉の中核的内容として法的保障を受けていると解される。

　こうして，この領域においては学校・教員の専門的教育権が親の権利に原則的に優位し，ここに親が直接的かつ決定的な介入をすることは越権となるであろう。この点を確認して，ILO・ユネスコ「教員の地位に関する勧告」（1966年）も次のように書いている。

　「児童・生徒の利益のために，教員と父母の緊密な協力を促進するあらゆる可能な努力がなされるものとするが，教員は，本質的に教員の専門職上の責任である問題についての父母の不公正または不当な干渉から保護されるものとする」（67項）。

　ちなみに，アメリカにおいても，教員の授業の有りように対する親からの異議申立てを受けて，教育委員会が当該教員を停職処分にした事件で，教員のアカデミック・フリーダムを根拠に処分を違法とした連邦裁判例（1969年）が見られている[24]。

　とはいっても，いうところの教育専門的事項も「親（子ども）の権利から自由な学校の専管事項」というわけにはいかず，親の教育要求権・教育参加権は，その法的効果として，これについては学校側に「教育専門的な対応義務」，場合によっては「親との協同義務」をもたらすことになると見られる。したがって，学校・教員が，「学校の教育については親・父母に発言資格なしとして，話合いや回答を一切拒否したりすることは，義務違反であるとともに親の教育要求権の侵害」[25]となるであろう。

　くわえて，学校・教員の側に専門的教育権の違法行使がある場合には，親は当然にその是正や取消しを要求することができ，さらに違法教育の是正を求めて裁判所に提訴することが可能であることはもちろんである。

2　学校・教員の教育権の本質的属性と限界

　ところで，上述のように，「教育専門的事項」については学校・教員の教育権が親の教育権に原則的に優位するとはいっても，子どもの教育をめぐっては「教育的専門性」ではカバーしきれない事柄が数多くある。教育はすぐれて価

---

[24] ケーフエ事件・1969年．L.Fischer / D. Schimmel / C.Kelly, Teachers and the Law, 1987, p.124.
[25] 兼子仁『教育法』有斐閣．1978年．302頁。

163

第10章　親の教育権と学校教育

値に係わる営為であり，また子どもの人生的幸福の追求ととりわけ強く結びついているからである。ここに，親の教育権が親族上の原権・自然的教育権・包括的な教育基本権であるのとは異なり，部分的・機能的・技術的な職務権限である学校・教員の教育権の決定的な限界がある——いわゆる専門家が素人に対して優位を誇れるのは知識や技能の面においてであって，子どもや親の価値観や精神的な諸自由に係わることは専門性では説明がつかない，ということである。くわえて，「教職の専門職性」は裁判官や医者のような「既成専門職」ほどには高くはなく，典型的な「半専門職」であるということも，ここで押さえておこう。さらに言えば，今日，教職の実相は「ソーシャル・ワーカーやカウンセラーなどのような役割も担う援助専門職」と捉えることもできる——。

　こうして，一般に「教育専門的事項」として一括されているもののなかにも，その如何によっては，親・子どもの側にこそ最終的な決定権が留保されなければならない事柄がありうる。

　一例を挙げれば，性格テストがこれに当たると見られる。たしかにそれは心理学的に根拠づけられた科学的なテストかもしれないが，その内容や用途によっては子どもの人格権を深く侵害する危険性が常に伏在している。したがって，親は「性格テスト」の趣旨・内容・用途などについて説明をうけ，子どものために善しとしない場合にはこれを拒否する権利を有していると解される。テストをうけさせるか否かの決定権は親にあると言えよう[26]。

　この点，ドイツ・バイエルン州憲法は大いに示唆的である。こう規定している。「親は教育権を行使するに際し，国および市町村によって支援される。しかし，個人的な教育問題（persönliche Erziehungsfragen）においては親の意思こそが決定的である」（126条1項）。

第4節　親の公教育運営への参加権

1　近年の政策動向と制度現実

　1987年，臨時教育審議会は「教育改革に関する第3次答申」において，「開かれた学校と管理・運営の確立」というタイトルのもと，「学校の活性化のための新しい課題」の一つとして，つぎのように提言した。

　「学校は，家庭・地域社会などに対して努めて開かれたものとし，その教育

---

(26)　同旨，U.Fehnemann, a.a.O., 1980, S.543

第4節　親の公教育運営への参加権

について理解を得るようにするとともに，家庭・地域社会の建設的な意見をその運営に反映させるなどしてそれらとの連携を密にし，その教育力の向上にさらに努力する」。

　戦後の法制改革によって確立を見た「教育の地方自治」・「住民の教育自治」(憲法第8章)を背景とし，直接には上記提言を契機として，それ以降，わが国においてもいわゆる「親の学校教育参加」は公教育運営上の現実的な政策課題とされるに至った。そしてとくに1990年代以降，この領域における政策と制度現実はかなりドラスティックな展開を遂げつつあるように見える。親の参加領域・事項に即して，近年におけるティピカルな先駆的事例を掲記すれば，以下のようである。

1-1　親の学校運営参加
〈1〉学校評議員としての参加

　1998年9月，第16期中央教育審議会は答申「今後の地方教育行政の在り方について」において，「地域に開かれた学校づくりを推進するためには学校が保護者や地域住民の意向を把握し，反映するとともに，その協力を得て学校運営が行われるような仕組みを設けることが必要」であるとの認識のもとに，学校評議員制度の創設を提言した。

　これを受けて，2000年1月に学校教育法施行規則(省令)が改正されて学校評議員制度が導入され(同規則23条の3)，実施されているところである。この制度は，イギリス，ドイツ，オランダなどのヨーロッパ諸国における親の学校教育参加制度とは大きく異なり，①その設置は学校設置者の判断に委ねられており〈任意設置〉，②親(集団)に固有な合議制の参加制度でもなく，③「校長の求めに応じ，学校運営に関し意見を述べることができる」(同条2項)だけで，学校運営の意思決定過程には参加できないなど，その権限はきわめて控え目なものではあるが，それはともかく，わが国の教育法制史上初めて，「親の学校運営への参加」の法的可能性を国法上制度化したものとして，さしあたり，高く評価されてよいであろう。

　そして，ここで刮目に値するのは，学校評議員制度の運用実態である。法制上，学校評議員は「当該学校の職員以外の者で教育に関する理解及び識見を有するもののうちから，校長の推薦により，設置者が委嘱する」(同条3項)こととされているが，その職種別等の現実の構成比を見た場合，(2006年8月1日現在)，親は全体の15.6％(第3位)を占めているのである——ちなみに，

第10章　親の教育権と学校教育

もっとも多いのは自治会等関係者（17.7%）で，以下，社会福祉施設・団体関係者（16.0%）社会教育団体関係者（14.9%），学識経験者（11.3%）の順になっている[27]。学校評議員制度は，法制上，親の学校運営への参加制度というアスペクトをもち，そして制度現実においてもそのように機能しているということである。

〈2〉教育協議会・「四者会議」等を通しての参加

ヨーロッパ型の親・生徒の学校教育（行政）への参加制度をモデルとしたもので，全国各地の自治体でさまざまな組織形態や制度現実が見えている。

① 福岡県豊前市では，学校運営を活性化するためには，「学校運営のあり方について親と教師が徹底的に論議し，コンセンサスを形成する努力が不可欠」との認識のもとに，教職員・PTA・子ども代表・地域住民代表からなる「教育協議会」が2002年5月に設置をみている。

② 川崎市では，「それぞれの地域においていきいきとした川崎の子どもと学校，そして市民の自主的・自発的な生涯学習を地域から推進すべき組織」として，1990年代以来，「地域教育会議」が設けられているのであるが（『教育だより・かわさき』1994年春号），この会議には教職員・市民とともに，親も参加するところとなっている。

③ 東京都では，「保護者や地域住民との連携・協力を通して，一層開かれた学校づくりを推進することにより，学校の教育内容の改善・充実を推進していく」ために，都立学校に「学校運営連絡協議会」が設置され（1999年4月から試行，2002年度から全校で実施），しかもこの協議会のなかには学校評価を任とする「外部評価委員会」が設けられている[28]。

④ 高知県においては，「土佐の教育改革」の一環として，「学校・家庭・地域社会がそれぞれの役割を果たしながら相互に連携し，一体となって子どもたちの教育に取り組むため」，1997年以来，各学校に生徒・親・教員・地域住民の代表からなる「開かれた学校づくり推進委員会」が設置されている[30]。

---

(27)　文科省『教育委員会月報』2007年5月号，68頁。
(28)　東京都教育職員人事研究会編『東京都の教育職員人事考課制度』ぎょうせい，2002年，25頁。
(29)　「読売新聞」2003年1月19日付け。
(30)　野村幸司「検証・開かれた学校づくり推進委員会」『教育』1999年4月号，国土社，15頁以下。

また同県の奈半利町立奈半利中学校は1999年,「奈半利中学校，共和制推進要綱」を制定し，教員・親・生徒代表の3者が対等の立場で可能なかぎり学校運営に参加することを目指しているという(31)。

⑤　長野県上田市の市立第六中学校では,「もっと学びがいのある学校にするために，学校生活に関すること（授業，部活動，校則，いじめ問題等々）について，日頃思っていることを自由に出し合う」場として,1999年2月以来,「上田六中の学校づくりを考える生徒・保護者・地域・教職員の四者会議」が設けられている(32)。

〈3〉学校運営協議会委員としての参加

2000年12月,教育改革国民会議は「地域独自のニーズに基づき，地域が運営に参画する新しいタイプの公立学校（コミュニティースクール）」の創設を提言したのであるが，この提言はその後，総合規制改革会議「規制改革の推進に関する第2次答申」(2002年12月)や閣議決定「規制改革推進3か年計画」(2003年3月)などを経て，中央教育審議会答申「今後の学校の管理運営の在り方について」(2004年3月)において具体化を見るに至る。

すなわち，同答申は「今後，公立学校をより多様で魅力的なものとするためには，……既存の枠組みを超えて，新たに保護者や地域住民が一定の権限と責任を持って主体的に学校運営に参加する」新しいタイプの公立学校（地域運営学校）制度の導入が必要であるとし，その基本的な制度内容として，学校運営協議会の設置を求めたのであった。

これを受けて，2004年6月に地教行法が改正され，学校運営協議会は法制化されたのであるが，この協議会が国法上下記のような法制度として位置づけられたことは,「親の学校教育参加」という観点からは画期的だと評してよいであろう。

すなわち，いうところの学校運営協議会は，①教育委員会が指定する学校（指定学校）の運営に関して協議する機関として，指定学校ごとに設置できるものであるが，(地教行法47条の5条1項)，②教育委員会の任命にかかるその委員には親が含まれなければならないとされている（同条2項）。学校組織・権限関係上，学校運営協議会の権限はきわめて強力で，③指定学校の校長は教

---

(31)　「高知新聞」1999年10月3日付け。
(32)　「信濃毎日新聞」1999年3月8日付け。

第10章　親の教育権と学校教育

育課程の編成その他学校運営の基本的な方針について，その承認を得なければならないとされ（同条3項），さらに④学校運営協議会はその学校の運営に関して教育委員会や校長に意見を述べることができるとされている（同条4項）。それどころか，⑤当該学校の職員の採用その他任用に関する事項についても，任命権者に対して意見を述べることができるとされており（同条5項），これをうけて，⑥任命権者は当該職員の任用に当たって，その意見を尊重しなければならないと法定されているのである（同条6条）。

なお，2006年8月1日現在，学校運営協議会は都道府県・指定都市立学校において20校，市町村立学校で55校が設置されているという状況にある[32]。

〈4〉職員会議を親に公開・親による学校評価

新潟県新津市立結小学校では，教員に親の目を意識させてモラールを高め，指導力を向上させる目的で，2002年4月から職員会議を親に公開している。

また親の声を教室にフィードバックさせる仕組みとして，親による学校評価を実施しているという[33]。

1－2　親の教育行政参加
〈1〉教育行政一般への参加

よく知られているように，東京都中野区においては，「より良い教育の実現を図る」ためには，「区民の意思が教育行政に適切に反映されるべきであるとの認識に基づいて」（1条），「中野区教育行政における区民参加に関する条例」が制定され（1997年3月），親を含む区民の教育行政への参加が制度化されている。

区民参加は「教育に関する問題について区民の意見を統合し，地域の意思の形成をめざして行われるもの」で（2条），参加の仕組みは「審議会，協議会等の設置，公聴会，対話集会等の開催，意向調査の実施」等によるものとされ（3条），そして区の機関には「区民参加の成果を主体的に実現するよう努めなければならない」（6条）との責務が課されるところとなっている。

〈2〉教育委員としての行政参加

先に引いた中教審答申は「教育委員会が教育，文化，スポーツ等の幅広い分

---
(33)　「毎日新聞」2003年5月5日付け。

第4節　親の公教育運営への参加権

野においてますます多様化する地域住民の要望に的確に対応し，きめ細かな教育行政を主体的かつ積極的に展開できるようにするため」に，その方途の一つとして，「幅広い分野の人材から教育委員が構成されるようにすることが必要である」と提言したのであるが，教育改革国民会議の「教育を変える17の提案」(2000年12月) は，これをさらに具体化して，こう述べた。

「地域の教育に責任を負う教育委員会は刷新が必要である。…教育委員の構成を定める制度上の措置をとり，親の参加…を担保する」。

そしてこの提言をうける形で2001年7月に地教行法が改正され，地方自治体の長が教育委員を任命するに当たっては，「委員のうちに保護者（親権を行なう者及び未成年後見人をいう）である者が含まれるように努めなければならない」との条項が新たに設けられた (4条4項)。

法条からも知られるように，この条文は地方自治体の長に対して，「配慮義務ないし努力義務」を課すに止まっているが，しかしそうであっても，わが国の教育行政・学校法制史上，本条はきわめて大きな意義を有しているといえる。

ところが先般，東京都八王子市が教育改革国民会議の上記提言をそのまま制度化し，「2003年9月末で任期満了になる教育委員1人について，新たに『保護者枠』を設け，未成年の子どもを持つ市民から公募することを決め」，市教委が「教育への市民参加の新しい形として定着させたい」としていることは[34]，親の公教育運営への参加権（後述）の観点からは，まさしく画期的だと評されよう。「教育委員としての親の行政参加」の制度化である[35]。

〈3〉教科書の採択過程への参加

臨時教育審議会の第3次答申 (1987年) が教科書の採択に際して「学校・教員・保護者の意見がよりよく反映できるようさらに工夫する」必要があると唱え，この改革提言をうけて，1990年，文部省の教科書採択の在り方に関する調査研究協力者会議が，その現実化として，都道府県レベルの「教科用図書選定審議会」と市町村レベルの「採択地区協議会」の委員に親代表を加えるよう

---

(34) 「朝日新聞」2003年7月12日付け。
(35) 八王子市のこの「保護者枠」は，その後，2007年6月に地教行法が改正されて，「地方公共団体の長は，……委員の任命に当たっては，……委員のうちに保護者……である者が含まれるようにしなければならない」(4条4項) と規定され（義務規定），国法レベルで制度化されるに至った (2008年4月1日から施行)。

促した。
　その後，2002年7月には，教科用図書検定調査審議会が「教科書制度の改善について」を取りまとめ，「採択手続の改善について」と題して，「開かれた採択の一層の推進を図るため，採択結果や理由などの採択に関する情報のより積極的な公表に努めるとともに，採択への保護者の参画をより一層進めていくことが必要（である）」との見解を表明し[36]，かくして今日，文科省も「教科書採択に関しては，保護者や国民により開かれたものにしていくことが重要です。具体的には，教科用図書選定審議会や採択地区協議会等の委員に保護者代表等を加えていくなど，保護者等の意見がよりよく反映されるような工夫をする……ことが求められています」との基本的な立場に立っているところである[37]。
　ちなみに，1995・96年度分についての文部省調査によると，教科用図書選定審議会には全都道府県で親代表が参加していたが，採択地区協議会に親が参加していたのは，436の協議会のうち15％でしかなかった[38]。
　そこで文部省は1997年9月，都道府県教育委員会に対して改善通知を出し，この結果，2002年度分については，たとえば，千葉県は全12の採択地区協議会に，親代表を最低1人入れることとし，また徳島県でも県内全4地区の協議会に，それぞれ2〜6人の親やPTA会長が加わっている。さらに滋賀県でも県内6地区すべてで2〜6人の親が委員になっていると報じられている[39]。

〈4〉教員の人事行政過程への参加
　いわゆる「学校の自律性」の一内容として，たとえば，ドイツでは校長の選任過程に，またオランダでは教員の任用過程に，それぞれ親代表が参加しているのであるが，わが国においては教員の人事行政は「参加」にもっともなじまない領域だと見られてきているといえよう。
　こうした行政現実にあって，横浜市教育委員会は2003年度の教員採用試験から，2次試験の「模擬授業」の採点者に，子どもを学校に通わせている親を加えるとの政策を打ち出した。従来は市教委事務局の職員と現役の校長が採点

---

(36)　文科省「教科書制度の概要」，2003年，19頁。
(37)　文科省・同前17頁。
(38)　「朝日新聞」1997年9月18日付け。
(39)　「毎日新聞」2001年7月4日付け。

していたのであるが,「保護者のほうがより子ども達の視線に近い。教育のプロとは違った見方で評定することも必要なので新しい方法をとることにした」とされる[40]。

なお学校運営協議会が教員の人事行政上の権限を有していることは,先に言及したところである。

1-3 学校の教育活動・教育過程への親の参加
〈1〉 通知表の共同作成

神奈川県相模原市では小学校の通知表「あゆみ」を「あゆみを考える父母と教師の会」で共同で検討・作成した,という事例が報告されている[41]。

〈2〉 おやじの授業

東京都大田区立松仙小学校では,2001年9月以来,「おやじの授業」が行なわれているが,2003年度からこの授業を正規のカリキュラムに取り入れ,「総合的な学習の時間」で実施している。同校の父親たちでつくる「おやじ会」が,「自分たちの生き様を子どもたちに見せるような活動ができないか」と学校側に提案したのがきっかけで始まったという[42]。

また岡山県立岡山東高校も書道や外国語など親の特技を学校で活用する「保護者教育ボランティア」の制度を擁しているという[43]。

〈3〉 学校自由参観・通年の授業参観

先に紹介した上田市立第六中学校は1996年9月以来,親がいつでも学校を訪れることができる「学校自由参観」を実施している。「保護者に学校生活をありのままに見てもらい,閉鎖的といわれる学校のイメージを変えようと始まった。始業時刻から部活動終了まで,原則的に校内のどこを参観しても構わない」とされる[44]。また東京都でも「閉鎖的といわれる学校の体質を変え,教員に常に外部の目を意識させて指導力向上につなげる狙い」で,2001年度から都立高校全校で,学校が決める授業公開日以外でも親が参観できる「通年

---

(40) 「朝日新聞」2003年6月27日付け。
(41) 「朝日新聞」1993年5月28日付け。
(42) 「読売新聞」2002年2月22日付け。
(43) 「朝日新聞」1999年9月8日付け。
(44) 前出「信濃毎日新聞」。

の授業参観」を実施している[45]。

2 「親の教育権」なき親の学校教育参加

　上述のように，近年，わが国においても，いわゆる「親の学校教育参加」は公教育運営上の現実的な政策課題とされるに至り，そしてとくに1990年代以降，この領域における政策と制度現実はかなりドラスティックな展開を遂げつつある。現段階ではなおきわめて限られたケースであるとはいえ，いうところの親の学校教育参加はいわゆる内的教育事項や教員人事の領域にまで及び，また参加の場面も学級や学校段階に止まらず，地方自治体の教育行政運営の域にまで及んでいるのである。

　それに何よりも，親の学校教育参加（の可能性）について，わが国の教育法制史上初めて，国法上，明文の根拠が与えられた意義は大きい。従来，わが国においては，学校法制上，親は就学上の義務主体としてだけ措定され，学校教育についてはほとんど何らの権利ももたない客体＝学校教育のアウトサイダーとして位置してきただけに，こうした状況はまさしく画期的だといってよい。明治以来の「官治・集権・閉鎖型の学校教育・教育行政」から，「自治・分権・参加・公開型の学校教育・教育行政」への構造転換が強く求められているという時代状況にあって，また市民社会化や法律社会化の進展，親の市民的成熟の始まり，子どもの権利の確認と拡充，学校観の変容，さらには学校教育関係の法的把握などとも相俟って，こうした動向は今後，「ゆっくりとではあるが，しかし確実に」進展していくと見てまず間違いないであろう。親の学校教育参加はほんらい，教育条理に深く根ざした，学校法制上の普遍的な制度原理なのだからである（後述）。

　ただ学校法学の観点からは，ここで看過されてはならない重要な問題がある。それは，上述したようなコンテクストにおいて，わが国にあっては「親の教育権」，したがってまた「親の教育参加権」という権利の存在がまったくと言ってよいほど意識されておらず，語られることもないということである。親の学校教育参加とはいっても，かかる仕組みを導入するかどうか，肯定の場合，その範囲や形態をどうするかは，原則として，教育行政や学校側の裁量に委ねられているのであり，したがって，法学的観点から捉えると，それは事実上の任意組織ないし制度にすぎない。

---

(45)　「朝日新聞」2001年4月20日付け。

この点，親の教育権保障を前提に，その現実化を担保する制度として，学校法制上，親の学校教育参加を確立しているヨーロッパ諸国とは，決定的に異なるところである。
　ちなみに，たとえば，ドイツにおいては，親の教育権が憲法によって保障されているのであるが，これを受けて親の公教育運営への参加が各州の法律上制度化されており，しかもヘッセン州など2州では，共同決定権をも含む親の参加権は教育課程行政や人事行政の領域にまで及んでいる。
　また，オランダにおいては1848年の憲法が「（親の）教育の自由」を憲法上の基本権として確立したのであるが，それ以来，この自由は教育における最重要で基幹的な法制度原理をなしてきており，親は公立義務教育学校についても「学校選択の自由」を享有する一方で，教員の選任・人事行政過程への参加をはじめ，学校教育（行政）領域のさまざまな事柄について，協同権や共同決定権を保障されるところとなっている。
　いずれにしても，ここでは取り敢えず，いうところの親の学校教育参加は学校法制上，「親の教育権」という憲法上の自然権的基本権を基盤とし，この権利から導出され，この権利によって根拠づけられるフォーマルな法制度である，ということを押さえておきたいと思う。

3　親の公教育運営への参加権・学校教育の協同形成権
3－1　親の参加権・協同形成権の根拠
　「参加」とは，法的意味においては，「法律関係に当事者以外の者が当事者として，または利害関係人として加わること」[46]だとすれば，いうところの「親の教育権」には「家庭教育の自由」や「学校選択の自由」といった消極的自由や選択権だけではなく，公教育運営に参加したり，学校教育を協同で形成していく権利が内包されていると解される。それは，主要には，つぎのような理由にもとづく。
　第1に，子どもの学習権・人間的な成長発達権の保障要請からの帰結である。ドイツのノルトライン・ウェストファーレン州一般学校規程〈Allgemeine Schulordnung・2002〉学校法の法条を借用すれば，「学校に課せられた教育責務を達成するためには学校と教育権者（親のこと・筆者注）との密接かつ信頼に満ちた協同が要請される。教育権者は学校制度の形成に参加する」権利を有

---
(46)　味村治他共編『法令用語辞典』学陽書房，2003年，316頁。

する（38条1項），ということである[47]。すでに教育的な理由から，学校教育は親の協同的参加・学校と親のパートナーシップを求めているといってよい。

第2に，親の教育権の法的性格からくる要請がある。既に触れたように，親の教育権は自然権的・根元的基本権として，また子どもの教育についての包括的教育権として積極的な効果を内在させている。さらにこの権利は子どもの権利の代行という側面をもっており，したがって，この権利を単に消極的自由と見たり，その妥当領域を学校外教育・私教育に限局することは，このような性質に牴触する。くわえて，繰り返すが，親は子ども教育を学校に白紙委任したわけではあるまい。

この点，先に垣間見たように，ヨーロッパ諸国においては伝統的な親の教育上の自由権や選択権の法的保障と相俟って，いわばこれらの権利を実効化し，制度的に担保する現代的な権利として，親の教育参加権が実定法上法認・制度化されているのが一般的である。

第3に，教育主権によって大幅に規律されているとはいえ，学校教育関係は「親の教育権〈教育責任〉の委託契約関係」というアスペクトを有しており――親は子どもの教育を学校に白紙委任しているわけではなく，契約の当事者として契約内容の形成に関与できるということ――，こうして親の教育権は学校制度形成の基盤をなしている，ということが挙げられよう。このことは，親の学校教育協同形成権を導くはずである。

第4に，親の側に原則として学校選択権や教員選択権が存していないということも，親の積極的な権利や能動的な権利を根拠づけることになる。学校（教員）の教育権の範囲・強度と親の教育上の選択権の存否・広狭は対応関係にあるからである。

このように，親は公教育運営に参加したり，学校教育を共同で形成していく権利をもっていると見られるのであるが，この権利は，親の教育権に内包される権利として，憲法上保障されているものであって，「公教育運営への参加基本権（Grundrecht auf Mitbestimmung）」とでも称しうる性質のものである[48]。

3－2　親集団としての参加基本権

親は，上述した個人的権利としての教育権にくわえて，親集団としても教育

---

(47)　D. Margies u.a., Allgemeine Schulordnung für Nordrhein-Westfalen, 2001, S.396.
(48)　参照：W. Däubler, Das Grundrecht auf Mitbestimmung, 1973.

第4節　親の公教育運営への参加権

上の権利を有していると条理解釈される。それは，「協同的権利としての親権」(Elternrecht als gemeinschaftliches Recht) ないし「集団的親権」(Das kollektive Elternrecht) と称しえよう[49]。教育行政機関や学校・教員に対する教育要求権や公教育運営への参加権などがこれに当たる。

　もちろん，これらの積極的な権利や能動的権利は，たとえば，内申書の開示請求権のように，その法益が自分の子だけに係わる場合は，個々の親の個人的権利としても存しているが，集団性をもつ学校教育事項については，これに関する要求権や参加権の実質的な主体は親集団であろう。「親たちの教育要求が矛盾対立していたり，ごく少数にとどまっているよりも，多数の親が集団的にまとまって教育要求権を行使するほうが，教師・学校が応答しやすい有効な教育要求」になるであろうし[50]，また，集団化されることによって，個々の親の個人的教育権は補強され，より強固・実効的になると考えられるからである。

　そしてこの場合，重要なことは，親の集団的教育権もまた，個人的教育権と同じく，憲法上の保障をえているということである。「集団的基本権としての親の教育権」の憲法上の保障である。親集団の教育権は，「憲法上の権利」としての個々の親の教育基本権によって根拠づけられ，そこから導出される集合的権利だからである。

　この点，ドイツの学校法制と学校法学説が参考にされてよいであろう。

　ドイツにおいては，ヘッセン州憲法56条6項やノルトライン・ウェストファーレン州憲法10条2項など8州の憲法が親の学校教育への参加権を憲法上明示的に保障しているが，有力な学校法学説によれば，「それは，集団的な親権の表出であり，その意味で集団的基本権〈Gruppengrundrecht〉と解釈される」とされている[51]。

　なお，親の個人的教育権と集団的教育権との関係であるが，これについては，さしあたり以下の2点に留意を要しよう。

　一つは，親の教育権の対象法益には，その本質上，集団化〈多数決支配，代表制のルートを通じての集団的行使〉にはなじまない事柄や領域が少なくない，ということである。思想・良心・信教など，すぐれて価値的・高度に人格

---

(49)　U.Fehnemann, a.a.O., S.545
(50)　兼子仁・同前書303頁。
(51)　F. Ossenbühl, Das elterliche Erziehungsrecht im Sinne des Grundgesetzes, 1981, S.97.

第10章　親の教育権と学校教育

的な領域における親の教育権について，とくにこのことが妥当する。基本的人権保障のケルン〈核〉は「個人の自己決定」を確保することにあるが，集団化ないし代表制はこの属性を「他者による決定」に転化させてしまうからである。ドイツにおいて，親の個人的教育権と集団的教育権の区別は，「宗教上の親権」〈Das konfessionelle Elternrecht〉と教育要求権や教育参加権を内実とする「教育上の親権」〈Das pädagogische Elternrecht〉との区別に対応しているとされているのが，このことを端的に示していると言えよう。

　二つは，親の集団的教育権は，原則として，親の個人的教育権を強制的に廃棄したり，これに代替したり，さらにはその内容を変更したりすることはできない，ということが挙げられよう。親の教育権の本質はあくまでその個人権性にあるからである。こうして，たとえ民主的な手続にもとづいて親集団の教育意思が形成され，それが親の集団的教育権として行使される場合でも，これを拒否する自由〈消極的自由〉が個々の親に留保されていなくてはならない，ということになる。

4　親の学校教育参加権の種類・性格

　ひとくちに親の学校教育参加と言っても，そこにはさまざまな態様がありうる。参加の権利形態ないし参加権の種類としては，以下のような各種の権利が予定されていると解される[52]。

① 　知る権利・報告をうける権利

　親の「知る権利」についてはすでに詳しく考察したが，ここでの文脈に引きつけて言えば，要するに，この権利は親の教育権の基底に位置すると共に，親の公教育運営への参加を確保し，それを有意なものとするために必須不可欠な権利だということである。それは親の学校教育参加権の「基礎をなす権利」である，と言い換えてもよいであろう。まさに「情報なければ参加なし」なのである。この意味で「知る権利」は広義には「参加権」にカテゴライズされてよく，実際，ドイツの学校法制は授業計画や成績評価基準などに関しての親の知る権利および親の「学校を訪問する権利」・「授業を参観する権利」などを「学校における親の直接参加」の一環として位置づけているところである[53]。

② 　聴　聞　権

---

(52)　H.Avenarius/H.Heckel, Schulrechtskunde, 7Aufl. 2000, S.117-S.118.
(53)　T.Böhm, Grundriß des Schulrechts in Deutschland, 1995, S.5.

第4節　親の公教育運営への参加権

　この権利は，教育行政機関や学校が子どもや親にとって重要な決定を行う（措置を実施する）前に，親（子ども）に対して，これに関して自らの見解を表明し，もしくは弁明する機会を保障するものである。それは，親の「適切な手続的処遇をうける権利」と称されてよい。具体的には，この権利は親に対して，子どもや親の法的地位・権利領域に強く触れる教育行政施策の策定・実施ないしは学校の措置・決定に際して，事前に告知および聴聞をうけ，これについて意見を表明し，もしくは弁明・防御をするなどの機会を保障するものである〈告知および聴聞をうける権利〉。
　どのような措置や決定がここでいう「子どもや親の法的地位・権利領域に強く触れる」〈法的教育措置・決定〉かは，個々のケースに即して具体的に判定する他はないが，たとえば，障害児学校（学級）への指定，退学・停学などの懲戒処分，入学・原級留置，学校統廃合などに関する決定がこれに該当することは疑いを容れないであろう。
③　協　同　権
　教育行政上の，あるいは学校における措置・決定に際して，親は教育行政当局・学校に対し，その理由説明を求め，必要な場合には親との協議を求めることを可能にする権利である〈理由説明を求める権利・協議を求める権利〉。この権利はさらに，当該案件・決定について，親の側から提案・発議したり，助言する権利が含まれていると見られる〈提案・発議権・助言権〉。
④　共同決定権
　もっとも強力な参加権の形態で，親に対して，教育行政当局・学校と同権的立場で共同で協議し，決定する権利を保障するものである。教育行政当局や学校は，教育（行政）上の措置・決定に当り，親の同意を得ることを義務づけられていることになる。反面として，親の同意がなければ，当該措置・決定は適法には成立しない，という法的効果をもたらす権利である〈拒否権〉。
　参考までに，ドイツのヘッセン州とシュレスビッヒ・ホルシュタイン州においては，学校法上，親〈父母協議会〉にこのような共同決定権が保障されるところとなっている。ちなみに，ヘッセン州では，たとえば，教育目的や教育制度，上級学校への入学，教科の選定，学校規程などについて大綱的立法をなす場合には「州父母協議会」の同意が必要とされている。
　さて，いうところの「親の学校教育参加権」には上記のような種別が認められるが，それでは親はどのような学校事項について，どのような参加権をもちえる（もちえている）のか。

177

第10章　親の教育権と学校教育

　この問題は多分に教育立法政策上の課題に属している面もあるが，親の教育権の条理法解釈として，一般的には，つぎのような原則が存していると解される。

　すなわち，<u>教育行政当局や学校の措置・決定が，子ども・親の法的地位や権利領域に触れる度合いが強くなればなるほど，したがってまた子ども・親の権利に対する侵害を強くともなう措置・決定であればあるほど，さらに親の教育権がより始源的で根源的な発現を求める領域〈思想・良心・信教・プライバシーなど親の教育権がきわめて敏感な領域〉の核に近づけば近づくほど，親の参加権は，「知る権利」を前提としたうえで，「聴聞権」→「協同権」→「共同決定権」〈拒否権〉へと強化されていく，</u>ということである。

第5節　PTAの法的性格・役割と親の教育権

1　PTAは単なる「社会教育関係の任意団体」なのか

　改めて書くまでもなく，PTAは「Parent-Teacher Association」の略称であるが，その性格や役割については，通常，「子どもの教育と幸福を高めるために，親と教師が協力して学習や行動をすることを課題とした自主的任意団体である」[54]と説明される。

　また文部大臣（当時）の諮問機関である社会教育審議会は，この点について，つぎのように捉えている。

　「児童生徒の健全な成長を図ることを目的とし，親と教師とが協力して，学校および家庭における教育に関し，理解を深め，その教育の振興につとめ，さらに，児童生徒の校外における生活の指導，地域における教育環境の改善，充実をはかるため会員相互の学習その他必要な活動を行う団体である」[55]。「学校・家庭・地域をつなぐ社会教育団体としてのPTA」という位置づけである[56]。

　いうところのPTAが，第2次大戦後の教育改革の過程で，その設置を占領当局によって強く勧奨され，これを受けて文部省が「父母と先生の会 ―― 教育民主化の手引」（1947年3月）を刊行して都道府県知事に送付したのを機に ―― 翌1948年12月には文部省は，「父母と先生の会参考規約」を作成して全

---

(54)　持田栄一『教育における親の復権』明治図書，1973年，94頁。
(55)　社会教育審議会報告「父母と先生の会のあり方について」，1967年6月。
(56)　文科省『教育委員会月報』，2000年4月号，35頁。

第5節　PTAの法的性格・役割と親の教育権

国の教育委員会に配布している――，全国的に急ピッチで組織化されていったことは，よく知られているところである。

ちなみに，1948年4月に文部省が実施した「全国PTA実態調査」によれば，この時点で既に全国の小学校の85％，中学校の83％，高等学校の65％でPTAの結成を見ていたとされる[57]。

そして，それから半世紀を経た今日においては，日本PTA全国協議会〈1952年10月に「日本父母と先生の会全国協議会」として設置，その後改称〉によれば，「現実に父母の全員参加という組織編制がほぼ完全に定着」しており，会員数は全国で1,100万人を数えるまでに至っているという[58]。実に，国民の10人に1人がPTAの会員という現実である。

ところで，このPTAの法的性格について，従来一般に，PTAは，少年団や体育・レクリエーション団体などと同じく，社会教育法上の「社会教育関係団体」（任意団体）に属すると捉えられてきている[59]。ここで「社会教育関係団体」とは，「公の支配に属しない団体で社会教育に関する事業を行うことを主たる目的とするもの」（同法10条・傍点筆者）をいう。

この点，先に触れた日本PTA全国協議会も従来，自らを「社会教育団体としてのPTA」と位置づけ，「社会教育団体としての活動」にもっとも力を注いできたところである[60]。

また一方で教育研究の面においても，PTAは従来，社会教育学の研究対象とはされても，教育法学・教育行政学・教育経営学などの学問分野からはほとんど見向きもされてきていない，という現実もある〈社会教育学の対象としてのPTA〉。

こうして，わが国においては，PTAは，その基本的性格としては，圧倒的に「学校後援会・学校協力団体」として位置づけられてきており（きたのであり），PTAが学校教育の有りようや学校の管理運営などについて発言したり，要求したりすることはフォーマルにはまず許されない建前になっている（いた）。

事実，「学校教育行政や運営に干渉しない」（千葉市立〇〇中学校），「学校の教育方針，学校管理，教員人事には一切干渉しない」（大阪市立〇〇中学校）な

---

(57)　宮原誠一『PTA入門』国土社，1986年，54頁。
(58)　日本PTA全国協議会『日本PTA50年の歩み』，http://www.nippon-PTA.or.jp。
(59)　さしあたり，有倉遼吉・天城勲『教育関係法Ⅰ』日本評論新社，1958年，456頁。
(60)　日本PTA全国協議会・前出。

どと明言しているPTA規約が多いことは，人のよく知るところである。

先に引いた文部省の「父母と先生の会 ―― 教育民主化の手引」がいみじくもタイトルに付しているように,，そもそもPTAは戦後，わが国における教育民主化の重要な担い手の一つとして結成されたのであるが，その組織実体と運用の現実は，「学校の後援会」たることを専らとした戦前の父兄会・母姉会・保護者会・後援会などと，基本的にはさほど変わるところなく推移してきた，と言って差支えないであろう。「制度理念は変われど，制度現実は変わらず」である。

以上と関連して，ここでは，学校法学の観点から，①戦前法制においては，「学校教育の主体は国家なり」との原則のもと，親には「臣民の公義務としての就学義務」だけが課され，親は学校教育から疎外されて無権利に近い状態に置かれていた，②現行の学校法制も実定法上，親を就学上の義務主体としてだけ措定しており，学校教育における権利主体ないしは積極的な責任主体としては捉えてはいない，という法現実を指摘しておきたいと思う。要するに，いうところのPTAないし父母組織の法的性格・役割と学校法制における親の位置づけは，表裏一体・密接不可分の関係をなしているということである。

この点，たとえば，ドイツにおいて，親の公教育運営への参加が法制度化され，しかもヘッセン州などでは学校法制上，「父母協議会」（Elternbeirat）に共同決定権という強力な権限が保障されているのは〈親の共同決定的参加〉，親が憲法上の基本権として「親の教育権」（Elterliches Erziehungsrecht）を享有していることに基づいている[61]，という法制現実を見れば判然としよう。

2 始源的教育権者の組織体としてのPTA

しかし果たして，PTAは言われているように「単なる社会教育関係の任意団体」にすぎないのか。

たしかに，現行学校法制上，PTAについて定めた特別な法律はなく，実定法上，PTAは社会教育関係団体という面でのみ法律の規定に結びついている。それに，わが国PTAのルーツであるアメリカのPTAにあっても，本来，地域で有志者が加盟するボランタリー組織で，その主目的は成人教育事業の実施と児童の福祉の増進にあるとされている[62]。

---

(61) さしあたり，N.Niehues, Schul-und Prüfungsrecht, 2000, S.19ff.
(62) 宮坂広作「PTA」細谷俊夫他編『新教育学大辞典』第一法規，1990年，28頁。

けれども，ここで確認しておきたいと思う。

　PTAは子どもに対して自然権的教育権をもつ親によって構成されている，始源的教育権者の組織体なのである〈教育権主体の集合体〉。しかも親が有する教育権は，既に書いたように，前国家的な憲法以前の権利であると同時に，「直接に妥当する客観的権利」ないし具体的権利として憲法みずからがこれを保障しているものである。

　このことは，これに対応して，国・教育行政機関・学校は親の教育権を尊重し，その現実化・制度化に努めなければならない法的義務を負っていることを意味する。そして，ここにいう親の教育権には学校教育運営への参加権が包含されていることは，既に言及した通りである。

　とすれば，PTAの法的根拠は，親の教育権保障それ自体に求められることになる。親の教育権・学校教育参加権がPTAの法的基盤を形成し，その性格を規定しているということである。

　くわえて，PTAは既に長い慣行と活動実績をもち，親や教職員の法規範意識にも支えられていると見られるから，学校慣習法上にも根拠をもつ組織だとも言える。

　他方，親の教育権は家庭教育や社会教育の領域だけではなく，学校教育領域においても妥当し，それどころか，学校教育事項に関しても，その妥当範囲には原則としてオフ・リミットはないと解される[63]。

　かくして，親の教育権の集合体・親の集団的教育権〈kollektives Elternrecht〉の制度的現実化という組織実態をもつPTAは，当然に，学校の教育方針や管理運営などについても，事柄により，既述したような各種の参加権を擁してこれに関与しうる，と解されることになる。

　このような見地からは，先に引いた規定例のように，PTAの学校教育運営への参与を否認しているPTA規約は，親の学校教育参加権を侵害ないしは放棄するものだと言える。またPTA無用論・解体論に代表されるような，そもそもPTAの存在それ自体を認めない所説についても同じことが言えよう。

　参考までに，文部省が1948年に発表した「父母と先生の会参考規約」（第1次参考規約）においても，PTAの目的の一つとして「児童青少年の訓育について，父母と教員とが聡明な協力をすること」が掲げられ（2条），これを受けて，PTAに対し教員・校長・教育委員会と「学校問題」について討議し，意

---

(63)　詳しくは参照：拙著・前出82頁以下。

見を具申することが保障されていた（7条）という事実を，ここで付記しておこう。同規約には「"父母と先生がともに教育を創る"熱意」が「みちみちていた」と評価されるゆえんである[64]。

以上，要するに，PTAは決して法的根拠のない，社会教育関係の事実上の非公式組織などではなく，親の教育権と学校慣習法によって根拠づけられた，フォーマルな学校教育関係組織であると解される，ということである。

この点，「学校・教師にたいして父母集団が教育要求をとりまとめて出していく活動がなされる場合には，学校・学級PTAはまさに父母の学校教育参加制度にほかならず，学校慣習法の上で正式な学校教育組織をなしているものと解される」[65]という学説も見えている。

なお教職員がPTA会員であることは，なんら上述のようなPTAの性格を妨げることにはならない。「規約上一般には個人参加の教職員会員であっても，PTA集会で父母の教育要求を受けとめる立場においては，教師は，教育条理法上，その学校で教育責任を果す教師集団のメンバーとして臨んでいるものと解されざるをえない」[66]からである。

以上を踏まえたうえで，PTAの法的性格や位置づけと係わる重要な問題として，さしあたり，以下の3点を指摘しておきたいと思う。

① PTAの自主性と活動の自由の問題。PTA活動をめぐって，たとえば，「学校側の介入に悩むPTAの広報づくり」といった類の苦情が新聞紙上に報ぜられることがある[67]。旧来のPTA観に立つ学校側と自主的な活動を展開しようとする親とが対立する，という図式のようである。

ここでは，PTAが前述したような性格の組織であるとするなら，〈a〉PTAの活動内容が，親の集団的教育権の行使と目される領域・事柄に関しては，PTAの組織・活動原則として，「自律性と自己責任〈PTA活動の自由〉の原則」が当然に措定されていると解されること，〈b〉したがって，PTAが親の集団的教育権行使の一環として，たとえば，学校・教員に批判的意見や要望を提出したり，親集団の教育意思をPTA会報誌上などで表明することは〈親の集団的教育権の一内容としてのPTA会報編集権〉，この「PTA活動の自由」

---

(64) 永畑道子『新PTA読本』岩波ブックレットNo.32，1984年，9頁。
(65) 兼子仁・同前書305頁。
(66) 兼子仁・同前書306頁。
(67) たとえば，大木薫「PTA広報——見栄えより表現の自由を」（「朝日新聞」2003年6月28日付け）。

第5節　PTAの法的性格・役割と親の教育権

によってカバーされている，ということを押さえておきたいと思う。

②　これまで述べてきたことは，単に学級・学校PTAだけではなく，さまざまな段階のPTA連合組織についても原則的には妥当すると言える。前者が単位PTAと称されるように，後者は前者を基礎組織として構成されているものだからである。

こうしていわゆる「P連」も，事柄の性質により，親の学校教育・教育行政への参加組織を成していると見られ，各種の参加権をもって，それに対応する各段階の教育行政過程に関与していくことが可能だと解される。

③　<u>立法論・制度論としては，現行のような教職員を含むPTAに代えて，あるいはこれに併置して，親だけによって構成される「父母評議会」のような組織が制度化されることが望ましいと考える</u>[68]。権利とはほんらい「一定の利益を自己のために主張することができる法律上保障された力」をいうのであれば，親の〈集団的〉教育権は，親に固有な利益代表組織によってもっとも有意に行使されうると見られるからである。それに，そもそも親の教育権には，その内容として，「親だけの組織を結成し，それに参加する権利」が含まれていると解されることも，このような「父母評議会」の制度化をバック・アップすることになるであろう。

なお付言すれば，ドイツにおいては，教員，親，生徒それぞれに固有な利益代表組織として，「教員会議」(Lehrerkonferenz)，「父母評議会」(Elternbeirat)，「生徒代表制」(Schülervertretung) が法制化されている。くわえて，教員・親・生徒代表から成る「学校会議」(Schulkonferenz) も設置されており，州によっては，「学校の教育自治」上の最高議決機関として位置づけられている[69]。

3　PTAの性格・役割に変化の兆し

わが国におけるPTAの有りようをめぐっては，とくに昭和30年代以降，さまざまな批判がくわえられ，PTA改革の必要性が唱えられてきた。それは，端的に言えば，PTAの「学校の後援団体化からの脱皮」と「民主化」ということに集約できよう[70]。

---

[68]　参照：今橋盛勝「学校父母会議（父母組合）の結成を」・〈『世界』1990年5月号，岩波書店，23頁以下〉。
[69]　J.Staupe, Schulrecht von A‐Z, 2001, S.149ff.
[70]　禰津義範『PTA改革の課題』国土社，1979年，10頁以下。

第 10 章　親の教育権と学校教育

　このような PTA 批判を背景に，また近年における教育政策動向，なかでも中央教育審議会答申「今後の地方教育行政の在り方について」(1998 年) における「地域住民の意向の積極的な把握・反映と教育行政への参画・協力」，「地域住民の学校運営への参画」に関する政策提言などを主要な契機として，(とかく行政寄りと評されてきた) 日本 PTA 全国協議会の認識によっても，「最近になって，PTA の新しい可能性を期待させる動きが，各学校 PTA にも，中央・地方の協議会にも芽生えてきている」という現実は，刮目に価しよう。

　具体的には，「学校の課題について，PTA の立場から，学校教育そのものに協力するケースが出てきて」おり，PTA は「責任を担う団体へと成長してきている」。PTA の活動が「学校の教育活動と密接に関係したものが中心」になりつつあり，「その意味で PTA は，当初意図された一般的な社会教育団体とはやや性格の異なる団体であり，主として個々の学校での教育活動に直接かかわる活動を中心的に進める団体とならざるを得ない状況になっている」。PTA を社会教育団体として運営していくことは「現実的」ではなく，「PTA 組織の運営の在り方を修正していくほかはない」。

　詰まるところ，PTA は「単なる社会教育団体ではなく，それぞれの学校を基盤に，子どもと子どもの教育を，親という立場で，またその学校の教員という立場で，学び活動する団体たらざるを得ない」とされるまでに至っているのである[71]。

　実際，たとえば，高知県における PTA (県 P 連) の現実を見ても，いわゆる「土佐の教育改革」のもと，「学校への参画の推進」が PTA の活動方針の基軸に据えられ，かくして「県の審議会…に PTA の役員が名を連ねるようになった。また県校長会との意見交換会も (平成) 12 年度から開かれるようになった。学校や行政に言われたことをそのままやってきていた，いわば『お手伝い』の立場から対等の関係に近づきつつあ (り)，…『PTA はサポーターからパートナーへ』という動きが加速している」との PTA 当事者の弁が報ぜられている[72]。

　先に言及した「始源的教育権者の組織体としての PTA」という PTA 把握からは，旧来の PTA の組織原則の組換えは不可避であり，かくして学校法学の観点からは，上述したような「PTA の新しい可能性を期待させる動き」

---

(71)　日本 PTA 全国協議会・前出。
(72)　森田昭司「役割増す PTA」(「日本教育新聞」2004 年 2 月 27 日付け)。

は，蓋し自然の流れだと評されよう。それどころか，さらに歩を大きく進めて，西欧型民主国家におけるように，「親の公教育運営への参加制度」としての「PTA〈父母評議会〉の法制化」が，近い将来求められることになろう。

参考までに，国立教育研究所（当時）が1999年7月に実施した「学校の自律性と自己責任に関する調査」（対象・全国の公立小・中学校から無作為抽出した2000校〈小学校＝1385校，中学校＝615校〉の学校長，調査票の回収率＝67.0％〉）によると，学校における親やPTAの位置づけについて，校長の評価は期待も込めてか比較的ポジティブなものとなっている。

すなわち，校長の8割近く（77.4％）が「親や住民の意思や要望を学校運営に反映させ，施策化できるようなシステムを構築する必要がある」との判断を示している。これに対応する形で，「学校教育の領域においても，親を権利・責任主体として位置づける必要がある」と考える校長は7割台を占め（76.8％），否定的な見解（13.0％）を大きく引き離してる。そこで「PTAが学校教育の有りようについて発言することは，原則として，差し控えた方がよい」と思っている校長は比較的少なく（25.4％），7割ちかく（67.7％）が「差し控える必要はない」としている。「学校教育への参画・協力団体としてのPTA」という位置づけである。くわえて，いわゆる開かれた学校の創造や学校と家庭との連携・協力の促進ということとも係わってか，大多数の校長（95.2％）が「事前に校長の了解さえとれば，親が通常の日でも授業参観できるようにされてよい」との見解を示している。

ただ，いうところの「親・地域住民の学校運営の参画」には自ら限界があるとの認識は強いようで，8割上の校長（83.2％）は「教員の校内人事や校務分掌の決定に際して親の要望が反映されること」に対しては否定的な立場を表明している[73]。

---

(73) この調査について詳しくは参照：結城 忠・屋敷和佳・本多正人「地方教育行政の在り方に関する総合的調査研究」文部科学省『教育委員会月報』2001年3月号，37頁以下。

第11章　ドイツにおける親の教育権の法的構造

第1節　親権の変遷史

　ヨーロッパにおける家族法制史を紐解けばクリアーに知られるように，親権は歴史的にその性格を大きく変貌させてきた。それは，一言でいえば，「子に対する権力的な人的支配権としての親権〈家父長権〉」から「子のための後見ないし監護・配慮権としての親権・親義務」への発展史だと言えよう。「親権の歴史は子の地位の上進史だと云ってよい」[1]，と言い換えてもよい。
　親権の変遷史をドイツ法に引きつけて端的に例証しておくと，以下のようである[2]。

1　古代ローマ法における親権
　古代ローマ法においては，家を統率する家父（paterfamilias）は家子に対して絶大な「家父権」（patria potestas）を有していた。それは，権利という概念をはるかに超えて，いわば家子に対する無制限かつ絶対的な支配権力ないしは処分権とでもいうべきものであった[3]。
　具体的には，家父は家子を第三者に譲渡したり，売買することができた。また遺棄することも，奴隷にすることもできた。それどころか，懲戒権の一環として，家父は家子の「生殺与奪の権利」（ius vitae necisque）を把持していたのであった。そしてこの場合，家子には異議申立て権は認められていなかった。
　しかも家父権は終身にわたる権力で，家子の年齢に係わりなく，家父が死亡するまで存続した。くわえて，母もまた家父権に準じた権力――この支配権は「manus」と称された――に服し，母にはその子についての固有の権利は

---

(1) 穂積重遠『親族法』岩波書店，1934年，550頁。
(2) 参照：F.Hill, Das Elternrecht aus geschichtlich-vergleichender Sicht, In: RdJB (1971), S.60-S.64. M.Maurer, Das Elternrecht und die Schule, 1962, S.6-S.13. M.Lieberich, Deutsche Rechtsgeschichte, 1992, S.19ff. 山田晟『ドイツ法概論Ⅱ』有斐閣，1987年，3頁以下。
(3) 今日のファミリーの起源である，ラテン語の「ファミリア」（familia）という用語は，もともと「従属者」を意味し，家を統率する家父の権力に服していた人や財産（奴隷は物）の全体を指していた（参照：加藤一郎『子どもの権利』東京大学出版会，1981年，10頁）。

いっさい認められていなかった[4]。

2　中世ドイツ法における親権

中世ドイツにおいては，ラント法，都市法，封建法，さらには各種団体の自治法規などが重畳的に併存し，法制状況はきわめて複雑であったが，13世紀に私人が法書を編纂するに至った。そのうち最も有名な法書は，ザクセンのラント法と封建法を集成した「ザクセン・シュピーゲル」(Sachsenspiegel) ── 1220年〜1235年の間にレプガウが編纂 ── であるが，そこにおける親権は端的には次のようなものであった。

家父は家子の身上監護・教育および財産管理などについて包括的な権力を有するとされた。そしてこの権力には，食糧不足や困窮という条件付きではあるが，古代ローマ法におけると同じく，子どもを殺す権利や子どもを売買する権利が含まれていた。ただ家子には一定範囲ではあるが，自己の財産を取得する権利が認められ，また家父の家子に対する権力は家子の経済的な独立でもって消滅した。

また古代ローマ法とは異なり，家父だけではなく，一定範囲・程度において，「母の権力」(materna potestas) も容認され，そして家父の死後は母が単独で子に対する支配権を行使することができた。

3　ドイツ普通法における親権

ドイツは919年以来，神聖ローマ帝国と称され，ローマ帝国の継続と考えられていたこともあって，ローマ法を本格的に継受した。それは16世紀末頃までに完了した。継受されたローマ法はドイツ普通法 (Das gemeine deutsche Recht) として，ドイツ全域に適用されたのであるが，そこにおける親権の基本的な特質は以下のようであった。

古代ローマ法における家父権を直接的には継受しなかったが，父による後見制を採用し，子どもの身上監護・教育および財産管理上の包括的な支配権力を

---

[4]　K.Kaser, Römisches Privatrecht, 12Aufl. 1981, S.244-S.251.
　　ただ共和制時代以降，家父権の絶対的支配権性は相対的に弱まり，たとえば，子どもを殺す権利は原則として否認され，また子どもを遺棄したり，譲渡する権利も大幅に制限されるに至った。そしてアウグスティン大帝の時代にはごく限られた範囲ではあるが，「家子の権利」が認容され，たとえば，家子は自己の財産を所有することができるようになったとされる (F.Hill, a.a.O., S.61)。

父に認めた。ただ父の権力は終身に亘るものではなく，息子についてはその経済的な独立によって，娘の場合は結婚によってそれぞれ消滅した。

また多くの地方特別法（Die Partikularrechte）が母に対しても父権とほぼ同等の権力を認め，父の死後は母が単独で子どもに対する権力を行使できた。

4 プロイセン一般ラント法における親権

1794年に制定公布された「プロイセン一般ラント法」〈Das Preußische Allgemeine Landrecht v. 5. Febr. 1794〉は各種の法域を包摂する大法典で，規定内容も，たとえば，「信教の自由」や「拷問の禁止」などの基本的人権の保障規定や近代的な契約条項を擁するなど，ドイツ法制史上に一大エポックを画した法律であるが，その第2部第2章で親権に関して規定した。

それによると，子の財産管理に関しては父が包括的な権力を有するが，身上監護・教育については，夫婦が協力してこれに当たらなければならないとしており，「親権の共同行使」を原則とした。ただ子の身上監護・教育に係る費用は父が負担しなければならないとしており，こうして身上監護・教育権は第一次的には父に属した。

しかし一方で，父は，4歳未満の子は母の意思に反して母から引き離してはならないと規定しており，この年齢段階の子については，母に固有の監護・教育権を認めている。また子どもに対する懲戒権・体罰権も父の単独権ではなく，両親の共同の権利だとされた。ちなみに，同法は親の懲戒権について，「親は，子どもの教育のために，子どもの健康を害さない限り，あらゆる強制的な手段（Zwangsmittel）を使用することができる」（86条）と規定していた。父が子どもを虐待するなど親権を濫用した場合は，後見裁判所が規制的に介入することができるとし，また子が職業や配偶者を選択する場合は，父は子の意思を考慮しなければならないとするなど，「父の権力」（Väterlicher Gewalt）は「子の権利」との関係で，一定範囲・程度において制約を受けるところとなっている。子どもに対する「父の権力」は，ドイツ普通法におけると同様，子の経済的独立ないしは婚姻でもって消滅した。

なおプロイセン一般ラント法は学校法域において次のように規定して，「親の家庭教育の自由」を法認し，義務教育の類型として「教育義務制」〈家庭義務教育〉を採用している[5]。

---

(5) W.Landè, Preußisches Schulrecht, 1933, S.78.

第 11 章　ドイツにおける親の教育権の法的構造

「自宅においてその子のために必要な教育をすることができない者，またはそれを望まない者は，その子が満 5 歳に達したる以後，就学させる義務を負う」。

5　ドイツ民法典における親権

1873 年にいわゆるビスマルク憲法〈1871 年制定〉が改正されて，従来の刑法や裁判手続法などに加えて，民法の立法権がライヒ（帝国）に与えられたのを受けて，民法典の編纂作業が開始され，1886 年 8 月に「民法典」〈Das bürgerliche Gesetzbuch〉が公布を見るに至った〈1900 年 1 月施行〉。

同法は従前の「父の権力」という概念を廃棄し，「両親の権力」（Elterliche Gewalt）と題して，こう書いた。「子は，未成年の間は両親の権力に服する」（1627 条）。この条文はその後，「父および母は……両親の権力により，その子の身上および財産に対して配慮する（sorgen）権利を有し，義務を負う」と改正された。

ただ「両親の権力」とはいっても，この権力は第一次的には父に属した。母は子の身上監護および教育についてだけ，この権力を父権と併存してだけ享有し〈母の権力は副次的権力（Nebengewalt）〉，両者の意見が一致しない場合は，父のそれが優位した[6]。父の権力が停止ないし事実上支障をきたした場合，および父が死亡した場合にだけ，母は単独でこの権力を行使することができた。子どもの法定代理権は父だけに帰属した。

子の身上に対する配慮（Personensorge）には子どもの養育，教育，監督，居所の指定などが含まれるとされた。そして関連して，「父は，その有する教育権にもとづいて，子に対して適当な懲戒手段（angemessene Zuchtmittel）を行使することができる」（1631 条 2 項）と規定し，子に対する父の体罰権をなお容認していた。

ただ上述のように，ドイツ民法は子の身上監護・教育および財産に対する「両親の権力」は権利であるとともに義務でもあると規定し，また「配慮」（Sorge）というタームを使用していることからも窺えるように，ここにおいては「親の権力」の子に対する支配権性は相対的には一定程度弱められるに至っている。

---

(6)　W.Kühn, Schulrecht in Preußen, 1926, S.30.

第1節　親権の変遷史

6　男女同権法制定以前の法制状況と親権

1949年5月に制定されたドイツ基本法は「男性と女性は同権である」（3条2項）と規定し、くわえて、この趣旨に反する法令は、所要の改正がなされない場合、1953年3月31日をもって失効すると定めた（117条1項）。

家族法の領域においては、①子どもの身上監護・教育面における父権の優位性＝母の権利の副次性を定めた条項、および、②子どもの法定代理権を父の専権としている条項が、上記基本法違反条項に該当した。

基本法の立憲者は上記の期限までには男女同権法が制定されると考えていたのであるが、しかし同法の制定が遅れ、上記の民法条項は1953年3月31日をもって失効した。そこでこの法的空白を補うために、この時期の判例は下記の原則を確認したのであった。①親権の行使は父と母の共同行使によること、②子の身上監護・教育と財産管理を問わず、両親は同等の権利を有すること、③子の法定代理権は父と同様、母にも帰属する、がそれである[7]。

7　男女同権法の制定と親権

1957年6月、上記基本法3条2項の趣旨をうけて、「男女同権法」〈Gesetz über die Gleichberechtigung von Mann und Frau auf dem Gebiete des bürgerlichen Rechts v. 18. Juni 1957〉が制定され、この法律により、家族法域においても、母の法的地位は原則として父のそれと同等とされることになる。具体的には、民法の親権条項が「子は、未成年の間は、父母の親権に服する」と改正され、母の親権・親権の共同行使の原則が明記された。これを受けて、判例によってすでに確認されていた、子に対する身上監護・教育と財産管理における父と母の同権も民法上規定された。

しかし民法はなおも、親権の共同行使に際して両親の意見が一致しない場合は、父のそれが優先する（1628条）との規定をもっていた。この条項は基本法3条2項と相容れる筈はなく、そこで1959年、連邦憲法裁判所の判決によって違憲・無効とされたのであった[8]。

8　親の配慮権に関する新規制法における親権

1979年、「親の配慮権に関する新規制法」〈Gesetz zur Neuregelung des

---

(7)　F.Hill, a.a.O., S.64.
(8)　BVerfG, Urt. v. 29. 7. 1959, In: NJW (1959), S.1483.

第11章　ドイツにおける親の教育権の法的構造

Rechts der elterlichen Sorge v. 18. Juli 1979〉が制定され，ドイツ家族法における親権は画期的な展開を見せることになる。同法により，民法1626条（旧1627条）は下記のように改正されたのである。

1項＝「親は未成年の子に対して，配慮する権利を有し，義務を負う。親の配慮には，子の身上に関する配慮と子の財産に関する配慮が含まれる」。

2項＝「親は，子を育成し教育するに当たって，子の自律的で責任ある行為への伸張する能力と増大する欲求（die wachsende Fähigkeit und das wachsende Bedürfnis des Kindes zu selbständigem, verantwortungsbewußtem Handeln）を考慮するものとする。親は子の成長の程度に応じて，親による配慮の問題を子と話し合い，子と合意するよう努めるものとする」。

新規制法は親の子に対する支配権を含意する「親の権力」という用語を廃棄し，それに代えて，新たに「親の配慮権」（Das elterliche Sorgerecht）という概念を創出した。この権利には，その内容として子の法定代理権，子の身上に対する配慮，子の財産に対する配慮が含まれることは従前と同様であるが，しかし子に対する権利の強度の面においては，従前の親権とは決定的な違いを見せるに至っている。

上記のように，親は配慮権の行使に際して，子の成熟度に応じて，その人格的自律権を尊重し，子との合意のうえで，この権利を行使することが義務づけられているのである。ここにおいては親権の子に対する義務性と社会的な権利性＝子を自律的で責任ある市民に育成する責任が強調されており，子に対する支配権性は本質的に払拭されるに至っている。

なお新規制法により，子に対する「屈辱的教育措置（entwürdige Erziehungsmaßnahmen）は許されない」との条項が民法に追加され（1631条2項），その後，これを受けて2000年に「教育における暴力追放に関する法律」が制定されて，親の体罰権は全面的に否定されるところとなっている[9]。

---

(9) G.Beitzke, Familienrecht, 25Aufl.1988, S.258ff. J.Bauer/H.J.Schimke/W.Dohmel, Recht und Familie-Rechtliche Grundlagen der Sozialisation, 2001, S.188ff. 参照：荒川麻里「ドイツ民法典における子どもの自立性への親の配慮の明文化過程」『ドイツ研究』47号（2013年），152頁以下．

第2節　親の教育権の法的特質と属性

1　自然権としての親の教育権
1－1　親の教育権の自然権性

　基本法6条2項は，ワイマール憲法120条を継受して，親の教育権について下記のように規定している。「子どもの育成および教育は，親の自然的権利（das natürliche Recht der Eltern）であり，かつ何よりもまず親に課せられている義務である。その実行に対しては，国家共同社会がこれを監視する」。

　ドイツの学説・判例が説くところによれば，この親の教育権はその起源を家族という生物的・道徳的・宗教的秩序〈自然的な生活共同体〉に発し，親子という自然的血縁関係に基づくオリジナルなもので，いわば「親族上の原権」（familiäres Urrecht）[10]ないしは「人間の根元的権利」（menschliches Elementarrecht）に属する[11]。そしてこの場合，「教育における第一義的かつ不可欠な力としての親の子に対する自然の愛情が，道徳上および自然法上，親の教育権を根拠づける」と説明される[12]。

　ちなみに，この点について，連邦憲法裁判所も次のように判じている[13]。

　「基本法6条2項にいう親の教育権は，自然に基礎をおく生物的な親子関係に基づく。立憲者は，子どもに生命を与えたものが，条理上（von Natur aus），その監護および教育の責任を引き受ける資格があり，またそれに最も相応しいということから出発している」。

　そして家族は人類の発生と同時に存在し，それは国家に先行する社会の基礎単位であるところから，一般に，この権利は「始源的・前国家的・不可譲かつ

---

(10)　Erwin Stein, Die rechtsphilosophischen und positive-rechtlichen Grundlagen des Elternrechts, In: E.Stein/W.Joest/H.Dombois, Elternrecht, 1958, S.10.
(11)　M.Maurer, a.a.O., S.43.
(12)　I.Messner, Das Naturrecht, 1950, S.297.
　　なおフィヒテによれば，「親と子どもとの間の始源的な関係は，単なる法概念によってではなく，自然（Natur）と道義（Sittlichkeit）によって規定されている」という（Fichte, Angewandtes Naturrecht, 1797, Abs.39, zit. aus Erwin Stein, a, a, O., S.10）。また H. ヘッケルは，親の教育権は自然と道理と血統に基づくとする（H.Heckel, Schulrechtskunde, 4 Aufl, 1969, S.345）。
(13)　BVerfGE 24, 119（150), zit. aus H.U.Erichsen, Elternrecht － Kindeswohl － Staaatsgewalt, 1985, S.27.

第11章　ドイツにおける親の教育権の法的構造

放棄することのできない人間の権利」(Das ursprüngliche, vorstaatliche, unveräußerliche und unverzichtbare Menschenrecht)，すなわち「自然権」(natürliches Recht)だと解されている[14][15]。

この親の教育権の自然権性は，ドイツにおいては[16]，ワイマール憲法120条によって憲法上明文をもって確認された。こう規定されたのであった。「子を教育して，肉体的，精神的および社会的に有能にすることは，親の至高の義務かつ自然的権利 (oberste Pflicht und natürliches Recht der Eltern) であ(る)」。

また現行法制においても，先に引いた基本法6条2項の他に，たとえば，バイエルン州憲法126条やノルトライン・ウエストファーレン州憲法8条などの州憲法によっても明記されているところである。

1－2　親の自然権的教育権の法的性質

ところで，上記にいわゆる「親の自然権的教育権」とは果たしていかなる法的性質のものであるか。

これについては歴史的に深刻な争いがあるが，カトリック自然法の立場〈形

---

(14)　さしあたり，T.Maunz/G.Dürig (Hrsg.), Grundgesetz-Kommentar, 2011, Art.6.S.62.
  I.v.Münch/P.Kunig (Hrsg.), Grundgesetz-Kommentar, Bd.1, 2000, S.507. H.v.Mangoldt/F.Klein/C.Starck (Hrsg.), Kommentar zum Grundgesetz, 2005, S.710. M.Abelein, Historische Überlegungen zum Elternrecht, In: RdJ (1967), S.36.
  ちなみに，たとえば，親の教育権の不可侵性について，ブレーメン州憲法は端的にこう書いている。「法律の基準に基づく判決によってだけ，親から教育権を剥奪することができる」(23条)。

(15)　以上と係わって，F. ヒルは親の教育権は「始源的教育権」(Das primäre Erziehungsrecht) であるのに対し，国家・教会・学校のそれは「副次的教育権」(Das subsidiäre Erziehungsrecht) だと捉えている〈F.Hill, Das natürliche Elternrecht aus verfassungs-und zivilrechtlicher Sicht, In: RdJ (1972), S.137〉。

(16)　参考までに，親の教育権の自然権性を確認しているヨーロッパ諸国の憲法規定例を見ると，たとえば，スペイン憲法は親の教育権は「すべての実定法以前の，かつそれに優位する権利」(22条1項) だと規定しており，またアイルランド憲法も「あらゆる実定法に先行し，譲渡不可能かつ消滅せざる権利」(41条) と書いている。
  また英米においても，親はコモン・ローに基づく 'natural right' として「子どもの知的および道徳的な育成を指導する，始源的かつ不可譲の権利」(primary and inalienable right) を有するとされ〈J.S.Moskowitz, Parental Rights and State Education, In: 50 Washington Law Review (1975), p.623〉，そしてこの権利は，学説・判例上，通常の憲法上の権利ではなく，「基礎的な憲法上の権利 (fundamental constitutional right)」だと見なされている〈J.W.Whitehead/W.R.Bird, Home Education and constitutional Liberties, 1987, p.31〉。

式的自然法の思想〉からは，大要，つぎのように説かれる[17]。

　教育の目的は，人々を人倫と社会共同生活の基礎にある神の秩序に導くことにある。創造主の至近者としての「親」[18]こそが，このような教育を進めていくための最上の教育者である。「自然の条理により，親は子どもを教育する権利を有するが，同時に親はその教育を，子どもは神の賜物であるという目的に一致させる義務を負う」〈ローマ教皇回勅・1890年1月10日〉。

　この場合，親は神の委託によって子どもの教育に当たる。つまり，親の教育権は「神から賦与された自然権」(gottgegebenes Naturrecht) ないし「神から欲せられた自然権」(gottgewolltes Naturrecht) に他ならない。「教育はなかんずく，何にもましてかつ第一義的に，教会と家庭に帰属する。それは自然法および神法（göttliches Recht）によってであり，しかも取消しえない不代替的な形態においてである」(ローマ教皇回勅「青少年のキリスト教教育について」〈1929年12月31日〉)。

　神法に由来する親の教育権は「始源的・超実体法的自然権」(primäres, überpositives Naturrecht) として，いかなる人間社会の法・国家法にも優先する。世俗のどのような権力によっても侵害されえない。ただ教育には宗教教育・道徳教育だけでなく，市民教育（bürgerliche Erziehung）も含まれるから，この教育領域においては，国家も一定範囲の権能をもつ。しかしこの場合でも，国家は親の代理人として，親の名において機能し，親の教育権に拘束される。「教育上の優位権」(Erziehungsprimat) は親の側にあり，国家は親が行う教育に対しては，ただ支援的・促進的に係わることができるだけである〈いわゆる学校制度における国家的機能の副次性性原則・Subsidiäritätsprinzip〉。

　要するに，「親権は国法を破棄する」(Elternrecht bricht Staatsrecht)[19]。

---

(17)　F.Hill, Das Elternrecht aus gechichtlich-vergleichender und konfessioneller Sicht, In: RdJB（1978), S.65. E.Stein, a.a.O.S.28. M.Maurer, a.a.O., S.59-S.61. I.Röbbeln, Zum Problem des Elternrechts, 1966, S.211-S.213.

(18)　カトリック自然法（思想）によれば，親とはいっても，父親が子どもの出生・教育・懲治の根原（Ursprung）である。ローマ教皇回勅〈1891年5月15日〉にも，「子どもは父親の人格の拡大である」とある (F.Hill, a.a.O, S.65)。

(19)　この法諺は，1919年1月29日付けのFaulhaber司教の教書に由来するという〈I. Richter, Elternrecht-Wandlung eines Verfassungsbegriff, In: Neue Sammlung（1972), S.338-S.339〉。

　なお1919年9月のバイエルン司教会議の教書にも，「親権は学校法を破棄する」(Elternrecht bricht Schulrecht)，「良心の権利は国法を破棄する」(Gewissensrecht bricht Staatsrecht) などの法諺が見えている〈G.Holstein, Elternrecht, Reichsverfassung und

第11章　ドイツにおける親の教育権の法的構造

　ところで，親が子どもを教育するのは，親の権利であるとともに，創造主に対する無条件の良心上の義務である。「あらゆる力を尽くして子どもの宗教的・道徳的・肉体的・市民的教育を行うのは，親に課せられた厳格な義務である」（カノン法1113条）。

　ただ「最高位の教育権」（Das oberste Erziehungsrecht）は教会に属しており，そこで親の教育権は教会の命令と決定に従って行使されなくてはならない。つまり，「子どもや信者の教育を監督することは，それが公私いずれの施設で行れるかを問わず，教会の不可譲の権利であり，かつ同時に回避できない義務である」〈前出・ローマ教皇回勅・1929年12月31日〉。

　こうして，親の教育権は内容的にも教会の教育権によって規定され，「すべての信者は幼児から，真の宗教とキリスト教道徳において教育されなくてはならない。それ故，無宗教教育（religionslose Erziehung）は全面的に拒否されなくてはならない」（カノン法1372条）。「カトリックの子弟は，カトリックの学校に就学しなければならない」（カノン法1374条）[20][21]。

　以上が「親の自然権的教育権」に関するカトリック自然法的見解の概要であるが，しかし現代の立憲制法治国家においては，このような親の教育権の排他的絶対性＝学校制度における国家機能の副次性原則はとうてい肯認されえない，とするのが，ワイマール憲法下から今日に至るまでの，ドイツにおける国法学・憲法学の通説および判例の立場である。

　すなわち，通説・判例によれば，親の教育権の「自然権」たる所以は，それ

　　Schulverwaltungssystem, In: AöR（1927），S.191〉。
(20)　ちなみに，J.マウスバッハは，ワイマール憲法120条にいう親の自然権的教育権は「親権は国権を破棄する」との自然法原則の実定法的承認だと見て，以下のように述べている。
　　「ここにおいて，自然法の真理がわが憲法によって法規範として明文上承認された。……それはまず家族という道徳的・法的秩序にとって重要な意味をもつ。……またそれは，学校制度の領域において，親が自然的な権利・義務の主体たる明白かつ取り消しえない基盤をなす。……こうして国家は親権に対するすべての権力的な介入を回避する義務を負う」〈J.Mausbach, Kulturfragen in der Deutschen Verfassung, 1920, S.44〉。
(21)　なおドイツにおいては，プロテスタント教会はいわゆる「公の委託」（sog.Öffentlichkeitsauftrag）に依拠し，カトリック教会のような教育特権を求めていない。また「宗派上の親権」（Das konfessionelle Elternrecht）よりも「教育上の親権」（Das pädagogische Elternrecht），つまり公教育運営における親の参加権や決定権をより重視しているとされる〈K.Schwitzke, Verfassungsrechtliche Probleme des Elternrechts im Schulwesen, In: RdJB（1974），S.98〉。

第2節　親の教育権の法的特質と属性

が国家によって賦与されたものではなく，自然的共同体たる家族・親子関係の本質に由来する権利だということにある。「自然権」というタームは，第一義的には，この親の教育権のオリジナリティーないし始源性を表徴したものに他ならない。連邦憲法裁判所も判じているように，「この自然権は，国家によって親に賦与されたものではなく，所与の権利（vorgegebenes Recht）として，国家によって承認されたものなのである」[22]。

なるほど，親の教育権は国家に先行する自然的所与の権利ではあるが，しかしそれは，あくまで法的概念なのであり，カトリック自然法論が説くような形式的自然法＝「自然法は実定法を破る」の意味での超実定法的自然権とは解されえない。したがって，当然のことながら，この権利は国法の規律の範囲内にあり，「私教育・家庭教育の自由」を留保して，公教育運営の領域においては「国家の学校教育権」（Das staatliche Schulerziehungsrecht）ないし「教育主権」（Schulhoheit）と緊張関係に立つ。一言でいえば，「親の教育権は法治国家的な全体秩序に編入され，……社会的拘束性によって拘束される」[23]。

この問題は，ドイツにおいてはワイマール憲法120条およびこれを継受したドイツ基本法6条2項の解釈をめぐって活発に論議されたところであるが，国法学・憲法学の支配的見解および判例の立場は，大要，上述のようであった。

ちなみに，この点，たとえば，ワイマール憲法の名高い註釈家・G.アンシュッツは，同憲法120条にいう「自然権」についてこうコメントしている。「自然権としての親権という表現を誤解してはならない。この文言は親権を超国家的な領域に高めること，つまり，国の立法権が侵すことのできない自然権の承認を意味しない。いわんや，それは決してカトリック教義の意味における自然権ではない。自然権という表示は，立憲者意思によれば，親権は国家によって賦与されたものではないということを言わんとするところにあり，それを国家の立法権から免れさせようとするものではない」[24]。

---

[22]　BVerfGE 59, 360（376）, zit. aus H.U.Erichsen, a.a.O., S.27.
[23]　OVG Münster, Urt v. 17. 1. 1966, In: DÖV〈1967〉, S.312.
[24]　G.Anschütz, Die Verfassung des Deutschen Reichs, 14Aufl.1933, S.562.
　　なお同じ趣旨から，G.ホルシュタインはワイマール憲法下における親権と国法の関係を「国法は親権を凌駕する」（Staatsrecht überhöht Elternrecht）と定式化している〈G.Holstein, a.a.O., S.215〉。
　　またPoetsch=Heffter, Handkommentar der Reichsverfassung, 1928, によっても「（親の教育権は）自然法に由来する権利ではあるが，固有の意味での権利に対立する自然的権能（natürliche Befugnis）は考えられてはいない」とされている（S.422）。

またドイツ基本法下におけるこれに関する学説をE. シュタインに代表させると，以下のようである[25]。

「憲法上保障されている親の自然権は，その成立史が示しているように，カトリック教義の意味における自然権ではない。自然的教育権という表現は，それが家族という生物的・道徳的・宗教的秩序に基づくということだけを意味する。……それ故，親権は国家の教育権に絶対的に優位するものではない」。

1-3 親の自然権的教育権の法的効果

1. さて，それでは親の教育権が「自然権」であるということは，具体的には何を意味し，またそこから，どのような法的効果がもたらされることになるのか。指導的な憲法学者・F. オッセンビュールも指摘しているところであるが[26]，「自然権」である以上，通常の権利と異なり，「特別な重みと強固さ」が予定されていると解するのが，通説および判例の立場である。以下の点において，そうだと解されている。

第1に，子どもの教育に対する第一次的な権利と責任は親にあるということである。ちなみに，この点を確認して，世界人権宣言が「親は，子どもに与えられる教育の種類を選択する優先的権利（prior right）を有する」（26条3項）と謳い，また子どもの権利条約も「親は…子どもの養育および発達に対する第一次的な責任を有する」（18条1項）と書いていることは，既によく知られている。

F. オッセンビュールの親の教育権解釈によれば，親は子どもの教育に際して，何が子どもの福祉や最善の利益に最もよく叶うかの「解釈優先権」（Interpretationsprimat）をもっている，ということに他ならない[27]。その根拠について，W. ガイガーは次のように述べている。「子どもは血統により，親と始源的かつもっとも親密な関係にある。それ故，そこから生じる親の子どもに対する責任は，子どもと社会総体との間接的な関係から生じる国家の権利・義務よりも強くなくてはならない」からである[28]。

---

(25) Erwin Stein, a.a.O., S.37.
(26) F.Ossenbühl, Das elterliche Erziehungsrecht im Sinne des Grundgesetzes（以下，Das elterliche Erziehungsrecht），1981, S.47.
(27) F. Ossenbühl, Elternrecht in Familie und Schule, 1978, S.27. 同旨：C.Starck, Staatliche Schulhoheit, Pädagogische Freiheit und Erternrecht, In: DÖV (1979), S.274.
(28) W.Geiger, Die verfassungsrechtlichen Grundlagen des Verhätnisses von Schule und Staat, In: : W.Geiger/A.Arndt/F.Pöggeler, Schule und Staat, 1959, S.40.

第2節　親の教育権の法的特質と属性

　この点，連邦憲法裁判所の判旨にも，「この親の第一次的な決定権は，子どもの利益は親によってこそ最もよく担われるとの考慮に基づいている」とある[29]。
　こうして，国・地方自治体・学校は親の教育権を尊重する義務を負い，学校教育は可能な限りの程度において，できるだけ多数の親意思を反映して運営されなければならず，さらにすぐれて価値的・高度に人格的・個人的な教育事項については，その決定権は親 ── 成熟度により子ども自身 ── に留保されている，ということが帰結されることになるが，現行法制上も，つぎのような州憲法の条項が見えている。
　　◎ラインラント・プファルツ州憲法27条＝「その子の教育について決定する親の自然権は，学校制度形成の基盤（Grundlage für die Gestaltung des Schulwesens）をなす。国および地方自治体は，親意思を尊重して，秩序ある子どもの教育を保障する公の諸条件および諸制度を整備する権利を有し，義務を負う」。
　　◎バイエルン州憲法126条1項＝「個人的な教育問題においては，親意思こそが決定的である」。
　第2に，親の教育権は始源的な国家に先行する権利であるから，実定法上，明文の根拠規定がない場合でも，「親としての自明の権利」（selbstverständliches Recht）として[30]，すでに条理法上保障されている，ということが導かれることになる。基本法6条2項の親の教育権条項はいわばその実定法的反映に他ならない，と捉えられることになる。
　第3に，親の教育権は実質的意味における「自然権」として，「実定法に対する規制原理としての法の価値理念」を包蔵していると解されることになる。F. オッセンビュールの定式化によれば，「価値決定的根本規範（wertentscheidende Grundsatznorm）としての親の教育権」という位相である[31]。
　つまり，親の教育権は基本的人権としての防御的機能にくわえて，そのもつ法価値から，実定法の実質的な内容規定＝法の実質的実定性を導き出すと把握されることになる。
　第4に，親の教育権には通常の基本権よりも憲法上優先的な保障が与えられているということである。基本法は各種の基本的人権を保障しているが，「自

---

(29)　BVerfG. Urt. v. 6. 12. 1972 In: SRE（Dritte Folge），2000, S.260-1.
(30)　H.Heckel, a.a.O., S.263.
(31)　F.Ossenbühl, Das elterliche Erziehungsrecht, S.44.

然権」として位置づけているのは，この親の教育権だけである。このことは，P.フライクによれば，立憲者がすべての基本権のなかでもとりわけ親の教育権には「もっとも鋭い基本権としての性格づけ」(die schärfste grundrechtliche Charakterisierung) を与えたことを意味するという[32]。

第5に，「自然法」上の存在としての家族制度と係わって，国・地方自治体は，濫用や懈怠がない限り，親から教育権を剥奪したり，その本質的な内容に破壊的な介入をしてはならない義務を負っている，ということが帰結される。

ちなみに，この点を確認して，基本法も「婚姻および家族は，国家秩序の特別な保護を受ける」(6条1項)と書き，これを受けて「子どもは，教育権者 (Erziehungsberechtigter・親を指す・筆者) に故障がある場合，または子どもがその他の理由で放置されるおそれのある場合に，法律の根拠に基づいてのみ，教育権者の意思に反して家族から引き離すことが許される」(同条3項)と明記しているところである。

2 憲法上の基本権としての親の教育権

先に引いたように，基本法6条2項は親の自然的教育権を明文でもって保障している。「憲法上の基本権としての親の教育権」という位置づけである。

憲法学の支配的な見解や判例が説くところによれば，基本法6条2項の親の教育権条項は単なる客観法上のプログラム規定（Programmsatz）や原則規範さらには制度的保障ないしは解釈基準ではない。それは，「主観的公権」(subjektives öffentliches Recht) の意味における基本権を根拠づける[33]。この点は，ワイマール憲法120条（親の教育権条項）が，当時の通説によれば[34]，もっぱら制度的保障（Institutionelle Garantie）だと解されていたのとは決定的に異なる。

こうして，基本法6条2項にいう親の教育権は，「国家にむけられた真正基本権」(echtes, staatsgerichtetes Grundrecht) ないしは「直接的に妥当する客観的権利」(unmittelbar geltendes objektives Recht) として，具体的内容をもった

---

(32) P.Fleig, Das Elternrecht im Bonner Grundgesetz, 1953, S.12 〜 S.13
(33) さしあたり，K.Stern/F.Becker (Hrsg.), Grundrechte-Kommentar, 2010, S.695. H.v. Mangoldt/F.Klein/C.Starck (Hrsg), a.a.O., S.703.
　これに対して M.Sachs (Hrsg.), Grundgesetz-Kommentar, 2007, S.368. は，基本法6条2項の親の教育権条項は制度的保障であり，原則規範（Grundsatznorm）だと解している。
(34) 憲法史上，世界で最初に親の自然権的教育権を明記したワイマール憲法120条は，当時の通説・判例によれば，単に制度的保障にすぎないと見られていた〈G.Anschütz, a.a.O., S.563. P.Westhoff, Verfassungsrecht der deutschen Schule, 1932, S.65〉。

第2節　親の教育権の法的特質と属性

法的権利であると解されている[35]。

　言葉を換えると，親の教育権は具体的権利として基本法自らが確定しており，こうしてこの権利は，R.トーマのいわゆる「憲法の力をもつ基本権」として，立法・司法・行政を拘束するとともに，裁判所に対して，その保護・救済を求め，法的強制措置の発動を請求しうる権利だということである。既述したように，親の教育権は自然法的な人間の根元的権利・憲法上の根元的基本権として，憲法秩序の基底に位置しており，そこで，この権利には憲法上優先的な保障が与えられている，と解されているからである。

　くわえて，親の教育権は前国家的な憲法以前の権利であるから，立法・司法・行政権を拘束するだけでなく，憲法制定権をも拘束する，と把握されていることも重要である。こうして，憲法上，親の教育権について一定の制限を定めることはもとより可能であるが，親の教育権それ自体を基本的に否認するような憲法改正は許されない，ということが帰結されることになる。

　ちなみに，連邦憲法裁判所も裸体主義文化運動事件で，親の教育権と立法権との関係について，つぎのように判じている。

　「立法者は，親の自然的教育権の内容を恣意的に制限してはならない。……教育に関する正当な公の利益（legitimes öffentliches Interesse an der Erzirhung）が存する場合に限り，……それに介入できるだけである。立法者は，個々の措置では不十分であり，一般的措置が危険防止のための必要かつ正当な手段である場合にのみ，親の教育権に一般的禁止をもって干渉することが許される」[36]。

　以上からも知られるように，基本法6条2項の「親の教育権」条項は「私学の自由」条項（基本法7条4項）や「（教育における）地方自治」条項（基本法28条2項）などと共に，「国家の教育独占」に対する保護条項としての機能を担っている。また基本法の価値秩序や基本権の保障体系はワイマール憲法とは大きく異なっており，こうして同条は，ワイマール憲法120条と法条はほとん

---

(35)　さしあたり，E.W.Böckenförde, Elternrecht-Recht des Kindes-Recht des Staates (Essener Gespräche 14), 1980, S.59. H.Peters, Elternrecht, Erziehung, Bildung und Schule, In: K.A.Bettermann/H.C.Nipperdey/U.Scheuner (Hrsg.), Die Grundrechte-Handbuch der Theorie und Praxis der Grundrecht, Bd.4, 1972, S.374～375.

(36)　BVerfG, Beschl. v. 10, 3. 1958, zit. aus H.J.Becker, Das Elternrecht im Spiegel der verfassungs-und verwaltungsgerichtlichen Rechtsprechung, 1961, S.105.
　　なお本件の評釈として，山田晟「親の教育権に対する国家の干渉の限度」，『ドイツ判例百選』〈別冊ジュリスト23号，80頁以下〉がある。

第11章　ドイツにおける親の教育権の法的構造

ど同じではあるが，そのもつ意義には決定的な差異があるということが重要である。[37]。

ところで，上述のように，いうところの親の教育権は現行法制上，基本法6条2項によって憲法上の基本権として明示的に保障されているのであるが，それはより根元的には，私的領域としての家庭＝人間的自然としての家族制度，教育の私事性，教育における価値多元主義＝寛容の原則の尊重，市民の思想・信条の多元性などの保障要請と係わって，自由・民主主義的憲法体制自体〈基本法の価値秩序〉によって根拠づけられている，ということが重要である。

これについては，<u>ナチス独裁政権下における「親の教育権」の位相</u>を想起すれば十分であろう。

すなわち，そこにおいては，唯一かつ全的な「新たな教育権」(Das neue Erziehungsrecht) が統一的な民族秩序から導出され，親の教育権の始源性や固有性は根底から否定された。それどころか，親権は民族共同体に対する無制限な公法上の義務に転化せしめられ，国家の厳格なコントロールに服した[38]。ライヒ青少年法は端的にこう言い切っている。

「国家は，すべての青少年を，国家社会主義（Nationalsozialismus）の意味におけるドイツ人に教育する責任を担う」。

また「すべてのドイツの青少年は，家庭や学校の他に，ヒトラー・ユーゲント（Hitlerjugend）において，……国家社会主義の精神によって教育されるものとする」〈ヒトラー・ユーゲントに関するライヒ法2条・1936年〉とされ，学校はその目的においてヒトラー・ユーゲント[39]と同列に位置づけられた。

---

(37) Erwin Stein, Elterliche Mitbeteiligung im deutschen Schulwesen, In: JZ (1957), S.12.
(38) 若き日のH.ヘッケルは民法上の親の監護・教育権（民法1627条以下）を一応認めながらも，親権の濫用条項を極度に拡大解釈することによって，親の教育権の個人権性を否定し，それを「共同の利益」(Gemeininteresse) に全的に従属させている〈H.Heckel, Elternrecht, Schulrecht, Recht der Hitlerjugend, In: Reichsverwaltungsblatt〈1935〉, S.313.〉。
(39) ナチスの設けた学校外の青少年組織で，ドイツ少年団（10-14歳の男子），ヒトラー・ユーゲント（14-18歳の男子），少女団（10-14歳の女子），ドイツ女子青年団（14-21歳の女子）の四つの組織から成っていた。法的にはヒトラー・ユーゲントへの参加強制は存しなかったが，強大な権力組織であったため，事実上，子どもや親はそれへの加入を余儀なくされた。H.ヘッケルも威嚇的に書いている。
「ヒトラー・ユーゲントに参加するかどうかは，親が決定できる。しかしかかる権力的組織の道徳上の圧力（moralische Druck）を過小評価してはならない。親は，その子がヒトラー・ユーゲントに所属した場合とそうでない場合の，その子の将来に及ぼす効果を明確に認識すべきである」〈H.Heckel, a.a.O., S.314〉。

私学制度の根幹は解体され，宗教教育は禁止された。一言でいえば，子どもは「公法上の教育権力」(öffentlich-rechtliche Erziehungsgewalt) の絶対的支配下に置かれ，親の教育権は学校教育領域で全面的に剝奪されただけでなく――たとえば，ワイマール革命期以来の親の学校教育への参加制度は，1934年10月24日の文部省令によって潰滅せしめられた[40]――家庭教育の領域においても極端に制限されたのであった。ナチス親族法学のイデオローグは，直截に以下のように書いて，国家社会主義的な親の「教育権」の特質を浮き彫りにさせている[41]。既述したところと多少重複するが，訳出しておきたいと思う。

「国家社会主義の法政策は，明白かつ意図的な目的設定に基づき，新たな教育権を唯一かつ全的に民族の関心事から導出する。……子ども，親，国家は権利主体として個々に対峙するものではない。<u>すべての権利がそこから流出する，統一的な民族秩序が存在するだけである</u>。諸権利の整合や限界づけから秩序がもたらされるのではない。それは，全体に対するすべての成員の犠牲に満ちた献身によってである。<u>子どもの養育に関する親の権利は，民族の委託に基づいている。つまり，それは無制限な責任を伴う義務なのであり，国家の監督下に置かれる。</u>固有の，始源的でかつ原則として不可侵の親の権利を，…民族国家は認めるわけにはいかない。<u>民族共同体のもっとも本質的な基礎組織としての，血縁による家族共同体の遂行能力に鑑みて，国家は家族に民族の子を委ねているだけなのである</u>」。

3 特殊な包括的基本権としての親の教育権

現在ドイツの指導的な教育法学者・I.リヒターが指摘するところによれば[42]，親の教育権は基本的人権のカタログのなかできわめてユニークな地位を占めている。自由権，社会権，受益権，参政権といった基本的人権の伝統的なカテゴリーによっては把握できない，複合的な性格を併せもつ特殊な基本権であり，またその対象法益も，各個別基本権のそれをはるかに超えて，実に広範かつ多岐に亘っている。ドイツの憲法学・学校法学の通説および判例が述べ

---

(40) Erwin Stein, Elterliche Mitbeteiligung im deutschen Schulwesen, In: JZ (1957), S.12. なおナチス独裁政権下の学校政策については，下記に詳しい。M.Kloecker, Die Schule im NS-Staat: Ihre Rechtsgrundlagen am Beispiel der Volksshule, In: RdJB (2013), S.376ff.
(41) H.Webler, Nationalsozialistisches Familienrecht, In: Zentralblatt für Jugendrecht und Jugendwohlfahrt (1935), S.17.
(42) I.Richter, Bildungsverfassungsrecht, 1973, S.47.

るところによって，その基本的な属性ないし特徴的メルクマールを摘出すると，以下のようである。

3-1 親の個人的な教育の自由権

有力な学校法学説が，いうところの「親の教育権」を「国家による影響から自由に，その子の教育を自己の固有の観念に従って（nach ihren eigenen Vorstellungen）形成する権利」と観念し[43]，この権利には「他者による規制的な影響を排して，自己の固有責任において，子どもの福祉を個人的かつ具体的に決定する権利が含まれる」[44]としていることからも知られるように，親の教育権は，基本権の類型としては，第一次的には，教育主体としての親個人の，しかも自分の子についてだけ働く自由権的基本権に属する。自由権的基本権として，それは，消極的には，国家・公権力や第三者による親の教育権領域への不当な介入に対する防御権として，また積極的には防害排除請求権として機能する[45]。この点，連邦憲法裁判所の判決にも「親は自分の考えに基づいて，その子の監護と教育を自由に，……他の教育主体に優先して行う権利を有し，義務を負う。これに関する親の自由な決定は，国家的な介入に対する基本権によって保護される」とある[46]。

別言すると，国家の介入権は，基本法7条1項〈国家の学校監督権〉を留保して，親権行使の監視当局としての権限に限定されるということである。

なお通説・判例によれば，基本法6条2項にいう親の教育権は，同条1項が保障する「生活共同体としての家族の保護」の保障内容の一つをなしている。つまり，6条1項は国家を名宛人とする一般規範で，つぎのような憲法上の意味をもつとされている。①憲法上の制度としての家族制度の保障，②国家の権力的介入に対して保護を求める基本権の保障，③婚姻・家族関係法に対する価値決定的基本規範。こうして，これら三つのメルクマールは，同時に6条2項

---

(43)　H.Avenarius/H.P.Füssel, Schulrecht, 2010, S.33.
(44)　F.Ossenbühl, Das elterliche Erziehungsrecht, S.50.
　　この点と関連して，エーリッヒゼンは親の教育権は「全体システムとしての家族」および「サブシステムとしての親子関係」の両面において多角的に機能しており，したがって，一面的に利他的（fremdnützig）でもなければ，また利己的（eigennützig）でもないという〈H.U.Erichsen, Elternrecht-Kindeswohl-Staatsgewalt, 1985, S.33.〉。
(45)　さしあたり，B.Pieroth/B.Schlink, Grundrechte Staatsrecht Ⅱ, 2012, S.159.
　　M.Sachs, Verfassungsrecht Ⅱ, Grundrechte, 2003, S.332.
(46)　BVerfGE, 47, 46（70），zit. aus F.Ossenbühl, Elterliche Erziehungsrecht, S.43.

の親権条項にも妥当することになる[47]。
　以上のような親の教育権の法的属性からは，具体的には，たとえば，「家庭教育の自由」などの各種の教育上の自由，親や子どもの私的領域（プライバシー権）への介入禁止，学校・教員の親による教育上の決定の尊重義務，子どもに対するインドクトリネーションの禁止・イデオロギー的に寛容な学校を求める権利（Grundrecht auf eine ideologisch tolerante Schule）[48]などが導かれるとされている。

3-2　子どもの利益に向けられた承役的基本権
　このように親の教育権は，第一次的には，自由権的基本権に属しているのであるが，他の自由権とは法構造的にその性格を大きく異にしていると解されている。というのは，一般に自由権は対国家・公権力との関係において，権利主体の自己決定権（人格的自律権）の保障を確保することを本旨とするが，<u>親の「教育の自由権」にあっては，その自由は，親の自己実現の自由＝親の自己決定権ではなく，「子どもの利益や福祉の実現に向けられた自由」</u>に他ならないからである[49]。
　言い換えると，親の教育権は，その本質において，親自身の利益のために保障された「自利をはかる基本権」(eigennütziges Grundrecht) ではなく，子どもの利益・福祉に向けられた「他者の利益をはかる基本権」(fremdnütziges Grundrecht) ないしは「承役的基本権」(dienendes Grundrecht) だという特質を有している[50]。
　より具体的には，「子どもの発達を援助するための基本権」(Grundrecht zur Entfaltungshilfe der Kinder)[51]ないし「子どもの利益をはかっての保護権としての親権」(Elternrecht als Schutzrecht zugunsten des Kindes)[52]たることを，

---

(47)　F.Ossenbühl, Das elterliche Erziehungsrecht, S.42-S.43.
　　　ちなみに，連邦憲法裁判所の判決もいう。「憲法は国家に対して家族という単位とその自己責任を尊重し，かつ促進することを義務づけている」〈BVerfGE, 24, 119 (135)〉。
(48)　たとえば，G.Eiselt, Sicherung des Rechts auf eine ideologisch tolerante Schule, In: DÖV (1978), S.866.
(49)　F.Ossenbühl, Schule im Rechtsstaat, In: DÖV (1977), S.806.
(50)　U.Fehnemann, Die Bedeutung des grundgesetzlichen Elternrechts für die elterliche Mitwirkung in der Schule, In: AöR (1980), S.534. F.Ossenbühl, Das Elterliche Erziehungsrecht, S.50-S.51.
(51)　F.Ossenbühl, Das elterliche Erziehungsrecht, S.51.

第11章　ドイツにおける親の教育権の法的構造

親の教育権はその本質的な属性としているのである。

　この点について，現在ドイツにおける親の教育権研究の権威・F. オッセンビュールも的確に，次のように概括している[53]。

　「その子の教育に際して親に保障されている自由は，他の基本権の場合がそうであるような，自己決定という意味での自由ではない。ましてや恣意への自由ではない。それは『子どもへの奉仕における，子どもの利益をはかっての，そしてまた子どもを保護するための自由』，つまり，真の意味においては，『委託され，信託された自由』なのである。自由という表徴はただ国家に向けられたもので，国家に対してだけ効力をもつ。子どもとの内部関係においては，子どもの福祉こそが親による教育や行為の支配的な主体原理をなしている」。

　こうして，今日にける通説的親権解釈によれば，親の教育権は基本的権利（Grundrecht）であると同時に，子どもに対する「基本的義務」（Grundpflicht）[54]である，という特質をもつ。そこにあっては権利と義務が不可分に結合しており〈権利と義務の複合体〉[55]，しかも重要なことは，「この義務は権利を制限する限界ではなく，……親権の本質を規定する構成要素をなしている」ということである[56]。

---

(52)　L.Dietze, Zur Mitbestimmung in der Schule, 1970, S.36.
　　なおE. シュタインも親の教育権のこの属性を「子どもの人格の発達のための成人の援助としての親権」と捉えている〈Eckehart Stein, Das Recht des Kindes auf Selbstentfaltung in der Schule, 1967, S.37ff〉。

(53)　F. Ossenbühl, a.a.O., S.51.

(54)　H.v.Mangoldt/F.Klein/C.Starck (Hrsg), a.a.O., S.714.
　　なお，ここでいう「基本的な義務」とは，基本的人権と対をなす概念で，憲法レベルでの義務のことをいう。ドイツにおいては，通説によれば，「基本的な義務とは国家に対する個々人の憲法上の義務をいう。かかる基本的な義務は，憲法自らが特定の義務を確定した場合，あるいは価値決定を認識させる場合に限り，存在する」と説かれている (S.F. Bischoff, Probleme ausländischer Schüler im deutschen Bildungssystem, In: RdJB (1986), S.303. なおこの問題について詳しくは参照：A.Randelzhofer, Grundrechte und Grundpflichten, In: D.Merten/H.J.Papier (Hrsg.), Handbuch der Grundrechte in Deutschland und Europa, 2006, S.595ff.)。

(55)　E. シュタインも書いている。「親の教育権は，他の基本権とは異なり，権利と義務がその内部において不可分に結合している（unlöslich verknüpft）ことによって特徴づけられる〈Erwin Stein, Elterliches Erziehungsrecht und Religionsfreiheit, In: D.Merten/H.J. Papier (Hrsg.), Handbuch des Staatskirchenrechts, 2004, S.459〉。

(56)　E.Stein/W.Joest/H.Dombois, Elternrecht, 1958, S.10.
　　C. シュタークも，こう指摘する。「親の教育権は，親の自己発展のための自利をはかる基本権ではなく，子どもの利益のための，高度な義務を伴う，他者の利益をはかる基本権

くわえて，親はこの権利を行使するか否かの自由を有していない。権利の内容においても，行使形態においても，親の教育権はまさに「義務に拘束された権利」(pflichtgebundenes Recht) なのである[57]。前掲のように，基本法6条2項がその子の教育を親の自然的権利としながらも，「何よりもまず両親に課せられた義務」(die zuvörderst ihnen obliegende Pflicht) と明記しているのも，こうした親権認識に基づいていると言ってよい。このような権利は基本的人権のカタログにおいて他にまったく類例を見ず[58]，そこでドイツにおいて，今日，親の教育権がしばしば「信託された権利」(fiduziarisches Recht) と本質規定され，また「親の教育責任」と呼称した方が適切である，と唱導されている所以である[59]。

なお，この親権の義務性は「子どもの教育される権利」に対応しており，したがって，ここからは親の教育権に対する国家のコントロール権は帰結されえない，とするのが通説・判例である。

3-3 子どもの教育についての包括的な教育基本権

通説・判例によれば，親の教育権は，本質上，子の教育についての「包括的・全体的教育権」(allumfassendes-und Gesamterziehungsrecht) だという本質的属性をもつ[60]。その対象や内容は，子どもの成長・発達に係わるすべての事項ないし子どもの福祉の実現に資するあらゆる事柄に及ぶのであり，「信教

（ein in hohem Maße verpflichtendes fremdnütziges Grundrecht である」(C.Starck, Staatliche Schulhoheit, Pädagogische Freiheit und Elternrecht, I: DÖV (1979), S.274)。

(57) U.Fehnemann, Bemerkungen zum Elternrecht in der Schule, In: DÖV (1978), S.489.

この点，J.ミュンダーが親の教育権の本質的属性を「義務権」(Pflichtrecht) と把捉しているのが，特徴的である〈J.Münder, Familien-und Jugendrecht, 1980, S.89〉。

なお「親の教育権の権利性」について，F.オッセンビュールは「他者に対する規制権として，親の教育権は憲法上特別なディメンションをもつ」としている〈F.Ossenbühl, a.a.O., S.50～51.）。またJ.ミュンダーによれば，親の教育権は「人間の人間に対する規制権の最後の残余」であり，「親子関係は，法学的な基本構造においては，子どもの依存性と他者による規律（Fremdbestimmung）によって特徴づけられる」とされる（J.Münder, a.a.O., S.89）。

(58) H.アベナリウスも「親権は義務に拘束されている（pflichtgebunden）という点で，他のすべての基本権と区別される」と指摘する（H.Heckel/H.Avenarius, Schulrechtskunde, 6 Aufl.1986, S.302）。

(59) I.v. Münch/P.Kunig (Hrsg.), Grundgesetz-Kommentar, Bd.1, 2000, S.510.

(60) さしあたり，H.Heckel, Schulrecht und Schulpolitik, 1967, S.176.

の自由」,「思想・良心の自由」,「表現の自由」といった在来の特定の市民的自由ないし個別的基本権によってだけではカバーしきれない。この権利は各種の消極的権利, 積極的権利および能動的権利を包摂すると同時に, それ独自の存在理由と内実をもつ包括的教育基本権たる性質を有しているとの認識である。

　この親の教育権の包括的保障としての機能は, 憲法上, 個別的保障を受けていない法益にも及ぶことにあるとされる。したがって, 事柄の性質によっては, 各個の場合に, 親が憲法上列挙されている個別的権利を選択的に動員することは, もちろん可能である。

　なお, U.フェーネマンも指摘しているように[61], 親の教育権の包括性は親子関係の包括性に対応しており, この点, 教員の「教育権」が「部分的・技術的教育権」にすぎないのと決定的に異なる。この点, 権威ある学校法ハンドブックもこう書いている[62]。「親権から, 子どもの教育の全体計画に対する親の単独的権利が導かれる。この全体計画にあっては, 学校はただ部分領域を占めるにすぎない」。

　したがって, 親の教育権の内容や法的効果は, 各個の場合に個別・具体的に見定めていく以外にない。歴史的には, たとえば, 家庭教育の自由, 宗教教育の自由, 私立学校の設置・経営の自由, さらには私学選択の自由などが, 親の教育権の主要な内容をなしてきたことはよく知られている。

3－4　社会国家的および社会的な基本権

　上述の3－2とも関連するが, 支配的な学説が説くところによれば, 親の教育権は第一次的には親の個人的自由権であるが, しかしこの権利は通常の自由権とは異なり, 社会権的基本権たる性格を併有しているという特質をもつ。既述したように, 親の教育権は子どもの利益の実現を旨とする承役の基本権なのであり, そこでこの権利の主たる実質は, 第一次的には社会権的基本権である子どもの「自己の人格を自由に発達させる権利」・「教育をうける権利」によって強く規定されているからである[63]。

---

(61)　U.Fehnemann, Bemerkungen zum Elternrecht in der Schule, In: DÖV (1978), S.490.
　　なお連邦憲法裁判所は, 親の教育権のこのアスペクトを「あらゆる点における, 子どもの教育に関する権利」(Recht zur Erziehung ihrer Kinder in jeder Hinsicht) と表現している〈BVerfGE 44 (44)〉。
(62)　E.Stein/M.Roell, Handbuch des Schulrechts, 1988, S.44.
(63)　L.R.Reuter, Das Recht auf chancengleiche Bildung, 1975, S.27ff.

第 2 節　親の教育権の法的特質と属性

　この「社会権的基本権としての親の教育権」は，子どもの「自己の人格を自由に発達させる権利」・「教育をうける権利」を有意なものとするための手段的権利として，具体的には，たとえば，教育の機会均等の請求権や教育の条件整備請求権といった，教育における一連の積極的権利を根拠づけると解されている。

　つぎに，法的な視点はやや異なるが，教育という営為の本質と係わって，親の教育権は「社会的な権利」だというアスペクトをより強く帯有している，ということが指摘されている。教育はほんらい市民個人の私事であることを基本としながらも，同時にそれは「社会的な営為」なのであり，したがって，子どもの教育についての親の権利も「社会的」に捉えられなくてはならないからだとされる。この点，M.マウレルが親の教育権を端的に「社会的な関連をもつ基本権」(gemeinschaftsbezogenes Grundrecht) として措定しているのが象徴的である[64]。

3－5　親集団としての集団的基本権

　ドイツにおいては，親は，前述した個人的自由としての教育権にくわえて，親集団としても教育上の権利を有しているとされている。それは，「共同的権利としての親権」(Elternrecht als gemeinschaftliches Recht)[65]ないし「集団的親権」(Das kollektive Elternrecht)[66]と称されている。教育行政機関や学校・教員に対する教育要求権や公教育運営への参加権などがこれに当たる。

　もちろん，これらの積極的な権利や能動的権利は，たとえば，教育個人情報の開示請求権のように，その法益が自分の子だけに係わる場合は，個々の親の個人的権利としても存しているが，集団性をもつ学校教育事項については，これに関する要求権や参加権の実質的主体は親集団とされる。個々の親の個人的教育権は集団化されることによって補強され，より強固・実効的になると考えられているのである。L.ディエツエによれば，「親の集団的教育権の保障なしには個人的な親の教育権は実効的たりえない。前者は後者にもとづくものであ

---

(64)　M.Maurer, Das Elternrecht und Schule, 1962, S.64.
(65)　U.Fehnemann, Die Bedeutung des grundgesetzlichen Elternrecht, In: AöR (1980), S.545.
(66)　L.Dietze, Pädagogisches Elternrecht oder staatliches Erziehungsrecht?, In: K.Nevermann/I.Richter (Hrsg.), Rechte der Lehrer, Rechte der Schüler, Rechte der Eltern, 1977, S.147.

第11章　ドイツにおける親の教育権の法的構造

るとともに，それを効果的に保障するものでもある」[67]。

　そしてこの場合，重要なことは，親の集団的教育権もまた，個人的教育権と同じく，憲法上の保障を得ているということである。「集団的基本権（Gruppengrundrecht）としての親の教育権」の憲法上の保障である。親集団の教育権は個々の親の教育基本権によって根拠づけられ，そこから導出される集合的権利だからである。

　実際，ドイツにおいては，ヘッセン州憲法56条6項＝「教育権者は教育制度の形成に参加する権利を有する」など7州の憲法が親の学校教育への参加権を憲法上明示的に保障しているが，有力な教育法学説によれば，「それは，集団的親権の表出であり，その意味で集団的基本権と解釈される」[68]とされている。

　なお親の個人的教育権と集団的教育権との関係であるが，これについては学説上，さしあたり，以下の2点が留意を要するとされている。

　一つは，親の教育権の対象法益には，その本質上，集団化にはなじまない事柄や領域が少なくないということである。思想・良心・信教など，すぐれて価値的・高度に人格的な領域における親の教育権について，特にこのことが妥当する。C.シュタルクの指摘するところによれば，「基本的人権保障のケルン（核）は個人の自己決定（individuelle Eigenbestimmung）を確保することにあるが，集団化ないし代表制はこの属性を他者による決定（Fremdbestimmung）に転化させてしまう」からである[69]。ドイツにおいて，親の個人的教育権と集団的教育権の区別は，「宗教上の親権」と教育要求権や教育参加権を内実とする，「教育上の親権」との区別に対応しているとされているのが[70]，このことを端的に示している。

　二つは，親の集団的教育権は，原則として，親の個人的教育権を強制的に廃棄したり，これに代替したり，さらにはその内容を変更したりすることはできない，とされていることである[71]。親の教育権の本質はあくまでその個人権

---

(67) L.Dietze, ditto.
(68) F.Ossenbühl, Das elterliche Erziehungsrecht, S.97.
(69) C.Starck, Organisation des öffentlichen Schulwesens, In: NJW (1976), S.1379.
(70) Erwin Stein, Elterliche Erziehungsrecht und Religionsfreiheit, In: Handbuch des Staatskirchenrechts, 1975, S.461ff. R.Wimmer, Das pädagogische Elternrecht, In: DVBl (1967), S.809ff.
(71) J.A.Frowein, Zur verfassungsrechtlichen Lage der Privatschulen unter besonderer Berücksichtigung der kirchlichen Schulen, 1979, S.29. しかし一方でF.ヘネッケは「親の

性にあるからである。こうして，たとえ民主的な手続にもとづいて親集団の教育意思が形成され，それが親の集団的教育権として行使される場合でも，これを拒否する自由〈消極的自由〉が個々の親に留保されていなくてはならない，とされている[72]。

3-6 公教育運営への参加基本権

ドイツにおいては，後に章を改めて詳しく論及するように，現行法制上，親は公教育運営に参加したり，学校教育を共同で形成していく権利を有しているのであるが，この権利は，親の教育権に内包される権利として，憲法上保障されているものであって，公教育運営への「参加基本権」(Grundrecht auf Mitbestimmung) という実質を有している[73]。

事実，すでに触れたように，ドイツにおいては，親の公教育運営への参加権は7州で憲法上の基本権として明示的な保障をうけている状況にある。ただこの「基本権としての親の公教育運営参加権」が基本法6条2項（親の教育権条項）から直接導かれるかどうかに関しては，後に言及するように，学説上，争いがある[74]。

個人的教育権は，集団的行使に際して集団的・身分的なグループ代表制に転化し，その防御権を失う」との見解を採っている〈F.Hennecke, Grundriß des Schulrechts in Rheinland-Pfalz, 1979, S.64-S.65〉。

(72) F.Ossenbühl, Schule im Rechtsstaat, In: DÖV (1977), S.806 ～ 807. T.Oppermann, Elterliches Erziehungsrecht und staatliche Schulerziehung, In: K.Aurin u.a.〈Hrsg.〉, Die Schule und ihr Auftrag, 1979, S.71-S.72.

(73) 「参加基本権」というタームは，たとえば，W.Däubler, Das Grundrecht auf Mitbestimmung und seine Realisierung durch tarifvertragliche Begründung von Beteiligungsrechten, 1976, との書名にも見えている。ただこの書物は労働者の経営参加権に関するものである。

(74) 肯定説としては，さしあたり，T.Maunz, Die Schule aus der Sicht der Rechtsprechung, In: Festschrift zum hundertjährigen Bestehen des Bayerischen Verwaltungsgerichtshofes, 1979, S.243. I.v.Münch/P.Kunig (Hrsg.), a.a.O.S.517.

否定説としては，さしあたり，H.Avenarius/H.P.Füssel, aa.O. S.344. J.Rux/N.Niehues, Schulrecht, 2013, S.272.

なお，この点に関して，詳しくは参照：B.Meier, Elternrecht und Elternmitwirkung in der Schule, 2005, S.122ff.

第11章　ドイツにおける親の教育権の法的構造

第3節　親の教育権と国家の学校教育権

1　親の教育権と国家の学校教育権の等位テーゼ

　さてそれでは，以上みてきた「親の教育権」というところの「国家の学校教育権」(staatliches Schulerziehungsrecht) は，子どもの教育をめぐって，どのような関係に立つことのなるのか。

　これについて，たとえば，先に触れた連邦憲法裁判所の「促進段階判決」(1972年) に「学校における国家の教育責務は……親の教育権に劣位するのではなく，等位する」とあるように[75]，通説・判例は「等位テーゼ」(Gleichordnungsthese) を採用する。

　すなわち，上述したように，親の教育権は第一次的には国家に向けられた憲法上の基本権であり，したがって，両者は教育権としては等位し，同権的な緊張関係ないしは相互規制関係に立つ。

　こうして両者の関係は「位階問題」ではなく，「制約問題」として措定される。その場合，相互規制の度合いは教育事項の種類や性質によって一様ではない。これについては一般妥当的な基準を定立することは不可能で，ケース・バイ・ケースの利益衡量によって個別的に確定していく以外にない。ただその際に「子どもの福祉」(Wohl des Kindes) に叶うかどうかというメルクマールが，価値衡量のケルンに位置するとされる[76]。

　しかし，同じように学校教育権独立説に立ちながらも，上記のような支配的見解に対しては有力な異説がある。F. オッセンビュールに代表される所説それである。それは，一言でいえば，「国権は親権に奉仕する」(Staatsrecht dient Elternrecht) という定式に集約されよう。大要，以下のように述べる[77]。

　「親の教育権は国家の学校教育権に対して，憲法上より重い比重とより高い意義をもつ。それは二重の意味においてそうである。

　第1に親の教育権の質的優越性。基本法自身も書いているように，親の教育

---

(75)　BverfG. Urt. v. 6. 12. 1972, In: NJW (1973), S.134.
(76)　M.Maurer, a.a.O.S.72. H.Heckel, Schulrechtskunde, 4Aufl.1969, S.346.
(77)　F.Ossenbühl, a.a.O.In: DÖV (1977), S.808. ders, Das elterliche Erziehungsrecht, S.111-112. ders, Elternrecht in Familie und Schule, 1978, S.27.
　　　なお連邦憲法裁判所の判決〈BVerfGE34, 199〉もいう。「争いのある学校改革は，自由国家においては国家的な強制手段によって貫徹するのではなく，当事者の自由意思を可能な限り尊重して行われなければならない」。

権は『自然的権利』であって,『何よりもまず』親に属している。それは自然法ではないが,自然的所与と強く結合しており,人間的自然に対応した超国家的な核をもつ。これに対して,公立学校教育は『法令に基づく強制教育』であり,その法的性質において両者は決定的に異なる。この差異に起因して,親の子に対する責任は,子どもと社会総体との間接的な関係から生じる国家の権利・義務より強くなくてはならない。子どもの福祉に関する『解釈優先権』(Interpretationsprimat) は親にある。」

こうして,国家は学校教育において親の全体教育計画を尊重する義務を負い,学校教育は可能な限りの程度において,できるだけ多数の親意思に即して運営されなければならない。ここにおいては,教育主権上の民主制多数決原理は個人法上の教育法原理・親の教育基本権によって凌駕される。ちなみに,ラインラント・プファルツ州憲法もこう書いている。

「その子の教育について決定する親の自然的権利は,学校制度形成の基盤をなす。国および地方自治体は,親意思を尊重して,秩序ある子どもの教育を保障する公の諸条件および諸制度を整備する権能を有し,義務を負う」(27条)。

第2に親の教育権の量的優勢。上述のように,親の教育権は包括的教育権であるが,学校教育権は,その範囲および内容においてかなりの限界を伴う〈部分的教育権〉。国家は親の全体教育計画を尊重すべき憲法上の義務を負っており,また教育問題における価値の多様性に対してはオープンでなければならず,さらに公立学校教育は強制教育だからである。

つまり,公立学校教育の範囲および内容は,価値多元社会においては,国民国家として放棄できない基本的な共有価値および原則に限られなくてはならない。換言すれば,学校の任務は第一次的には知識と技能の伝達にあり,それに一般的コンセンサスが存在する価値原則,行動公準などに限局される」。

以上と関連して,連邦憲法裁判所の促進段階判決は「協同モデル」(Kooperationsmodell) を採用して,こう判示する。「子どもの人格の陶冶を目的とする親と学校の共通の教育課題は個々の権限には分けられない。それは相互の意義ある協同においてだけ達成されうる」〈BVerfGE, 34, 165 (183)〉。

そして判旨によれば,この「相互の意義ある協同」への義務づけから,一連の手続法上の権利・義務が導かれる。学校の親に対する情報提供義務や助言義務,親の側の聴聞権などがその例である。

しかし,法的には,両者が対立・競合する場合こそが問題であろう。そこで,オッセンビュールによれば,相対立する法益の実質的な限界基準の定立が

213

不可欠であり，したがって，相互調整の成立を前提とする「手続法上の協同」は，教育責任に関する「実体法上の整合」によって代置されなければならない。そして，この整合原則は憲法解釈や憲法適用に際して解釈学上すでに定着しているとされる[78]。

2　親の教育権と国家の学校教育権の一般的関係に関する理論

さて以上を踏まえたうえで，親の教育権と国家の学校教育権はより具体的にはどのような関係に立つのか。これに関しては，次のような学説や判例が見られている。

① 「分離原則」(Separationsprinzip)

親の教育権と国家の学校教育権は相互に独立しており，「内的学校事項の主人としての国家」は，そこにおける形成の自由を親権によっては制限されえないとする論である。1950年代から1960年代にかけての判例および支配的憲法学説の立場であり[79]，今日でも有力な学説の支持がある。その代表者 I. リヒターによれば，学校の教育領域において親の影響力を容認することは，親の教育上のエゴを助長し，教育上の諸改革を妨げ，子ども自身および社会的利益に即した子どもの発達を阻害することになるからだという[80]。

だが H.U. エファースも指摘するように，こうした所説はワイマール憲法下の親権解釈を踏襲しており，基本法が親の教育権を基本権として承認したことによって，憲法状況が根本的に変化したことを看過している，との批判を受けている[81]。

② 「3区分論」(Dreiteilungstheorie)

T. マウンツによって唱導され，今日，学説・判例上ひろく承認されている見解で，その骨子はつぎのようである[82]。

基本法6条2項（親の教育権条項）は7条1項（国家の学校監督権条項）に対

---

(78)　F.Ossenbühl, Das elterliche Erziehungsrecht, S.118. K.Hesse, Grundzüge des Verfassungsrechts in der Bundesrepublik Deutschland, 1998, S.28.
(79)　たとえば，Hess. StGH Urt. v. 19. 12. 1957, In: DÖV (1958), S.464.
(80)　I.Richter, Bildungsverfassungsrecht, 1973, S.62-S.64.
(81)　H.U.Evers, a.a.O., S.68-S.69. また Maurer によれば，親の教育権を家庭領域に限局し，学校から排除するのは基本法の立法者意思にそぐわないという。憲法制定議会は基本法6条と7条を分離することによって，ただ「学校の自律性」を強調しようとしただけだとされる〈ders, a.a.O., S.64〉。
(82)　T.Maunz/G.Dürig (Hrsg.), a.a.O., Art7, S.34ff.

して「憲法上の留保」(Verfassungsvorbehalt) をなしており，そこで両者の法的関係においては，以下のような3領域が存する。〈a〉親が介入できない，純然たる学校の教育領域，〈b〉学校の影響から自由な，純然たる親の教育権領域，〈c〉親の教育権と国家の学校教育権が重畳し，競合する領域。こうして，〈c〉の領域では両者の法益衡量の問題が生じるが，その際に連邦憲法裁判所のいう「段階論」(Stufentheorie) が妥当し，〈a〉に接近するにつれて国家の学校教育権が増幅し，逆に，〈b〉に近づくほど親の教育権が強化する[83]。

具体的には，たとえば，教育制度の構造，学校の組織編制，教育目的および学習過程上の内容的・方法的プログラム，入学要件，進級，教育評価などに関することが〈a〉に属し，〈b〉に属するものとしては，子どもの教育についての全体計画，宗教教育，政治的生活への準備，基礎学校以降の進路，学校・コース・教科の選択等があげられる。

以上のような3区分論は，ワイマール時代に支配的であった「国権は親権を破棄する」というテーゼと，前述の「分離原則」を否定するという積極的な効果をもっているが，しかしそれ自体としては実質的な基準をなしてはいない。

③教育領域区分論

教育の領域ないしはその重点を理念的に区分し，それぞれの性質に応じて，親と学校の教育権関係を見定めようとする手法である。

たとえば，E.W.ベッケンフェールデによれば，教育領域は大きく，〈a〉形成教育 (Bildungserziehung)，〈b〉人生教育 (Lebenswegerziehung)，〈c〉人格・世界観教育 (persönlich-weltanschauliche Erziehung) に区分される。

〈a〉は，市民としての一般的な生活・職業上の能力の育成をめざすもので，これは主要には学校の課題に属する。〈b〉は，人生や職業生活の目的と係わり，ここでは親と国家はその果たす機能を異にする。教育主権の主体としての国家は，教育政策上の観点から一般的な教育目的や内容，学校形態などを決定できる。だが生徒の人間形成や職業選択とストレートに係わる領域では，親の自由な決定が可能なように，学校制度は組織的にも内容的にも十分に多様でなくてはならない。〈c〉については，高度に人格的な基本権である「信教の自由」保障があり，これはまさしく親の専権事項である[84]。

---

(83) H.Peters もほぼ同じ立場からいう。「特定の領域において，親の教育権がより自然的より根元的 (natürlicher und elementarer) になればなるほど，国家の規定権は弱化する」〈ders, a.a.O., S.378〉

(84) E.W.Böckenförde, a.a.O., S.86–S.87.

第11章　ドイツにおける親の教育権の法的構造

またH.U.エファースもほぼ同じような視角から，大要，こう述べる。
「国家による組織上の措置や教育目的・内容の確定が，子どもの人格の発展や親子関係の核領域に触れる度合いが強くなるにつれて，国家は親の教育責任をより尊重することが要求される。他方，それらが知識や技能の伝達，一般的な社会化機能の度を強めるに従って，この面での親の影響力はより減退せざるをえない」[85]。

以上，親の教育権と国家の学校教育権の一般的関係に関するドイツの学説・判例状況を見たのであるが，それでは具体的に，たとえば，公立学校における性教育の実施をめぐっては，両者はどのような関係に立つことになるのか。これについては次節で取り挙げるような連邦憲法裁判所の判例が見られている。

第4節　性教育をめぐる親の教育権と国家の学校教育権の関係に関する連邦憲法裁判所決定

1　事件の概要

1968年10月，文部大臣会議は「学校における性教育に関する勧告」を決議した。その主たる内容は凡そつぎのようであった。

「人間の性について，生徒は，学校において専門的に根拠づけられた知識を得るべきである。6学年までは生殖の生物的基本事実，青年期における肉体的・精神的変化などについて教えられるべきである。また9学年の終りまでには，授業でつぎのことが取り扱われるべきである。出産，妊娠，誕生，成人の性的諸問題，性生活および家族生活の社会的・法的基盤，人間の性に関する社会的・倫理的問題」。

この勧告を受けて各州で教育課程改革が行なわれ，性教育が正規の学校教育内容として導入されることになる。すなわち，1968年11月のシュレスビッヒ.ホルシュタイン州を皮切りに，1969年9月までには，旧西ドイツのすべての州が性教育の実施に踏みきったのである。

本件はハンブルク州における性教育の実施をめぐって発生した。すなわち，同州で3人の子どもを公立学校に就学させている親が，文部省に対して，学校

---

(85) H.U.Evers, a.a.O., S.72. これと関連して，連邦憲法裁判所の次のような判例がある。「義務教育学校の宗教的・世界観的形成に関する決定は，原則として，民主制多数決によってなされてはならない。少数派の信教の自由が多数派による侵害から保護されなければならないからである」〈BVerfGE41, 48〉。

第4節 性教育をめぐる親の教育権と国家の学校教育権の関係に関する連邦憲法裁判所決定

での性教育は生殖の性的事実について適切な情報を与えることだけに限定するよう要求した。しかし文部省はこれを拒否した。そこで原告は，同州の性教育規程は親の教育権と子どもの人格権を侵害し違憲であること，性教育の導入に関する決定を文部省に包括的に委任している同州学校行政法は，法治国家原理に違背し，同じく違憲であること，等を主張してハンブルク行政裁判所に提訴した。

2 下級審の判断

第1審のハンブルク行政裁判所は「法律の留保」の問題についてだけ言及し，次のように判示して，原告の訴えを認めた〈1972年4月25日判決〉。「公立学校に性教育を導入する場合，形式的法律の留保の原則は，そのための議会による決定を要請する」。

第2審のハンブルク高等行政裁判所は被告の措置を適法とした。その要旨を摘記すると，以下のようになる〈1973年1月3日判決〉。

(1) 基本法7条は国家の学校監督権を規定することによって，学校制度に関する国家の包括的規定権を確立すると共に，この領域において，国家に親の教育権と併存する固有の教育権能を留保している。

(2) 文部省令によって性教育を導入する場合，現行規定以外の法律上の根拠は必要ではない。

(3) 上記文部省令が定める性教育は生徒および親の基本権に抵触しない。ただ国家は基本法7条の憲法上の留保の行使に当たって，親権には考慮を払わなければならない。教育内容が世界観ないし個人の生活信条に触れる場合には，とりわけそうである。

第3審の連邦行政裁判所は主要には下記のように判じて，ハンブルク州の公立学校における性教育は違憲であるとの見解を示した〈1974年1月15日決定〉。

「基本法にいう法治国家原理・民主制原理は，立法者に，学校制度における本質的な決定は立法者自らがこれをなし，教育行政に委ねてはならないことを義務づける。学校制度の運用を教育行政庁に一般的に委任しているハンブルク州法は，性教育を導入するための法的根拠としては不十分である」。

なお本件憲法訴訟は，原告が連邦憲法裁判所に憲法異議の訴え（Verfassungsbeschwerde）を行ったことと，3審の連邦行政裁判所がハンブルク州学校行政法の合憲性について，連邦憲法裁判所の判断を求めたことによる[86]。

217

第11章　ドイツにおける親の教育権の法的構造

3　決定要旨

(1) 個々人の性教育は，第一次的には，基本法6条2項の意味における「親の自然的教育権」（Das natürliche Erziehungsrecht der Eltern）属する。しかしながら，国家はその教育責務〈Erziehungs-und Bildungsauftrag・基本法7条1項〉に基づいて，学校において性教育を実施する権能を有する。

(2) 学校での性教育は，この領域における種々の価値観に対して中立でなければならず，また親の自然的教育権や宗教的ないしは世界観的信念が性の領域において意義をもつ場合には，これらに一般的な配慮をして行なわれなければならない。とりわけ学校は青少年の教化に当たるいかなる試みもなしてはならない。

(3) これらの原則の確保に当たって，複数教科にまたがる授業としての性教育は，その実施を親の同意に係らしめる必要はない。

(4) しかし親は，学校における性教育の内容や方法について，適時の情報請求権（Anspruch auf rechtzeitige Information）をもつ。

(5) 「法律の留保の原則」は，立法者に，性教育の学校への導入に関する決定は立法者自身が行なうことを義務づける。ただしこのことは，生物学上ないしその他の事実についての知識だけが伝達される場合には妥当しない。

4　学説の評価

判旨も言うように，子どもに対する性教育が第一次的には親の自然的教育権に属しているということについては，学説・判例上ほとんど異論はない。それは，より直接的には親の監護・教育権の一内容として，また私的・家族生活の尊重を求める権利にも支援されて，原則的には，国家の直接的介入から保護される。性教育は，家族という憲法上保護された親密な私的領域で行われるのが最も自然だからだとされる。

問題は，これとの関連で公立学校もまた性教育を実施できるか，可とした場合は，その範囲や態様はどうかであり，本件はまさにこの点を問うているわけ

---

(86) BVerfG. Beschluß v. 21. 12. 1977, In: DÖV (1978), S.244.
　ドイツにおいては，この連邦憲法裁判所の判決以降も学校における性教育をめぐっては多くの争訟事件が発生している。それらに関する判決例は SPE（Dritte Folge, 2006年），S.709-1 に収載されている。
　なお連邦憲法裁判所は2009年にも学校における性教育に関して判決を下しているが（BVerfG. Urt. v.21. 7. 2009），判旨は本文にある1977年のそれと基本的には同様である（H.Avenarius/H.P.Füssel, a.a.O., S.399）。

第4節　性教育をめぐる親の教育権と国家の学校教育権の関係に関する連邦憲法裁判所決定

である。

　判旨は通説・判例を受けて，学校における性教育を肯認する。しかしこうした見解に対しては親 —— とくにカトリック教徒 —— の側から根強い反対があり，またそれを支持する学説も見られ[87]，その根拠が問題になる。

　ところで，先に触れた文部大臣会議の勧告にもあるように，性教育の目的は，一般に，〈a〉性に関する知識を与えること，〈b〉性に伴う危険から青少年を保護すること，〈c〉性について助言したり，責任ある性行動がとれるように導くことにある，とされている。そして，通説によれば，とりわけ〈b〉の要請から，学校もまた性教育に関与することができ，それどころか，そうすることが憲法上義務づけられているとされる。社会国家原理，青少年に対する国家の公的配慮義務，青少年は道徳的・精神的・肉体的危険から保護されなければならないとの原則などによってである。

　この点，たとえば，前記文部大臣会議勧告は端的にいう。「学校は…性教育に関与する義務を負う」。

　こうして，子どもの福祉・道徳犯防止という公の利益の確保要請から，性教育は親の独占的事項というわけにはいかず，親の教育権と国家の学校教育権との緊張領域に位置することになる[88]。判旨が「性教育の実施を親の同意に係らしめる必要はない」と述べているのは，こうした通説の線上にある。

　なお以上の文脈において，性教育は，今日では基本的には親よりもむしろ学校の課題だとする見解がある[89]。性科学の発達は著しく，親は科学的な性教育ができないという理由に基づく。「専門家は素人に優る」との思想による，親の教育権の学校教育権への従属化である。しかし，通説によれば，このような所説は基本法6条2項の趣旨に反する。

　それでは学校における性教育はどのようであるべきか。通説・判例によれば，この場合，二つの基本的な前提がある。①性教育に関しては親の方が原則的に優位すること，②学校での性教育は，親によるそれとは異質なものでなければならないこと，がそれである。だがこうした前提に立っても，親の教育権

---

(87)　たとえば，Maurerは「国家には学校に性教育を導入する権能はない。このような本質的な教育問題は親と子の人格関係においてなされるべきものである」という〈ders.a.a.O., S.127〉.

(88)　R.Stober, Sexualkunde in den Schulen-Über die Grenzen des staatlichen Erziehungsauftrag, In: DÖV (1973), S.559.

(89)　たとえば，J.Wolff, Der strafrechtliche Rahmen des Sexualkundeunterricht, In: RdJB (1970), S.163.

の評価如何によってなおも見解が割れてくる。

　すなわち，一般に性教育は性の領域における生物学的な事実の伝達と固有の性教育とに区別されるが[90]，親の教育権をより尊重する立場は，学校での性教育は前者だけに限定されるべきだと説く。性についての基本的な価値や態度の決定は，親に留保されなければならないからである。このような立場においては性情報の過多な提供も親の教育権侵害として違憲であり，親は基本法6条2項により，これに対しては防御権をもつ[91]。

　しかし通説はこの類の見解を採らない。通説においても性教育の広狭二分論は有用であり，まず価値から自由な事実の伝達については学校教育権が全的に優位し，親の影響力は原則として排除される。ここにおいて法益衡量の問題が生じ，親の教育権と国家の学校教育権との法的性質の違いから，より個人的，より直接的な性に関する事項は前者に接近し，学校での性教育は親によるそれを補充するものとして，「専門的な，学問的に根拠づけられたインフォ──メーション」であることが求められる，というのである[92]。

　判旨も基本的にはこのような立場に与している。判旨はさらに学校での性教育について，なおも現実に親の影響力を確保するために，国家に対しては親の全体教育計画の尊重義務を課し，親には性教育の内容や方法に関する情報請求権を容認しているが，これまで見てきた学校法制・判例状況からすれば当然の帰結であろう。

　なお親は学校における性教育を拒否できるか否かについては〈性教育への出席義務の存否〉，判旨は言及していない。

　これに関して，親の教育権の優位性から性教育への参加拒否権をストレートに導く所説があり，また宗教と性とのアナロジーから，基本法7条2項＝「教育権者は，その子の宗教教育への参加について決定するする権利を有する」は性教育にも適用があるとする学説も見られる[93]。

　しかし連邦憲法裁判所と連邦行政裁判所の判例および支配的な学校法学説のいずれも，性教育のもつ意義と重要性に照らし，国家は「国家の教育責務」（基本法7条1項）にもとづいて，学校において性教育を実施する権能を有する

---

(90)　H.Kentler, Bedingungen der Sexualaufklärung in der Schule, In: RdJB (1975), S.301など。
(91)　R.Stober, a.a.O., S. 558-S.560.
(92)　さしあたり，H.Scholzen, Staatliche Sexualerziehungsrecht, In: RdJB81974), S.217.
(93)　R.Stober, a.a.O., S.558. M.Mauer, a.a.O., S.127.

と解している。ただこの場合，学校における性教育の有りようについては，基本法にもとづいて一定の制約が生じることになるが，しかし親および生徒はそのもつ基本権に依拠して，学校における性教育を拒否することはできない，との立場にたつ。それどころか，性教育への出席義務はドイツ人に限らず，外国人の生徒にも及ぶとするのが判例・通説の立場である[94]。

なお付言すれば，学校における性教育をめぐっては，アメリカやデンマークでも裁判が起きているが，デンマークでの事件について，ヨーロッパ人権裁判所はつぎのように判じて，親の訴えを斥けている[95]。

「性についての情報や知識が……客観的，批判的かつ多元的に伝達される限り，親はこれに対して異議を申し立てる権利をもたない」。

5　学校における性教育と「法律の留保の原則」

公教育内容をめぐる親の教育権と国家の学校教育権との関係において，「法律の留保の原則」との関係もまた重要である。本件第1審と第3審の判断が専らこの点に集中していることからも，それが知られよう。

この問題は，学校法の領域においては，いわゆる「公法上の学校特別権力関係論」を克服するための理論的努力の一環として，1960年代半ばから本格的に論じられてきた。そして今日，学説・判例上，以下の点については，ほぼ合意が成立している状況にある。

すなわち，教育主権上の決定は「本質的決定」（wesentliche Entscheidung）と，これを具体化するための「副次的決定」（Sekundärentscheidung）とからなるが，このうち前者は，法治国家原理・民主制原理にもとづき議会が法律上確定することを要し，行政権への委任は許されない。このことは，とりわけ基本権行使の領域における国家形成の自由な法域について妥当する。

副次的決定は行政庁の権限とされるが，かかる決定も当然に法治主義的・民主主義的統制に服せしめられなければならない。つまり，従前のような伝統的学校監督概念および特別権力関係論に依拠した，教育行政庁の包括的規律権は

---

(94) 判例としては，BVerfG. Urt. v. 21. 7. 2009, zit aus H.Avenarius/H.P.Füssel, a.a.O., S.399. StGH Hessen, Beschl. v. 28. 2. 1985, In: DVBl (1985), S.682など．学説としては，J.Rux/N.Niehues, a.a.O., S.96. H.U.Evers, a.a.O., S.115など。

(95) デンマークのケース：Europäischer Gerichtshof für Menschenrechte, Urt.v. 7. 12.1976.In: RdJB (1977), S.144ff. アメリカのケース：D.Schimmel/L.Fischer, The Rights of Parents in the Education of their Children, 1977, S.87.

もはや容認されうる余地はない。教育行政庁の法定立的命令権は，法律による明示的授権に基づいてのみ許容される。しかもこの場合，包括的授権は禁止され，議会は法律によって授権の目的・内容・程度をできるだけ精確に規定しなければならない[96]。

　こうして問題は，学校教育の領域においてはどのような決定が「本質的」であり，したがって「法律の留保の原則」の適用を受けるかということに移るが，連邦憲法裁判所によれば[97]，それは親や生徒などの「基本権の実現にとって本質的（wesentlich für die Verwirklichung der Grundrechte）な決定」という意味に解されている〈本質性論・Wesentlichkeitstheorie〉。いわゆる内的事項・外的事項の如何に関係はない。

　性教育に引きつけて言えば，H. アベナリウスが述べているように，「学校における性教育は親の教育権（基本法6条2項）と生徒の人格権（基本法2条1項）に格別な程度に触れるものであるから，法律の留保の原則の要請するところにより，これに関する基本的な決定は立法者自らがこれを行う義務を負う」ということになる[98]。

　そして実際，今日においては，すべての州で学校における性教育に関する基本的な事項は「学校法律」（Schulgesetz）で規定されるところとなっている。規定例を引けば，たとえば，ブランデンブルク州学校法（2002年）はこれについて下記のように書いている（12条3項）。

　「学校における性教育は，親による性教育を補充するものである。その目的は，生徒に対し，その年齢に応じて，生物学的，倫理的，宗教的，文化的，社会的な事実関係と人間の性に関することを教えることにある。それは生徒を，責任意識と道徳的に根拠づけられた決定と行動および人間的かつ社会的なパートナーに向けて育成すべきものである。性教育に際しては，生徒の私的領域に対する感性と抑制ならびにこの領域における様々な価値観と生活様式に対する開放性と寛容が考慮されなくてはならない。

　親は性教育の目的，内容および形態について適時，報告を受けるものとす

---

(96)　T.Maunz/G.Dürig (Hrsg.), Grundgesetz –Kommentar, 2010, Art.20, S.66.
　　　H. v.Mangoldt/F.Klein/C.Starck (Hrsg.), Kommentar zum Grundgesetz, Bd.2, 2010, S.118. M.Sachs (Hrsg.), Grundgesetz Kommentar, 2007, S.803. J.Rux/N.Niehues, a.a.O., S.13.
(97)　たとえば，BVerfG, Beschluß v. 22. 7. 1977, In: RdJB (1978), S.76.
(98)　H.Avenarius/H.P.Füssel, a.a.O., S.400.

る」。

第5節　親の教育権と子どもの人格的自律権

1　子どもと基本的人権
1-1　子どもの人権主体性

基本的人権とは「人間がただ人間であるということにのみもとづいて，当然に，もっていると考えられる権利」をいう[99]。とすれば，子どももまた法的人格を有し，憲法が保障する人権享有主体であり，決して大人の掌中にある「無権利客体」（rechtlose Objekt）ではない，ということが論理必然的に導かれる筈である。しかし，ドイツにおいても長い間，子どもは一律に憲法の人権保障から遮断され，「憲法から自由な，民主制原理・法治主義原理の及びえない空間」に追いやられてきた。

ドイツにおいて，子どもの人権主体性がそれ自体として正面から取り上げられ，学説・判例上確認されたのは，1960年代の終わり頃になってからのことである。ちなみに，ドイツにおいて子どもの人権主体性を初めてフォーマルに確認し，この法域でエポックをなした1968年の連邦憲法裁判所の決定は，この点について，以下のように宣明している[100][101]。

「子どもは基本的人権の主体（Grundrechtsträger）として，自ら国家の保護を求める権利を有する。子どもは基本法1条1項と2項1項の意味における，固有の人間としての尊厳ならびに自己の人格を自由に発達させる固有の権利（eigenes Recht auf Entfaltung seiner Persönlichkeit）をもつ存在なのである」。

またこの時期の学説を，1950年代初頭から1970年代の後半にかけてドイツ

---

[99]　宮沢俊義『憲法Ⅱ』有斐閣，1976年，77頁。
[100]　BVerfG, Ent. v. 29. 6. 1968, BVerfGE 24, 119 (144), In: RdJB (1994), S.491.
[101]　参考までに，アメリカにおいて子ども（生徒）の人権主体性を初めて確認したのは，1969年のティンカ——事件に関する連邦最高裁判所の判決である。こう判じている。
　「合衆国憲法第1修正上の権利は…教員および生徒にも妥当する。生徒もしくは教員は言論ないしは表現の自由という彼らの憲法上の権利を校門の所で放棄するとの論は，ほとんど説得力をもちえない。……生徒は学校においても，学校外におけると同様，わが憲法の保障下に置かれている人間（persons under our constitution）なのである。彼らは州が尊重しなければならない，基本的人権を享有している」〈Tinker v. Des Moines Independent Community School District, 1969, In: S.M.Davis/M.D.Schwarz, Childrens Rights and the Law, 1987, p.57〉。

第11章　ドイツにおける親の教育権の法的構造

における学校法学研究をリードしたH.ヘッケルに代表させよう。ヘッケルは1967年の著作「学校法と学校政策」において，親権との関係で次のように述べている(102)。

「子どもは決して親の掌中にある無権利客体ではない。全的な法的人格（volle Rechtspersönlichkeit）を享有しており，固有の権利および義務の主体である。わけても彼らは既に憲法上の基本権を原則として享有している」。

1-2　子どもの人権へのアプローチ

子どもは人格的にも身体的にも発達段階にある存在である。したがって，その権利の有りようが，人格的に独立し身体的にも成熟をみた成人と異なる面があるのは当然である。

くわえて，ひとくちに子どもと言っても様々な発達段階があり，また人権保障の受益者および有りようは，すべての基本的人権について一様ではなく，人権の種類や性質によって異なるべきもの，と解される。この点，ドイツの権威ある憲法コンメンタールも書いているように(103)，「基本権の主体が誰であるかは，基本権一般についてではなく，具体的なケースにおいて，ただ個々の基本権についてだけ確定されうる」ということである。

それでは具体的に子どもの人権はどのようなディメンションに位置し，いかなる法的構造をもつことになるのか。この課題に接近するために，ドイツにおいては，近年，以下のような多面的かつ多角的なアプローチが採られてきている。

1-2-1　基本的人権の享有能力と行使能力

ドイツにおいて今日，学説上有力な支持を得ているアプローチである(104)。

---

(102)　H.Heckel, Schulrecht und Schulpolitik, 1967, S.177.
(103)　I.v. Münch/P.Kunig (Hrsg.), Grundgesetz-Kommentar, 5Aufl.Bd.1, 2000, S.26.
(104)　E.Stein, Staatsrecht, 14Aufl., 1993, S.217.　I.v.Münch/P.Kunig (Hrsg.), a.a.O., S.22. S.25. M.Roell, Die Geltung der Grundrechte für Minderjährige, 1984, S.23ff. H.Avenarius, Kleines Rechtswörterbuch, 1992, S.216など。

ちなみに，I. v. Münch/P.Kunig (Hrsg.), a.a.O. によれば，「Grundrechtsfähigkeit」とは，「基本権の主体たりうる自然人ないしは法人の能力」，Grundrechtsfähigkeit「Grundrechtsmündigkeit」　とは「基本権を自律的に行使してもよい自然人の能力」とそれぞれ定義され，両者の区別は民法上の権利能力と法律行為能力の区別にパラレルではあるが，同一ではないとされる。

第5節　親の教育権と子どもの人格的自律権

子どもの人権を語る場合，「基本的人権の主体たりうる能力」〈基本権享有能力 (Grundrechtsfähigkeit)〉にくわえて，「基本的人権を自ら行使しうる（してもよい）能力」〈基本権行使能力 (Grundrechtsmündigkrit)〉という概念を措定し —— この概念はさらに，原則として自己決定と自己責任においてその基本権の行使を可能ならしめる「全的な基本権行使能力 (volle Grundrechtsmündigkeit)」と，基本権の行使に際してなお親の教育権などによる一定の制約を伴う「限定的な基本権行使能力」(beschränkte Grundrechtsmündigkeit) に区分される —— この能力の存否と強度を，後述するような様々な角度から，個別かつ具体的に見定めていくという手法である。

この基本権行使能力という概念はH.クリューガーが1956年の論文で初めて用いたものであるが，「親の権力」と「学校における特別権力関係（論）」によって，子どもの法的地位が強く規定されていた当時のドイツにおいて，クリューガーはこの概念に依拠して，子どもの自己決定権 (Selbstbestimmungsrecht) を導出し，定礎しようとしたのであった。こう書いている[105]。

「基本的人権のうちのあるものは，明らかに，民法上の成人とは無関係に子ども自身によって行使されうる。場合によっては，教育権者の意思に反してもである」。

1-2-2　基本的人権の種類・性質の如何

M.フランケやE.シュタインも指摘しているように[106]，ほんらい人権保障の受益者および有りようは，基本的人権の種類や性質によって異なるべきものと解される。そうだとすれば，子どもについて，いうところの基本権行使能力の存否および強度を，それぞれの基本的人権について個別に検討するという作

　しかし一方でこうした区分に批判的な見解も見られる。たとえば，K.ヘッセは「未成年者は基本権の享有と行使において一般的に制約されるのであり，基本権享有能力と基本権行使能力の区別は憲法上根拠づけられない」と述べる〈K.Hesse, Grundzüge des Verfassungsrechts der Bundesrepublik Deutschland, 1995, S.130〉。

(105)　H.Krüger, Rechtsausübung durch Jugendliche (Grundrechtsmündigkeit) und elterliche Gewalt, In: FamRZ (1956), S.331.
　なお参考：U.Fehnemann, Über die Ausübung von Grundrechten durch Minderjährige, In: RdJ (1967), S.281ff.　M.Roell, Grundrechtsmündigkeit-eine überflüssige Konstruktion, In: RdJB (1988), S.381ff.

(106)　M.Franke, Grundrechte des Schülers und Schulverhältnis, 1974, S.16.　Ekkehart Stein, Das Recht des Kindes auf Selbstentfaltung in der Schule, 1967, S.28.

業が求められる筈である。その際，この脈略においては，当該人権が，①人間としての存在それ自体に係わる人権か，②選択の自由を内実とする人権か，③それ自体として法律効果の発生を目的とする権利か，などが重要な指標ないし基準となるとされている[107]。

1－2－3　子ども年齢・成熟度の如何

H.ヘッケルも書いているところであるが[108]，「人格がより成熟し，より発展するにつれて，…基本権行使能力も発達する。未成年者がより年長になり，より成熟すればするほど，彼らは自己の基本権を自ら行使できる自由領域をより広範に要求することができる」との一般原則が存していると解されている。

それでは具体的に子どもは何歳くらいから基本権行使能力を取得するかであるが，ドイツにおいては一般的に，14歳前後の年齢段階がその目安とされている。

ちなみに，ドイツにおいては，公立学校での宗教教育への参加やその宗派の決定に関し，「子どもの宗教教育に関する法律」〈Gesetz über die religiöse Kindererziehung v. 15. Juli 1921.〉が，次のような定めを置いている（2条・5条）。

すなわち，子どもが，①10歳未満の場合は，これに関する決定権は親にある。②10歳以上12歳未満の間で，宗派を変更する場合には，親は子どもの意見を聴かなければならない。③12歳以上14歳未満にあっては，親は子どもの意思に反して従前とは異なる宗教教育を指定してはならない。④14歳以降は，親の意思に反してでも，子ども自身が単独で決定できる ── これを「宗教上の成熟」（Religionsmündigkeit）と称する[109]。

---

(107)　U.Fehnemann, Die Innehabung und Wahrnehmung von Grundrechten im Kindesalter, 1983, S.35. I. v. Münch/P.Kunig (Hrsg.), a.a.O., S.27.

(108)　H.Heckel, Schulrechtskunde, 5Aufl. 1976, S.259.

(109)　詳しくは参照：T.Kipp, Die religiöse Kindererziehung nach Reichsrecht, In: Festgabe der Berliner Juristischen Fakultät für Wilhelm Kahl, 1923, S.3ff. W.Raack/R.Dotting/M.Raack, Recht der religiösen Kindererziehung, 2003, S.165. 法令原文は，S.220以下に所収。

　なおドイツにおいては14歳未満を「Kind」と称し，満14歳から満18歳の成年に至るまでを「Jugendlicher」と呼称して，用語上も14歳が区切りをなしている。

第5節　親の教育権と子どもの人格的自律権

1-2-4　対象となる事柄や権益の如何

　上述した宗教教育への参加決定をめぐる仕組みがこの範例に属するが，たとえば，「思想・良心・信教の自由」といった，いわゆる<u>「高度に人格的な事柄」(sog. höchstpersönliche Angelegenheiten) を保護法益とする基本的人権については，事の本質上，そうではない人権の場合よりも，子ども自身の意思や要望ないし自律的な決定がより尊重されなくてはならない，とするのが，ドイツの通説・判例および現行法制の立場</u>である[110]。

　また子どもの家族法上の身分・地位に触れ，もしくはこれらに重大な影響を及ぼす事柄についても，原則として同じことが妥当するとされている。

1-2-5　生活領域・法域の如何

　そもそも<u>基本的人権のもつ意味や重要度は，当該生活領域・社会関係ないし団体の目的や性格，さらには機能などの如何によって違いがあると解される</u>。

　この点，<u>ドイツにおいては，学校教育関係は基本的人権が格別に重要な意味をもつ生活領域・法域だと目されている</u>[111]，ということが重要である。<u>教育は高度に人格的な，またすぐれて価値にかかわる営為であること，学校教育の目的は，直截に言えば，子どもを「自律的で成熟した責任ある市民」へと育成することにあること〈自律への教育（Erziehung zur Selbständigkeit)〉，学校教育関係においては，子どもは児童・生徒としてより強化された義務関係に立つこと</u>[112]，などがその理由とされる。

1-2-6　家族の連帯と自律性・親の教育権との関係

　すでに言及したように，自然的な生活共同体である家族は国家に先行する社

---

(110)　なお Ekkehart. シュタインによれば，本文で言及した子どもの宗教教育に関する法律5条から，宗教に関してだけではなく，「これと類似した，あらゆる個人的な性質 (persönliche Charakter) の事柄については，満12歳以降は子どもの意思に反して現存の関係が変更されてはならない，との一般原則が導かれる」という〈E.Stein, a.a.O., S.32〉。

(111)　H.Heckel/H.Avenarius, Schulrechtskunde, 6Aufl.1986, S.21. T.Ramm, Bildung, Erziehung und Ausbildung als Gegenstand von Grundrechten, In: Festschrift für Erwin Stein, 1983, S.239.

(112)　たとえば，クリューガ——は「未成年者が特別な義務領域に位置しているかぎり，そこにおいては基本権行使能力をもつ」と述べ，その例として，学校関係と労働関係を挙げている（H.Krüger, a.a.O., S.18.）。また同じ趣旨からフランケも，学校領域における子どもの基本権行使能力を肯定する（M.Franke, a.a.O., S.18）。

227

第11章　ドイツにおける親の教育権の法的構造

会の基礎単位であり，そこにあって親は，親子という自然的血縁関係にもとづく「親族上の原権」ないし「親としての自明の権利」として，その子に対して始源的な教育権を有している。この自然の所与と親の教育権の自然法的な権利性から，子どもの教育に対する第一次的な権利と責任は親にあり，国，地方自治体，学校（教員）などは親のこの権利および「家族の連帯と自律性」を尊重しなくてならない，ということが帰結される。

ちなみに，この点，ドイツ民法も「親と子どもは相互に協力して尊重する義務を負う」（1618a条）と書いて，「家族における連帯」（Solidarität in der Familie）の法理を明記しているところである。

こうして子どもの人権は，公権力など第三者との関係〈対外部関係〉と親との関係〈家族内部関係〉においては，その強度が異なることになる。具体的には，子どもがすでに基本権行使能力を有している場合，当該人権の行使に際して，公権力など第三者による規制的介入は原則として認められないが，「子どもの利益」を旨として，同時にまた親の教育責任の重さと親の教育権の発現要請に根拠づけられて，親によるそれはなお許されることもありうると解されている。

2　憲法の人権保障規定と親子関係

そもそも憲法の人権保障規定は親と子どもの関係，つまりは，私人相互間にも適用があるのか。換言すると，憲法が保障する基本的人権の効力は，国家との間の「高権的関係」（Hoheitlichesverhältnis）だけに限定されるのか，それとも私人相互の関係を規律する効力 ── いわゆる「第三者効力」（Drittwirkung）── をも有するのか。

この問題は，ドイツにおいてはワイマール時代以来，基本的人権の第三者効力の問題として，学説・判例上に活発な論議を呼んできていることは，既によく知られている。

これについて，ドイツにおいては，基本権の間接効力説の立場を採る通説・判例，とりわけこの領域で画期をなした連邦憲法裁判所の「リュート判決」〈Lüth-Urteil・1958年1月15日〉に依拠して[113]，親子関係についても基本権

---

(113)　連邦憲法裁判所のいわゆる「リュート判決」は言論の自由が問題となった事案で，以下のように判示している〈J.Schwabe（Hrsg.）, Entscheidungen des Bundesverfassungsgerichts, 1994, S.130.〉。
　①基本権は，第一次的には，国家に対する市民の防禦権である。しかし憲法上の根本的

228

の間接的効力 —— ただしこの場合は親子相互間ではなく,子どもの基本的人権の親に対する効力 —— を認める有力な学説が見られている。こう述べている[114]。

「親・子ども関係は公法上組織化されたものではなく,私法に属するものではあるが,ここにおいてもまた基本権はともかく間接的には妥当する。かくして,一方における親の教育権と,他方における子どもの権利との緊張関係が存在している。個々の場合において,両者の権利領域を比較衡量しなければならない。いずれにしても子どもが満18歳(成人・筆者)に至るまで,子どものあらゆる権利に優位する,絶対的な親権が認められることはありえない」。

さらに,それに止まらず,基本権の直接的第三者効力説に立脚している所説も見受けられる。先に触れたように,子どもについて,「基本権享有能力」とは区別された,「基本権行使能力〈基本権上の成熟〉」という概念を創出し,これに依拠して子どもの自己決定権を定礎しようとしたH.クリューガーは,そのコンテクストにおいて,当然のことながら,「親に対して直接的な効力をもつ子どもの権利」を措定しており,かくして,「子どもの権利と親の権利との衝突は,法益・利益衡量の原則に従って解決されるべきものである」という[115]。

すでに垣間見たように,基本的人権の私人間における効力の存否に関しては,ドイツにおいては,学説・判例上,①無効力説 ——〈憲法の人権保障規定はもっぱら国家と国民との間の関係のみに関するものであって,私人相互間には適用されない〉,②直接効力説 ——〈憲法の人権規定は国家権力に対する公権のみならず私人間における私権をも成立せしめ,したがって,それは私人相互間においても直接効力をもつ〉,③間接効力説 ——〈基本的人権はほんらい

決定としてあらゆる法の領域に妥当している客観的価値秩序が,基本法の基本権条項に具体化される。②基本権の権利内容は,私法規定によって民法において間接的に発展させられる。それはとりわけ強行規定のなかに侵入し,そして裁判官はとくに一般条項によって基本権の内容を具体化することになる。

なお,この判決の評釈として,木村敏夫「言論の自由と基本権の第三者効力 —— リュート判決」所収:ドイツ憲法判例研究会編『ドイツの憲法判例』信山社,1996年,126頁以下,がある。

(114) I.v.Münch/P.Kunig (Hrsg.), Grundgesetz-Kommentar, Bd.1, 4Aufl., 1992, S.470-S.471.
(115) H.Krüger, a.a.O., S.331. 同旨:Ekkehart Stein, a.a.O., S.29.
しかし一方で,こうした見解に対しては厳しい批判がある。たとえば,T.Maunz/G.Dürig (Hrsg.), a.a.O., Art.19, Rdnr.20 など。

国家権力に対する国民の防禦権であり，その保障は私人間には直接には妥当しない。しかし私法の一般条項を基本的人権の価値内容で「意味充填」(Sinnerfüllung) することによって，私人間の行為に間接的に憲法の適用を認める〉，の3説が存している。そして判例・通説は間接効力説の立場に立っているのであるが，しかし，ドイツにおいては，いわゆる基本権の第三者効力に関する論議は親子関係について具体的な法的実益をもたらすまでには至っていない，と評されている状況にある[116]。

3 「縮減・弱化する親の権利 ── 伸張・強化する子どもの権利」の原則

3-1 親の教育権の権原と子どもの人格的自律権

　世界人権宣言（26条3項）や子どもの権利条約（18条1項）も確認的に書いているように，親は子どもの教育について第一次的な権利を有し，責任を負っているが〈親の始源的教育権・Das primäre Erziehungsrecht〉，その根拠ないし権原は，子どもは肉体的・精神的未熟さのゆえに，親による保護と援助がなければ生命を維持することも，人間として成長・発達することもできない，という自然的所与にある。

　ちなみに，連邦憲法裁判所の判旨にもこうある[117]。「親の教育責任ならびにそれと一体をなす権利が認められる権原は，子どもが社会共同体において自己責任的な人格へと発達するためには，……親による保護と援助を必要とするということにある」

　親の教育権（教育責任）は子どもの生存権と人間としての成長・発達権を確保し，それを有意なものとするための自然法的な与件をなしているということであり，この点，E.W.ベッケンフェルデも，以下のように書いているところである[118]。

「親の権利の根拠と権原は，子どもの権利および必要性に基づく。子どもは，自分自身を自由と自己責任に導くものとして，教育およびそれに随伴する

---

(116) J.Münder, Familien-und Jugendrecht, 1993, S.100. なおドイツにおいては，親子間における基本権の第三者効力の問題は，今日においてもなお争論的なテーマとなっているという〈J.Bauer/H.J.Schimke/W.Dohmel, Recht und Familie-Rechtliche Grundlagen der Sozialisation, 1995, S.222〉．

(117) BVerfGE 24, S.144, zit. aus L.M.P.Gutzeit, Die Aufnahme von Kinderrechten in das Grundgesetz, In: RdJB (1994), S.492.

(118) E.W.Böckenförde, a.a.O., S.63.

第5節　親の教育権と子どもの人格的自律権

規制力を必要とする。その限りにおいて，子どものためのこうした教育上の支配権能は，将来における子どもの自己決定のための不可欠な前提条件なのである。そしてこれには，子どもの教育をうける権利が対応している」。

　つまり，先に触れたように，親の教育権は本質上，親自身の利益ために保障された権利ではなく，「子どもの利益における権利」(Recht im Interesse des Kindes) なのであり，だとすれば，子どもが成長し，保護・援助・教導する必要性が減少するにつれて，また子ども自身の自律的な判断力が増すにつれて，親のこの権利はそれに反比例する形で縮減し，そして子どもの成人とともに消滅する，という筋道を辿ることになる。

　ドイツの学説に沿って，敷衍して言えば，「子どもがより年長になり，より成熟すればするほど，彼らの個人的な自由に対する要求権も拡大する」ということ[119]，あるいは「子どもの判断力と成熟度が増すにつれて，親の教育権は子どもの『自己の人格を自由に発達させる権利』によって制約を受け，親による他者教育は，子ども自身による自己教育と自己規制によって次第に取って代わられる」[120]ということであり，かくして，<u>親の教育権と子どもの人格的自律権の関係について，W.ベッカーによれば，「縮減・弱化する親の権利 ── 伸張・強化する子どもの権利」(weichendes Elternrecht ── wachsendes Kindesrecht) という一般的な法的テーゼが導出されることになる</u>とされる[121]。

　ちなみに，親による子どもの教育の第一義的な目的ないし課題は，一言でいえば，子どもを「自律的で責任ある市民」に育成することにあるから，上記の命題はこうした教育の目的に適い，同時にそれが要請するところでもあると言える。

　以上，要するに，連邦憲法裁判所の判決を借用すれば，「子どもが生活関係について自律的に判断し，また法的関係において自己責任で行動するのに熟した年齢に至るにつれて，親の権利は，その本質および目的に鑑み，後退しなければならない」ということである[122]。

---

(119)　I.v.Münch/P.Kunig (Hrsg.), a.a.O., S.471.
(120)　OLG Karlsruhe, In: Der Amtsvormund (1989), S.700, zit. aus J.Münder, a.a.O., S.100.
(121)　W.Becker, Weichendes Elternrecht-wachsendes Kindesrecht, In: RdJ (1970), S.364. ベッカーによれば，この命題は「子どもが成人に向けて成長するにつれて，親の権利は後退する」ことを意味している (S.367)。
(122)　BVerfGE 59, S.387, zit. aus Ekkehart Stein, Staatsrecht, 14 Aufl. 1993, S.294.

3-2 親の「子どもの自律性の尊重義務」と子どもの意見表明権

さて上記の命題は，これを親の義務という観点から捉えると，いみじくも現行のドイツ民法1626条2項が明記しているところであるが，親は子どもの監護・教育に際して，①子どもの自律・自己責任的な行動への，伸張し増大しつつある能力と欲求を考慮しなければならず，また，②子どもに直接かかわる事柄に関しては，できるだけ子どもと話し合い，合意を得るように努めなければならない，ということを意味する。

そこで，ドイツ民法の権威ある註釈書も「親による配慮・子どもの成長しつつある自律性の考慮」と銘打った同条は，子どもに一般的な共同決定権を保障した一般条項ではないが，親に対して，パートナーシップによる教育（partnerschaftliche Erziehung）を課したものであると述べているところである[123]。

そしてこの場合，重要なことは，上記にいう親の「伸張しつつある子どもの自律性の尊重義務」および「子どもとの相談・合意義務」には，子どもの権利条約上の象徴的な権利である子どもの「意見表明権」（12条1項）が実体法上も，手続法的にも，これに対応しているということである。「自己の意見を形成する能力のある子ども」は，「その子どもに影響を及ぼすすべての事項について，自由に自己の意見を表明する権利」を有し，その意見は「子どもの年齢および成熟度にしたがって，相応に考慮される」との規定がそれである。

4 いわゆる「意思能力のある未成年者の法理」と子どもの自己決定権

今日，ドイツの学説・判例によれば，親の教育権と子どもの人格的自律権との間には，一般的には上述したような法原則が妥当していると解されているが，基本的人権の種類や性質ないし対象となる事柄や権益の如何によっては，さらに「いわゆる意思能力のある未成年者の法理」（Rechtsfigur des sog. einsichtsfähigen Minderjährigen）の適用を視野に入れてアプローチすることが，入用かつ有益であるとされている。

この法理は近年，ドイツにおいて学説・判例上に有力な支持を獲得しつつあるようであるが，それは，端的に言えば，いわゆる「高度に人格的な事柄」ないしは自己の人格権に深く触れ，強く係わる事柄については，当該事項に関し，子どもが相応な判断力・弁識力を具えていると見られる場合には，他者に

---

[123] O.Palandt, Bürgerliches Gesetzbuch, 55Aufl. 1996, S.1650.

第5節　親の教育権と子どもの人格的自律権

よる規制を排して，子ども自らが自律的にこれを決定することができ，したがって，ここにおいては，子どもの自己決定権が親の教育権を原則的に凌駕する[124]，というものである。

　こうして，この理論によれば，対象となる事柄が子どもの人格権に触れ，その核に近いものであればあるほど〈いわゆる人格に近い権利・sog. Persönlichkeitsnaherecht〉，これに関する決定に際して子ども自身の意思や意見表明権は法的重みを加え〈親の単独決定権の制限・親による決定に際しての子どもの参加権の保障〉，そしてまさしく子どもの「人格権の核」（Kern des Persönlichkeitsrechts）に触れる事柄については，子どもがそれに要する判断力を有していれば，これに関しては子どもの意思こそが決定的である，ということが帰結されることになる[125]。

　それでは具体的に，どのような事柄について上記法理の原則的適用が考えられるかであるが，通説・判例によれば，①自己の生命・身体の処分に係わる事柄，②家族の形成・維持に係わる事柄，③リプロダクションに係わる事柄，がこれに含まれることは疑いを容れないとされている。

　またこれらと比較すると子どもの自律的決定権＝親による子どもの意見の尊重義務の強度はやや弱まるとしても，④精神的自由権，とくに「信仰・良心・宗教の自由」に係わる事柄，⑤教育・職業の選択に係わる事柄，なども概ね同列に位置すると見られている。

　ちなみに，上記①の例を引くと，ドイツにおいては，学説・判例上，手術などの治療行為をうけるか否かに関し，判断力のある子どもは親の同意なしに単独で決定することができ，親の指示による子どもの意思に反した治療行為は，生命に対する危険や健康への害が明白であるなど，特段の事情が存する場合にだけ許される，とされている[126]。

---

(124) J.Münder, a.a.O., S.104-S.105. ders., Beratung, Erziehung und Recht, 1991,. S.34-S.35. なおドイツにおいてこの法理を採用した判例としては，さしあたり，OLG Hamburg, In: FamRZ (1983), S.310. またこの法理に関する本格的な研究としては，S.Jäger, Mitspracherechte Jugendlicher bei persönlichkeitsrechtlichen Entscheidungen, 1988, がある。

(125) スイスにおいても同様のアプローチが通説化しているようである。たとえば，エックシュタインは子どもの自己決定権を論ずるに当たり，「人格に近い権利」という概念を措定し，「基本権行使能力にとって一定の年齢に達するということは重要ではない。決定的なのは当該基本権の人格近接性（Persönlichkeitsnahe）にある」と論断している（K.Eckstein, Schulrecht, Elternrecht, Schülerrecht, 1982, S.64-S.65.）。

第11章　ドイツにおける親の教育権の法的構造

（126）　J.Bauer/H.J.Schimke/ W.Dohmel, Recht und Familie – Rechtsgrundlagen der Sozialisation, 2Aufl. 1995, S.219.
　　なお1980年の親の配慮権法案においては，満14歳に達した子どもは治療行為に関し自己決定権をもつ，と明記されていた（ditto）。この問題について詳しくは参照：D.W.Belling u.a., Das Selbstbestimmungsrecht Minderjähriger bei medizinischen Eingriffen, 1994.

第12章 ドイツにおける親の学校教育・教育行政への参加法制

第1節 親の学校教育参加の法制史

1 「協同的自治」の思想と父母協議会

ドイツにおける親の学校教育参加は, 歴史的には, 教育権者〈Erziehungsberechtigter・ドイツでは親だけを指す〉の組織である「父母協議会」(Elternbeirat) の創設によって実現した。その歴史は古く, すでにワイマール革命期には制度的な保障を見ている。

すなわち, 19世紀中葉以降における「教育の自律性」(Eigengesetzlichkeit der Bildung・Autonomie der Erziehung) や「学校教育・教育行政における民主制」確保を旨とする思想や理論, とりわけ F. W. デルプフェルトによって唱導された「自由な学校共同体」(freie Schulgemeinde) 構想や[1], 教育学はもとより国法学・行政法学・行政学や自然法学における「協同的自治」(genossenschaftliche Selbstverwaltung) の理論ないし「協同的な学校を求める運動」(genossenschaftliche Schulbewegung) などを背景とし[2], より直接にはドイツ

---

(1) F.W.Dörpfeld は下記のモノグラフィーにおいて, もっぱら親の権利を基軸に据え, 学校を自由な共同体として創造することを構想したのであった。ders. Die Freie Schulgemeinde und ihre Anstalten auf dem Boden einer freien Kirche im freien Staate, 1863.

ders, Das Fundamentstück einer gerechten, gesunden, freien und friedlichen Schulverfassung, 1892, In: K.Kloss, Lehrer, Eltern, Schulgemeide-Der Gedanke der genossenschaftlichen Selbstverwaltung im Schulwesen, 1949, S.108.

なおドイツにおけるデルプフェルトの学校組織構造論に関する本格的研究としては, さしあたり, 以下が挙げられる。W. auf der Haar, Dörpfelds Theorie der Schulverfassug, 1917. E.Schmidt, F.W.Dörpfelds Schulverfassung in ihrer Bedeutung für die Gegenwart, 1920.

(2) たとえば, 19世紀ドイツにおける行政学の泰斗・L.v.Stein は大著, Die Verwaltungslehre, Fünfter Teil, Das Bildungswesen, 1868, で教育行政における市町村の自治にくわえて, 教員による学校自治の理論を提示しているし, 憲法・行政学者・R.Gneist もその著「国民学校の自治」〈Die Selbstverwaltung der Volksschule, 1869〉において, 市町村学校委員会のもとでの学校自治の制度を構想している。また自然法学者 H.Ahrens も, Natur-

235

第12章　ドイツにおける親の学校教育・教育行政への参加法制

教員組合による「学校の自治」要求運動[3]とワイマール革命期の民主主義思想や自由主義的教育思潮（とくに改革教育学）などの影響を強く受けて，1918年にプロイセン州で法制化されたのを最初として，1920年代末までには多くの州でこのような法制度が確立した。

　ちなみに，この間の推移を時系列で記すと下記のようである。

　1918年――プロイセン，1919年――ザクセン　1920年――ハンブルク，バーデン　1923年――バイエルン　1926年――テューリンゲン，ヘッセン，リューベック　1927年――ビュルテンベルク。

　なおここで付言しておくと，今日，ドイツの民間企業における労使共同決定制は世界的に有名であるが，この制度が法制上確立されたのは1920年の経営協議会法〈Betriebsverfassungsgesetz v. 4. Feb. 1920〉によってである。法制史的には「学校制度における親の参加」の方が先行しているという事実は，注目されてよいであろう。

　さて「父母協議会」は学校教育に対して親の影響力や発言権を確保するために組織されたものであるが，その法的構造を，この法域で指導的な役割を果たしたプロイセン州とハンブルク州におけるそれについて概括すると，以下のようであった。

---

　recht, 1839でこう説いている。「大学の自治を範として，民衆学校や上級学校においても教員による全的な自治が保障されなければならない。国家は教育の理念や内容・方法を決定してはならない。国家の役割は一般的な学校組織構造を定めることと，一定範囲の学校監督に限局されなくてはならない」。さらに1860代に刊行された教育学辞典〈K.v.Stoy, Enzyklopädie der Pädagogik, 1861, S.262〉にも，次のような記述が見えている。「学校は国家や教会ではなく，ただ家庭と市町村にこそ基盤を置くべきものである」。以上については，K.Kloss, a.a.O.S.35-S.44。

　なおE.シュタインによれば，このような思想はJ.H.Pestalozzi, Lienhard und Gertrud, 1781やW.v.Humboldt, Ideen zu einem Versuch, die Grenzen der Wirksamkeit des Staates zu bestimmen, 1792, などにまで遡るとされる〈Erwin Stein, Elterliche Mitbeteiligung im deutschen Schulwesen, In: JZ (1957), S.11ff.

　ders., Das pädagogische Elternrecht im deutschen Schulwesen, In: Eltern und Schule (1958), S.4.〉。

(3)　1848年に結成されたドイツ教員組合は，結成当初から，独任的学校管理体制・「学校における官僚主義」（H・ウォルガスト）に抗して，「教職の自由」（Freiheit der Lehrerberuf）を強く要求していたが，その後も一貫して「教員集団による学校自治のための闘争」（Der Kampf um die schulische Selbstverwaltung durch Lehrkörper）を根強く展開したのであった〈R.Rissmann, Geschichte des Deutschen Lehrervereins, 1908, S.39-S.40〉。

第1節　親の学校教育参加の法制史

1-1　プロイセン州の父母協議会

　プロイセン州においては，1918年以前にあっては，学校法域における親の権利は学校の不法行為に対する異議申立て権だけに限られていたのであるが，1918年の文部省令〈Ministerialerlaß v. 5. Okt. 1918〉は，ドイツで初めて学校法制上の必置機関として父母協議会制度を導入した。

　この文部省令は上級学校についてだけ父母協議会の設置を定め，その構成員は学校監督庁が任命し，父母協議会は校長の主宰の下で運営されるとするものであったが，翌1919年の改正省令「学校父母協議会に関する規程」〈Satzungen für die Elternbeiräte an Schulen v. 5 .Nov. 1919 〉は全学校種を対象として「各学校に父母協議会を設置するものとする」と規定したうえで，その目的をこう書いた。「父母協議会は学校と家庭との関係を促進し，その深化に資すべきもので，親と学校の双方にそれぞれの活動に関し相互の影響を保障するものである」。

　これを受けて，父母協議会の構成とメンバーの選出について，以下のような定めを置いた。①父母協議会はただ親代表によってだけから構成される。②校長と教員は審議権を擁して父母協議会の会議に参加できる。③親代表は父母協議会において秘密投票によって選出される。④子ども50人につき1人の親代表が選出され，親代表の最低数は5人とする。⑤親代表の選出は2年毎に行われ，自分の子どもが卒業すると父母協議会メンバーの資格を喪失する。

　問題は，学校組織・権限関係における父母協議会の法的位置づけであるが，これについては，「父母協議会の活動は諮問的な性格（beratender Natur）のものである。その活動は学校の管理運営，学校懲戒および子どもの肉体的・精神的・道徳的教育に及び，また一般的な意味をもつ学校事項に関しての，親の要望や提案を含むものである」と規定したのであった[4]。

---

(4)　以上については，下記による。W.Kühn, Schulrecht in Preußen, 1926, S.256ff. G.Holstein, Elternrecht, Reichsverfassung und Schulverwaltungssystem, In: AöR, Bd.12, 1927, S.229ff. F.Blättner, Das Elternrecht und die Schule, 1927, S.67.
　　R.Maury, Elterliche Erziehungsgewalt und öffentliche Schulgewalt nach deutschem Recht, 1931, S.93ff.
　　W.Landé, Preußisches Schulrecht, 1933, S.184.
　　L.W.Winterhager, Schule und Eltern in der Weimarer Repulik, 1979, S.102ff.
　　Erwin Stein, Das pädagogische Elternrecht im deutschen Schulwesen, In: Eltern und Schule（1958），S.4.

第12章　ドイツにおける親の学校教育・教育行政への参加法制

1-2　ハンブルク州の父母協議会

先に垣間見たように，ドイツ教員組合は19世紀中葉以降，官治的・独任的な学校管理体制に抗して「教員による学校自治」の確立を一貫して要求してきたのであるが，この要求運動は，ハンブルク州においては1920年，「学校の自治に関する法律」〈Gesetz über die Selbstverwaltung der Schulen v. 12. April 1920〉の制定によって法制上に結実することになる[5]。

この法律は，総則，教員会議，父母協議会（Elternrat），校長，学校評議会（Schulbeirat）および特則の6章47カ条から成っているが，ここで格別に重要なのは，まず第1条で「各学校の直接的管理（unmittelbare Verwaltung einer jeden Schule）は教員会議と父母協議会によって行われる」と宣明し，父母協議会を教員会議とともに学校自治の重要な担い手として位置づけていることである。ただ「父母協議会は，その決定の実施にあたって教員会議の同意を得なければならない」（13条）とされ，また「教員会議の決定は，校長およびすべての成員を拘束する」（4条）とされており，したがって，あくまで教員会議が学校内部管理運営の最高議決機関として位置している。

そこでいうところの「学校の自治権」の具体的内容の如何が問題となるが，それには大きく，教育活動上の権限と教員人事上の権限の二種の権限が含まれている。これらの権限はいずれも第一次的には原則として教員会議に属しているが，ただ教員会議は「教員の採用や転任に際して父母協議会や関係者の意見を聞いたうえで，これについて，学校監督庁に提議することができる」（2条2項）と定め，父母協議会に教員人事に際しての聴聞権を与えていることは注目に値しよう。また校長の選出（任期3年）も教員会議の権限事項とされているが，父母協議会の代表は当該教員会議に参加できるとされている（19条）。

父母協議会は「学校と家庭との協同により，青少年の肉体的・精神的・道徳的福祉を増進すること」（5条）を目的とする組織で，校長，教員2名，親代表9名によって構成され，学校生活に関連するすべての問題について審議・決定権を有するとされている。また，その代表は適時，学校経営を視察することができ，これに対応して，校長には学校状況についての報告義務が課されている（13条1項）。

校長の職務は「法規定，学校監督庁の命令および教員会議と父母協議会の決

---

(5) 法令原文は下記によった。Schulbehörde der Hansestadt Hamburg (Hrsg.), Selbstverwaltung der Schule in der Demokratie, 1948, S.12 所収。

定に従って学校を経営する」(18条)ことにある。ただ教員会議や父母協議会の決定が，現行法に抵触もしくはそれを責任をもって実施できないと考える場合には，校長は学校監督庁に異議申立てをすることができるとされている（同条2項）。

なお学校評議会〈親代表100名・教員代表100名の計200名で構成される州レベルの組織〉は学校制度に関するすべての問題について学校行政庁への提議権を有するとされ，また学校行政庁は法令立案過程でその意見を聴取しなければならないとして，教育立法・教育行政過程への親の参加を制度的に保障するところとなっている(28条〜33条)。

ちなみに，このような教育立法・教育行政過程への親の参加制度を擁していたのは，この時期，ハンブルクとテューリンゲンの2州だけであった[6]。

2 ナチス政権による親の学校参加制度の解体

1933年以降のナチス政権下においては，いわゆる「指導者原理」(Führerprinzip) が学校にも援用され，「学校の唯一・権威的指導者」として位置づけられた校長が，学校経営の全権を掌握した[7]。1934年4月3日の「国民学校および中間学校に関する改正規程」は，直截にこう書いている[8]。

「①校長は……学校経営の外的・内的秩序に関し，学校監督庁に対して責任を負う。とくに監督庁の命令が遵守されているか，学校の教育活動がナチスの国家思想の精神に基づいて行なわれているか，に対して責任を負う。

②校長は教員の職務上の上司 (Vorgesetzter) である。教員は校長の職務命令に忠実に従わなければならない。

③学校経営のあらゆる事柄は校長の単独決定権に属する。…」。

また「職業官吏制度再建法」の制定（1933年4月）を機に教員に対する統制が著しく強化され，教員組合・教育運動は壊滅的な打撃を受けた。ワイマール革命期の所産である参加民主主義は原理的に否定され，労使共同決定制を始めとする各種の参加制度は解体された。

---

(6) テューリンゲン州では学校行政法〈Schulverwaltungsgesetz v. 9. Mai 1923〉により，父母協議会の教育行政過程への参加権が法認されていた〈B.Meier, Elternrecht und Elternmitwirkung in der Schule, 2005, S.42〉。

(7) W.Seufert, Die Lehrerkonferenz, In: Blätter für Lehrerbildung, 1968, S.168.

(8) K.Nevermann, Der Schulleiter, 1982, S.217.

そしてここで重要なのは，統一的な民族秩序から唯一かつ全的な「新たな教育権」(Das neue Erziehungsrecht) が導出され[9]，ワイマール憲法によって自然法的な基本権として保障されていた「親の教育権」がほぼ全面的に剥奪されたということである。

こうして，上述したような親の学校教育・教育行政への参加制度は根底から破壊されたのであった。

第2節　ドイツ基本法下における法制状況

1　親の学校教育参加権の憲法による保障

1949年に制定されたドイツ基本法は，憲法史上，初めて「親の教育権」を明記したワイマール憲法の親権条項（120条）をほぼそのまま継授して[10]，こう書いた。「子どもの育成および教育は，親の自然的権利（das natürliche Recht der Eltern）であり，かつ，何よりもまず親に課されている義務である」（6条2項）。いわゆる親の自然権的教育権の憲法による保障である。

これを受けて，親の学校教育への参加制度も各州で復活することになる。しかもヘッセン（1946年・基本法の制定以前），ノルトライン・ウェストファーレン（1950年）およびバーデン・ビュルテンベルク（1953年）の旧西ドイツ3州では，1950年代前半までに親の学校教育へ参加権が憲法によって保障され〈憲法上の基本権としての親の学校教育参加権〉，またその後，ドイツ再統一（1990年10月）後に制定された旧東ドイツ諸州の憲法にあっても，ブランデンブルク（1992年），ザクセン（同年），ザクセン・アンハルト（同年），テューリンゲン（1993年）の4州で，この権利は同じく憲法上明示的な保障を受けるに至っている[11]。

---

(9)　H.Webler, Nationalsozialistisches Familienrecht, In: Zentralblatt für Jugendrecht und Jugendwohlfahrt (1935), S.17.

(10)　ワイマール憲法以前に制定されたドイツの憲法においては，たとえば，1849年のドイツ帝国憲法〈いわゆるフランクフルト憲法〉や1850年の改正プロイセン憲法がその例であるが，親の就学義務だけが憲法上規定され，親の教育権の保障条項は存しなかった。北ドイツ連邦憲法（1867年）と1871年のドイツ帝国憲法〈いわゆるビスマルク憲法〉は，憲法とは称しても，基本権の保障条項さえ擁していなかった（B.Meier, a.a.O., S.29-S.33）。

(11)　各州憲法における当該条項は下記の通りである。HE州憲法56条6項，NW州憲法10条2項，BW州憲法17条4項，BB州憲法30条2項，SN州憲法104条1項，SA州憲法29条2項，TH州憲法23条3項。

こうして今日では，上記以外の州も含めて，すべての州で親の学校教育への参加制度は学校法制上のフォーマルな制度として確立しているのであるが，現行法制上，この法域においてもっとも本格的な制度を擁している<u>ヘッセン州について，その法的基本構造</u>を見ると，以下のようである。

　すなわち，同州ではまず<u>州憲法が親の学校教育への参加権が憲法上の基本権</u>であることを確認して，こう謳っている（56条6項）。「教育権者は教育制度の形成に参加する権利（das Recht, die Gestaltung des Unterrichtswesens mitzubestimmen）を有する」[12]。そしてこの憲法条項を受けて，州学校法（1992年）が「親の参加権」（Mitbestimmungsrecht der Eltern）と題して，以下のような定めを置いている（101条）。「子どもや青少年の教育に際して，学校，家庭および職業訓練施設を支援するために，ならびにヘッセン州憲法56条6項にもとづく親の参加権を保障するために，……父母協議会を設置する」。

　また上記の憲法条項を具体化するために同州では，特別法として「教育権者の参加および州学校評議会に関する法律」〈Gesetz über die Mitbestimmung der Erziehungsberechtigten und den Landesschulbeirat v. 13. Nov. 1958〉が制定されており，「父母協議会」を通しての親の学校教育・教育行政参加について，その種類，組織と構成，任務と権限，議事手続，文部大臣・学校監督庁や学校の権限との関係，役員の選出方法・手続・任期，父母会に係わる経費の負担などについて，具体的に定めるところとなっている[13]。

　このように，ドイツにおいては，<u>親は憲法上の基本的人権として教育行政や学校教育運営への参加権を保障されており，そしてそれは，個々の親の個人的な権利であると同時に，親集団の「集団的な権利」（kollektives Elternrecht）ないし「集団的基本権」（Gruppengrundrecht）でもあるとされている〈個人的基本権および集団的基本権としての親の公教育運営参加権〉</u>。言い換えると，教

　　なおSN州憲法104条1項は親の学校教育への参加権だけではなく，「生徒の学校参加権」も憲法上保障して，こう書いている。「親および生徒は，選出された代表者を通して，学校生活と学校教育活動の形成に参与する（mitwirken）権利を有する」。

(12)　ヘッセン州憲法の有力なコンメンタールによれば，ここでいう教育制度（Unterrichtswesen）は学校・教育制度（Schul-und Erziehungswesen）の領域におけるすべての活動を含むとされている〈K.Hinkel, Verfassung des Landes Hessen-Kommentar, 1999, S.147〉。

　　ただ一方で「Unterrichtswesen」という概念を狭義に捉え，教員事項を含めて，いわゆる外的学校事項はこれに含まれないとする判例も見られている〈Hess. StGH Urt. v. 18. 2.1958〉。

(13)　詳しくは参照：D.J.Klein, Elternmitbestimmung in Hessen, 1980, S.9ff.

241

育行政機関や学校は父母協議会などによる親の学校教育参加を容認し，保障しなければならない憲法上の義務を負っているということになる。このような制度は，おそらく世界にほとんど類例を見ないであろう。

ちなみに，ドイツにおいては，上述のような親の学校教育への参加権は別名「親の教育上の権利」（Das pädagogische Elternrecht）と称され[14]，それは「個々の学校や教育行政の領域において，特定の制度形態で親に参加権を保障する学校における権利」と概念規定されるところとなっている[15]。

なお，親の学校教育参加の理論的ないし条理的な根拠に関してはさまざまな見解があるが，ここではドイツ連邦憲法裁判所の「促進段階判決」〈Förderstufenurteil・1972年〉の判旨を引いておこう。ヘッセン州における促進段階の導入が親の教育権を侵害するかどうかが争われた事案で，連邦憲法裁判所はこう判じている[16]。

「子どもの人格の形成を目ざすという，親と学校の共通の教育上の任務は，個々の権限に分解できるものではない。それは，両者が相互に係わり合いをもつ有意味な協同においてだけ達成されうる。すでに教育的な理由から，教員のいかなる教育活動も親の中核的な観念や見解を無視しては，あるいはそれに反しては行われえない」。

2　親の学校教育・教育行政への参加権と基本法の親権条項

上述のように，ドイツにおいては，親は憲法上の基本権として学校教育・教育行政への参加権を有しているとされているのであるが，ただこの権利が親の個人的な権利としてはともかく，親集団の集団的権利としても，基本法6条2項の親権条項から直接導かれるか否かについては[17]，学説上，見解の対立が

---

(14)　「Das pädagogische Elternrecht」というタームは Erwin Stein の創造にかかるもので，シュタインは論稿，Das pädagogische Elternrecht im deutschen Schulwesen, In: Eltern und Schule (1958), S.3ff. において，Das konfessionelle Elternrecht との対比において，この権利の法的構成を試みたのであった〈参照：R.Wimmer, Das pädagogische Elternrecht, In: DVBl (1967), S.809〉。

(15)　Erwin Stein, Elterliche Erziehungsrecht und Religionsfreiheit, In: E.Friesenhahn/U.Scheuner (Hrsg.), Handbuch des Staatskirchenrechts der Bundesrepublik Deutschland, 2Aufl., 1995, S.461.

(16)　BVerfG, Urt.v. 6. 12.1972, In: SPE 3Folge (2013), S.260-S.261. RdJB (1973), S.175ff.

(17)　すでに1926年，H.Hickmann はワイマール憲法の親権条項から学校における親の直接的な参加権を導いている〈ders., Das Elternrecht der neuen Schulverfassung, 1926, S.32〉。

見られている。

　肯定説としては先ず，長年に亘ってドイツにおける学校法学研究をリードしたH.ヘッケルの所論が挙げられる。これについて，以下のように述べている[18]。「親は学校生活と学校教育活動の形成に参加的に協同する。さらに親には，その州の教育制度の形成に際して参加権，少なくとも聴聞権が保障される。この集団的な権利は個人的な権利と相俟って，親の教育上の権利（pädagogisches Elternrecht）と表徴される」。

　また権威ある基本法のコンメンタールも，こう述べる[19]。「基本法6条2項が保障する親権は，学校における親の参加権・協同形成権（Recht auf Mitbestimmung und Mitgestaltung）を包含している。この権利はもっぱら代表組織を通して行使され，その対象は学校の内的および外的関係に及びうる」。

　さらにT.オッパーマンも親の教育権の核はその個人権性にあるとしながらも，基本法6条2項の親権条項から親の協同的参加権を導出しており[20]，R.ビンマーもまた「基本法6条2項の法益に含まれる教育上の親の権利は，学校における親の参加を保障するものである。この権利は，親の個人的な権利が実際に機能し難い場合に，それを現実化するものである」との見解を示している[21]。

　これに対して，現在ドイツにおける親の教育権研究の第一人者・F.オッセンビュールは，上記のような所説を排して，つぎのような見解を採っている[22]。

　「個人の地位としての基本権は，親代表には委託されえない。個人的な基本権は代表することができない。代表制は基本権保障の核としての個人の自己決定を，他者による決定（Fremdbestimmung）に転化するものだからである。親は，その個人的な教育権を共同で行使することはできる。しかし個人の基本権を独自の集団的な親の教育基本権へ変質させるために束ねることはできない。それは基本権の本質と相容れない。基本権は個人の権利として，少数者保護の表徴であり，それ故，多数決にはなじまない。基本権保障の機能は，まさに多

(18)　H.Heckel, Schulrechtskunde, 5Aufl.1976, S.265.
(19)　T.Maunz/G.Dürig/R.Herzog (Hrsg.), Grundgesetz-Kommentar, Art.6, 1980, Rn.27ff.
(20)　T.Oppermann, Gutachten C zum 51. Deutschen Juristentag, 1976, S.C39ff.
(21)　R.Wimmer, a.a.O., S.813.
(22)　F.Ossenbühl, Das elterliche Erziehungsrecht im Sinne des Grundgsetzes, 1981, S.98. 同旨：ders., Die Interpretation der Grundrechte in der Rechtsprechung des Bundesverfassungsgerichts, NJW (1976), S.2106. ders., Schule im Rechtsstaat, DÖV (1977), S.806ff.

数による決定に対して自らを貫徹するところにある。このことは、基本法6条2項についても妥当する。基本法6条2項にもとづく基本権は、個々の親に帰属する個人的な基本権である。この権利は、多数決によっては行使されえない」。

また指導的な学校法学者・H.アベナリウスも「個人的な権利としての親の権利」と題して、次のように述べている[23]。

「基本法6条2項にもとづく親の権利は、個々の子どもに係わる親の個人的な基本権（Individualgrundrecht）である。たとえば、子どもの成績状況についての情報請求のように、この個人的な権利は同一方向かつ同時の権利行使を排除されるものではない。しかしその場合でも、基本権の個人権性は不可侵のままである。この権利は多数決によっては行使されえない。それ故、基本法が保障する親の権利は、学校における親の集団的な参加の法的基盤を与えるものではない」。

その他に同旨の立場に立つ学説として、たとえば、U.フェーネマン[24]、E.W.ベッケンフェルデ[25]、N.ニーフエス[26]などが挙げられる。

3　親の学校教育参加の態様──学校教育参加権の種類

親の学校教育参加の態様は、別言すると、親の学校教育参加権の種類は、大きく、以下の二つのカテゴリーに分かれている。一つは、協同的参加ないしは諮問的参加とでも称すべきもの〈協同権・Mitwirkungsrecht〉、他は共同決定的参加〈共同決定権・Mitbestimmungsrecht・Mitentscheidungsrecht〉である[27]。

前者の協同的参加は、具体的な権利の種類に即していえば、「知る権利」、「聴聞権」および「提案権」に区別できる。

「知る権利」（Informationsrecht）は他のすべての親の教育権ないし教育参加権行使の前提をなしており、通説・判例によれば、この権利は基本法6条2項の親の教育権保障に当然に包含されていると解されている。したがって、学

---

(23)　H.Avenarius/H.P.Füssel, Schulrecht, 8Aufl., 2010, S.343-344.
(24)　U.Fehnemann, Die Bedeutung des grundgesetzlichen Elternrechts für die elterliche Mitwirkung in der Schule, In: AöR, S.558.
(25)　E.W.Bökenförde, Elternrecht-Recht des Kindes-Recht des Staates, In: Essener Gespräche zum Thema Staat und Kirche.Bd 14, 1980, S.90.
(26)　J.Rux/N.Niehues, Schulrecht, 5Aufl., 2013, S.272.
(27)　H.Avenarius/H.P.Füssel, a.a.O., S.145-S.146.

校・教員が黙秘しこの権利に応えないことは，親の教育権の侵害として違憲となる[28]。

具体的には，たとえば，教育制度の構造，卒業・資格制度，学校の教育方針や授業計画，教育内容や方法，子どもの成績や学校での様子などについて報告をうける権利・知る権利などが，この権利の対象法益に含まれる。この親の知る権利はさらに積極的に，生徒個人の試験・成績・評価に関する書類その他の，生徒の法的地位や権利領域に触れる文書を閲読する権利・記載内容について訂正を求める権利なども導くと解されている。

ちなみに，この点，ハンブルク州学校法（1997年）は「教育権者と生徒の知る権利」と題して，「生徒とその教育権者は，すべての重要な学校事項（alle wichtige Schulangelegenheiten）について報告を受けるものとする」（32条1項）と書き，その具体例として上記のような事項を摘記している。

さらにこの親の知る権利の具体化として，たとえば，ブレーメン州やノルトライン・ウェストファーレン州などにおいては，親の「授業参観をする権利」（Unterrichtsbesuchsrecht）が学校法上明記されている。

なおこの親の知る権利は，宗教的・世界観的ないし倫理的領域，つまり親の教育権が「敏感な領域」（sensible Bereiche）においては，知る権利の域を超えて，以下に述べる「聴聞権」ないし「提案権」へと強化される，とするのが通説である[29]。一例を挙げると，たとえば，性教育の領域がこれに属する。

つぎに「聴聞権」（Anhörungsrecht）としては，上は州レベルの教育立法から，下は学校・学級段階での，生徒や親の法的地位や権利領域に触れる重要な諸決定に際しての聴聞される権利や説明を求める権利，生徒懲戒に際しての聴聞権が重要な位置を占めている。

現行の規定例を引くと，たとえば，ハンブルク州学校法にも「生徒ないし教育権者は懲戒措置の前に聴聞されるものとする」（49条5項）とある。

さらに「提案権」（Vorschlagsrecht）は学校や教育行政機関に意見や要望・要求を提出する権利，それらの決定に対して態度表明したり，異議を申し立てる権利，などを内容としている。

なお，以上のような協同的参加（権）は，学校教育事項により，また州により，その強度において多少の違いはあるが，今日，すべての州で法的な保障を

---

(28) F.Ossenbühl, Das elterliche Erziehungsrecht im Sinne des Grundgsetzes, S.150.
(29) E.W.Bökenförde, a.a.O., S.92.

うけている。

　参考までに，たとえば，ヘッセン州学校法（1997年）は州父母協議会の権限の一つとして，こう規定している。「州父母協議会は教育制度の形成に係わる措置を提案する権利を有する」（120条2項）。

　他方，後者の共同決定的参加（権）―― 父母協議会の同意がなければ，教育行政機関・学校側の決定は法的には成立しえないということ ―― であるが，ドイツにおいて親の教育権が強いとはいっても，このような権利が保障されているのは，現在のところ，ヘッセン州，ラインラント・プファルツ州，シュレスビィヒ・ホルシュタイン州の3州においてだけである。とくにヘッセン州でその度合いが強くなっている。

　ちなみに，先に引いた同州学校法は「子どもや青少年の教育に際して，学校，家庭，職業訓練施設を援助するために，ならびにヘッセン州憲法56条6項に従って，親の共同決定権を保障するために，公立学校には父母協議会が設置されるものとする」（101条）と書いた上で，下記のように定めている。

　①　教育目的や教育課程（特に学習指導要領と試験規程），上級学校への入学や転学，教材・教具の選定，学校規程などについて，文部省が一般的基準を定立する場合には「州父母協議会」の同意が必要であり（118条），

　②　文部大臣と州父母協議会との間の合意が成立せず，州父母協議会が3分の2の多数決で再度文部省側の案を拒否した場合には，文部省は州政府の承認を受けた場合に限り，州父母協議会の意に反する決定を実施することができ，また各学校レベルでは，

　③　学校プログラムの定立，法律で一般的に規定されたものとは異なる授業の実施，外国語の選択や基礎学校への外国語の導入時期，宿題の範囲や与え方に関する原則，実験校への指定と試行の実施等，10項目に関しては，学校会議（後述）は学校父母協議会の同意を得ることを義務づけられている（110条2項）。換言すれば，父母協議会はこれらの事柄について第一次的な拒否権を有しているということである。

4　親の学校教育参加の組織
4-1　父母協議会

　父母協議会の組織は州により，また学校種や学校段階によっても異なり，一様ではないが，現行法制上，その基本的な構造は概ね以下のようになっている。

第 2 節　ドイツ基本法下における法制状況

　まず各学級の父母集団で「学級父母協議会」（Klassenelternbeirat）を構成する。これがあらゆる組織的・制度的な親の学校教育参加の基礎単位となる——父母協議会のメンバーになるか否かは親の任意である。自動加入制ではない。筆者がドイツ滞在中に各地の父母協議会役員から聞いた話では，加入率は大体 90 パーセント前後ということであった——。各「学級父母協議会」はその代表を選出し，これによって「学年父母協議会」が構成される。さらにその代表者が母体となって「学校父母協議会」（Schulelternbeirat）を形成する。またこのような学校レベルの組織を基礎として，その上部組織として，「郡・市父母協議会」（Kreis-und Stadtelternbeirat）および「州父母協議会」（Landeselternbeirat）が制度化されている。さらに法制上のフォーマルな組織ではないが，1952 年以来，「連邦父母評議会」（Bundeselternrat）が設置されている。父母協議会の構成や役員の選出手続は州により，また父母協議会の種類によっても異なる。これについては各州の学校法ないし父母協議会に関する法令で具体的に規定されているが，たとえば，ヘッセン州の州父母協議会の場合は次のようになっている。

　役員は郡父母協議会ないし市父母協議会の代表を母体として，その地域の生徒数を考慮して，3 年間の任期で選出される。その数は 15 名で，学校の種別ごとに定数が定められている。基礎学校，基幹学校，実科学校およびギムナジウムの代表が各 2 名，促進学校，総合制学校および私立学校の代表が各 1 名，それに職業学校の代表が 3 名という構成である。この 15 人の役員の中から議長と副議長が選ばれ，父母協議会は議長により招集，主宰される[30]。

　改めて書くまでもなく，父母協議会は教育権者である親の代表組織であるが，ただ校長や教員の代表も審議権をもって学校父母協議会や父母全体集会（Gesamtelternversammlung）などに参加できることになっている。くわえて，生徒代表や学校設置者の代表なども父母協議会の会議に招待できるとされている。

　ところで，今日，ドイツにおいては「移民背景をもつ生徒」（Schüler mit Migrationshintergrund）の占める割合が高くなっているが〈基幹学校 = 18.7 %，実科学校 = 8.0 %，基礎学校 = 6.6 %，ギムナジウム = 4.3 % ・2011 年現在〉[31]，ヘッセン州やニーダーザクセン州など 5 州においては，父母協議会は

---

(30)　D.J.Klein, a.a.O., S.33ff.

(31)　Bundesministerium für Bildung und Forschung (Hrsg.), Bildung und Forschung in Zahlen 2013, S.38.

247

こうした現実を踏まえて組織されている。たとえば、ヘッセン州では当該校における移民背景をもつ生徒の割合が10％～50％の場合、移民背景をもつ生徒25人につき1人の親代表が学校父母協議会に審議権を擁して参加できるとされている（同州学校法109条）。

他方、以上のような各段階の父母協議会の他に、下記のような組織もまた、現行法制上、親の学校教育・教育行政参加の重要なルートをなしている。

4-2 学校会議

学校経営への参加・共同決定機関として、ザクセン・アンハルト州を除くすべての州で、「学校会議」（Schulkonferenz）が設置されている。ただ名称は州によって一様ではなく、バイエルン州では「学校フォーラム」（Schulforum）、ニーダーザクセン州では「学校理事会」（Schulvorstand）、ラインラント・プファルツ州では「学校委員会」（Schulausschuß）と称されている。

いうところの学校会議は1969年に創設されたブレーメン州の「共同委員会」（Gemeinsame Ausschuß）に端を発するフォーマルな学校組織で[32]、学校の教育活動に対する教員・親・生徒の共同責任機関としての性格を有し、原則として、これら三者の代表によって構成されている。

三者の構成比は州によって各様であるが、現行法制上、以下の3類型に分かれている[33]。

① 教員代表が「親代表＋生徒代表」よりも多い州（2州）——バーデン・ヴュルテンベルク州、ヘッセン州。
② 教員代表と「親代表＋生徒代表」が同数の州（Halbparität・3州）——ブレーメン州、ニーダーザクセン州、ノルトライン・ウエストファーレン州。
③ 教員代表、親代表、生徒代表の三者の代表が同数の州（Drittelparität・

---

(32) ドイツの学校法制史上、いうところの学校会議について最初に規定したのは、1960年代末の学生・生徒による「教育の民主化」要求を背景に制定されたブレーメン州の共同委員会に関する命令〈Erlaß über Gemeinsame Ausschüsse v. 10. Sept. 1969〉である。ここにいう共同委員会は「学校の自治」を担うべく教員全体会議、父母協議会、生徒代表制にくわえて、これらの組織の機能的な統合機関として構想されたもので、教員・親・生徒代表の三者同数代表制を採っていた。ただこの場合、教員全体会議は3分の2の多数決によって、共同委員会の決定を廃棄できるとされていた〈L.R.Reuter, Partizipation als Prinzip demokratischer Schulverfassung, In: Aus Politik und Zeitgeschichte, 1975, S.21〉。
(33) H.Avenarius/H.P.Füssel, a.a.O., S.157.

10州）——バイエルン州，ベルリン州，ブランデンブルク州，ハンブルク州，メクレンブルク・フォアポンメルン州，ラインラント・プファルツ州，ザールラント州，ザクセン州，シュレスビッヒ・ホルシュタイン州，テューリンゲン州。

上記③にあるように教員・親・生徒代表の三者同数制が16州中の10州を占めているのが特徴的である。学校会議の議長は原則として校長が務める。学校会議の法的性質・学校組織権限関係上の位置づけは州によってかなり異なっている。たとえば，バイエルン州のように，意見表明・聴聞・勧告の権利をもつにすぎないとしている州もあれば，ハンブルク州のように学校の最高審議・決定機関として位置づけている州も見られている。

ちなみに，ハンブルク州学校法（52条）はこう明記している。

「①　学校会議は学校自治の最高審議・決定機関（das oberste Beratungs-und Beschlußgremium der schulischen Selbstverwaltung）である。学校会議は生徒，親，教員……の協同を促進するものとする。

②　学校会議は，学校のすべての重要事項について審議し，この法律の定める基準に従い，それらについて決定する」。

そしてこれを受けて同州においては，議決手続に若干の違いはあるが，下記の事項が学校会議の決定権限事項と法定されるところとなっている（同法53条）。学校プログラムの策定，学校教育活動の評価，統合学級の設置，実験校や特別な学校経営形態の導入，終日学校の導入，学校名の決定，校則の制定，課外活動の原則，授業やその他の学校活動への親の参加に関する原則，クラス旅行や学校の特別な行事に関する原則，学校内における生徒団体の活動に関する原則，学校の目的外使用に関する原則，生徒や親が行う集金の実施，校長候補者に対する支援，がそれである。

4-3　教員会議への親の参加

ドイツにおいては現行法制上，「教員会議」（Lehrerkonferenz）はほとんどの州で学校の意思決定過程においてかなり強力な権限を有しているが，この教員会議への親・生徒代表の参加を制度化している州が少なくない。親・生徒代表はたいてい審議権をもつにすぎないが，ニーダーザクセン州では親・生徒代表に表決権が与えられている。

すなわち，同州学校法はいわゆる「学校の自律性」（Autonomie der Schule）の法理を確認したうえで（32条），「学校の決定は，教員会議もしくは校長に

よってなされる」(33条)と規定し,続いて「教員会議は,学校のすべての本質的な事項について決定する」(34条1項)との定めを置いている。そしてこれらを受けて,教員会議の構成と手続について規定しているのであるが,校長や教員に加えて,教育権者(親)の代表と生徒代表も教員全体会議の表決権をもつ正規のメンバーとして法定しているのである(36条1項)。

4-4 地方自治体の教育行政機関への親の参加

多くの州において,親代表の教育行政への参加が制度的に保障されている。たとえば,バーデン・ビュルテンベルク州では,学校の設置・廃止・学校財政など重要な学校事項について,学校設置者に対して聴聞権をもつ「学校評議会」(Schulbeirat)が設置されているが,そのメンバーに,校長・教員の代表,宗教団体の代表,職業教育関係者の代表(職業学校の場合)などとともに,親・生徒代表が含まれている(同州学校法49条)。

5 親の学校教育参加の範囲と限界

親の参加は学校教育のさまざまな領域に及んでいる。それを事項・領域別に整理すると,教育目的の実現や教育活動の実施に関すること,学校における子どもの利益の保護に関すること,親自身の権利に関すること,それに学校と父母協議会との協力関係の維持・促進に関すること,などとなっている。

このうち,教育目的や教育内容・方法などいわゆる「内的学校事項」(innere Schulangelegenheit),したがってまた,いわゆる「教育の専門的事項」の領域においても親の参加が法認されていることは,注目に値しよう。

具体例としては,すでに触れたヘッセン州のケースの他に,たとえば,ベルリンでは親は授業計画の立案に際して参加権をもっているし,またザールラント州では成績評価基準について,教員に対し親に対する報告義務を課している。州父母協議会に教科書検定に関して文部大臣に提議する権利を認めている州もある(バーデン・ヴュルテンベルク州)。それどころか,ハンブルク州においては,教育的に適格な親は授業の形成に参加できる,とまでされている。

このように,親の学校教育参加は広範な領域に及んでいるが,教育行政機関や学校・教員の権限との関係で,その強度においては,一定の制約に服していることは勿論である。たとえば,父母協議会は教員の人事行政過程に原則として参加することはできない——ただし,シュレスビッヒ・ホルシュタイン州では,校長選出機関である「校長選任委員会」(Schulleiterwahlausschuß)に父

第2節　ドイツ基本法下における法制状況

母代表の参加〈教員代表と同数〉が保障されている。また上述した学校会議にはほとんどの州で校長選任過程への一定範囲・程度の参加権が保障されている[34]——。

　また父母協議会には，当然のことながら，校長や教員に対する職務上の監督権や命令権はない。これとの関係で重要なのは，父母協議会は「学校経営」(Schulbetrieb)に直接的な介入をしてはならない，とされていることであろう。

　ちなみに，この点と係わって，ニーダーザクセン州憲法裁判所は次のように判じている[35]。「成績，進級，卒業，コースの移行などの決定に際して，教育権者の代表が表決権をもって参加することになれば，国の学校監督の機能はもはや保障されないことになる」。

---

(34)　J.Staupe, Schulrecht von A-Z, 2001, S.231ff.
(35)　zit. aus H.Avenarius/H.P.Füssel, a.a.O., S.173.

251

第 13 章　「私学の自由」の法的構造

第 1 節　私学の存在理由

　今日，わが国には幼稚園から大学まで 1 万 1,522 の私立学校があり，私学在学者は約 492 万人を数えている（2011 年 5 月現在：ただし専修学校と各種学校は除く）。私学在学者数は，国・公・私立を合わせた全在学者数の 26.4% にあたる。

　しかし，就学前教育と高等教育においては私学が大きなシェアを占め，幼稚園で 81.7 %，大学で 73.5 %，短期大学では実に 94.3 % が私学に在学している[1]。このような国は他にあまり類例を見ないといってよい。わが国の学校教育においては私立学校が非常に重要な役割を担っていることが指摘できる。

　なお，義務教育段階や後期中等教育に占める私学在籍者の割合は，わが国全体では，小学校で 1.1 %，中学校で 7.1 %，高校が 29.9 % となっているが，しかしこの領域においては，都道府県によってかなりの差が見られているという現実がある。

　たとえば，東京都においては，私立学校に在籍する生徒の割合が，高校では公立学校よりも高く，56.32 % にも達しており〈私学の公立に対する量的優位〉，また中学校でも 4 人に 1 人（26.0 %）は私学に就学しているという状況にある[2]。少子化傾向のなかで，児童数が減少しているにも拘らず，私立中学受験者数は年々増加傾向にあり，2012 年における私立中学受験率（小学校卒業予定 6 年生に占める私立中学受験者の割合）は 29.1 % となっている（2000 年 = 19.0 %，2005 年 = 22.9 %）[3]。いわゆる「私学志向」は（大）都市部においては定着しつつある，と言えようか。

---

(1)　文部科学省『文部科学統計要覧（平成 24 年版）』，2012 年。
(2)　東京私立中学高等学校協会・東京私学教育研究所『日本の私立学校・東京の私立学校』，2007 年，18 〜 21 頁。参照：東京私立中学高等学校協会・東京私学教育研究所編『東京の私学 60 年を通して』，2007 年。
(3)　日能研『首都圏入試分析ブック 2012』，2012 年，p.4 〜 p.5。なお首都圏全体（東京都・神奈川県・千葉県・埼玉県）における 2012 年の私立中学受験率は 19.5% となっている。

253

第2節 「自由な学校」としての私学

　私立学校はいうまでもなく国公立学校に対する概念であって，私営の学校，つまり私人ないしは私的団体がその費用で設立し，維持する学校のことをいう。
　より本質に即した言い方をすれば，私学とは本来「私的主体によって自由なイニシアティブによって設置・経営され，そこにおける教育は自己責任において行われ，くわえて親ないし児童・生徒によって自由に選択されうる学校」と捉えられよう[4]。
　この点，ドイツにおいて，私学が別名「自由な学校」（Freie Schule）ないし「自由な主体による学校」（Schulen in freier Trägerschaft）と呼称され，そしてそれは既に実定法上の概念になっているのが象徴的である[5]。
　ちなみに，この点について，ドイツの有力な私学法制書にはつぎのような記述が見えている（要約）。
　「19世紀に至るまで，私的な教育施設は，一部特定層の私的な教育要求に奉仕してきた。しかし，今日においては，教育は公的な課題（öffentliche Aufgabe）に属している。とすれば，私的目的の追求を専らとするかのような私立（私的な）学校（Privatschule）という名称はわが国の教育景観にはもはやなじまない。非国公立の，私立の学校については，"自由な主体による学校"あるいは"自由な学校"という名称こそがふさわしい」[6]。
　わが国の場合は，学校を設置できるのは国，地方公共団体および法律に定める法人に限られており（教育基本法6条1項・学校教育法2条1項），そこで，現行法制上は，「私立学校とは学校法人の設置する学校をいう」（学校教育法2条2項・私立学校法2条3項）と定義されている。設置主体の如何だけにかかわる形式的な私学の概念規定である。
　なお付言すると，いわゆる「教育における規制緩和」の一環として，2003

---

(4) H.Avenarius/H.-P.Füssel, Schulrecht, 8Aufl. 2010, S.289.
(5) たとえば，バーデン・ビュルテンベルク，ヘッセン，ラインラント・プファルツ，旧東ドイツ諸州などの学校法や私立学校法は，従来の「私立学校」（Privatschule）という用語に代えて，Schulen in freier Trägerschaft という名称を用いている。旧来の「私」学概念が批判的に検証され，廃棄されるに至っているドイツの私学法制現実は刮目に値しよう。
(6) J.P.Vogel, Das Recht der Schulen und Heime in freier Trägerschaft, 1997, S.4.

年6月,株式会社やNPO法人による学校の設立が可能となり,またその後,協力学校法人という制度も創設されたが,この問題については後に「私学設置の自由」として言及するので,ここでは立ち入らない。

第3節　私学の意義と役割

ところで,教育史をひもとけば知られるように,各国の教育制度は歴史的に私教育制度から公教育制度へと発展し,今日では,オランダやベルギーのような「私学優位国」は例外として[7],私学の占める比重が量的にはかなり減少しているのが一般的である。(旧)社会主義国やアフリカの一部の国では私学は存在しない(しなかった)[8]。

しかし,わが国をはじめ大多数の自由・民主主義国家においては,「思想・良心の自由」,「信教の自由」,「教育の自由〈親の教育の自由〉」といった一連の市民的自由の保障を前提とし,また「教育における価値多元主義」(Bildungspluralismus)という要請もあって,私学の存在が容認され,それどころか積極的に評価されている。その理由は,ひとことで言えば,私学は学校教育に多様性と革新をもたらし,そのことは同時に,ドイツ憲法裁判所の判旨にもあるように,「人間の尊厳の尊重に立脚する,自由で民主的な基本秩序という価値概念に対応する」[9]ものだからである。

ちなみに,この点,「国公立学校の教育が平等と社会的統合の原理に基づいて組織されるのに対し,私立学校の教育は自由と社会的多様性の原理に基づいて存続する」と捉えられているところでもある[10]。具体的には,以下のよう

---

(7) 2000年現在,オランダにおける私学と公立の割合(児童・生徒数)は,初等学校で68対32(%),中等学校で73対27(%)となっている(Ministry of Education, Culture and Science, Education, Culture and Science in the Netherlands, 2001, P.37, P.47)。

(8) ロシア,ポーランド,ハンガリー,チェコなどのヨーロッパの旧社会主義国はもとより,中国でも,市場経済の導入・自由化経済の推進で,今日,私学が容認されるに至っている。たとえば,中国では1995年の中華人民共和国教育法により「民営学校」の設置が認められるに至った。

(9) BVerfGE27, 195, zit. aus J.P. Vogel, a.a.O.S.5.
　F-R・ヤーハによれば私学は学校の多様性と教育制度の豊富化をもたらし,かくして「人格の自由かつ包括的な発達権」に応えている。機会均等の原則が機会の多様性によって補充された教育制度だけが,今日,青少年の発達上の要請に応えることができるという(F-R.Jach, Abschied von der verwalteten Schule, 2002, S.92)。

(10) 岩木秀夫「私学教育」日本教育社会学会編『新教育社会学辞典』東洋館,1986年,

第13章 「私学の自由」の法的構造

な私学の類型をみることによってその内容が明らかとなる[11]。

第1は，宗教的私立学校。歴史的に私学の主流を占めるもので，欧米の私学の大半はこれに属する。わが国にも仏教系やキリスト教系の私学は少なくない。わが国をはじめアメリカやフランスなどでは国公立学校における宗教教育は禁止されており（教育基本法15条2項），そこで「信教の自由」（憲法20条1項）保障と係わって，また子どもの「宗教教育をうける権利」ないし「親の宗教教育権」（Das konfessionelle Elternrecht）にも対応して，このような私学の存在意義は大きい。

第2は，特定の教育思想や教育方法に基づいて独自の教育実践を行う私学。いわゆる実験学校もここに含まれる。教育学者R・シュタイナーがその教育哲学（人智学）を基にドイツで設立した（1919年）自由ヴァルドルフ学校（Freie Waldorfschule: 通称・シュタイナー学校）やA・Sニイルの創設（1921年）にかかるサマーヒル・スクール（イギリス）は世界的に有名であり，わが国では自由の森学園（埼玉県）や「きのくに子どもの村学園」（和歌山県）などをあげることができよう。「学校改革への貢献としての私学」（Freie Schule als Beitrag zur Schulreform）[12]という書名が端的に示しているように，多くの教育的改革は私学から始まって徐々に国公立学校に推及していった，という事実をここでは指摘しておきたい。私学は教育改革・学校改革のパイオニアである，ということができる。

第3は，建学者の強烈な思想に基づいて設立されたもので，いわゆる「建学の精神と独特の校風」を標榜する私学。今日ではその度合はかなり弱まってはいるが，慶應大学や早稲田大学に代表される。こうした私学が果たしてきている役割はいまさら言うまでもあるまい。

第4。入学者の選抜や教育指導上の独自の工夫によって，公立学校よりも「卓越した教育」（エリート教育を含む）を提供する私学。いわゆる「進学校」と称されている私学で，その例は枚挙に暇がない。

第5は，国公立学校の補完的私学。これには，国公立学校の教育内容を質的に補うものと，国公立学校の量的不足をカバーするものの2種類がある。ただ前者は，正規の学校（いわゆる一条校）には属さない専修学校や各種学校である場合が多い。

334頁。
(11) 参照：市川昭午『教育行政の理論と構造』教育開発研究所，1975年，131頁-132頁。
(12) K.G.Pöppel (Hrsg.), Freie Schule als Beitrag zur Schulreform, 1977.

以上，要するに，私学の積極的な存在意義は，国公立学校では不可能な，あるいは容易に期待できないユニークな教育を提供することにあると概括できよう。それは，法的な観点から捉えると，「国家の学校独占」(staatliches Schulmonopol)の否定とその裏腹の「教育の自由」の保障を前提に，親の教育権と生徒の学習権，なかでも教育の種類選択権・学校選択権と「独特な私学教育をうける権利」に対応するものである[13]。

ただわが国の場合は，歴史的にも今日においても，欧米諸国の私学と比較した場合，私学教育の独自性は相対的に乏しく[14]――「限りなく予備校にちかい私学」における受験教育や特待生制度等に依拠してのいわゆる「準プロ・スポーツ校」などはともかく――，基本的には，国公立学校の量的補完をその存在理由としてきている私学が少なくないと評されよう[15]。この類の私学が多いことに，他国には見られない特異性がある。

第4節　私学の自由

1　「私学の自由」の法制史
1-1「教育の自由」法理の生成

「私学の自由」(Privatschulfreiheit)はすぐれて歴史的に形成されてきた法原理であるが，その淵源が近代憲法上に基本的人権として確立をみた「教育の自由」(educational freedon, liberté d'enseignement)にあり，しかもその主要な内容をなしてきたことはすでによく知られている[16]。したがって，「私学の自由」の歴史的な生成・発展過程とその特質は「教育の自由」法制史をひもとくこと

---

(13) ドイツ連邦憲法裁判所の判旨によれば，「私学の自由」は憲法上，人間の尊厳（基本法1条1項），自由と自己責任における人格の発展（2条1項），信教・良心の自由（4条1項），国家の宗教的・世界観的中立性および親の自然的教育権（6条2項）保障に対応するものである（zit. aus F.R.Jach, Schulvielfalt als Verfassungsgebot, 1991, S.48-S.49）。
(14) 俵正市『改正私立学校法』法友社，2006年は，わが国の私学の特性は，①宗教教育その他宗教的活動をすることができる。②義務教育においても授業料を徴収できる。③通学区域の制限なく，児童・生徒を募集できる，ことにあるという（16-17頁）。
(15) 現実の私学の存在形態や態様はきわめて複雑であり，「量的補完型」私学といってもその概念は一義的に明確ではないが，全国私立学校教職員組合連合によると，高校段階では概ね8割の学校がこの類型に属するとされる。
(16) I. Richter, Bildungsverfassungsrecht, 1973, S.77. 兼子仁「教育の自由と学問の自由」日本公法学会編『公法研究』（第32号・1970年），有斐閣，59頁など。野田良之「フランスにおける教育の自由」『教育』，国土社，1971年12月号，7-9頁。

によって概ね把捉できる。

　「教育の自由」という概念は，元来，教育の私事性や市民的自由の保障確立という自由主義的要請に由来するもので，それは，アンシャン・レジーム時代のカトリック教会による教育独占との抗争を経て，フランス革命下，公教育制度の組織化過程で，教育の国家的独占原理と対立・拮抗するなかで生成したものである[17]。

　「教育の自由」の法理を法制史上最初に明記したのは1793年のブキエ法1条＝「教育は自由である」（L'enseignement est libre）であるが[18]，それを国民の基本的人権として憲法上最初に保障したのは，1795年のフランス憲法300条である。そこには，こう書かれていた。「市民は科学，文学および美術の進歩に協力するために，私的教育施設および私的協会を設立する権利を有する」。

　その後，この憲法上の教育法理は，19世紀における近代市民法の発展と相俟って19世紀西欧諸国の憲法に継受され，近代憲法に普遍的な法原理として確立したのであった。

　たとえば，「19世紀自由主義の典型的な産物」[19]，あるいは「欧州での50年にわたる憲法史の経験の果実として…最もリベラルのものの典型」[20]と評され，その後，多くの国の憲法が範としたベルギー憲法（1831年制定）は[21]，市

---

(17)　参照：中村睦男「フランスにおける教育の自由法理の形成（1）」『北大法学論集』（23巻2号・1972年），239頁以下。野田良之「フランスにおける教育の自由」『教育』国土社，1971年12月号，7-9頁。

(18)　E. Spranger, Die wissenschaftlichen Grundlagen der Schulverfassungslehre und Schulpolitik, 1963 (Neudruck), S.32.
　なおシュプランガーによれば，フランス革命期，「教育の自由」という概念については本質的に相異なる二様の理解が存在したとされる。一つは，コンドルセの立場で，「良心の自由」保障の帰結としての「公教育制度の全般的自律」という捉え方であり，他はミラボーが主張した「教育市場への委託による自由化論」である（E. Spranger, a.a.O. S.31-S.32）。
　ここでわれわれは，すでにフランス革命期において，今日のいわゆる新自由主義的な教育政策の思想的萌芽が見られることに，改めて注目したい。

(19)　清宮四郎解説・訳「ベルギー憲法」宮沢俊義編『世界憲法集』岩波書店，1967年，56頁。

(20)　武居一正解説・訳「ベルギー憲法」阿部照哉・畑博行編『世界の憲法集（第2版）』1998年，382頁。

(21)　ベルギー憲法をモデルとして19世紀に制定された憲法としては，たとえば，下記が挙げられる。1837年のスペイン憲法，1844年と1864年のギリシャ憲法，1848年のオーストリア，オランダ，プロイセン，ルクセンブルクの各国憲法，1866年のルーニア憲法（武居一正，同前）。

民の民主的自由保障の一環として，次のように高唱した。「教育は自由である。これに対するすべての抑圧措置は禁止される」(17条)。

また，ベルギー憲法の影響を強くうけて生まれた1848年のオランダ憲法も，下記のように宣言して，「教育の自由」を憲法上の基本権として明示的に保障したのであった。「教育を与えることは，政府による監督を除き，自由なものとする」(Het geven van onderwijs is vrij)。

さらにドイツ3月革命の所産であるプロイセン憲法 (1848年) も —— 参考までに，明治憲法がモデルとしたプロイセン憲法は1850年の改定憲法である ——，一国の憲法としては世界で初めて「教育をうける権利」を保障すると同時に (18条1項)，「教育を行いまた教育施設を設置経営することは，各人の自由である」(19条) と明記したのであった[22]。

1-2 現代公教育法制と「教育の自由」

20世紀各国憲法も社会国家原理，とくに生存権的・社会権的基本権たる「教育をうける権利」の保障と，第一義的にはそれを規範原理とする「公教育」法制を形成することによって，それまでの私的自治的な「教育の自由」に修正を施したとはいえ，この法理を基本的には承認した。

くわえて，国連の経済的，社会的及び文化的権利に関する国際規約（いわゆる「社会権規約」1966年・13条2項）や子どもの権利条約（1989年・29条2項）などの国際法による確認と保障をもうけることとなり，かくして「教育の自由」は今日においても教育法上の最重要な基幹的法原理の一角をなしていると見られるのである。

表現を代えると，今日の公教育法制は，先に触れたとおり，第一義的には「教育をうける権利」の保障を規範原理としてはいるが，基幹法理として「教育の自由」を包蔵し，それを踏まえて形成されているということである[23]。

ちなみに，この点，ドイツのラインラント・プファルツ州憲法 (1947年) がきわめて示唆的である。こう書いている (27条)。

「1項 —— その子の教育について決定する親の自然権は，学校制度形成の基盤 (Grundlage für die Gestaltung des Schulwesesns) をなす。

---

[22] L. Clausnitzer, Geschichte des Preußischen Unterrichtsgesetzes, 1891, S.162.
[23] 奥平康弘『憲法』弘文堂，1994年，もこう述べる。「公教育の発展は，少なくとも欧米諸国では，教育の私事性を完全に払拭したわけではない。ベースには，親の教育の自由が厳然とある」(90頁)。

第13章 「私学の自由」の法的構造

2項 ── 国および自治体は，親意思を尊重して，秩序ある子どもの教育を保障する公の諸条件および諸制度を整備する権利を有し義務を負う」。

1－3 「教育の自由」の歴史的内容

ところで，いうところの「教育の自由」は歴史的にどのような法原理として形成されたのか。

上述したように，この憲法原理は国家ないし教会による「学校独占」(Schulmonopol) を排除する原理として生誕した。それは宗教的・政治的多元主義社会，別言すれば，市民の思想・信条の多元性の保障を前提として，「教育をする権利」を私人の自由権の基本権として保障したものであった。すなわち，近代市民法にいわゆる「私的自治」の教育におけるそれである〈教育における私的自治〉。

具体的には，それは，①親の家庭教育の自由（家庭教育権・宗教教育権），②親の学校（教育の種類）選択の自由，③私立学校（私的な教育施設）の設置と経営の自由，④私立学校における教育の自由（私学教育の自由），⑤公立学校における教育方法の自由，を内容としていた[24]。

ただこの場合，欧米においては伝統的に宗教的私立学校が私学の大半を占めてきたから，上記①と⑤を除けば，いうところの「教育の自由」の法的実態は多分に親の「宗教的」私立学校選択の自由と「宗教的」私立学校の設置・教育の自由に帰着していた。つまり，端的にいえば，「親の教育権・教育の自由」とそれに対応した「宗教的私学の自由」こそが「教育の自由」の第1次的な内容をなしていたのである。この歴史的事実は押さえておかなくてはならない。

以下に，先に引いた規定例にプラスして，これについての代表的な憲法条項と判例上の顕著な証拠を示しておこう[25]。

〈1〉憲法条項

○オランダ憲法23条（1987年） ──「教育を与えることは，当局による監

---

(24) I. リヒターによれば，「教育の自由」とは各人の「教育する自由」(Lehrfreiheit) と「学習する自由」(Lernfreiheit) に他ならない。彼の理解では，フランス憲法やベルギー憲法にいう「教育の自由」は「教育する権利」と「学習する権利」，それに私学の「教員を選択する権利」を保障したものである (I.Richter, a.a.O., S.77)。

(25) 各国の憲法条項は S.Jenkner (Hrsg.), Das Recht auf Bildung und die Freiheit der Erziehung in Europäischen Verfassungen, 1994, に依った。

督および……教員の資質と道徳的適性に関する審査を留保して，各人の自由である」（2項）。
○フィンランド憲法82条（1919年）——「私立学校……を設立し，そこにおいて教育を行うことはすべての市民の権利である」。「家庭教育は当局の監督に服さない」。
○アイルランド憲法42条（1937年）——「国は，子どもの第一義的で自然的な教育者は家庭であることを認識し，親の資力に応じて子どもの宗教的，道徳的，知的，身体的および社会的教育を行う親の不可譲の権利および義務を尊重することを保障する」（1項），「親は，この教育を家庭，私立学校，または国が承認しもしくは設立した学校のいずれにおいても行うことを自由とする」（2項），「国は，親に対し，その両親および法律上の選択権を侵して，その子どもを国が設立した学校または国が指定したいかなる形態の学校にも送るよう強制してはならない」（3項）。
○イタリア憲法33条（1947年）——「団体および私人は，国の負担を伴うことなしに，学校および教育施設を設ける権利を有する」（3項），「法律は，国家の承認を求める私立学校の権利と義務について定めるにあたり，私立学校に対して完全な自由を保障しなければならず，また私立学校の生徒に対しては，国立学校の生徒が享受するのと等しい修学上の取り扱いを保障しなければならない」（4項）。
○ドイツ基本法（1949年）——「子どもの監護および教育は親の自然的権利であり，かつ何よりもまず親に課せられた義務である」（6条2項），「私立学校を設立する権利は保障される」（7条4項）。
○デンマーク憲法76条（1953年）——「国民学校の教育について一般的に設けられた基準に相応する教育を，その子がうけられるように自ら配慮する親……は，国民学校においてその子……に教育をうけさせる義務を負わない」。
○ポルトガル憲法（1976年）——「学習の自由および教育の自由は保障される」（43条1項），「国立学校に類似した私立学校の設立は，自由とする。ただし，国の監督をうけるものとする」（44条）。
○スペイン憲法27条（1978年）——「何人も教育への権利を有する。教育の自由は認められる」（1項），「国は，親が子どもに親の信条と一致する宗教的道徳的人格を形成させる手助けとなる親の権利を保障する」（3項），「法人および自然人は，憲法上の原則の尊重のもとに，教育機関を設

第13章 「私学の自由」の法的構造

立する自由が認められる」(6項)。

〈2〉 判例 ── アメリカ連邦最高裁判所判決
○ネブラスカ事件（Meyer v. Nebraska, 1925）── 英語による授業を私立宗派学校に強制した1919年のネブラスカ州法はアメリカ合衆国憲法修正第14条に違反するとして、私立宗派学校における教育の自由とかかる学校を選択する親の教育権を確認した[26]。
○オレゴン事件（Pierce v. Society of Sisters, 1925）── 全学齢児童の公立学校就学を強制した1922年のオレゴン州法は、子どもを私立学校で教育する親の自由と私立学校の設置・教育の自由を侵害するもので、合衆国憲法修正第14条に違反するとした[27]。
○ウィスコンシン事件（Wisconsin v. Yoder, 1972）── ウィスコンシン州法は子どもを16才まで就学させる義務を親に課していたが、宗教上の理由から、親が第9学年以上の就学義務を拒否したケースで、州は「親の教育の自由」を凌駕するほどの強力な利益を有さないとした[28]。

2　憲法上の基本権としての「私学の自由」

既に述べたように、私学の積極的な存在意義は国公立学校におけるのとは異質な「私学教育の独自性」に求められるが、そのためには私学は自由でなくてはならない。つまり、「私学の自由」が法的に保障されていなければならない。それ自体が不自由な私学にどうして特色ある教育が期待できよう〈私学の独自性確保の手段としての私学の自由〉。「自由から出発し、自由への教育を指向する教育制度は、それ自体が相当程度の自由を享有しなければならない」ということである[29]。それに、そもそも「私学は学校制度において自由という理念を実現することによって、その存在が正当化される」[30]ということが何よりも重要である。

そこで、上述したように、西欧においてはこの「私学（教育）の自由」を憲

---

(26)　E.C.Bolmeier, Landmark Supreme Court Decisions on Public School Issues, 1973, pp.11-18.
(27)　D.Fellman, The Supreme Court and Education, 1976, pp.3-5.
(28)　Data Research Inc., U.S. Supreme Court Education Cases, 1993, pp.84-85.
(29)　H.Heckel/P.Seipp, Schulrechtskunde, 5Aufl. 1976, S.135.
(30)　dito.

第4節　私学の自由

法上明文でもって保障している国が少なくない。「憲法上の基本権としての私学の自由」という位置づけである[31]。

日本国憲法には「私学の自由」（ないし「教育の自由」）を直接明文で謳った条項は見当たらない。しかし近代市民国家の憲法原理、より正確には「普遍基本法原理」[32]を踏まえて制定されたわが憲法が（前文「人類普遍の原理」・97条「人類の多年にわたる自由獲得の努力の成果」）、これを保障していない筈はなかろう。

これについてはまず、「私学の自由」の歴史的な沿革に注目する必要がある。歴史的には、それは「思想・信条の自由」と深く結合した精神的自由権として生成・発展したもので、その実体は「親の教育の自由」に強く対応した「宗教的私学の自由」にほかならなかった。

こうした歴史的経緯からすると、「私学の自由」は「思想および良心の自由」（19条）、「信教の自由」（20条）、「表現の自由」（21条）といった一連の精神的自由権の保障に含まれ、また憲法13条（幸福追求権）の保障内容に含まれている「親の教育権（教育の自由）」に根拠を有していると解してもよかろう〈精神的自由権としての私学の自由〉。

他方、「公の性質」（教育基本法6条1項）を要求されているとはいえ、私学は本質的には「私的事業」であり、私学設置・運営の自由は「団体事業の自由」の一環をなすものであるから、それは「職業選択の自由」（憲法22条1項）と「財産権の保障」（29条1項）から導出される「営業の自由」によってカバーされていると言えなくもない〈教育事業を営む自由・経済的自由権としての私学の自由〉[33]。現にプロイセン改革期のドイツではそうであったし（Gewerbepolizeigesetz v.7. Sept. 1811）[34]、現代フランスの教育法学説にもこうした見解がみられる[35]。

---

(31)　F・R・ヤーハによれば、「教育の自由」、したがってまた「私学の自由」は西ヨーロッパのすべての国で憲法の構成要素をなしており、したがってこの自由を明記していない国においても当然に憲法上の保障をえているという（F.R.Jach, Schulverfassung und Bürgergesellschaft in Europa, 1999, S.91）。

(32)　松下圭一『政治・行政の考え方』岩波新書、1998年、17頁。

(33)　内野正幸『教育の権利と自由』有斐閣、1994年、111頁-112頁。なお「営業の自由」の憲法上の根拠については有力な異説がある。奥平康弘『憲法Ⅲ』有斐閣、1993年は「営業の自由は憲法22条1項によって保障されるのではなくて、29条1項でいう財産権不可侵のなかに包摂されてそのわく組みのなかで保障されている」という（221頁）。

(34)　I.Richter, a.a.O., S.78.

第13章 「私学の自由」の法的構造

　また「教育をうける権利」（憲法26条1項）には「ユニークな私学教育をうける権利」が包含されているから，憲法26条に「私学の自由」の根拠を求めることもできよう。

　さらに，「私立学校の自由は教育の国家的独占を排し多元主義的社会の維持に仕えるという意義を有していることに鑑みれば，私立学校の自由の憲法上の根拠は，基本的には憲法21条の結社の自由に求められる」ともいえよう[36]。

　ただ，以上はあくまで憲法上に明文の根拠規定を求めた場合であって，「私学の自由」の第1次的な根拠とするにはやや間接に過ぎるとの批判も生じよう。「私学の自由」はそれ自体として積極的で重要な意義を有しているものだからである。

　とすれば，その直接の根拠は「憲法的自由」に求めるのが最も妥当であろう。これは，憲法の自由権条項は「人類の自由獲得の努力の歴史的経験に即し，典型的なもの」を例示的に掲げているものであって，「列挙した自由以外のものはこれを保障しないという趣旨ではない」。これら以外の自由も「一般的な自由または幸福追求の権利の一部として広く憲法によって保障されている」とするものである[37]。「私学の自由」はこうした「憲法的自由」の一つとして，それ自体憲法による保障をうけていると解される[38]。ちなみに，先に引いた西欧諸国の憲法も各種の精神的自由権や経済的自由権を法認したうえで，別途，「私学の自由」を保障しているのである。

　参考までに，最高裁判所もいわゆる「学テ判決」〈昭和51年5月21日〉において，憲法上の根拠条項を示すことなく，「親の教育の自由」とともに，「私学教育における自由も……一定の範囲においてこれを肯定するのが相当である」との判断を示している[39]。

　なお，このような憲法による保障もさることながら，「私学の自由」は根元的には上述した私学の存在意義に由来して，自由民主主義体制自体によって根拠づけられている，ということが重要である。いわゆる「教育における価値多元主義」の保障である。

---

(35)　高野真澄「フランスにおける教育の自由」『奈良教育大学教育研究所紀要』（8号・1972年），1頁。
(36)　米沢広一『憲法と教育一五講』北樹出版，2005年，190頁。
(37)　高柳信一「憲法的自由と教科書検定」『法律時報』（41巻10号・1969年），57頁。
(38)　兼子仁『教育法』有斐閣，1978年，219頁も「日本国憲法上は私学設置の自由は，憲法的自由として条理解釈されよう」とする。
(39)　青木宗也編『戦後日本教育判例大系』労働旬報社，1984年，345頁。

第 4 節　私学の自由

　ここでナチス・ドイツにおいては私立学校制度が全面的に解体された〈私学制度の国家化・Verstaatlichung des Privatschulwesens〉[40]，という歴史的事実を想起しよう。「私学の存在は民主主義の存否を測定する一つの尺度となり得る」[41]といわれる所以である。

3　「私学の自由」の法的性質と内容
3－1　「私学の自由」の法的性質

　先に触れたように，「私学の自由」は教育主体に係わる自由権的基本権である。基本的にはそれは，精神的自由権の範疇に属しているが，私学の「私的事業性」と関連して，経済的自由権たる性格を副次的に併有していることも否めない。

　この基本権は，ドイツ法学にいわゆる「真正基本権」(echtes Grundrecht) ないし「直接に妥当する法」(unmittelbar geltendes Recht) であり，したがって，立法・行政・司法を直接に拘束し，その侵害に対しては憲法違反が生じるところの具体的な訴権を伴う基本権である[42]。

　くわえて，「私学の自由」は「国家の学校独占」の否定と，その裏腹の「制度としての私立学校の保障」を包含していると解される。いわゆる「制度的保障 (Institutionelle Garantie) としての私学制度」という位置づけであり〈憲法上の制度としての私学制度〉[43]，かくして，日本国憲法下において，私学制度を解体することが認められないことは勿論であるが，私学制度の核心ないし本質的内容に変更をくわえる場合は本来，憲法条項によることが求められるということになる[44]。

---

(40)　H.Heckel, Deutsches Privatschulrecht, 1955, S.17, S39-S.40.
(41)　田中耕太郎『教育基本法の理論』有斐閣，1969年，662頁。
(42)　H.Heckel, Deutsches Privatschulrecht, 1955, S.206. S.228-S.229.
(43)　M.Sachs (Hrsg.), Grundgesetz-Kommentar, 2007, S.408. H.Avenarius/H.-P.Füssel, Schulrecht, 2010, S.295. I.v.Münch/P.Kunig (Hrsg.), Grundgesetz-Kommentar, 2012, S.673.
　　なお，ドイツにおいては，私学制度が制度的保障であることは，学説・判例上ひろく見解の一致を見ている（さしあたり，B.Pieroth/B.Schlink, Grundrechte Staatsrecht Ⅱ，2010, S.181 など）。
(44)　参照：大須賀・栗城・樋口・吉田編『憲法辞典』三省堂，2001年，284頁。

3－2 「私学の自由」の内容

それでは，いうところの「私学の自由」には憲法上，具体的にどのような内容が含まれているのか。

この基本権は自由権的基本権として第1次的には国家権力を名宛人としており，したがって，それには大別してつぎの二つの保護法益が含まれていると解される。一つは，「国家的侵害からの自由」ないしは「防御権」（Abwehrrecht）としてのそれであり，二つは，「国家行為請求権」（Recht auf staatliche Leistung）としてのそれである[45]。

具体的には，①私学を設置する自由（私学設置の認可請求権），②私学における教育の自由，③私学における学校管理運営および内部組織編制の自由，④児童・生徒を選抜する自由（独自の入学者選抜方法を採用する自由），⑤教員を選択する自由（傾向経営の自由），などがそれである[46]。

これらの権利を享受するのは直接には私学設置者（ないしはその委任をうけた内部機関）であるが，その「反射的効力」（Reflexwirkung）として，たとえば，子どもの私学教育をうける権利や親の子どもを私学に就学させる権利，さらには私学において教育をする教員の権利なども導かれよう。

以下，上記「私学の自由」の内容について，順次，具体的に見ていくこととしたい。

3－2－1 私学を設置する自由

〈1〉 国際法上の普遍的人権としての私学設置権

既に言及したように，私学の存在は決して自明のことではない。今日においても，北朝鮮がその例であるが，私学を全面的に禁止している国も見られる。

そこでまず，この点を確認して，たとえば，ドイツ基本法（1949年）は「私立学校を設置する権利は，これを保障する」（7条4項）と書き，またスペイン憲法も「法人および自然人は，憲法上の原則の尊重のもとに，教育機関を設立

---

(45) T.Maunz/G.Dürig (Hrsg.), Grundgesetz-Kommentar, 2011, Art.7, Rdnr.98.
　　このことから「私学の自由」の主たる内容は第1次的には「対外的自由」としてのそれであり，それが私学構成員との関係で具体的にいかなる内容を有するかは（対内的自由），歴史的にも理論的にも必ずしも既定ではない，ということが知られよう。同旨：T.Maunz/G.Dürig (Hrsg.) a.a.O., Rdnr.100.
(46) さしあたり参照：H.Avenarius/H.-P.Füssel, a.a.O., S.295-S.297. E.Stein/M.Roell, Handbuch des Schulrechts, 1992, S.101. S.106. J.P.Vogel, Das Recht der Schulen und Heime in freier Trägerschaft, 1997, S.24-S.25. B.Pieroth/B.Schlink, a.a.O., S.181.

する自由が認められる」（27条6項）と規定している。「私学を設置する自由〈私学設置権〉」の憲法による明示的保障である。

さらに，こうした国内法による保障に止まらず，国連の社会権規約（1976年・13条4項）や子どもの権利条約（1989年・29条2項）といった国際法による保障もうけるに至っており，かくして今日，「私学設置の自由」は国際法上の普遍的人権としての効力を有している。

〈2〉私学の設置主体
① 学校設置主体としての学校法人
　私学設置権の主体は，わが国においては，現行法制上，原則として学校法人に限られている（私立学校法2条3項）。

　学校法人という制度は，私立学校の公共性を確保・向上させるために，戦後，私立学校法（1949年）によって創設されたものである。戦前法制においては，私立学校は主として民法上の財団法人によって設置されていたし（私立学校令2条の2など），戦後も学校教育法は当初，当分の間は財団法人による設置を認めていた（102条2項）。

　学校法人については，私立学校法第3章が詳細に規定している（25条〜62条）。私立学校の設置経営主体たるにふさわしい公共性を付与するために，その経営組織や運営などに関し，民法法人における場合とは異なる特別な規定がおかれている。その特徴は，大きく，(a) 法人運営が少数の理事の専断やいわゆる同族経営によって私物化されないように配慮し，(b) 法人運営に教育者の意思を反映させる方途を講じ，(c) 法人の財政基盤の強化をはかる，の3点に要約できる。

　すなわち，具体的には学校法人には役員として理事5人以上と監事2人以上を置かなくてはならない（私学法35条1項）。その場合，理事には当該学校法人が設置する私立学校の校長を加えなければならず（同38条1項），逆に，理事，監事のいずれについても3親等以内の親族が1人を超えて含まれてはならない（同38条7項）。また学校法人には教職員や卒業生を加えた評議員会が必置とされ（同41条・44条），理事長は予算や寄附行為の変更などの重要事項については，その意見を聴く義務を負う（同42条）。他方，学校法人はその収益を私立学校の経営に充てるために収益事業を行うことができる（26条1項），などである。

② 自然人による私学の設置

第13章 「私学の自由」の法的構造

　既述のように，わが国においては，私学の設置主体は原則として学校法人に限られているのであるが，しかし，「私学の自由」の憲法上の保障条項を擁している西欧型自由民主主義諸国においては，私学設置権はひとり法人だけでなく，自然人にも保障されるところとなっている。「私学の自由」が憲法上の基本的人権である以上，それは当然の法的帰結だといえよう。
　しかも，たとえば，ドイツにおいてそうであるが，この権利を「何人にも保障される権利」(Jedermanns-Recht) として，現行法制上，自国民のみならず，外国人や無国籍人にも保障している国が見られている[47]。
　かくして，「私学の自由」の長い伝統をもつ西ヨーロッパ諸国においては，「憲法上の要請としての学校の多様性」(Schulvielfalt als Verfassungsgebot) の理念のもと[48]，学校設置主体は実際，私人（親・市民グループなど），民法上の財団法人・社団法人，協同組合，公法上の社団・公法人など多岐に亘っている。
　しかも，たとえば，デンマークにおいては「親の教育の自由」の憲法上の保障効果として〈76条・「教育義務としての義務教育制度」〉，私学の設置に際しては単に行政機関への届出制が採られているにすぎず[49]，またオランダでは学校設置要件として最低生徒数が200人と法定されているだけである[50]。
③　株式会社，NPO法人による学校の設置
　ところで，近年，わが国においては，いわゆる教育における規制緩和＝教育の市場化政策の一環として，「構造改革特区」を含めると，学校設置主体は従来の学校法人だけに止まらず，多様化しつつあるという現実が見られている[51]。
　すなわち，直接には総合規制改革会議「規制改革の推進に関する第2次答申」(2002年12月12日) をうけて[52]，2003年6月，構造改革特別区域法が改

---

(47)　M.Sachs, Verfassungsrecht II Grundrechte, 2003, S.351. I.v. Münch/P.Kunig (Hrsg.), a.a.O. S.673. J.P.Vogel, a.a.O., S.18.
(48)　F.R.Jach, Schulvielfalt als Verfassungsgebot, 1991, S.55ff.
(49)　F.R.Jach, Schulverfassung und Bürgergesellschaft in Europa, 1999, S.189.
(50)　拙稿「オランダにおける教育の自由と学校の自律性の法的構造 (3)」『教職研修』(2004年8月号), 139頁。
(51)　詳しくは参照：市川昭午『教育の私事化と公教育の解体』教育開発研究所, 2006年, 95頁以下。
(52)　この答申は「第1章横断的分野　2民間参入の拡大による官製市場の見直し」において，学校教育分野における株式会社の参入と株式会社立学校への助成措置の導入を求めて

正され，構造改革特区内に限ってではあるが，学校設置会社（株式会社）による学校の設立が可能とされるに至った（同法12条）。また不登校児や学習障害児を対象とした学校を学校設置非営利法人（NPO法人）が設立することも可能となった（同法13条）。

さらに2005年4月には，同じく構造改革特別区域法が改正され，幼稚園と高校については，協力学校法人の設置にかかる公私協力学校という制度が創設された（同法20条1項）。

このうちまず，社会的にも大きな論議を呼んだ株式会社による学校の設立，とくに義務教育段階のそれは，憲法・学校法学上，いかなる法的評価をうけることになるのか[53]。

この問題は多分に立法政策の課題に属している事柄ではあるが，「私学の自由」というコンテクストにおいては，つぎのように位置づくことになろう。

すなわち，すでに論及したように，「教育の自由」・「私学の自由」は本質的には精神的自由権に属しており，そこで歴史的にも，今日においても，その対象法益として第一義的に措定しているのは，理念型としては，精神的自由権を基盤とし，教育的ないし宗教的な目的の追求をもっぱらとする「教育の自由」型私学である[54]。

これに対して，株式会社による学校の設置は，構造改革特別区域法12条はともかく，憲法上は経済的自由権たる「営業の自由」条項（22条・29条）に依拠するものであり，したがって，教育法制上，「教育の自由」・「私学の自由」の保護法益を享受することができない。

つまり，物的・資本的結合たる営利法人＝株式会社は，学校教育事業の主体たりえても，「教育の自由」・「私学の自由」の本来的な主体たりえないということである。かくして，株式会社立学校の有りようは，「営業の自由」の保護法益にもとづいて，法制度上，別途に構成される必要があるということになる。

いる。教育主体の多様化による多様な教育の提供を企図するものであるが，その目的は，詰まるところ，経済の活性化にある。これに関する批判的考察として参照：竹内俊子「学校管理の民営化と学校教育の公共性」『日本教育法学会年報』（36号・2007年），80頁以下。

(53) 2004年4月，わが国で最初の株式会社立中学校が岡山県で設立され，今日に至っている。

(54) 後に言及するように，西欧諸国においては，この点が，私学助成の有力な根拠となっている。

第13章 「私学の自由」の法的構造

　なお，この場合，基本的人権の価値序列・基本的人権としての強度において，経済的自由権は「社会的に制約された権利」として，精神的自由権に劣位するから〈二重の基準論〉[55]，株式会社立学校は，学校法人立学校よりも，相対的にはより強い公共規制の下に置かれても，直ちに違法・違憲ということにはならない。
　一方，特定非営利活動促進法にもとづくNPO法人については，義務教育段階においても，一定の要件さえ充足すれば，学校設置権の主体たる地位が認められてよいと言えよう。その設置は上記「教育の自由」・「私学の自由」の保護法益に属し，また，たとえば，シュタイナーシューレや不登校児を対象としたフリースクールの教育現実からも知られるように，そこにおける教育は子どもの「義務教育をうける権利」や「ユニークな私学教育をうける権利」ないし親の教育の自由にも対応するものだからである。
　実際，構造改革特区においてではあるが，NPO法人立のフリースクールを母体とした学校法人立の私立学校が，神奈川県（シュタイナー学園・2005年4月開校）と東京都（東京シューレ葛飾中学校・2005年4月開校）ですでに設置を見ているところである[56]。

3－2－2　私学における教育の自由
〈1〉　私学教育の本領としての独自教育の自由

　特定の宗教観や教育思想などに基づいて独自の教育を行える自由である。宗教教育の自由，実験教育の自由，教育目的・教科・教育課程設定の自由，教科書および教材・教具の作成・選定の自由，教育方法・教授組織編制の自由などがこれに属する。いうまでもなく，ここにこそ私学教育の本領がある。
　このうち，宗教教育の自由については，現行法制上も確認的に規定されている。教育基本法15条2項は「国及び地方公共団体が設置する学校は，特定の宗教のための宗教教育その他宗教的活動をしてはならない」と書いて，裏腹に私学におけるそれを認めているのである。そして実際，私学では宗教をもって道徳教育に代えてよいことになっている（学校教育法施行規則50条2項）。

---

(55)　さしあたり参照：芦部信喜著・高橋和之補訂『憲法（第5版）』岩波書店，2011年，186頁など。
(56)　なおシュタイナー学校についていえば，わが国においても漸く一条校として公式に認定されるに至り，2008年4月に千葉県で開校する運びとなっている（「朝日新聞」2006年12月10日付け）。

第 4 節　私学の自由

〈2〉学習指導要領の法的拘束力と私学の自由

　ところで，この私学における教育の自由と係わって，(公立学校用の) 学習指導要領は私学に対しても拘束力をもつか，という問題がある。一例を引けば，先般，北海道で問題化した「査定項目に『国旗・国歌』── 私学補助金で道庁」といったケースも，本質的にはこの文脈に属していよう[57]。

　学習指導要領の法的性質について，先に引いた最高裁「学テ判決」(1976 年) は「教育における機会均等の確保と全国的な一定の水準の維持という目的のために必要かつ合理的と認められる大綱的なそれにとどめられるべきものと解しなければならない」としたうえで，「全体としてはなお全国的な大綱的基準としての性格をもつものと認められる」との判断を示している[58]。

　この判決はもっぱら公立学校教育に向けられたものであるが，いうところの法的基準性は，私学に対しては，その範囲および強度ともに，公立学校の場合よりも縮減し弱化することになると解される。この場合，国家の学校教育権＝教育主権（国民総体の教育権能）は「私学の自由」と法的緊張関係に立ち，憲法上，この自由によって制約されるからである。いうところの「私学の自由」はほんらい「公立学校用の学習指導要領とは異なる教育目的を追求し，また公立学校とは別様な教育を組織する権利を私学に対して保障するもの」なのである[59]。

　それでは，学習指導要領所定事項のうち，どのような事柄が私学に対しては法的基準性（法的拘束力）をもちえないか，であるが[60]，これについては，先に列記したような「私学における教育の自由」の保護法益との緊張において，

---

(57)　北海道庁は 2007 年春，道内の全私立高校 54 校に対し，私学助成の査定項目として「国旗掲揚と国歌斉唱の実施状況」の報告を求めたという。ちなみに，2006 年の入学式で，道立高校の掲揚・斉唱率が 100 ％であったのに対し，私立高校の場合は掲揚率 66 ％，斉唱率 38 ％であったとされる（「朝日新聞」2007 年 7 月 14 日付け）。

(58)　最高裁判所・昭和 51 年 5 月 21 日判決，青木宗也他編「戦後日本教育判例大系（第 1 巻）」労働旬報社，1984 年，348 頁 1349 頁。

(59)　R.Wessermann (Hrsg.), Kommentar zum Grundgesetz für die Bundesrepublik Deutschland, 1989, S.691. 同旨の判例として，さしあたり，OVG Berlin, Urt. vom 2.2.1984, In: RdJB (1985), S.149.

(60)　この点について，公立学校についてであるが，福岡地裁のつぎのような判旨〈昭和 53 年 7 月 28 日判決『判例時報』900 号 3 頁〉は参考にされてよい。
　「教育課程の構成要素，各教科・科目の単位数，卒業に必要な単位数，授業時間数，単位習得の認定など学校制度に関連する事項は法的拘束力をもつ。しかし，各教科・科目の『目標』『内容』は訓示規定であって，法的拘束力と解するのは相当でない」。

第13章 「私学の自由」の法的構造

各個のケースに即して，個別・具体的に検討する他ない。

一般的にいえば，当該私学の存在意義と深く結合した「私学教育の自由」の核領域ないし本質的な内容に触れ，これを侵害するような規律は私学に対しては拘束力をもちえず，それを強制することは憲法上許されないと言えよう[61]。「私学と公立学校を均質化することは憲法に違反する」[62]と言い換えてもよい。教育目的や教育内容の面において，国民教育機関として，またその「公共性」に由来して，私学に求められているのは，公立学校教育との「等価性」（Gleichwertigkeit）であって，「同種性」（Gleichartigkeit）ではない[63]，ということをここで押さえておく必要があろう。

この点，私立学校法5条が学校教育法14条（法令違反の設備・授業等の変更命令）は私立学校には適用しない，と書いているのも，同じ趣旨に読める。

なお，以上のコンテクストにおいて，ドイツ・ベルリン州学校法が下記のような私学条項を擁しているのは私学教育の本質を衝いている，と高く評価されてよい。こう明記しているのである。

「私立学校の設置者は学校教育活動の形成，とりわけ特別な教育的，宗教的ないしは世界観的な刻印（Prägung）の決定，教育方法や教育内容の確定および教授組織に関する決定に際して，公立学校に適用されている規程とは別異にこれを行う義務を負う」（95条1項）。

参考までに，ドイツにおいては，「私学の自由」の憲法上の保障効果として，通説・判例上，公立学校用の学習指導要領（Lehrplan・Rahmenrichtlinie）は私学はこれを指針（Richtlinie）として考慮する必要はあるが，しかし私学に対しては，法的拘束力をもち得ないと解されている[64]。

敷衍して書けば，私学に対する国家の学校監督は，設置認可条件を継続的に充足しているかどうかに関する法監督（Rechtsaufsicht）だけに限定され〈私学

---

(61) たとえば，キリスト教系私学の式典で日の丸・君が代の掲揚・斉唱を強制するのも，これに該当しよう。なお，J.A.Frowein も「自由な教育活動の形成を認めない学校監督は私学の自由の本質的な核（Wesenskern）を侵害し，それ故に基本法に抵触する」と述べる（ders. Zur Verfassungsrechtlichen Lage der Privatschulen, 1979, S.24）。
(62) R.Wassermann (Hrsg.), a.a.O., S.691.
(63) 同旨：M.Baldus, Freiräume der Schulen in freier Trägerschaft, 1998, S.13. J.P. Vogel, a.a.O. S.26.
(64) さしあたり，I.v.Münch/P.Kunig (Hrsg.), a.a.O., S.677. F.Müller, Das Recht der Freien Schule nach dem Grundgesetz, 1982, S.376-S.378. J.A.Frowein, a.a.O., S.24. ちなみに，ザールラント州私立学校法はこの点を明記している（12条1項）。

第4節　私学の自由

に対する専門監督（Fachaufsicht）の否定〉，かくして私学は，たとえば，検定教科書以外の教科書を使用したり，独自の教授要領にもとづいて固有の教育課程を編成したり，さらには独自の授業計画・時間を定立できることになっている[65]。

3-2-3　学校の管理運営組織・内部組織編制の自由

改めて書くまでもなく，現行法制上，学校教育に関する事項を一元的に規定した学校教育法は，私学にも原則として全面適用されており，そこで学校の管理運営組織や，内部組織編制の面で公立学校と私学との間でほとんど差異は存しない仕組みとなっている。この法域における私学の独自性としては，学校教育法施行規則が「私立学校長の資格の特例」（21条）を定めているくらいである。

けれども，「私学の自由」にはまたその保護法益として本来，建学の精神や独特の校風にもとづいて，独自の学内規程・生徒規律を設定したり〈独自の教育的校風を形成する自由〉，学校運営をする自由，さらには学校の管理運営組織や内部組織編制の自由が含まれていると解される[66]。私学の存在意義・存立基盤とそこにおける学校運営や組織編制の有りようは大いに連関している筈だからである。かくして，上述した「私学における教育の自由」がいわば「内的学校経営形成権」（Recht zur Gestaltung des inneren Schulbetriebs）であるのに対し，この面における自由は「外的学校経営形成権」（Recht zur Gestaltung des äußeren Schulbetriebs）と称されよう[67]。

実際，たとえば，ドイツにおいては，一般法としての学校法はただ部分的にしか私学には適用されず ── 特別法として私立学校法が制定されているか，もしくは学校法が私学だけに適用される私学条項を擁している ──，この結果，私学の管理・運営組織は公立学校とかなり異なるものとなっている。

若干の例を挙げると，たとえば，教員・親・生徒代表によって構成され，学校経営への参加・共同決定機関として，今日，学校運営上重要な位置を占めている「学校会議」（Schulkonferenz）は，公立学校においては法制上の必置機関であるが，私学にあっては設置する必要はない。またワイマール期以来の長い

---

(65)　T.Böhm, Grundriß des Schulrechts in Deutschland, 1995, S.32. F.Müller, a.a.O., S.90. N.Niehues/J.Rux, Schul-und Prüfungsrecht, Bd.1, 2006, S.255.
(66)　J.P. Vogel, Das Recht der Schulen und Heime in freier Trägerschaft, 1997, S.89.
(67)　B.Pieroth/B.Schlink, a.a.O., S.181.

第13章 「私学の自由」の法的構造

伝統をもつ「父母評議会」(Elternbeirat) や「生徒代表制」(Schülervertretung) についても同様である[68]。

さらに学校に校長を置くか，置く場合，その法的地位や職務内容をどうするか，学校経営の形態として合議制を採るのか，独任制を敷くのか，学校の内部組織としてどのような機関を設置し，いかなる権限を付与するかといった事柄も，基本的にはすべて「私学の自由」に属しているとされている[69]。

そして実際，たとえば，自由ヴァルドルフ学校 (Freie Waldorfschule) においては校長は置かれておらず，会議権をもつ教育会議・管理会議・経営会議による，教員集団を中核とした合議制学校経営が行われているところである[70]。

なお，この法域において，いかなる範囲で，どの程度まで私学の独自性を認容するかは，すぐれて立法政策の課題でもあるが，いずれにしても，わが国における今後の学校法政策の課題の一つとして，ここで指摘しておきたいと思う。

3-2-4 教員や生徒を選択する自由

国公立学校においては，教員の採用や生徒の入学にあたって，たとえば，思想・信条を理由として，特定の人を優先的に取り扱うことはできない。「すべて国民は，法の下に平等であって，人種，信条，性別，社会的身分又は門地により，政治的，経済的又は社会的関係において，差別されない」(憲法14条1項) からである。

ところが，私立学校の場合はやや事情を異にする。入学者の選抜について言えば，受験生自身の能力や適性以外の要因を入学者選抜基準にすることができる。たとえば，宗派的私学が定員の一定枠を確保するなどして，その宗派の受験生を優先的に入学させても直ちに憲法違反とはならない。このような自由もまた憲法によって保障された「私学の自由」に含まれているからである。私学がその独自の存在を主張するためには，当該私学に独自の入学者選抜の方法があっていいのである。

しかし，私学に要求されている「公共性」(教基法6条1項，私学法1条) と

---

[68] 私学における親・生徒の参加制度について詳しくは，参照：J.P.Vogel, Partizipation an Schulen in freier Trägerschaft, In: RdJB (1987), S.272ff.
[69] J.P.Vogel, Das Recht der Schulen und Heime in freier Trägerschaft, 1997, S.89.
[70] A.Robert, Schulautonomie und -selbstverwaltung am Beispiel der Waldorfschulen in Europa, 1998, S.150-S.153.

の関連で，現実にどこまでがこの自由によってカバーされるかが問題となる。これは，結局は程度問題だから，それぞれのケースについて多角的な観点から総合的に判定していく以外にない。

　一例を引けば，「能力よりも医師の子優先」と世論の攻撃をうけた私立医科大学の入学者選抜問題がある。「縁故入学は私学なら当然」と大学側はいう。しかし，このようなケースは「私学の自由」の保護法益には属さないと言わなくてはならない。この場合は，当該私学の存在理由とは無関係な，親の職業の如何によって，受験生の入学機会を左右するものだからである。

　いずれにしても，私学が独自の選抜方法を採用している場合には，生徒の募集に当たって，それを明示しておかなければならないであろう。

　なお，教員の採用や雇用関係においても，原則的には，上述した考え方が概ね当てはまるが，これについては「私学教員の雇用関係と傾向経営」と題して後に改めて取り上げる。

4　私学設置認可の法的性質

　現行法制上，学校の設置・廃止や設置者の変更に際して，設置者は所轄庁の「認可」を受けなければならないとされており（学校教育法4条1項），また学校法人の設立を目的とする寄附行為についても所轄庁の「認可」が必要とされている（私立学校法31条1項）。

　問題は，ここにいう所轄庁の「認可」とはいかなる法的性質の行政行為なのかということである。その如何によっては私学の法的性格や私学設置申請者の権利，したがってまた私学行政の運用の有りようも大きく異なることになる。

　これについて，文部行政解釈筋は従来から一貫して「特許説」（設権行為説）を採ってきている。たとえば，私立学校法の制定に直接携わった旧文部省関係者はこう述べている。「学校教育は国家の専属事業であり，国が自ら行う場合の外は，国の特許によってのみこれを経営することができると解される」[71]。

　また文部科学省関係者の手になる最新の「教育法令コンメンタール」においても，次のように記されている。「公の性質を有する学校を設置することが元来何人にも自由になし得べき行為であるとは解されないこと，認可を得ることによってはじめて学校としての法的地位が付与されることから，第三者の法律

---

(71)　福田繁・安嶋彌『私立学校法詳説』玉川大学出版部，1950年，27ページ。同旨：鈴木勲編『逐条・学校教育法（第7版改訂版）』学陽書房，2009年，40頁。今村武俊・別府哲『学校教育法解説』第一法規，1968年，93頁など。

第13章 「私学の自由」の法的構造

的行為を補充する行為であるとは解されず，学問上の『特許』と解するのが妥当である」[72]。

このような特許説にたてば，その法的効果として，主要には，つぎの2点が帰結されることになる。すなわち，①私学の設置認可は所轄庁の自由裁量に属し，したがってその不認可処分に関して行政不服審査法にもとづく不服申立てを行うことはできず，またこれについて行政事件訴訟法による抗告訴訟（処分の取消訴訟）を提起することができない。②私学は所轄庁のきわめて広範かつ強度の監督権に服する。

けれども，このような見解は，国家が学校教育権を独占的に掌握していた明治憲法下においてならともかく，「私学の自由」を憲法上の基本権として保障していると解される日本国憲法下では，とうてい採用することはできない。いうところの「特許」とは，講学上，「国が自己の権利として保留した一定の事業を経営する権利を他の者に付与する行為を意味する」ものなのである[73]。

上記にいう所轄庁の「認可」とは，学校の設置という法律行為の効力を完成させるために必要な所轄庁の「同意」ないし「意思表示」を意味するのであり[74]，しかもこの場合，認可条件さえ充足していれば，所轄庁は当然に学校の設置を認可しなければならないと解される[75]。「私学の自由」，より直接には「私学を設置する自由」には「私学設置の認可請求権」（Rechtsanspruch auf Genehmigung）が当然に包含されていると見られるからである[76]。現行法制下においては，私学設置の認可行為は，自由裁量であると法規裁量であるとを問わず，所轄庁の裁量行為ではなく，覊束行為に属していると解すべきなのである。

だとすれば，かつて私学振興助成法の制定に伴う私学法の改正で，「文部大

---

[72] 教育法令研究会編『教育法令コンメンタール』第一法規，2013年，438頁。

[73] 味村治他共編『法令用語辞典』学陽書房，2003年，586頁。

[74] 同旨：有倉遼吉・天城勲『教育関係法Ⅰ』日本評論新社，1958年，49頁。小野元之『私立学校法講座』学校法人経理研究会，1998年，32頁。

[75] ちなみに，この点と係わって，民法学の碩学も次のように説いている。すなわち，民法上の公益法人については許可主義が採られており，したがって，その設立許可は主務官庁の自由裁量に属している。しかし学校法人については認可主義が採られており，「認可主義においては，許可主義と異なり，」法律の定める要件を具備しておれば，認可権者は，必ず認可を與えなければならない。私立学校法は「必ずしもこのことを明言していないが，……かように解釈することが立法の趣旨に適する」（我妻栄『民法総則』岩波書店，1963年，122～123頁）。

[76] さしあたり，I.v. Münch/P.Kunig (Hrsg.), a.a.O., S.563. J.P.Vogel, a.a.O. S.19 など。

臣は昭和56年3月31日までの間は…特に必要があると認める場合を除き，私立大学の設置…についての認可は，しないものとする」(附則第13号) とされ，私立学校の設置認可を所轄庁による「必要性の有無の判断」に掛からしめたのは，違憲の疑いが強いと評されよう[77]。

参考までに，ナチス・ドイツにおいては，この「必要性の有無の審査」(Bedürfnisprüfung) によって，私立学校制度は全面的に解体せしめられたのであった[78]。

なお付言すると，現行法制上，都道府県知事は私立学校の設置や学校法人設立の認可をするに際して，私立学校審議会の意見を聴かなければならないとされている（私学法8条1項）。

ただ私立学校審議会の委員構成に関して，従前においては，知事は委員のうちの3分の2以上を私学関係者から任命しなければならないとされていたのであるが（旧10条），規制緩和の流れをうけた2004年の私学法改正により，「私学関係者3分の2以上枠」は撤廃され，単に「教育に関し学識経験を有する者のうちから，都道府県知事が任命する」（同10条2項）とされて，今日に至っている。

第5節　私学の自由と生徒の基本的人権

1　私学における生徒の人権保障

すでに詳述した通り，わが国においても，「私学の自由」はいわゆる「憲法的自由」として憲法による保障をうけていると解されるのであるが，それでは，このような「自由」を享有する私学において，生徒はその基本的人権をいかに確保し主張しうるか。

これについて，一方には，たとえば，私立学校が生徒の信条を理由として教育上の差別待遇をしても，それは「私学の自治権」に属する教育問題であり，平等待遇や基本的人権の問題ではないとする有力な見解がある[79]。信条による教育上の差別待遇の禁止規定（教育基本法4条1項）は私立学校には適用されないというのである。こうした説に立てば，そもそも「私学の自由」を享有しいわゆる「私的自治」ないし「契約の自由」の原則が支配する私立学校にお

---

(77)　参照：T.Maunz/G.Dürig (Hrsg.), a.a.O., Art.7.Rdnr.111.
(78)　H.Heckel, a.a.O., S.231
(79)　田中耕太郎『教育基本法の理論』有斐閣，1969年，191頁。

第13章 「私学の自由」の法的構造

いては，原則として，生徒の基本的人権は語りえないということになるのであろう。「生徒の人権論の不在」である。

たしかに，私立学校が創学の精神や校風に基づいて教育を行い，独自の学内規律を設定することは，「私学の自由」として憲法上厚く保護されている法益であることは否みえない。しかし，それは，果たしてそこにおける生徒の人権を強く排除するほどに絶対的な保障をうけているものなのか。私学といえども「憲法からの自由」を享有している筈はなく，また現行教育法制が私学関係をなおも全面的に「私的自治」ないし「契約の自由」に委ねているとも解し難い。現行法制上，私立学校が「公的」教育機関として位置づけられていることが（教育基本法6条1項・8条，私立学校法1条），決定的に重要である〈公教育機関としての私学〉。

また他方においては，私立学校においても生徒の基本的人権の妥当性が否定される理由はなく，「教育目的の達成という根本目的を同じくしている公立学校と私立学校とで人権の適用に差異があってはならない」[80]とする立場がある。

しかし，こうした論旨を徹底させると，「私学の自由」を過小評価することにより，私学の存在意義そのものを否定することになりはしないか。生徒の教育をうける権利（憲法26条1項）には，宗教教育がその最たる例であるが，国公立学校では代替不可能なユニークな「私学教育をうける権利」も当然に含まれている筈である。それに，既述したように，「私学の自由」もまた憲法上の基本権に属しているということも決して無視されてはなるまい。

以上から知られるように，この問題は，要するに，「私学の自由」と生徒の基本的人権という二つの基本権が衝突した場合〈基本権の衝突ないし競合・Grundrechtskollisionen und Grundrechtskonkurrenzen〉[81]，両者の共存を基本的前提として（現行教育法制もかかる立場をとっていると解される），いかなる解釈原理に依拠して，どのように価値衡量するかということに帰着する。そして，それは，結局のところ，具体的な私立学校関係の法的性質・内容や生徒の人権に対する「制約の内容ないし程度を総合的に見て，そこでの表見的な人権侵害行為に合理的な理由があるかどうかを判断した上で決するより仕方がない」[82]のである。

---

(80) 戸波江二『憲法（新版）』ぎょうせい，1998年，163頁。
(81) この問題について詳しくは参照：A.Bleckmann, Staatsrecht II – Die Grundrechte, 4Aufl.1997, S473ff.
(82) 宮沢俊義『憲法II（新版）』有斐閣，1976年，249頁。

この場合，一般的にいえば，「私学の自由」は生徒の基本的人権に原則的に優位することになると言えよう。私立学校は「建学の精神に基づく独自の伝統ないし校風と教育方針とによって社会的存在意義が認められ，学生（生徒）もそのような伝統ないし校風と教育方針のもとで教育を受けることを希望して当該大学（私学）に入学するもの」〈昭和女子大学事件に関する最高裁判決・昭和49年7月19日『判例時報』749号4頁・（　）内筆者〉と一般的には推認されるからである。問題は，私立学校は「私学の自由」を根拠として，生徒の基本的人権をいかなる範囲において，どの程度まで制約できるかということにある。以下，これに関する主要な論点について考察を試みよう。

2　憲法の人権条項と私学
2-1　人権保障規定の第三者効力

そもそも憲法の人権保障規定は私立学校にも適用されうるのか。これは，憲法が保障する基本的人権は国家との間の「高権的関係」（hoheitliches Verhältnis）だけに限定されるのか，それとも私人相互の関係を規律する効力（いわゆる第三者効力・Drittwirkung）をも有するかという問題である。

この問題は，ドイツにおいてはワイマール時代以来，基本的人権の第三者効力の問題として，またアメリカにおいては「私的統治」（private government）の理論として，学説・判例上に活発な論議をよんできており，わが国でも近年憲法学における重要な論点の一つとされている[83]。

これについて，わが国の学説・判例上には，大別してつぎのような三様の見解が見られている[84]。

第1は，無効力説。これは，憲法の人権保障規定はもっぱら国家（公権力）と国民との間の関係のみに関するものであって，私人相互間には適用されないとするものである。この説によれば，憲法が明記している場合は別として，私人間における基本権侵害の問題は，法律によって解決されるべきだ，とされることになる。この説は，憲法はほんらい国家の組織と権力行使の法的基礎を定めたものであるという伝統的憲法観に立脚している。最高裁判所がこれに近い見解を採っており，たとえば，三菱樹脂事件判決〈昭和48年12月12日『判

---

(83)　芦部信喜『憲法学Ⅱ人権総論』有斐閣，1994年，279頁以下。なおドイツの学説状況について詳しくは参照：H.J.Papier, Drittwirkung der Grundrechte, In: D.Merten/H.J.Papier (Hrsg.), Handbuch der Grundrechte in Deutschland und Europa, 2006, S.1331ff.

(84)　さしあたり参照：佐藤幸治『憲法（第三版）』青林書院，1995年，435頁以下。

第13章 「私学の自由」の法的構造

例時報』724号，18頁〉において，こう判じている[85]。

「(憲法19条の思想・良心の自由条項は)，その他の自由権的基本権の保障規定と同じく，国または公共団体の統治行動に対して個人の基本的な自由と平等を保障する目的に出たもので，もっぱら国または地方公共団体と個人との関係を規律するものであり，私人相互の関係を直接規律することを予定するものではない」。

近年では，修徳高パーマ禁止校則事件判決〈平成8年7月18日〉］において，上記最高裁判決を引いたうえで，「私立学校である修徳高校の校則が憲法に反するかどうかを論ずる余地はない」と論断している[86]。

第2は，直接効力説。これは，「憲法は，国の最高法規であって，公法の領域であると私法の領域であるとを問わず国の法全般にわたって適用されるべきものであるから，私人による基本権の侵害に対しても，これを私人による憲法違反として裁判等でこれを主張することができる」，とするものである[87]。この説の根底には，現代憲法は国民の全生活にわたる客観的価値秩序であり，それは社会生活のあらゆる領域において全面的に実現されるべきだという新しい憲法観が横たわっている。この理論は下級審判決ではかなり採用されている。

第3は，間接効力説（公序説）。この説によれば，基本的人権はほんらい国家権力に対する市民の防御権（Abwehrrecht・対国家的公権）であり，したがって，その保障は私人間には直接には妥当しない。しかし，私人間の人権侵害行為に合理的な理由がない場合には，憲法の人権規定を承けた民法90条の公序良俗規定に違反し無効となる，とされる。この説は私的自治・契約の自由という私法上の基本原理を維持しつつ，私法の一般条項や不確定法概念を基本的人権の価値内容で「意味充填」（Sinnerfüllung）することによって，基本的人権を保障した憲法の精神を私法関係に照射せしめようとするものである。通説はこの立場に立つ[88]。なお，人権の価値と一般条項との結合の仕方いかんにより，

---

(85) この判決について参照：小山剛「私法関係と基本的人権 —— 三菱樹脂事件」高橋・長谷部・石川編『憲法判例百選Ⅰ（第5版）』，2007年，26頁以下。
(86) 「朝日新聞」1996年7月19日付け。
(87) 初宿正典『憲法2（基本権）』成文堂，1996年，169頁。
(88) さしあたり，野中俊彦・中村睦男・高橋和之・高見勝利『憲法Ⅰ（第4版）』有斐閣，2007年，243頁。
　なおドイツにおいても，連邦憲法裁判所のいわゆる「リュート判決」〈Luth-Urteil v.15.1.1958〉以来，通説・判例は間接効力説に立っているとされる（さしあたり，B. Pieroth/B.Schlink, Grundrechte-Staatsrecht Ⅱ，26Aufl.2010, S.49.）。

この説はさらに「積極的」間接効力説と「消極的」間接効力説とに分かれている。

2－2 人権保障規定の私学への適用

それでは，これらの諸説のうちのいずれが妥当であろうか。憲法学上の一般論はさて措き，ここでのテーマに即しての現行教育法制下における解釈論としては，「積極的」間接効力説が原則的に妥当であると考える。それは，以下の理由による。

①私立学校の教育関係について直接効力説を採りえない最大の理由は，それは「私学の自由」（私的自治）を破壊し，私学の社会的存在意義を根底から否認する結果を招来するのではないかという点にある。既に確認されたように，私学の存在およびその自由は現行憲法体制によって強く擁護されているのである。とすれば，国家権力による規制ならば当然に違憲であるような人権に対する制約でも，そこにおいては「私学の自由」に根拠づけられて容認される場合もありうるといわなければならない。くわえて，そういう私学を選択する自由（そういう法律関係を設定する自由）もまた憲法で保障された基本的人権であるということも，直接効力否定の有力な根拠となしえよう。

②かといって，「私学の自由」を不当に過大評価して，私立学校の教育関係には憲法の人権保障規定の効力はまったく及ばない（無効力説）とすることもできない。それは，私立学校の法的性質に起因する。

思うに，私人間における人権に対する制約の許容限度は，換言すれば，ある種の私的行為が人権侵害行為として憲法上の基準の適用をうけるか否かは，それが行われる団体の性格によって一様ではないと考えられる。すなわち，一般的にいえば，「私的」ないし「個人的」任意加入団体においては原則として人権はかなり大幅に制限できるが，強制加入団体や「公的」ないし「社会的」任意加入団体においては，広範囲に及ぶ強度な人権規制は肯認されえないと言わなければならない。

それでは，私立学校の場合はどうか。たしかに私学は，基本的には，私的発意と自己責任に基づいて設置・経営されているものではあるが，現行法制上，純然たる私的団体としては位置づけられていない。教育基本法や私立学校法は私立学校にも「公の性質」（教育基本法6条1項・8条）や「公共性」（私立学校法1条）を強く要求しており，これに対応してその教育・経営管理事項にかなり広範な規制を加えているのである。旧法制下におけるのと異なり，私立学校

第13章 「私学の自由」の法的構造

設置主体を「学校法人」とすることによって法人機構の「公共性」の昂揚をはかっていることなどがその顕著な例である。このような私立学校の「公共性」に徴すると，そこにおいては，合理的な理由を欠く人権侵害行為は憲法によって排除されると解するのが妥当であろう[89]。

なお，以上の点に関連して，アメリカにおける「私的統治」ないし「国家行為」(state action) の理論は大いに参考になると思われる。これは，「ある種の私的行為を種々の解釈技術によって国家化し，広汎に憲法の規制に服せしめる判例理論」であるが[90]，近年，この理論を私立学校にも援用して，そこでの人種差別や退学処分への憲法の直接適用を認める判例や学説が有力となっているのである。

すなわち，教育のもつ高度の公的性格・私立学校の果たす公的機能 (public function) を第1次的な根拠とし，これに加えて，財政援助・租税免除その他国から認められた特権，国によるコントロールの範囲と程度，私学に関する制定法の有無とその内容等の事情を総合的に考慮した場合，私立学校と国との密接性はきわめて強いと判断されるから，私立学校は国の agent とみなすことができ，したがって，憲法的規律に服するというのである[91]。

私立学校法制に差異があるとはいうものの，上記のようなアメリカの判例理論のわが国私学関係への援用の可否は検討に値しよう。

しかし，いずれにしても，上述したところとこの判例理論とはその根本趣旨において異なるところはないと言ってよい。

以上が，私立学校については間接効力説が妥当だとされる主要な理由であるが，それを更に「積極的」間接効力説たらしめる根拠として，つぎの2点をあげることができる。

一つは，憲法が標榜する社会国家理念からくる要請である。生徒の「教育をうける権利」はこの理念の具体的顕現の一つであり，したがって，「私学の自由」と「生徒の基本的人権」との価値衡量にあたっては，この理念が後者を強く支援することになる。

二つは，教育機関の特質に基づく要請である。教育機関としての私立学校においては，その本質上，生徒に対しても基本的自由・人権が可能なかぎり保障されなければならない〈民主的自由への教育・自律への教育・人権への教育〉。

---

(89) 参照：佐藤幸治・前出440頁。
(90) 芦部信喜『現代人権論』有斐閣，1977年，23頁。
(91) 同前33頁。

第5節　私学の自由と生徒の基本的人権

　こうして，私立学校においても，その性質および目的に合理的な関連性のない生徒の人権規制は，憲法の人権規定によって意味内容を充填された民法（90条）ないし教育法上の公序良俗規定（ことに教育基本法4条1項の「教育上の差別禁止」）を媒介として排除されることになる。しかも，この場合，人権の価値を公序良俗規定に積極的に導入することが求められているのである。
　なお以上と係わって付言すると，わが国が1994年に批准した子どもの権利条約は，批准・公布により，そのまま国法を形成して国内法関係にも適用をみている。そこで私学教育法関係において，権利条約が保障している各種の実体的権利・手続的権利と，憲法上の基本権である「私学の自由」との効力関係如何という問題が生じるが，ここでは憲法と条約との効力関係について，憲法学の通説および判例は憲法優位説に立っている[92]，ということだけを確認するに止めたい。

2－3　生徒の基本的人権の種類との関係

　上述のように，私学への人権規定適用の可否に関しては，積極的間接効力説が妥当なのであるが，ただそれはあくまで一般的な原則を確認しているにすぎない。私学における生徒の人権規制の可否・その強度については，規制の対象とされている基本的人権の内容・性質・機能に即した個別的な検討がさらに求められることになる。
　そしてその場合には，規制された生徒の人権が憲法が直接適用を前提としている権利〈児童虐待の禁止・奴隷的拘束からの自由等〉かどうか，生徒の人格的自律にとって重要な人権〈思想・良心・信教・表現の自由等〉かどうか，などが特に考慮されなければならないであろう[93]。
　このうち，後者について敷衍すると，「思想・良心の自由」（憲法19条）と「信教の自由」（20条1項）については憲法の直接的効力が認められると解される。思想・良心・信教の自由は純粋に個人の内心に関する本源的な基本権であって，他の精神的自由権に比して著しく強度の不可侵性を保障（絶対的な保障）されているからである。それに，そもそもこれらの基本権については，本質上，基本権相互の衝突は生じえないと言えよう。

---

(92)　さしあたり，浦部法穂『憲法学教室』日本評論社，2009年，365頁など。判例では，たとえば，日米安保条約に関する砂川事件最高裁判決〈昭和34年12月16日『判例時報』208号10頁〉など。
(93)　参照：戸波江二・前出161頁。

第13章 「私学の自由」の法的構造

したがって，たとえば，先に引いた昭和女子大学事件におけるように，その学校の教育方針とはなじまないという理由で学生に「思想自体の改変」を要求することは憲法上とうてい許されないというべきである[94]。この点について，同事件に関する第1審判決は間接効力説の立場で，学生の思想に対する大学側の寛容は法的義務であると説示したが，この判旨は憲法の精神を法律に強く反映させようとしており，結果的には直接効力説とさほど異なるところはない。

なお，冒頭に引いた「信条による教育上の差別待遇の禁止は，国・公立学校のみに限られる」とする見解は，上述の理由により，これに与することはできない。

他方，上記以外の生徒の基本権は「私学の自由」によってその効力は相対化され，憲法上の内容がそのまま私学関係に適用されることはないと言えよう。これらの基本権が「私学の自由」との関連でどの程度の相対化をみるかは，私学入学契約の設定目的や在学関係の法的性質に照らしながら，ケース・バイ・ケースのプラグマティックな評価によって個別具体的に決するほかない。これについての一般的基準を定立することは不可能である。

敢えて言えば，入学に際しての合意の有無は決定的基準たりえないこと，「私学の自由」の本質的内容を侵害する具体的危険の存在が必要であり，抽象的危険をもってはたらないこと，等を挙げることができよう。

3 私学在学関係の法的性質

生徒が私立学校に入学し在学する関係は，生徒・親と学校法人との契約に基づいている。この契約の内容は各私学の学則等によって一様ではないが，私立学校は生徒に所定の教育サービスを提供し，生徒・親はその対価として授業料その他を納付する義務を負うことをその基本的な内容としている（教育契約〈Unterrichtsvertrag〉ないし学校契約〈Shulvertrag〉）[95]。

ただ，このように私学在学関係の基本が契約関係として把握されるとしても，問題は，それがどういう性質の契約関係であるかということである。その性質の理解いかんによって，私学と生徒との間の法関係にかなりの差異が生じることになるからである。

---

(94) 同旨：中村睦男「私学助成の合憲性」，芦部信喜還暦記念『憲法訴訟と人権の理論』有斐閣，1994年，450頁。
(95) 参照：P.Gilles/H.Heinbuch/G.Counalakis, Handbuch des Unterrichtsrechts, 1988, S.145ff.

これについて，私学在学関係を純然たる私法上の契約関係と解する説がある。たとえば，近畿大学学生除籍処分事件に関する大阪地裁判決〈昭和40年10月22日〉はこう述べる[96]。

　「学生が私立大学に入学を許可されたことによって大学と学生の間に生ずる法律関係は私法上の在学関係と解せられるところ，学生は入学に際し，学生たる権利義務を有する地位の喪失ないし復活に関し，大学所定の規則に従うことを承認したものとみるのが相当である」。

　このような見解に立てば，私学在学関係の設定・形成には民法がストレートに全面適用され，そこにおいては「私的自治」ないし「契約の自由」(Vertragsfreiheit) の原則が大幅かつ強度に働くことになるのであろう。この結果，生徒（親）の立場がかなり不利になることはいうまでもない。

　たとえば，授業料を滞納すれば（債務不履行），学校側は直ちに民法541条の法定契約解除権を行使して当該生徒を除籍できる，などがその一例である。

　しかし，このように私学在学関係を単なる私法上の契約関係とみるのは誤りであろう。先にも触れたように，現行教育法制は「私学の公共性」に基づいて私立学校にも広範な公教育法的規律を加えており，そこにおける法律関係の形成をトータルに契約の自由に委ねているわけではない。それに現代法においては公法と私法の区別そのものが既に相対化しており，こうした動向のなかで「教育法」は「教育と教育制度に特有な法論理」を有する「特殊法」として，伝統的な公法にも私法にも属さない独自の領域をなしていると見られるのである[97]。したがって，私学在学関係には民法が一般法として妥当することは勿論であるが，事柄の性質によっては，教育法制論による民法の適用除外や修正適用もありうると解されよう。

　だとすれば，私学在学関係をあえて公法・私法の伝統的二元論に範疇づける必要はなく，それは教育主権＝公教育法による規律を多分にうけた，委任・請負類似の「特殊契約としての教育契約関係」として把握するのが妥当だと考える[98]。

　この点，私学法が相対的に独自の法域を形成しているドイツにおいても，私

---

(96)　兼子仁・佐藤司『判例からみた教育法』新日本法規，1977年，234頁。同旨：俵正市『改正私立学校法』法友社，2006年，37頁。

(97)　参照：兼子仁『教育法』有斐閣，1978年，7頁以下。

(98)　この点について詳しくは参照：拙著『学校教育における親の権利』海鳴社，1994年，121頁以下。

学在学関係(Privatschulverhältnis)は「その効力が公法上の条件に規律されている、私法上の契約関係である」[99]と捉えられているのが参考になる。

このように、私学在学関係は公教育法的規律下の特殊契約関係として捉えられるのであるが、その具体的法内容の確定はなお原則的には「契約の自由の原則」の下におかれていると解される。

この「契約の自由(Vertragsfreiheit)の原則」は「各人が自己の意思に基づいて自由に契約を締結して私法関係を規律することができるとする原則」であって、一般にその内容として次のような自由を含んでいるとされる。契約を締結すると否との自由、相手方選択の自由、契約内容の自由および契約方式の自由である[100]。ただこの原則は、現実には、私立学校の優位を法的に確保する機能を果たすことになり、くわえて、学校教育の本質に起因して、学校側に生徒に対する一定程度の包括的権能が認められるから、私学在学契約は「附合契約」的色彩を濃厚に帯びることになる。「私学の自由」がこれをさらに補強し、こうして私立学校は生徒(親)との関係においてかなり優位な地位に立ち、たとえば、既述したように、独自の学内・生徒規律を設定できることになる〈独自の教育的校風を形成する自由〉。

4 私学における生徒懲戒と教育的裁量

現行法制上、学校懲戒処分は「教育上必要があると認めるとき」(学校教育法11条)に、しかも「教育上必要な配慮」(同法施行規則26条1項)をしてなされうる「教育的懲戒」と本質規定されている。

この教育的懲戒は教育の自律性と専門技術性に由来して、「学内の事情に通暁し直接教育の衝にあたるものの合理的な裁量に任すのでなければ、適切な結果を期しがたい」(昭和女子大学事件に関する最高裁判決・前出)から、原則として、それは懲戒権者たる校長の教育的裁量事項に属していることは否みえない。具体的には、懲戒処分を発動するかどうか、懲戒処分のうちいずれを選択するかどうかについてである。とりわけ、私学においては、このような教育の特質にくわえて「私学の自由」が保障されているところから、この教育的裁量権は国・公立学校の場合に比して原則的にはより広範に認容されていると言えよう。

---

(99) E.Stein/M.Roell, Handbuch des Schulrechts, 1992, S.263.
(100) 杉村敏正・天野和夫編『新法学辞典』日本評論社、1993年、253頁。

とはいっても，この場合，懲戒処分は在学契約上の法律行為として生徒に対する権利侵害性（私学において学習する自由・教育をうける権利の侵害）を伴うものであるから，たとえ私立学校であってもそれが懲戒権者の全面的な自由裁量事項に属していると見るわけにはいかない。「私学の公共性」と係わって，私学の在学関係に対しても「拡張された法治主義」[101]が適用されると解すべきだからである。そうだとすれば，生徒懲戒に際しての裁量権の性質・範囲・限界は，換言すれば，それがいかなる範囲でどの程度にまで司法審査に服するかは，一方における「教育的懲戒性」と他方における「権利侵害性」とを個々の処分内容に即して具体的に比較考量しながら見定めていかなければならないと言えよう。

このような観点からすると，たとえば，昭和女子大学事件に関する控訴審判決〈東京高裁昭和42年4月10日〉におけるように，退学処分についてまで懲戒権者に大幅な自由裁量領域を認めることは甚だ疑問だと言わなければならない。学校教育法施行規則26条3項は退学事由を具体的に4項目だけに限定しており，したがって，各種懲戒処分のうちから退学処分を選択することは懲戒権者の自由裁量に委ねられているわけではなく，法の羈束をうけているのである。この点に関しては国・公・私立学校間に差異は存しないから，私立学校においてもそれはいわゆる「法規裁量」に属していると見るのが相当なのである。このような実定法的根拠にくわえて，退学処分は生徒の「私学において学習する自由」・「教育をうける権利」の剥奪行為として著しく強度の権利侵害性を帯びていること，またそれは，学校からの排除処分であっていわゆる「教育的懲戒性」がきわめて稀薄であること等も，退学処分を法規裁量処分たらしめる有力な根拠となろう。

こうして私学においても，退学処分の要件適合性につき懲戒権者が判断を誤った場合には違法となり，それに対しては当然に司法的救済が保障されることになる。ただ，法規裁量性の度合いには差異があるから（自由裁量と法規裁量とは截然と概念的に区別できない），退学処分の場合でも裁量権の行使に際してなお「私学の自由」が機能する余地のあることは否定できない[102]。

---

(101) 成田頼明「私立大学学生の在学関係とその退学処分の要件」『法律のひろば』（17巻3号），26頁。
(102) 近年，東京都においては私立中学を退学して公立中学校へ転入する生徒が増加傾向にあり（2004年度・359名），そこで2005年3月，東京都公立学校校長会は東京私立中学高等学校協会に対し「安易な退学処分の自粛」を申し入れた〈毎日新聞・2005年3月15

第13章 「私学の自由」の法的構造

なお,以上を踏まえたうえで,原則として私学の裁量に委ねられていると解される事柄であっても,①学校が事実誤認に基づいて処分をしたり,②常識的にみて著しく不合理な内容の判断をしたとき,たとえば,軽微な規律違反行為に対し不相応に過酷な懲戒処分（退学処分）をしたり〈比例原則違反〉,特定の生徒をいわれなく差別し不利益な扱いをしたり〈平等原則違反〉するのは,裁量権の限界を越え,違法となる。また,③表面上は適法にみえても,不公正な動機や教育目的以外の目的で,懲戒処分をすること〈他事考慮〉はもちろん許されることではない。たとえば,成績・素行の不良を表面上の理由としつつ,実は学校に対する批判を封じる目的で,学校の施設費や授業料を云々した生徒に対し転校を強要するがごときは[103],裁量権の濫用であり,違法である[104]。

つぎに,懲戒処分の手続についての問題がある。具体的には,いわゆる適正手続（due process of law）の要請が私立学校における懲戒権発動の要件とされうるかということである。

これについては,学校教育法令に生徒の懲戒処分手続に関する定めがないこともあって,旧来の通説・判例は,上述のように,生徒懲戒は懲戒権者としての校長の「教育的見地にもとづく自由裁量」に属すると解してきた。こうした立場からは当然に「学則に特別の規定があるか,あるいは慣行のある場合を除き,処分に先立ち,被処分者たる生徒の弁明をきくか否かは,処分権者たる校長の裁量にまかされていると解される」〈大阪地裁・昭和49年3月29日判決〉と論結される。

けれども,「私学の自由」によって補強された教育裁量権を有する私立学校においても,退学・停学などの懲戒処分や出席停止措置のような「生徒の法的地位・権利領域に強く触れる」措置・決定を行う場合には,生徒（親）に対する事前の聴聞は必須的要件をなしていると言える。つまり,こうした手続をとらずになされた処分は,学校の手続的義務が果たされていないものとして,手続的違法を帯びて無効ということになると言えよう。それは,主要には,下記

日付け）。また神奈川県では「私立高,生徒処分,県立の260倍」という現実が見られている（朝日新聞・2006年9月23日付け）。果たして,これらのケースがいうところの「私学の自由」のコンテクストに位置づくものであるかどうかは,個別具体的な検討に俟つ他ない。

(103) 私立中学の転校強制事件・神戸地裁判決・平成元年5月23日『判例時報』1342号120頁。
(104) 参照：原田尚彦『行政法要論（全訂第7版）』学陽書房,2012年,152頁。

第5節　私学の自由と生徒の基本的人権

のような理由による。
　①　今日の憲法学・行政法学の支配的見解および判例によれば，憲法31条の適正手続条項は刑事手続に関してだけではなく，行政手続にも準用ないし適用されると解されているが[105]，その趣旨はひろく「公教育機関としての私学」関係にも妥当し，かくしてこの条項は私学における懲戒手続にも準用されると解される。
　②　子どもの権利条約は子どもに対して意見表明権を保障し（12条1項），くわえて，この権利を手続的に担保するために聴聞をうける権利を保障している（同条2項）。「実体法上の権利としての意見表明権」と「手続上の権利としての聴聞権」の保障である。それは生徒の「適切な手続的処遇をうける権利」と称されようが，もとよりこの条約上の権利は私学における懲戒手続にも妥当し，この面での「私学の自由」を強く羈束することになる。

5　宗教系私学の特殊性

　以上，「私学の自由」と生徒の基本的人権にかかわる主要な論点について若干の考察をくわえたのであるが，そこにおいては宗教との関連は一応視野の外におかれていた。つまり，以上に述べたことは原則的にはあくまで「私立学校一般」についてであって，したがって，それが「宗教系私立学校」にもそのまま妥当するかどうかは更なる検討が必要とされよう。
　思うに，「私学の自由」を根拠としての生徒の基本的人権に対する規制の許容限度は，宗教系私学と非宗教系私学とでは異なると解される。
　すなわち，特定の強烈な宗教的スローガンを建学の精神や独自の教育方針としている宗教的私学においては，非宗教系私学におけるよりも，かかる規制はより広範にかつより強く容認されると言えよう。つまり，宗教的私学においては，事柄の性質によっては，上述したところにプラスして生徒の人権規制を行っても，それは必ずしも違憲・違法とはならないということである。このことは，生徒懲戒に際していわゆる教育的裁量論が働く余地についても妥当する。
　なぜなら，「宗教的私学の自由」は「信教の自由」（憲法20条1項）をその第1次的な根拠としており，したがって，それ自体，国家の非宗教性または政教

---

(105)　たとえば，樋口陽一・佐藤幸治・中村睦男・浦部法穂『憲法Ⅱ』青林書院，1997年，280頁。兼子仁『行政法総論』筑摩書房，1986年，74頁，78頁。

第13章 「私学の自由」の法的構造

分離の原則という憲法上の基本原則によって根拠づけられているからである。それはまた，具体的にも，憲法20条3項の反対解釈（私学における宗教教育・宗教活動の自由の保障）によって根拠づけられているところでもある。さらに，前述したように，歴史的には「私学の自由」の基本的実質はまさに（親の宗教教育の自由に対応した）「宗教的私学の自由」に他ならなかったということも，これを支援する論拠たりえよう。

とはいっても，実際問題としては，宗教系私学と非宗教系私学とを峻別することはできないし，また前者における宗教性の度合にも濃淡が存するから，この問題は一律には処理しえない。結局のところ，当該私学がどの程度の宗教的支配に服しているかは，法人寄附行為・学則・財源的基盤・組織編制・教育課程・伝統や慣習などを総合的に検討したうえで，個々のケースに即して具体的に判断する他ないであろう。

第6節　私学の独自性と傾向経営の理論

1　傾向経営の理論

「傾向経営」（Tendenzbetrieb）とは，ドイツの労働法学説が定義するところによれば，「第1次的に経済的目的ではなく，精神的・理念的目的（geistig-ideelle Ziele）を追求する経営ないし事業」のことをいう[106]。「傾向事業」（Tendenzunternehmen）とも称する。

この概念は1920年の経営協議会法〈Das Betriebsrätegesetz〉67条が「も政治的，労働組合的，軍事的，信仰的，学問的，芸術的，その他同様の使命に仕える経営」を営利的・経済的目的をもつ経営に対置して以来，ドイツの学説・判例上に用いられるようになったのである[107]。

第2次大戦後，1952年の経営組織構造法も上記条項を継受し ── ただし，同法は1920年法の「軍事的」に代えて，「慈善的，教育的」（karitative, erzieherische）を付加している ── また1972年に制定された現行の経営組織構造

---

(106)　A.Nikisch, Arbeitsrecht, Bd.3, 1966, S.46.
　　またE・フレイによれば「精神的・理念的観念が傾向性の不可欠の条件で，それは一定の価値実現（Werteverwirklichung）を目指すものでなければならない」とされる（E. Frey, Der Tendenzschutz im Betriebsverfassungsgesetz 1972〈以下，Der Tendenzschutzと略〉, 1974, S.31）
(107)　花見忠「傾向経営」『労働法の判例（第2版）』有斐閣，38頁。なお同法の原文は，E.Frey, a.a.O., S.11に所収。

法〈Das Betriebsverfassungsgesetz vom 15. Jan. 1972〉118条も,「傾向経営と宗教団体に対する（本法の：筆者）効力」と題して，以下のように規定している。

第1項 ——「直接的かつもっぱら（unmittelbar und überwiegend），政治的，労働団体・経営者団体的，信仰的，慈善的，教育的，学問的ないしは芸術的使命……に仕える事業および経営には，この法律は適用されない」。

第2項 ——「この法律は，宗教団体およびその慈善的，教育的施設には……適用されない」。

このように，今日，ドイツにおいては，傾向経営という概念はすでに実定法上の概念として確立しており[108]，また学説・判例上も重要な概念となっているのであるが，労働法学説の通説的見解や判例が説くところによって，この理論の基本的な内容ないし特徴的なメルクマールを摘記し，くわえて私立学校に引きつけて，上掲の経営組織構造法118条に関わって若干のコメントをすれば，下記のようである。

① 先に垣間見たところからも知られるように，傾向経営という概念は元来，経営組織構造法の領域に由来するものであるが —— 共同決定法〈Das Mitbestimmungsgesetz〉にもとづく労働者の経営参加は，傾向経営においては排除されるとの法理 ——，その後，学説・判例によって解雇保護法〈Kündigungsschutzrecht〉の領域に推及され，その結果，今日一般化している解雇法理としての内実を有するに至ったものである〈解雇理由としての傾向侵害・Tendenzverletzung als Kündigungsgrund〉[109]。

すなわち，精神的・理念的傾向性をもつ事業の使用者は，被用者が労働義務や一般法秩序に違背していない場合でも，傾向違反の思想・信条（にもとづく人格的態度・行動）を理由として被用者を適法に解雇できる，との法理がそれである[110]。

② 傾向経営ないし傾向事業の法的根拠は，通説・判例によれば，使用者の各種の基本権に求められる〈基本権の保障としての傾向の保護・Tendenz-

---

[108] この点，「Tendenzbetriebという概念は，西ドイツにおいても実定法上のそれではなく，依然として学説・判例上の概念にとどまる」との紹介が見えているが（花見忠・前出38頁），これは明らかに誤りである。

[109] E.Frey, Der Tendenzbetrieb im Recht der Betriebsverfassung und des Arbeitsverhältnisses〈以下，Der Tendenzbetriebと略〉, 1959, S.163. F.Schneider/R.Grossmann, Arbeitsrecht, 1976, S.238.

[110] 小西國友「傾向経営における解雇の法理」『ジュリスト』480号，有斐閣，56頁。

schutz als Grundrechtsgarantie〉。「人格の自由な発達権」（基本法2条1項），「信仰・良心・宗教・世界観の自由」（4条1項），「意見表明の自由・プレスの自由・報道の自由」（5条1項），「親の教育権」（6条2項），「私学の自由」（7条4項），「結社の自由」（9条1項）などである[111]。

③　いうところの傾向性は「内的傾向」（innere Tendenz）と「外的傾向」（äußere Tendenz）に区分される。前者は主観的傾向，後者は客観的傾向ともいう。

内的傾向とは当該団体の担い手がその内心において個人的・主観的に抱いている傾向をいい，外的傾向とは当該団体の理念ないし事業目的として客観的かつ対外的に提示されている傾向をいう。傾向経営にいわゆる「傾向性」（Tendenzeigenschaft）とは外部から認識可能な外的・客観的傾向をいう[112]。

④　解雇理由としての傾向侵害は，当該団体の傾向をその核心領域（Kernbereich）において侵害するものでなくてはならない。人的側面から捉えると，それは「傾向の担い手」（Tendenzträger）によってのみ可能なのであり，したがって，傾向侵害の存否の確定に際しては，当該被用者が上記にいう「傾向の担い手」に当たるかどうかが重要となる[113]。

ここで「傾向の担い手」とは当該傾向事業において「責任ある，有力な地位にある者」（in verantwortlicher und maßgeblicher Stellung）をいい，たとえば，劇場オーケストラの演奏者，労働組合の専従職員，学校の教員，障害児施設のカウンセラー，研究所の研究員などもこれに該当する[114]。

⑤　傾向侵害を理由として被用者を適法に解雇するためには，換言すると，被用者の思想・信条にもとづく行為が解雇保護法1条3項が規定する「解雇の正当事由」に当たるとするためには，当該経営に対して一般的・抽象的な危険が存在するだけでは足りず，具体的・客観的危険（konkrete, objektive Gefährdung）の存在が要件となる[115]。

⑥　判例・通説は使用者の基本権優先の観点から当該事業の傾向性を拡大解

---

(111) さしあたり，E.Frey, Der Tendenzbetrieb, S.31.A.Nikisch, a.a.O., S.46-S.47.G.Schaub, Arbeitsrecht von A-Z, 2004, S.948.
(112) E.Frey, Der Tendenzbetrieb, S.169, S.204. この点，フレイは「保護されるべきは，理念および経営上集団化された自由（betriebskollektivierte Freiheiten）である」という（a.a.O., S.110）。
(113) E.Frey, a.a.O.S.204.
(114) G.Engels u.a., Betriebsverfassungsgesetz-Handkommentar, 2006, S.1700. 判例では，たとえば，Bundesarbeitsgericht, Urt.v.4.8.1981.

釈する傾きがあるが，これに対して，被用者の基本的人権 —— とくに人格の自由な発達権（基本法2条1項）と職業選択の自由（12条1項）—— や経営参加権保護の立場から，法益衡量により〈基本権の競合ないし衝突・Konkurrenz und Kollision der Grundrechte〉，傾向保護条項を限定的に解釈する有力な見解も見られている。経営組織構造法118条1項は「とりわけ同法によって実現されるべき憲法上の社会国家原理と，他方における傾向の担い手の憲法上保障された自由権との間の均衡のとれた規律を目指すものである」との趣旨解釈がそれである[116]。

このような立場からは，解雇理由としての傾向侵害は被用者が故意にしかも著しく傾向に違反した場合に限られるとされる。また当該団体の傾向性もより厳格かつ狭義に把捉され，たとえば，政治的傾向企業は「政党および政党の認める，あるいは政党の部分目的を追求する法的に独立した企業」に限定すべきであるとされる[117]。

⑦　経営組織構造法118条1項にいう「教育的使命（erzieherische Bestimmungen）に仕える事業ないし経営」とは，同法の権威あるコンメンタールによれば「複数の教科で構成された計画的・方法的授業によって，人格の形成と発展に資する一般教育および職業教育のための教育施設」をいうとされている[118]。

そして私立学校はその種類の如何を問わずすべてこれに該当するとするのが，通説・判例である[119]。

この点，当事者であるドイツ私立学校連盟もその基本文書において自らを「傾向経営としての私学」（Privatschule als Tendenzbetrieb）と性格規定し，た

---

(115)　E.Frey, Der Tendenzbetrieb, S.177.
(116)　K.P.Frauenkron, a.a.O., S.270. 同旨：E.Frey, Der, Tendenzschuz, S.78.
(117)　木村俊夫「傾向経営における政治的信条を理由にする解雇」芦部信喜・高橋和之編『憲法判例百選Ⅰ（第3版）』有斐閣，63頁。
(118)　G.Engels u.a., a.a.O., S.1695.BAG, Urt.v.23.3.1999.
(119)　さしあたり，J.P.Vogel, Das Recht der Schulen und Heime in frier Trägerschaft, 1997, S.208. K.P.Frauenkron, a.a.O., S.272. BAG Urt.v.13.1.1987.
　　なお現在ドイツにおける学校法学の権威H・アベナリウスは「私学の自由」の保護法益の一つとしての「教員の自由な選択」の文脈でこの問題に言及し，経営組織構造法118条1項にいう「傾向の保護は，その独自性が同法の適用と相容れない私立学校にも及ぶ」と述べている（H.Avenarius/H.P.Füssel, Schulrecht, 2010, S.296）。またH・ヘッケルも「教員を自由に選択する権利は自由な学校（Freie Schule）としての私学の本質から当然に帰結されるものである」と述べる（H.Heckel, Deutsches Privatschulrecht, 1955, S.233）。

第13章 「私学の自由」の法的構造

とえば,「私学の傾向性はその教育上のコンセプトにある」,「教育上のコンセプトに対する違反は解雇事由となる」,「被用者は経済的事項に関しては参加権を有さない」など,これに関する基本的事項を確認しているところである[120]。

なお,特定の知識だけを教授する語学学校や成人教育施設は上記にいう事業には含まれないとされている。

⑧ 私学における「傾向の担い手」に教員が含まれるということに関しては,学説・判例上,異論はない。教員は当該私学の教育上のコンセプトを現実化し具体化する責務を負っているからだとされる。

これに対して,事務職員やその他の非教授職員はこれに該当しないとされている[121]。

⑨ 経営組織構造法118条2項は,ワイマール憲法137条で規定され,基本法140条によって現行法制上も妥当している原則＝「宗教団体の内的事項は立法権による規律を免れる」を踏まえたものである。

すなわち,教会立の宗派系私学（konfessionelle Privatschule）は上述の傾向経営の範疇外に位置するが,しかし本項によって同法の適用が排除されることになる。

以上,ドイツにおける傾向経営の理論と法制状況についてその概要を見たのであるが,それではこれに関するわが国の学説・判例状況はどうか。

代表的な裁判例として,日中旅行社事件に関する大阪地裁判決〈昭和44年12月26日判決・「判例時報」599号90頁〉がある[122]。

中国で文化大革命が起り,政治路線に重大な変更が生じたことに伴って,対中国関係の貿易・旅行業者（日中旅行社）内でも中国派（多数派）とソ連派のイデオロギー対立が激化し,中国派がソ連派の日本共産党員である社員を解雇し,その事務所を閉鎖した。

これに対して,解雇された社員は会社側の行為は政治的信条を理由とする解雇であり,憲法14条（法の下の平等）,労働基準法3条（信条等による差別的取扱の禁止）に違反し,公序良俗に反して無効である,と主張して提訴したのが本件である。

---

(120) Bundesverband Deutscher Privatshulen - Bildungseinrichtungen in feier Trägerschaft e.V. (Hrsg.), Privatschule als Tendenzbetrieb (Broschüre), 2007, S.1-S.3.
(121) さしあたり,J.P.Vogel, a.a.O., S.208
(122) 本件の解説として参照：尾吹善人「イデオロギーの相違を理由とする解雇の有効性」『ジュリスト』482号,21頁以下。

これについて，大阪地裁は，大要，つぎのように判じて，本件解雇は違法・無効であるとした。

① 憲法14条と労基法3条は，イデオロギー（思想・信条）による差別的取扱とイデオロギーを雇用契約の要素とすることを禁止しているが，他方で憲法22条は「営業の自由」を保障しているので，特定のイデオロギーを存立の条件とし，かつ労働者に対してもその承認・支持を要求する事業（傾向事業・筆者）の運営が認められる。

② この二つの憲法上の要請を満たすためには，「その事業が特定のイデオロギーと本質的に不可分であり，その承認，支持を存立の条件とし，しかも労働者に対してそのイデオロギーの承認，支持を求めることが事業の本質からみて客観的に妥当である場合」に限られる。

ただし，それは憲法14条，労基法3条の例外をなすものであるから，個別的な雇用契約のみならず，労働協約か少なくとも就業規則に明記されなくてはならない。

③ 本件の場合には，上記のような「本質的不可分性」は認められないし，また政治的信条を理由とする解雇は，事業に明白かつ現在の危害を及ぼす具体的危険が発生したと認められる場合は格別，そうでない限り憲法14条・労基法3条に違反し，ひいては公序に反するものであるから民法90条によって無効である。

学説においては，一部には傾向経営理論それ自体に対して批判的な見解もあり[123]，また「この概念はなお十分に消化されておらず，それに関連した解雇法理も試論の域を出ていないのが実情」だとの評価も見られている[124]。

しかし労働法学の多数説は傾向経営ないし傾向事業という概念を承認し，「特定のイデオロギーが当該企業の存立基盤であり，業務内容も右イデオロギーと一体的関係にある特殊な場合にかぎって，解雇が許されるという形で」[125]，個々のケースに即して，使用者と被用者の利益を調整するというアプローチに立っている。

こうして，被用者の思想・信条を理由とする解雇が問題となりうるのは，①特定の政治・宗教・慈善等の精神的・理念的目的のために奉仕する非営利的な

---

(123) たとえば，花見忠・前出39頁。
(124) 山口俊夫「傾向経営」『労働判例百選（第3版）』有斐閣，34頁。
(125) 芦部信喜『憲法学Ⅱ　人権総論』有斐閣，1994年，297頁。同旨：菅野和夫『労働法』弘文堂，1994年，118頁。

団体・事業であること，②その場合でも，被用者を職種と職階によって区別し，提供すべき労務の内容と当該団体のイデオロギーが不可分・一体的な関係にあること，③被用者の思想・信条それ自体ではなく〈思想・信条の自由の絶対的保障〉，それにもとづく態度・行動によって事業運営が現実に阻害される具体的危険性が存在すること，等が要件とされている[126]。

2　傾向事業としての私学

既に言及したように，私学の積極的な存在意義は国・公立学校では不可能な，あるいは容易に期待できないユニークな教育を提供することにあると言える。表現を代えれば，私学の私学たる所以は，突き詰めれば，国・公立学校とは異質な「私学教育の独自性」に求められるということである〈私学の特性としての教育の独自性〉。

ちなみに，この点について，昭和女子大学事件に関する最高裁判決〈昭和49年7月19日『判例時報』749号4頁〉も，下記のように判じている。

「私立学校においては，建学の精神に基づく独自の伝統ないし校風と教育方針とによって社会的存在意義が認められ，学生もそのような伝統ないし校風と教育方針のもとで教育を受けることを希望して当該大学に入学するものと考えられるのであるから，右の伝統ないし校風と教育方針を学則等において具体化し，これを実践することが当然認められるべきであり，学生としてもまた，当該大学において教育を受けるかぎり，かかる規律に服することを義務づけられるものといわなければならない」。

上記にいわゆる「私学教育の独自性」は，公立学校教育との対比における相対的概念であるが，それは，ここでのコンテクストにおいて捉えれば，「私学の教育的傾向性（erzieherische Tendenz）」とその本質において同義であろう。先に触れたように，公立学校は「平等と社会的統合の原理」に立脚し，したがって，そこにおける教育は共通教育を基本とし，これに対応して法制度上，「教育の中立性原則」がセットされている〈公立学校教育の共通性・中立性＝公立学校多様化の法制度的限界〉。

これに対して，私学制度は「自由と社会的多様性の原理」を基盤としており，「私学の自由」の憲法上の保障に裏打ちされて，各私学はそれぞれに教育理念や教育上のコンセプトにおいて，公立学校ではとうてい認められないよう

---

[126]　山口俊夫・前出34-35頁。花見忠・前出39-40頁。木村俊夫・前出63頁。

第 6 節　私学の独自性と傾向経営の理論

な独自性＝私学に固有な精神的・理念的観念（geistig-ideelle Vorstellung）をもつことが，教育法制上，当然に認容され，それどころかより積極的に期待されているということである〈私学教育の傾向性・教育的傾向事業としての私学〉。

　ここで具体的に，今日，世界的にもっとも名高い私学の一つであるシュタイナー学校（正式名称は自由ヴァルドルフ学校・Freie Waldorfschule）を範例として引いておきたい。

　よく知られているように，シュタイナー学校は教育学者R・シュタイナーがその理論（人智学・Anthroposophie）を基に1919年にドイツで設立したものであるが，そこにおける教育目的や教育課程，教育方法，成績評価，学校の組織編制や管理運営，さらには施設・設備の面までが「ヴァルドルフ教育学」（Waldorfpädagogik）の具象化であり，しかもこのような独自の教育を展開するために自前の教員養成施設（ゼミナール）も擁しているのである[127]。

　ところで，「私学の独自性」という概念は，私学の存在意義や役割と関わって，私学にとっては「私学かくあるべし」との「指標概念」ないし「規範概念」であると同時に，国家公権力との関係においては，「私学の自由」の憲法上の保障によって担保された「法規概念」（Rechtsbegriff）であるということが重要である。敷衍すると，私学の独自性を根底から破壊するような措置は勿論のこと，その中核領域に権力的に介入するような立法・行政上の措置は，「私学の自由」を侵害するものとして違憲・違法であり，当然に裁判上の救済の対象となるということである。

　この点，教育基本法8条が「……国及び地方公共団体は，その（私立学校の・筆者）自主性を尊重しつつ……」と書き，また私立学校法1条が「この法律は，私立学校の特性にかんがみ，その自主性を重んじ，……」と明記しているのも，実定法上，上記法理を確認したものと解される。

　以上，詰まるところ，現行教育法制は「私学の自由」の憲法上の保障と相俟って，私学を傾向事業として位置づけており，かくして上述した「傾向経営の理論」は私学に対しても原則的に妥当するということになる。

　ちなみに，傾向経営の理論の母国ドイツにおいては，私学が傾向経営ないし傾向事業に属することは，学説・判例上も，実定法制上も自明視されていることは，すでに言及したところである。

---

(127)　A.Robert, Schulautonomie und-selbstverwaltung am Beispiel der Waldorfschulen in Europa, 1999, S.103ff.
　　　Arbeitsgemeinschaft Freier Schulen（Hrsg.）, Handbuch Freie Schulen, 1993, S.193ff.

第13章 「私学の自由」の法的構造

　実際，わが国においても「傾向教育」という概念を措定して，私学労働関係に傾向経営の法理を援用している判例が見られており，その判旨も大筋において支持されよう。青山学院初等部教諭解雇事件に関する東京地裁判決〈昭和41年3月31日・労働関係民事裁判例集17巻2号347頁〉がそれである。
　この事件は「キリスト教信仰にもとづく教育」を建学の精神として標榜する青山学院において（寄附行為4条・青山学院教育方針），受持ち児童を引率して講堂礼拝に参加しなかった初等部の教諭が就業規則違反を理由に解雇されたものであるが[128]，東京地裁は下記のように述べて，学校法人側の解雇処分を支持している。
　「被申請学院の……教育方針並びにこれに基づく教育課程としての礼拝実施は被申請学院初等部のごとき私立小学校においては学校教育法施行規則第24条第2項（現50条2項）により容認されているところであるから，申請人ら同部勤務の教職員が一般に就業規則，校則，慣行等の命ずるところに従いこれに参加協力しなければならないのはむしろ当然であって，申請人が自己の信仰その他の理由により右礼拝に参加しないことを正当視し得るような特段の事情はなんら疎明されていない。
　しかるに申請人が……長期にわたり正当の事由なくして講堂礼拝に参加せず，初等部長の再三にわたる注意や勧告にも応ずる色を見せなかったのは，被申請人学院初等部の正当な傾向教育の基本方針に協力しないものであって，被申請人がこれを理由として申請人を解職に値すると判断したのは何ら不当ではなく，これがため同人を休職処分に付した上でその休職期間の満了をまって解雇することは，何ら解雇権の正当な行使の範囲を逸脱するものではない」。
　これまで述べてきたことと関わって，以下に5点，付言しておきたいと思う。
　第1。いわゆる良妻賢母教育を伝統的校風とする私立女子高において，ノーネクタイ教員が教員としての適格性を問題視されて解雇されるという事件が起きているが〈麹町学園事件に関する東京地裁昭和46年7月19日判決・判例時

---

(128)　ちなみに，学校法人青山学院の寄附行為4条は「青山学院の教育は永久に基督教の信仰に基づいて，行われなければならない」と書き，また就業規則2条は「本法人職員は基督教の精神に則りこの規則に違い，本学院設立の目的を達成するように努力しなければならない」と定めている。
　なお学校法人基督教大学はいわゆるCコード（Christian Code）を擁しており，キリスト者であることが原則として専任教員の要件とされているが（寄附行為施行規則），かかる規程もこのコンテクストに位置づくものと言える。

報639号61頁），このようなケースに「傾向経営における解雇の法理」が妥当しないことは，既述したところから判然としていよう。

また校内において政治活動をしないとの条件で採用された教員が，それに違反したとして解雇された事件も発生している〈十勝女子商業事件に関する最高裁昭和27年2月22日判決・菅野和夫他編「労働判例百選〔第7版〕」，14頁〉。このケースは私法関係にも憲法の人権条項が適用されるか（いわゆる基本的人権の第三者効力・Drittwirkung）という観点からアプローチされるべき問題で，同じく「傾向経営における解雇の法理」とはおよそ無縁であると言わなくてはならない。

第2は，傾向経営における解雇の法理と私学教員の身分保障法制との関係についてである。労働契約法上，私学の経営者には所属教職員の解雇権が存しており，そしてそれは傾向経営においては相対的に強化されるのであるが，しかし他方では私学教員についても教育基本法9条2項が定める「教員の身分保障の原理」が妥当している。湘南女子学園教員解雇事件に関する横浜地裁横須賀支部判決〈昭和46年12月14日『判例タイムズ』282号252頁〉にもあるように，「私立学校教員の勤務関係が労働契約関係であっても，私学経営者は当然に右の（旧教育基本法6条2項所定の・筆者）教員の身分尊重義務を負うと解すべく，その具体化は解雇権の制限として現われるものと言わなければならない」のである。

くわえて，「私学の公共性の原理」（教基法6条1項・8条，私学法1条）からの要請もあり，こうしていうところの「傾向経営としての私学」においても，経営者の解雇権は教育法制上の制約を受けることとなり，一般の民間傾向事業におけるそれよりも弱化することとなる。

この問題は，結局のところ，当該私学の傾向性の濃淡，教員による傾向侵害行為の強度，その結果としての傾向に対する明白かつ現在の具体的危険の存否などを総合的に検討して，個別的に判断する他ない。

第3。いうところの傾向経営の理論はあくまで「傾向経営」における「労働関係」（傾向労働関係）に関するものだということを，指摘しておかなくてはならない。つまり，それは労働者の解雇（保護）に関する理論であって，いかなる意味においても「教育関係」をその内容として予定してはいない。傾向経営の理論は私学における生徒・学生の基本的人権を制約する論拠たりえないということである。

第4として，労働基準法の実効化のための使用者の義務との関係である。労

働基準法上，労働者の権利・義務を明確化するために，使用者には就業規則の作成義務が課せられているが（89条1項），そしてこの就業規則は労働契約に対して強行的直律的効力を有するものであるが（同93条），「解雇の事由」をふくむ「退職に関する事項」は就業規則の絶対的必要記載事項とされている（同89条3号）。

したがって，「傾向事業としての私学」にあっても，当該私学の傾向を侵害する行為は解雇事由に当たる旨を就業規則で明記しておかなくてはならない。またその前提として，学校法人の設立目的は，私立学校法上，寄附行為の必要的記載事項とされている（私学法30条1項），ということにも留意を要しよう。

第7節　私学の公共性

1　公教育機関としての私学

私立学校は基本的には私人や私的団体の発意と自己責任にもとづいて設置・経営されるものだから，本来，それは私的機関であって，そこにおける教育は私教育に属する。現に西欧においては，歴史的に，私学教育は「国家の学校監督から自由な私教育」とされてきたし，今日においても，たとえば，フランスやスペインなどにおいては基本的にはそうである。

ちなみに，たとえばスペインでは，「教育の自由」と「私学の自由」の憲法によるダブル保障をうけて（27条1項・6項）[129]，公費助成をうけるために国と契約を締結した私学はともかく，そうでない私学（「承認をうけていない私学」〈centro no concertado〉と称する）は国家的規制としてはただ学校設置の認可手続だけに服しているにすぎない[130]。

ところがわが国においては，現行法制上，私立学校は公教育機関として位置

---

(129)　スペイン憲法（1978年制定）27条1項「何人も教育をうける権利を有する。教育の自由は保障される」。同条6項「法人および自然人は，憲法上の諸原則を尊重する限り，教育施設を設置する自由を保障される」。In: S.Jenkner (Hrsg.), Das Recht auf Bildung und die Freiheit der Erziehung in Europäischen Verfassungen, 1994, S.73.

(130)　Eurydice, Formen und Status des privaten und nicht-staatlichen Bildungswesens in den Mitgliedstaaten der europäischen Gemeinschaft, 1992, S.33.

また，この点と関連して，ドイツ連邦憲法裁判所もこう判じている。「基本法7条4項（私学の自由）は国家の影響を免れる領域（Der dem staatlichen Einfluß entzogene Bereich）としての私立学校制度を保障している。そこにおける教育は自己責任によって刻印され，かつ形成される。とくに教育目的，世界観的基盤，教育方法および教育内容に関して

づけられており，私学教育は公教育に包摂されている。旧教育基本法は「法律に定める学校は，公の性質を有する」（6条1項）と規定していたし，新教育基本法もこの点を改めて確認しており（6条1項，8条），さらに私立学校法も「私学の公共性」[131]を高めることをその主要な目的としているところである（1条）。

こうして公教育機関たる私立学校は，一方では「私学の自由」を享有しながらも，他方ではその公共性に起因して，教育基本法をはじめ学校教育法令の適用を国公立学校と基本的には同様にうけ，所轄庁の監督下におかれている。

たとえば，設置にあたっては設置基準に基づく認可を要し，教育課程に関しては宗教教育を除いて公教育法令に則ることを要求され，教員の資格要件も国公立学校教員の場合となんら異ならない。学校法人の経営組織や収益事業などに対しても監督がなされ，一定の事由がある場合には，所轄庁は学校法人に対して解散を命ずることもできる（私学法62条）。くわえて，2005年4月には「私学の公共性」をより高めるために，学校法人における管理・運営制度，財務情報の公開，私立学校審議会の構成などに関し，私立学校法が改正されたところでもある（10条・38条・47条など）。

ところでこの場合，私学の公共性の根拠については，大きく，以下のような二様の見解が見られている。

一つは，学校教育＝国家の専属事業説。私立学校法の制定に携った旧文部省関係者の見解である。それによると，「学校教育は国家の専属事業であり，国が自ら行う場合の外は，国の特許によってのみこれを経営することができると解される。従って，私立学校は，国が自ら行うべき事業を，国に代わって行っているものと解せられるから，私立学校は公共性を有する」[132]とされる。

しかしこうした見解は，学校教育権を国家が独占的に掌握し，「教育の自由」

はそうである」（zit. aus M. Sachs (Hrsg.), Grundgesetz-Kommentar, 4Aufl. 2007, S.408）。
(131) いわゆる「公共性」なる概念は多義的・多元的な概念であって，しかもその内実は時代により，国により，また学問分野によっても異なる。つまり，この概念は法律学にいう「不確定法概念」（unbestimmter Rechtsbegriff）に属するが，しかし憲法12条・13条，教育基本法6条1項，私立学校法1条などに見られるように，実定法上の概念でもある。

そこで，法律学の観点から，いうところの「公共性」の基準を設定することが入用とされるが，一般・抽象的には，憲法の基本的価値および基本原則，より具体的には，基本的人権の尊重，自由主義，民主主義，法治主義，社会国家原則といった，普遍基本法原理にそれが求められよう。

(132) 福田繁・安嶋彌『私立学校法詳説』玉川大学出版部，1950年，27頁。

第13章 「私学の自由」の法的構造

は原則的に否認され,「国家的事業としての私学」[133]という位置づけがなされていた明治憲法下においては妥当しえても,現行法制下においては到底容認できるものではない。既に詳しく見た通り,日本国憲法は国民の基本的人権として「私学の自由」を保障していると解されるのであり,そしてそれには「私学設置の自由」が当然に包含されているからである。

つぎに,学校教育事業＝公的事業説。こう説かれる。

「系統的学校制度において実現される学校教育事業は,国民全体のものであるという基盤の上にたって行われるとき,公的事業であり,公共のために行われるものであるということができ,それ故に,公の性質をもつ」[134]。

やや一般的かつ抽象的な表現ではあるが,この限りでは確かにその通りであろう。

しかし問題は,何故,私学にも「公共性」が求められるのか(あるいは私学は公共性を有しているとされるのか),そしてそれは私学(教育)にとってどのような意味をもつのか,その場合,私学の存在意義・私学教育の独自性や「私学の自由」との関係はどうなるのか,ということである。

私学(教育)が公共性ないし公益性を有していると見られるのは,あるいは私学にそれが期待されるのは,自由・民主主義憲法体制下,「教育における価値多元主義」を前提として,私学が国公立学校とは異質な独自の教育によって〈私学の存在意義としての私学教育の独自性〉,第一義的には子どもの「教育をうける権利」(ユニークな私学教育をうける権利・宗教教育をうける権利)や「親の教育権」(とくに宗教教育権・教育の種類の選択権)に対応して,これら個人的な権利の保障に任ずることによって,市民社会ならびに教育における自由と多様性を確保し,同時に「自律的で成熟した責任ある市民・主権主体＝パブリック・シチズン(public citizen)」の育成,したがってまた自由で民主的な社会や国家の維持・発展という社会公共的な課題を担っている(担うことが求められている)からである〈私学の公共性の根拠としての私学教育の多様性・独自性〉。

---

(133) この点,行政法学の泰斗美濃部達吉はこう書いている。「私立学校ハ……国家的事業タル性質ヲ有スル」,「(それは・筆者)国家的性質ヲ有シ国家ノ特許ニヨリテノミ私人ニ於テ之ヲ設立シ得ベキモノ」(『行政法撮要』〈下巻〉有斐閣,1932年,495頁)。

(134) 有倉遼吉・天城勲『教育関係法Ⅱ』日本評論社,1958年,92頁。なお私学関係者もこの見解を強く支持している(たとえば,東京私学教育研究所『私学の性格についての研究』,1993年,417頁)。

第7節　私学の公共性

　くわえて，わが国の私学現実（高校段階）にあっては，国公立学校の量的補完型私学がマジョリティーを占めており，そしてかかる私学は国公立学校と並ぶ国民教育機関として，国公立学校に入学することができなかった生徒の教育機会を確保し〈教育の機会均等保障〉，国や地方自治体に代わって彼らの教育をうける権利を保障するという社会公共的な任務を現実に担っているからでもある〈国公立学校の量的補完型私学による生徒の教育をうける権利の現実的保障〉。

　私学は単に子どもや親の個人的便益に応えるだけではなく，公共的便益・社会的需要に資することも期待されている，と言い換えてもよい。ドイツの学説を借用すれば，「私立学校もまた公共的な教育課題（öffentliche Bildungsaufgaben）を担っており，かくして公教育制度に参画している」ということにほかならない[135]。だからこそ親以外の国民の負担にもかかる公費によって私学補助がなされているのであろう。

　ちなみに，この点，ドイツのバーデン・ビュルテンベルク州憲法は「公立学校における授業と教材は無償とする」（14条2項前段）と規定したうえで，端的にこう明記している。

　「公の需要（öffentliches Bedürfnis）に応え，教育的に価値があるものとして認められ，かつ公益に立脚した教育をしている私立学校（auf gemeinnütziger Grundlage arbeitende Privatschulen）は，…財政的な負担の均等を求める権利を有する」[136][137]（14条2項後段）。

　そして，これを承けて，私立学校法が「私立学校は…州の学校制度を豊かすゝ（bereichern）という公共的な課題に資するものとする。私立学校は自由な学校選択の機会の提供を補い，また独特な内容と形態の教育を行うことによって

---

(135)　J.P.Vogel, Das Recht der Schulen und Heime in feier Trägerschaft, 1997, S.3.
(136)　P.Feuchte, (Hrsg.), Verfassung des Landes Baden-Württemberg, 1987, S.171.
　　なおドイツにおいても私学には「公益性」（Gemeinnützlichkeit）が求められており，かかる「公益に資する学校」（gemeinnützige Schule）は一定の要件下で私学助成請求権を有し，また税法上の特権を享有している。なお，ここで「公益に資する」とは，利潤の追求ではなく，宗教的，世界観的，教育的な目的の追求をもっぱらとすることをいう（H.Avenarius／H.P.Füssel, Schulrecht, 2010, S.294）。
(137)　この点，オーストリアにおいては，「私学の公共性」はさらにクリアで，憲法が「私立学校には公権（Öffentlichkeitsrecht）が賦与される」と明記している（14条7項）。その意義については，参照：M.Juranek, Schulverfassung und Schulverwaltung in Österreich und in Europa, 1999, S.246.

第13章 「私学の自由」の法的構造

学校制度を促進するものである」(1条)と述べるところとなっている。
　なお，ここで重要なのは，私学の存在意義ならびに「私学の自由」保障とかかわって，いうところの社会公共的な教育課題の遂行として私学に求められているのは，国公立学校教育との「等価値性」(Gleichwertigkeit)であって，「同種性」(Gleichartigkeit)ではないということである[138]。
　表現を代えると，教育目的・内容，組織編制，教員の資質などに関して私学には国公立学校との等価値性が要求されるということであり，この要件を具備することがすなわち私学が公共性をもつということなのである。
　かくして，いうところの「私学の公共性」に基づくパブリック・コントロールは「私学教育と国公立学校教育との等価値性」を確保するための，必要かつ最小限の措置に限定されなくてはならない，ということが帰結されることになる。

2　私学の公共性と独自性

　上述したところと係わって，「私学の独自性」について，ここで若干言及しておきたいと思う。
　私学の独自性という概念は国・公立学校との対比における相対的なものである〈国公立学校あっての私学の独自性〉。つまり，国公立学校の有りよう如何によって，いうところの私学の独自性の内実も変化し，そして場合によっては，それが消滅してしまうことも有りうるということである。
　たとえば，わが国においては国公立学校における宗教教育は憲法上禁止されており（憲法20条3項），そこで宗教教育を実施したり，宗教的な活動や行事を行うことは私学の独自性の最たる事柄に属している。けれども，比較法制的な観点から眺めれば，たとえば，ドイツやイギリスがその例であるが，公立学校で宗教教育を正課として実施している国も見られている。これらの国にあっては，私学の独自性について語る場合，宗教教育実施の有無はその内実をなしてはいないのである。
　ところで，私学の独自性という概念は，「指標概念」ないし「規範概念」であると同時に，「法規概念」(Rechtsbegriff)でもあるということが重要である。この概念が法規概念であるということは，いうところの私学の独自性を根底から破壊するような，その本質部分に関わる権力的介入は「私学の自由」を

---

(138) H.v.Mangoldt/F.Klein/C.Starck, Kommentar zum Grundgesetz, Bd.1. 2005, S.784.

侵害し，違憲・違法となるということである〈「私学の独自性」を担保する法的手段としての「私学の自由」〉。

ちなみに，この点，現行法制も控え目ではあるが，私立学校法が「私立学校の特性にかんがみ，その自主性を重んじ…」(1条)と書き，また教育基本法も「国及び地方公共団体は，その自主性を尊重しつつ…」(8条)と規定して，国および地方自治体の私学の自主性尊重義務を明示的に確認しているところである。

また私学の独自性という概念は「私学は本来かくあるべし」という私学にとっての指標概念・規範概念なのであり，それは私学の存在意義や役割を根拠づける鍵概念であるということを，ここで改めて確認しておかなくてはならない。この点，多くのヨーロッパ諸国においては，「国公立学校の量的補完型私学」はほとんど存在していないという私学現実は，私学の有りようを考えるうえできわめて示唆的である。くわえて，私学に対する公費助成の根拠を私学教育の独自性に求めている国が少なくないという現実も，憲法・私学法制上，刮目に価すると言えよう〈私学の公共性・公益性の根拠としての私学の独自性〉。

なお付言すると，わが国においては従来，学説・判例上，私立学校に対する公費助成の根拠はひろく「私学の公共性」に求められてきた。けれども近年，「私立学校をとりまく環境の変貌」をふまえ，私学助成の根拠として，「公共性よりも自主性・独自性を前面に打ち出すべきである」〈私学助成の根拠としての私学の独自性〉，とする有力な学説が見られていることは注目される。こう述べている[139]。

「私学の自主性は学校教育全体の多様性を生み，それが人々の選択の可能性を増大させるなど，独自性の発揮が広い意味での公共性の推進となる場合が十分ありうる」。

---

[139] 市川昭午「私学への負担金（私学助成）についての理論的考察」東京私学教育研究所『所報』67号（2002年3月），50-56頁。

第14章　教育基本法の改正と私学

第1節　教育基本法の改正

　2006（平成18）年12月22日，改正教育基本法が公布・施行された。ここに，戦後教育改革の象徴的存在であった旧教育基本法は，その指導理念と基幹内容を破棄され，形式的にも，実質的にも廃止された。わが国における教育法制の構造を大きく変革する歴史的な法制改革だと捉えられよう。

　新教育基本法は，教育の目的（1条）および教育の目標（2条＝国民が修得すべき徳目）を法定し，それを達成するために国民には各種の義務を課す一方で（5条・6条・9条・10条・13条＝教育における義務主体・国家による教育政策の客体としての国民），国（行政権）に対してきわめて広範かつ包括的な教育権能を認容している（16条2項）。しかも国は，「法律」に依りさえすれば殆ど無限定・無制約な権能を掌握することとなり（16条1項＝形式的法治主義・制定法万能主義），地方自治体，したがってまた学校も当然にその緊縛下に置かれることになる。その可否はともかく，法制上，家庭や地域における教育も基本的には同様である（10条1項・13条）。

　くわえて，政府が策定する教育振興基本計画は，明治憲法下における「教育立法の勅令主義」にも似て，「国権の最高機関」（憲法41条）である国会に対しては単に報告義務が課せられているだけで（17条1項），教育主権＝国民総体の教育権能による民主的コントロールの埒外に位置することになる〈教育における国民主権の否定〉。

　詰まるところ，日本国憲法による国民主権の確立と地方自治の保障をうけて，戦後教育改革の一環として確立を見た「教育（行政）における自治・分権」という憲法上の原則，ならびに明治以来，官治・集権の制度中枢に位置してきた機関委任事務を全廃するなど，2000年分権改革によって法制度上もたらされた「国と自治体の行政面における対等原則」[(1)]とは裏腹に，新教育基本法下における教育政策ないし教育行政は，その根幹において，「憲法から自由な国

---

(1)　参照：兼子仁『自治体行政法入門』北樹出版，2006年，22頁以下。

の行政権の専管事項」として位置づけられ，運用される可能性がある，ということである〈憲法から自由な国の事務としての学校教育〉。

ところで，すでに言及したように，明治憲法下においては，学校教育は国の事務であるという基本的な前提が一貫してとられ，「学校教育の主体は国家なり」とのいわゆる「国家の学校教育独占」(staatliches Schulmonopol) が実定法上確立されていた。また，学校教育は国家権力作用にほかならず，その内容は細部に至るまで権力的な統制に服し，しかも政治的・宗教的な色彩が著しく濃厚であった〈教育勅語の旨趣にもとづく教育〉。そして，これには「臣民の義務としての学校教育」が法制度的に対応していたから，子ども・親はかような教育をうける（うけさせる）ことを余儀なくされた[2]〈絶対主義的天皇制イデオロギーのインドクトリネーションとしての学校教育〉。

また旧民法においても親の監護・教育権が規定され（879条），しかも親権の義務性が強調されたが，しかしそこにいう親義務は子どもに対するものではなく，国家社会に対する義務だとする解釈が圧倒的に主流を占めた[3]。

学校は公権力的営造物として位置づけられ，学校教育関係は特別に強められた学校権力が働く「公法上の特別権力関係」(öffentlich-rechtliches besonderes Gewaltverhältnis) だと解された。その結果，子どもは公立学校への入学でもって学校の絶対的な権力領域に編入され，「法から自由な学校権力」(rechtsfreie Schulgewalt) の包括的な支配に服した[4]。

日本国憲法施行後も教育界においては，とりわけ昭和30年代半ば以降いわゆる公法上の特別権力関係論が風靡し，それどころか教育行政法的な「学校特別権力関係論」にあっては，在学関係だけでなく，学校の組織・権限関係を含む公立学校管理関係全体が特別権力関係とされるに至り，伝統的理論の「過剰と拡大」すら行われた[5]。こうして，学校教育および教育行政は「法治国家の間隙」(Lücke des Rechtsstaats)[6]における「法から自由な行政内部関係」として，長い間，自由で民主的な法治国家という憲法上の要請の範囲外に位置してきたのであった。

---

(2) 参照：拙稿「教育法制における親と子の地位」『日本教育法学会年報』第26号（1997年），58頁以下。
(3) 穂積重遠『親族法』岩波書店，1934年，551-552頁。
(4) 美濃部達吉『日本行政法（上巻）』有斐閣，1936年，132頁。
(5) 木田宏『教育行政法』良書普及会，1957年，27頁以下。
(6) E.Forsthoff, Lehrbuch des Verwaltungsrechts, 9Aufl.S.123-S.124.

第1節　教育基本法の改正

　新教育基本法は,「新しい時代の教育理念を明確にすることで, 時代の要請にこたえる」との中央教育審議会や文部科学省当局の説明とは裏腹に, その立法者意思・法的基本構造において, 上述したような明治憲法・教育勅語法制下の旧制度ときわめて近似している, と評さなくてはならない。直截に言えば, 旧教育基本法が, 日本国憲法の理念をうけて, これを実現するための「教育における民主的な権利や制度」の保障法たることを旨としたのに対し, 新法は, 憲法から遮断された範域における「国家(国の行政権)による教育の包括的な管理・統制法」としての性格を濃厚に帯びていると言えよう[7]。

　これから新法は次第に施策化されていくことになろうが, その過程において, われわれは改めて憲法が定位し保障している基本的人権や普遍基本法原理との緊張において〈憲法による新教育基本法の拘束〉, また子どもの権利条約やいわゆる自由権規約・社会権規約などの条約が保障している国際法上の普遍的人権に視座を置いて〈条約の法律に対する優位〉, 新教育基本法を厳しく検証し, 学校教育や教育行政の有りようを構想し運用していくことが求められている, と言わなくてはならない。

　表現を代えれば, ドイツの憲法学者 K. ヘッセのいう「憲法の規範力・内容を実現しようとする現実的意思」=「憲法への意思」(Wille zur Verfassung) こそが決定的に重要だということである[8]。

　新教育基本法が今後, 教育法制・学校教育運営上, いかなる範囲で, どの程度まで具体化を見るかは, 現段階では予断を許さないが, 国家観念崇拝と結合した行政権優位の官治・集権的な制定法万能主義と, それに従属する現状肯定・状況随伴の形式的でネガティブな法認識 ── 法は権利を保障するものではなく, 人々を拘束し規制するものとの官治的法認識 ── がなお根強く支配的なわが国の法的風土にあっては〈官治法学の優位・国民の市民法的リーガル・マインドの立ち遅れ〉, その現実的な展開と帰趨の如何が深く憂慮されるところである。

---

[7]　概ね同様の法認識として：日本教育法学会教育基本法研究特別委員会編『教育の国家統制法』母と子社, 2006年。
　　なお, この点とかかわって, 今日, ①教育における規制緩和と教育の国家管理強化が雁行している, ②いわゆる「給付国家」から「保証国家」への転換動向と相俟って, 教育における国家権力の「規制型権力」から「規制＋評価型権力」への変質が認められる, ということは重要である。
[8]　K.Hesse, Grundzüge des Verfassungsrechts der Bundesrepublik Deutschland, 1995. S.17。

第14章　教育基本法の改正と私学

第2節　私学条項の創設

　新教育基本法の特徴と基本的構造は，端的には，上述のように捉えられるのであるが，ここで私学法制だけに限局して言えば，新教育基本法において「私学条項」（Privatschulartikel）が創設されたことは，さしあたり注目されてよいであろう。第8条は「私立学校」と題して，下記のように書いている。
　「私立学校の有する公の性質及び学校教育において果たす重要な役割にかんがみ，国及び地方公共団体は，その自主性を尊重しつつ，助成その他の適当な方法によって私立学校教育の振興に努めなければならない。」。
　この条項の趣旨について，政府は国会において次のように説明している[9]。
　「我が国の私立学校は，独自の建学の精神に基づきまして，個性豊かな教育研究活動を積極的に展開しておるわけでありまして，例えば大学におきましては，全大学のうちの8割が私立大学，…こういう現状にあるわけでございまして，我が国の学校教育の質，量の両面におきまして，この発展に大きな役割を果たしてきたという事実があるわけでございます。
　このような私立学校の果たす役割の重要性にかんがみて，国，地方公共団体が私立学校教育の振興を図るべき旨を新たに規定することとしたわけでございます」。
　上記の趣旨説明からも明らかなように，同条は基本的には私立学校法1条および私立学校振興助成法1条と同趣旨であり，そこで，このような私学条項を「教基法に盛り込むのは重複規定となる」との批判も見られている[10]。
　しかし，私学法制の在り方としては，教育基本法という「教育の根本法」において私学条項が創設されたことは，それ自体としては，むしろ積極的に評価されてよいように思われる。
　というのは，既に言及したように，私学の存在およびそこにおける教育は，歴史的にも，今日においても，「思想・良心の自由」，「信教の自由」，「教育の自由」といった一連の市民的自由の保障を前提とし，また同じく憲法上の基本権である「親の教育権（親の宗教教育権・教育の種類の選択権）」とも強く対応するなど，もっぱら憲法上の基本権，とりわけ精神的自由権を基盤としている

---

(9)　2006年5月31日，衆議院教育特別委員会における小坂文部科学大臣の答弁，田中壮一郎監修『改正教育基本法』第一法規，2007年，118-119頁より引用。
(10)　市川昭午『教育基本法を考える』教育開発研究所，2003年，110頁。

〈理念型としては，経済的自由権に依拠する「営業の自由」型私学ではなく，精神的自由権を基盤とする「教育の自由」型私学〉。

くわえて，私学の存在は，ドイツ連邦憲法裁判所の判旨にもあるように[11]，「人間の尊厳の尊重に立脚する，自由で民主的な基本秩序という価値概念に対応する」ものでもある —— 表現を代えると，私学の存在は詰まるところ自由民主主義体制という憲法体制自体によって根拠づけられているということ ——[12]。

だとすれば，私学制度に関する基本的事項は憲法政策上，ほんらい「憲法規律事項」に属しているとさえ言えよう〈憲法規律事項としての私学事項〉。

実際，既に書いたところであるが，立憲主義の長い伝統を擁するヨーロッパ諸国においては，私学の自由や私学に対する公費助成など，私学法制上の基幹的事項＝基本権にとって重要な事項（grundrechtsrelevante Angelegenheit）については，憲法でもって規定している国が少なくない，という現実が見られている[13]。

改めて書くまでもなく，教育基本法は法形式上はあくまで「法律」であるが，また今回の改正によって，旧法がもっぱら「理念法」であったのに対して，「政策法」ないし「施策法」としての性格を強めはしたが[14]，しかし，なお依然として，「この法律が，一方，教育の理念を宣言するものであり，他方，各種の教育関係法令の準則たるべきもの」[15]としての法的位置を占めているという法現実には変わりはないのである。

---

(11) BVerfGE, 195, zit. aus J.P.Vogel, Das Recht der Schulen und Heim in freier Trägerschaft, 1997, S.5.
(12) 別の観点から捉えると，私学が存在しているかどうか，私学がどの程度の自由を保障され，教育上，どの程度の独自性をもちえているか，つまりは，私学が教育法制上どのように位置づけられているかは，その国における自由・民主主義の成熟度・定着度を計るバロメーターであると言ってよいであろう。
(13) 日本国憲法の教育条項は，比較憲法的に見ても，いささか不備であるとの謗りをうけることになろう。教育をうける権利・義務教育の無償制・親の普通教育義務を規定するに止まる。この点，ワイマール憲法をはじめ，ヨーロッパ諸国の憲法には本格的な教育条項を擁しているものが少なくない。

ちなみに，ワイマール憲法の「教育および学校条項」は9カ条（142条-150条）にも及んでいる。
(14) 参照：市川昭午「考察・教育基本法の改正」(23)-(25)，『教職研修』2008年1月号-3月号，教育開発研究所。
(15) 有倉遼吉・天城勲『教育関係法（Ⅱ）』日本評論新社，1958年，13頁。

重要なのは、いうところの私学条項の法内容であり、そしてそれが、「私学の自由」、「教育をうける権利（学習権）」、「親の教育権」さらには「法の下の平等」といった普遍基本法原理や憲法上の基本的人権保障との関係で本来、いかなる私学法原理を措定ないし含意しているかを、憲法や国際条約との係留において、構造的・整合的な解釈によって見極めることであろう。

第3節　国・地方自治体の私学教育振興義務

先に引いたように、新教育基本法の私学条項は、国および地方自治体は「助成その他の適当な方法によって私立学校教育の振興に努めなければならない」と書いて、国・地方自治体に対して私学教育の振興義務を課している。

上記にいう「義務」は私学教育の「振興を図るべき努力義務」を意味するが[16]、それは国・地方自治体の「単なる政治的な義務」ではなく、憲法上の要請にもとづく「法的な義務」であるということが重要である。

周知のように、わが国においては、私学助成は憲法89条＝「公の支配に属さない教育の事業に対する公金の支出禁止」に違反して違憲ではないかということが長い間論議の的となってきた。しかし私学助成をはじめとする私学教育の振興策は、後に改めて論及するように、合憲であるばかりか、より積極的に憲法の要請するところと捉えられるからである。憲法が謳う社会国家理念を背景とし、具体的には、「法の下の平等原則」（憲法14条）、「教育をうける権利〈学習権・発達権〉」・「教育の機会均等原則」（憲法26条1項・教基法4条1項）ならびに「親の教育権」（憲法13条ないし憲法的自由）保障などからの要請である[17]。

くわえて、新教育基本法は、教育行政における国と地方自治体との役割分担に関する定めを置いているが（16条2項・3項）、それをうけて、政府に対して「教育の振興に関する施策の総合的かつ計画的な推進を図るため」、教育振興基本計画（以下、基本計画）の策定を義務づけ（17条1項）、また地方自治体も政府が定める基本計画を「参酌」して自らも基本計画を定めるよう努めなければ

---

(16) 教育法令研究会編『教育法令コンメンタール（1）』〈加除式〉、第一法規、2008年、902頁。
(17) 憲法13条が保障する「幸福追求権」の保護法益には親の自然法的教育権が含まれていると解される。詳しくは参照：拙著『学校教育における親の権利』海鳴社、1994年、63頁以下。

第3節　国・地方自治体の私学教育振興義務

ならないと書いている（同条2項）。

　この条項は，中央教育審議会答申「新しい時代にふさわしい教育基本法と教育振興基本計画の在り方について」（2003年3月）をうけて新設されたものであるが，そこにいわゆる「教育の振興」には私学教育も当然に含まれている。

　さらに新教育基本法においては「教育が円滑かつ継続的に実施されるよう，必要な財政上の措置」を講じる国および地方自治体の義務も法定されるところとなっている（16条4項）。

　こうして，先に触れたK. ヘッセのいう「憲法への意思」を強く指向した教育基本法の整合的解釈からは，その私学法域における規範原理として，国および地方自治体は私学助成をはじめとする私学教育の振興策を積極的に展開する法的義務を負っており，しかもその義務は単に教育基本法上の義務に止まらず，憲法上の要請に基づく義務でもある，ということが導かれることになる。

　ところで，2008年7月に閣議決定された政府の基本計画は，「今後10年間を通じて目指すべき教育の姿」と「今後5年間に総合的かつ計画的に取り組むべき施策」について示している。

　そこには，上述した私学条項の趣旨を踏まえて，『施策の基本的方向4　子どもたちの安全・安心を確保するとともに，質の高い教育環境を整備する』において，「私立学校の教育研究を振興する」との標題の下に，その具体的な施策として，「私学助成その他の総合的な支援」，「私立大学における教育研究の振興」および「学校法人に対する経営支援」が記されている[18]。

　こうした私学教育の振興策も含めて，政府の基本計画には夥しい施策が羅列されているのであるが，しかし政策の優先順位は示されておらず，また財政的な裏づけも欠いている。そもそも基本計画は教育計画ではなく，行政計画なのであり，本来それは旧教育基本法10条2項が明記していた教育の諸条件の整備確立を旨とし，それを財政的に担保する財政計画を伴うべきものである[19]。基本計画は，先に指摘した憲法上の問題もさることながら，その内容においても重大な欠陥をもっていると評さなくてはならない[20]。

　ここで，「外から見た日本の教育」という視座をもちたいと思う。国連の社

---

(18)　政府の教育振興基本計画は，文部科学省『教育委員会月報』第一法規，2008年9月号，11頁以下に収載。
(19)　参照：市川昭午「教育振興基本計画を吟味する」『教職研修』教育開発研究所，2008年6月号，54頁以下。
(20)　拙稿「教育振興基本計画の問題性」『クレスコ』大月書店，2008年9月号，18頁。

第14章　教育基本法の改正と私学

会権規約は中等教育と高等教育への「無償教育の漸進的な導入」を謳っているが（13条2項），日本政府は未だにこの条項を批准していない（条約加盟国157カ国中未批准国2カ国）。国内総生産（GDP）に対する学校教育予算の比率は，OECD加盟国の中で，わが国は28カ国中（計数不明の2カ国を除く）27位と最下位に近い。これに対して，私費負担学校教育費の比率は，韓国やアメリカなどに続いて5番目に高くなっている[21]。

　基本計画は「教育立国」を宣言しているが，このような現実を解消することこそ，緊要の政策課題であろう。

第4節　地方教育行政法の改正と私学行政

　すでに書いたように，教育基本法の改正をうけて，2007年3月，いわゆる教育再生関連法の一つとして，地方教育行政法が改正されたのであるが，今回の改正によって私学行政に関してもきわめて重要な変更がくわえられた。「都道府県知事は，……私立学校に関する事務を管理し，及び執行するに当たり，必要と認めるときは，当該都道府県委員会に対し，学校教育に関する専門的事項について助言又は援助を求めることができる」（27条の2・傍点筆者・以下同じ）との条項が新設されたのである。

　文部科学省によると〈事務次官通知・平成19年7月31日〉，この条項は「都道府県教育委員会が有する学校教育に関する専門的知見を都道府県知事が活用することができる旨を規定したものであり，私立学校に対する都道府県知事の権限を変更するものではない」とされる。そしてこの場合，改正の狙いは「私立学校の法律上の義務の確実な履行を担保できるよう」にするためであり，そこで都道府県知事部局においても「学校教育に関する専門的な知識を有する者を配置するなどその体制の充実を図ること」とされている。

　ところで，私学に対する教育行政の在り方については，私学の自主性の確保ということと係わって，戦後の教育法制改革期においても大きな論議があった。

　戦前法制においては，私学は原則として地方長官の監督に服するものとされていたのであるが（私立学校令1条），日本国憲法による地方自治の保障（第8

---

(21)　OECD, Bildung auf einen Blick 2007, 2007, S.203ff.
　　なお詳しくは参照：拙稿「高校授業料滞納・中退問題と学校法政策的課題」『教職研修』，2008年9月号，148頁以下。

314

章)をうけて、1948年7月に制定された教育委員会法が「大学及び私立学校は、……教育委員会の所管に属しない」(4条2項)と規定したこともあって、教育行政上、高校以下の私学の所轄庁をどこにするかが重要な問題となった。

私立学校法の制定過程で、日本私学団体総連合会からは、とくに私学の自主性の確保という観点から、都道府県教育委員会と併置する形での「**都道府県私学教育委員会**」の設置要求が出された。そしてそれは教育刷新委員会の第22回建議「私立学校法案について」(1948年7月)においても採択されたのであるが、しかしその後、この構想は文部省によって斥けられ〈文部次官通知「私立学校の所管について」・1948年12月〉[22]、こうして高校以下の私学の所轄庁は都道府県知事とされるに至ったという経緯がある[23]。

都道府県教育委員会を私学の所轄庁としなかった理由は「都道府県段階では私立学校の数が公立学校に比して少ないため、軽視されるのではないかという懸念があったため」と説明されているが[24]、より基本的な理由は「教育委員会が元来、公立学校の所轄庁として構築されたものである」[25]ということにあったと言えよう。

敷衍すると、もとよりCIE(民間情報教育局)は教育委員会を公立学校の設置・管理機関と位置づけていたのであり、かくして文部省も「都道府県の教育委員会は、教育に関し都道府県の区域を管轄する監督庁ではなく、都道府県立学校……の管理機関たる性格を持つものであり、また教育委員会は一般的行政機関というよりは、都道府県住民が都道府県の設置する学校……を自ら管理するための機関たることを本来の性格としている。したがって、私立大学以外の私立学校に関する都道府県官庁は、都道府県の教育委員会とはなしがたい」との見解をとるに至ったのであった[26]。

つまり、戦後の教育法制改革において、高校以下の私学の所轄庁が都道府県知事とされるに至ったのは、「一般的な教育行政を行う立場の教育委員会でなく知事を所轄庁とすることにより、私立学校の自主性を尊重し、その自発的な

---

(22) 都道府県私学教育委員会構想が斥けられた主要な理由は、「主として私立学校の代表者からなる行政機関はわが国の現在の行政組織としては認め難いものとされ(た)」ためであったという(福田繁・安嶋彌『私立学校法詳説』玉川大学出版部、1950年、2頁。
(23) この間の経緯については詳しくは参照:荒井英治郎「戦後私学法制の形成過程に関する研究」(修士論文)、2005年、41頁以下。
(24) 文部省私学法令研究会編『私立学校法逐条解説』第一法規、1970年、17頁。
(25) 同前。
(26) 福田繁・安嶋彌・前出77頁。

第14章　教育基本法の改正と私学

教育の発展を図る」ためであった[27]ということを，ここで改めて確認しておかなくてはならない[28]。

上述のような経緯を踏まえて，今回の地方教育行政法の改正を捉えると，私学の自主性・独自性の制度的確保という観点からは，同改正は学校法制上，重要な問題を孕んでいるとの謗りを受けることになろう。

そもそも教育委員会制度は，教育委員会法1条が明記していたように，「公正な民意により，地方の実情に即した教育行政を行うために」創設されたものである。このような制度理念に立つ教育委員会が，さしあたり「民意」や「地方の実情」とは関係なく，「自由と社会的多様性の原則」に立脚し，憲法上，「私学の自由」を享有していると解される私立学校の教育行政に関与することは本来，制度的になじまないと言わなくてはならない。

それに「公立学校の経営者である教委がライバルである私立学校に対する事務を所轄するのは合理性に欠ける」[29]ということもある。

このコンテクストにおいて格別に重要なのは，ヨーロッパ諸国におけるような憲法による明示的保障は欠くものの，私学の存在意義・役割と係わって，日本国憲法もいわゆる「憲法的自由」として「私学の自由」を憲法上保障していると解される，ということである[30]。教育基本法が国・地方自治体に対して「私学の自主性の尊重義務」を課し（8条），また私立学校法5条が「私立学校には，学校教育法第14条の規定（設備・授業等の変更命令・筆者）は，適用しない」と書いているのも，こうした憲法上の基盤に基づいてのことと見られよう。

詰まるところ，ほんらい私学についてはその存在意義や役割＝私学の独自性と係わって，私学に固有な法制度や行政運営が求められるということであり〈私学法制・私学行政の固有性・独自性〉，そしてそれは何よりも「私学の自由」の憲法上の保障からの制度的要請である，ということに他ならない。

---

(27) 小野元之『私立学校法講座』学校法人経理研究会，1998年，20頁。
(28) 教育委員会制度の在り方をめぐっては，1950年以降，政府の諮問機関によって各種の勧告や答申が出されたが，その結論は多様であった。私学行政についても見解が分かれ，たとえば，教育委員会制度協議会の答申（1951年10月）と政令改正諮問委員会の答申（1951年11月）はともに「高校以下の私学の所管は都道府県教育委員会とする」としていた（詳しくは参照：拙著『教育の自治・分権と学校法制』東信堂，2009年，55頁以下）。
(29) 市川昭午『教育基本法改正論争史』教育開発研究所，2009年，205頁。
(30) 「私学の自由」の憲法上の保障につき，詳しくは参照：拙稿「私学の自由と公共性の法的構造（2）」季刊『教育法』（154号）エイデル研究所，2007年，91頁以下。

このように見てくると，教育委員会の私学行政への関与を学校法制上制度化するのではなく──（地方自治法180条の2により，知事はその所管事務を都道府県教委と協議のうえ，同教委に委任し，または教委職員に補助執行させることができるとされている）[31]──前記事務次官通知も述べているところであるが，知事部局において「学校教育に関する専門的知識を有する者を配置するなどその体制の充実を図ること」こそ，私学行政上，肝要だと言わなくてはならない。

なお，上述したところと関連して，「公立学校行政と私立学校行政との連携を強化し，公教育全体の総合的展開を図るべき」との観点から，「教育委員会は，関係部局との緊密な連携を図りつつ，私立学校をも視野に入れた総合的な教育行政を推進する必要がある」との有力な見解が見られている[32]。

けれども，既述したところにより，このような見解に与することはできない。私学の存在意義や独自性をあまりにも過小評価している憾みがあると評さなくてはならない。

第5節　民主党「日本国教育基本法案」の私学条項

先に触れたように，民主党は2006年5月に「日本国教育基本法案」を国会に提出しているのであるが，現行教育基本法と同じく，同法案も私学条項を擁している。「建学の自由及び私立の学校の振興」（9条）と題して，こう書いている。

「建学の自由は，別に法律で定めるところにより，教育の目的の尊重の下に，保障されるものとする。国及び地方公共団体は，これを最大限尊重し，あわせて，多様な教育の機会の確保及び整備の観点から，私立の学校への助成及び私立の学校に在籍する者への支援に努めなければならない」。

現行の私学教育法制と比較すると，上記条項には次のような特徴が認められる。

(1) 学校設置主体の多様化

現行法制上，「法律に定める学校は，……国，地方公共団体及び法律に定める法人のみが，これを設置することができる」（教育基本法6条1項）とされており，くわえて「『私立学校』とは，学校法人の設置する学校をいう」と定義

---

(31) 本条の趣旨は「行政能率向上と行政の一体性確保にある」とされる（太田和紀『地方自治法I』青林書院，1998年，490頁）。
(32) 木田宏『地方教育行政の組織運営に関する法律』第一法規，2003年，226頁。

第 14 章　教育基本法の改正と私学

されている（私立学校法 2 条 3 項）。
　こうして，従来，わが国においては，非国・公立学校（ノン・パブリック・スクール）の設置主体は原則として学校法人だけに限られてきたのであるが，しかし近年，いわゆる教育における規制緩和＝教育の市場化政策の一環として，学校設置主体が多様化しつつあるという現実が見られている[33]。
　すなわち，直接には総合規制改革会議「規制改革の推進に関する第 2 次答申」（2002 年 12 月）をうけて，2003 年 6 月，構造改革特別区域法が改正され，構造改革特区内に限ってではあるが，学校設置会社（株式会社）による学校の設立が可能とされるに至った（同法 12 条）。また不登校児や学習障害児を対象とした学校を学校設置非営利法人（NPO 法人）が設立することも可能となった（同法 13 条）。
　さらに 2005 年 4 月には，同じく構造改革特区法が改正され，幼稚園と高校については，協力学校法人の設置にかかる公私協力学校という制度が創設された（同法 20 条 1 項）。
　民主党法案の上記条項は，現行法制上，設置主体が学校法人だけに限られている「私立学校」という用語に代えて，「私立の学校」という概念を設定し，それによって，上述したような「学校設置主体の多様化」の流れを一段と加速させ，それを法制度上保障しようとするものである。その目的は，同条項も書いているように，もっぱら「多様な教育の機会の確保」にあるとされる。
　しかしこの場合，「別に法律で定めるところにより」との留保はついているものの，「私学の公共性」や「私学の自由」の保護法益とも係わって，たとえば，①ヨーロッパの私学法制におけるように，私人（自然人）も学校設置権の主体たりうるのか，②学校の設置に関し，学校設置会社など学校法人以外の設置者も学校法人と基本的には同等の資格や権利をもつことになるのか等，私学法制上きわめて重要な事柄がペンディングとなっている憾みがあると言わなくてはならない。
　(2)　「私学の自主性」「私学教育の自由」よりも「建学の自由」
　民主党法案 9 条は「建学の自由」，すなわち「『私立の学校』を設置する自由」は保障されると規定している。
　いうところの「私学の自由」には，その基礎をなす権利として本来，「学校

---

[33]　詳しくは参照：市川昭午『教育の私事化と公教育の解体』教育開発研究所，2006 年，95 頁以下。

第5節　民主党「日本国教育基本法案」の私学条項

を設置する自由」が当然に含まれている。そこで，たとえば，ドイツ基本法などと同じく，この自由を明示的に保障したことは，私学法制の在り方として，それ自体はさしあたり積極的に評価されてよいように見える。しかし，同法案においてはその一方で，「私立学校の特性にかんがみ」(私立学校法1条)，現行教育基本法が明記している「私立学校の自主性の尊重」(教育基本法8条)＝「私学教育の独自性の尊重」という法文が削除されていることは重要である。

　こうして，民主党法案にいう「建学の自由」は学校設置者を多様化し，それによって多様な教育機会を確保するための単なる手段として保障されているに過ぎないことが知られる。敷衍すると，いわゆる民間教育市場における学校設置面での競争原理をより強化するための手段としての「建学の自由」の保障に他ならない。そこにあっては，自由民主主義国家における私学の存在意義や役割は何かという，私学法制上基本的かつ本質的な事柄についての視点が完全に欠落していると批判しなくてはならない。

　さらに現行教育法制上，私立学校にも「公共性」が期待され（教基法6条1項・私学法1条），私学は公教育機関として位置づけられているのであるが〈公教育機関としての私学〉，この点について同法案は何ら語るところがない。同法案においては，「法律に定める学校は，公の性質を有するもの」とする現行教育基本法6条1項が削除される一方で，その条件を法律の定めるところに留保しながらも，「私立の学校」の「建学の自由」を保障しているところから，いうところの「私立の学校」には少なくとも現行の「私立学校」に対するのと同じ程度の公共性は期待されていないと見るのが自然であろう。

　だとすれば，同法案は「国及び地方公共団体は，‥私立の学校への助成‥に努めなければならない」と規定しているのであるが，この条項と憲法89条との関係はどうなるのか。現行法制上，先に言及した学校設置会社や学校設置非営利法人の設置にかかる私立学校に対しては，その公共性に照らし，補助金等による助成は行うことができないと解されているのである[34]。

---

(34)　教育基本法研究会編『改正教育基本法』第一法規，2007年，121頁。

319

第15章　ドイツにおける「私学の自由」の法的構造

第1節　ワイマール憲法下までの法制状況

1　プロイセン一般ラント法と私学

　学校法学の泰斗・H.ヘッケルも指摘しているように[1]，ドイツにおける私学の歴史はドイツにおける学校制度の歴史と同義である。「私立学校」(Privatschule) という概念は「公立学校」(öffentliche Schule) という対照概念を前提とするものだからである[2]。

　こうして，ドイツの教育制度は8世紀のカール大帝時代の宮廷学校 (Hofschule) にまで遡るのであるが，私立学校という概念が生成したのは18世紀の絶対主義時代においてであって，それ以前は「学校法制上の制度としての私立学校」は存在しなかった。様々な形態の私的な教育施設が事実上存在していたにすぎない[3]。

　ドイツにおける私学法制は，1794年に制定された「プロイセン一般ラント法」〈Allgemeines Landrecht für die Preußischen Staaten v. 5. Feb. 1794〉に始まる。

　すなわち，同法は「学校および大学は国の施設 (Veranstaltungen des Staats) であって……」(1条) と規定し，ドイツの学校法制史上初めて，学校を国の施設として位置づけた〈国の施設としての学校・Schule als Staatsanstalt〉[4]。そ

---

(1) H.Heckel, Privatschulrecht, 1955, S.13.
(2) 「Privatschule」という用語からも知られるように，本章は初等・中等教育段階の「私学の自由」(Privatschulfreiheit) を考察の対象としている。今日，ドイツにおいては私立の高等教育機関も少なからず存在しており〈2011年現在の私立大学数（総合大学＋専門大学）＝176, Bundesministerium für Bildung und Forschung〈Hrsg.〉, Bildung in Deutschland 2012, S.31〉，そこで「私立大学の自由」(Privathochschulfreiheit) に関する研究も散見されるが〈たとえば，J.Heidtmann, Grundlagen der Privathochschulfreiheit, 1980など〉，ここでは視野に含めていない。
(3) ドイツにおける私学法制の形成と歴史的展開について，参照：遠藤孝夫「ドイツにおける私立学校法制の歴史的展開」帝京大学理工学部『研究年報人文編』(第6号)，1996年，27頁以下。
(4) L.Clausnitzer, Geschichte des Preußischen Unterrichtsgsetzes, 1891, S.36.

第15章　ドイツにおける「私学の自由」の法的構造

してこれを受けて，私学の設置・教育課程や私学に対する監督などに関して，下掲のような定めを置いた[5]。

　まず「かかる施設は，国の承認と認可によってのみ設置することができる」（2条）とし，そこで「私立の教育施設（Privaterziehungsanstalt）……を設置しようとする者は，当該地域の学校および教育施設の監督を課せられている当局によって，その適格性を確認され，その教育・教授計画を提出して，承認を受けなければならない」（3条）とされた。

　くわえて，「私立の教育施設は前記当局の監督に服する。この当局は子どもがいかに訓練されているか，その身体的ならびに道徳的教育はいかに配慮されているか，必要な授業がどのように行われているかについて，情報を聴取する権限を有し，義務を負う」（4条）とされ，さらに「農村および小都市において公立学校施設がある場合は，副校（Nebenschule）やいわゆる隅校（Winkelschule）は，特別な許可なしには，これを設置することはできない」（6条）と法定された。

　また一方で，公立学校・教育施設に対する国家の監督権について，こう書いた。「すべての公立学校および公的教育施設は，国家の監督（Aufsicht des Staats）の下に置かれ，常時，国家の監査と査察を受けなければならない」（9条）。

　ここに学校法制（学校法原理）上は，いわゆる「学校制度の国家化」（Verstaatlichung des Schulwesens）が確立されたのであり[6]，それまで歴史的に長い間，「教会の付属物」（annexum der Kirche）という性格を濃厚に帯びてきた学校は[7]，教会権力から国家権力の手に移管され，「国家の施設」として位置づけられて，その監督下に置かれることとなったのである。「プロイセン一般ラント法以降，国家は学校の主人（Herr der Schule）と見なされてきた」[8]と捉えられる所以である。

　上記にいう学校には，既述したところから知られるように，私学も当然に含まれているから，ここにおいて「国家の学校独占」ならびに「公立学校の私学に対する一義的な優位」が法制上確立を見たのであった[9]。

(5)　プロイセン一般ラント法の法令原文は，L.Froese/W.Krawietz, Deutsche Schulgesetzgebung, Bd.1, 1968, S.27 以下所収によった。
(6)　A.Eisenhuth, Die Entwicklung der Schulgewalt und ihre Stellung im Verwaltungsrecht in Deutschland, 1931, S.15.
(7)　C.F.Koch, Allgemeines Landrecht für die Preußischen Staaten, 1886, S.691.
(8)　L.Clausnitzer, a.a.O., S.266.
(9)　W.Landè, Preußisches Schulrecht, 1933, S.993.

ただプロイセン一般ラント法は同時に「その子の教育を……家庭において行うことは，親の自由である」（7条）と書いて，「親の家庭教育の自由」を保障するとともに，1717年の就学義務令以来の「就学義務」（Schulpflicht）に代えて，下記のように規定して，「教育義務」（Unterrichtspflicht）制度を導入した。「家庭において，その子のために必要な教育をすることができない者は，その子が満5歳に達したる以後，学校に通わせなければならない」（43条）。

そしてこの「教育義務」は家庭においてはもとより，私立の学校その他の教育施設においてもこれを履行することが可能とされた[10]。

かくして，上記にいわゆる「国家の学校独占」は絶対主義的警察国家における「国家の絶対的学校独占」ではなく，「国家の弱められた学校独占」（abgeschwächtes staatliches Schulmonopol）を意味したのであった[11]。

なお，18世紀の「警察・福祉国家」から，19世紀における「文化・立憲国家」への転換にも拘らず，上記プロイセン一般ラント法の学校条項はワイマール憲法（1919年）が制定されるまで，プロイセンだけではなくその他のラントにおいても，学校法制（私学法制）の基盤をなしたことは，後述する通りである[12]。

2　19世紀私学法制と「私学の自由」

ところで，先に言及した私学に対する国家の監督権は，プロイセンにおいては営業警察によって行使されたのであるが，1810年代のプロイセン改革期に制定された「営業警察法」〈Gewerbepolizeigesetz v. 7. Sept. 1811〉が（83条～86条），「営業の自由」（Gewerbefreiheit）の一部として，私学設置に際しての規制の除去など，「全的な教育の自由」（völlige Unterrichtsfreiheit）を保障していたという事実は，ドイツにおける私学法制史上特筆に値する[13]。

---

(10)　ders, a.a.O., S.217. A.Eisenhuth, a.a.O., S.15.
(11)　H.Heckel, a.a.O., S.38. E.Plümer, Verfassungsrechtliche Grundlagen und Rechtsnatur der Privatschulverhältnisse, 1970, S.37. T.Maunz/G.Dürig〈Hrsg.〉, Grundgesetz-Kommentar, 2010, Art.7, S.30.
　　ちなみに，I. リヒターによれば，この「国家の弱められた学校独占」体制はその後19世紀を通して，すべてのラントにおいて妥当したとされる〈I.Richter, Bildungsverfassungsrecht, 1973, S.78〉。
(12)　E.Plümer, a.a.O., S.38. L.T.Lemper, Privatschulfreiheit, 1989, S.75.
(13)　I.Richter, a.a.O., S., 78. K.Becker, Aufsicht über Privatschulen, 1969, S.7. J.P.Vogel, Verfassungswille und Verwaltungswirklichkeit im Privatschulwesen, In: RdJB (1983), S.171.

このような「私学の自由」法制は「プロイセン一般ラント法1条は…宣言的な効力を有するにすぎなかった」から[14]，現実化を見るに至ったのであるが，しかし20年有余の短命に終わることになる。

　プロイセン政府は，上記営業警察法の保障に係る「私学の自由」は「濫用され，教育制度に対して多大な不利益をもたらした」との認識から[15]，1834年6月に「私的教育施設等に対する国家の監督に関する閣令」発し[16]，学校制度を営業法による規律から分離した〈私学法制と営業法制の分離〉。そして5年後の1839年には上記閣令を施行するための大臣訓令を発布し，そこにおいて，主要には，下記のように規定したのであった[17]。

　①　私立学校および私的な教育施設は，「現実の必要」（wirkliche Bedürfnis）に応える場合においてだけ，すなわち，就学義務年齢の子どもの教育が公立学校によっては十分に配慮されない地域においてだけ，これを設置することが許される（1条）。

　②　私立学校の教員は，公立学校の教員と同様の養成をうけ，試験に合格した者でなければならない（2条）。

　③　国家による監督は，教授計画の策定，補助教員の選任，教科書と教材，教育方法，学校規則，生徒数さらには学校の設置場所にまで及ぶ（7条）。

　④　私立学校の責任者は，当該地域の公立学校に適用されている法令を厳守する義務を負う（9条）。

　このように，この訓令は，私学の設置に際していわゆる「必要性の有無の審査」（Bedürfnisprüfung）の原則を確立し，併せて，設置後も私学を国家の厳格な規制下に置くものであるが[18]，「1839年の大臣訓令は閣令に基づいて発せられているから，法律と見なされる」〈プロイセン上級裁判所判決・1865年〉と

---

(14)　A.Eisenhuth, a.a.O., S.15. ドイチャーも同法1条は「宣言的なもの（programmatisch）」であったと指摘する〈E.K.Deutscher, Privatschulen in der deutschen Bildungsgeschichte, 1976, S.125.〉.
(15)　I.Richter, a.a.O., S.78.
(16)　閣令の正式名は下記の通りである。Kabinettsorder betr. die Aufsicht des Staates über Privatanstalten und Privatpersonen, die sich mit dem Unterricht und der Erziehung der Jugend beschäftigen v.10.Juni 1834 In: W.Landè, a.a.O., S.1004.
(17)　W.Landè, a.a.O., S.1005ff.
(18)　プロイセンにおいて私学に固有な学校監督が制度化されたのは，この訓令によってであって，かかる制度は1872年の学校監督法〈Gesetz betr. die Beaufsichtigung des Unterrichts=und Erziehungswesens v.11.März 1872〉によっても維持された（H.Heckel, a.a.O., S.38）.

第1節　ワイマール憲法下までの法制状況

の判例などにも補強されて[19]、その後、プロイセン憲法やワイマール憲法を経て、ドイツ基本法下に至るまで実に約120年に亘って法的効力をもつことになるのである[20]。

ちなみに、上記訓令にいう「必要性の有無の審査」と係わって、1863年の省令も次のように記している[21]。

「公立学校によって、就学義務年齢の子どもの教育が十分に配慮できない地域においては、私立学校を設置することが認められる。しかしそれは無限定に許されてはならない。許可された私立学校は、公立学校と連携して、教育に十分配慮しなくてはならないという限界が存する」。

なおこの訓令は他のラントにも強い影響を及ぼし、たとえば、バイエルンにおいては1861年の「警察刑法典」が私学の自由な設置を禁止し（108条）、これを受けて翌1862年の「教育施設の設置と管理に関する規程」が、私学設置の要件・認可手続や私学の教育運営などについて、きわめて厳格な規律を設けたのであった[22]。

3　プロイセン憲法と「私学の自由」

すでに言及したように、「教育の自由」・「私学の自由」という教育法理はフランス革命期の憲法・教育法に淵源をもち、1831年のベルギー憲法によって憲法上の法原理として確立を見たのであるが[23]、このベルギー憲法の影響を強くうけて生まれた<u>1848年のプロイセン欽定憲法〈Oktroyierte Verfassung v. 5. Dez.1848〉</u>は、一国の憲法としては世界で最初に「教育をうける権利」

---

(19)　Preußische Kammergericht, Urt. v. 18. 8. 1865, zit.aus P.Westhoff (Hrsg.), Verfassungsrecht der deutschen Schule, 1932, S.170.
(20)　J.P.Vogel, a.a.O., S.170.
(21)　W.G.Schuwerack, Die Privatschule in der Reichsverfassung vom August 1919, 1928, S.6.
(22)　H.Heckel, a.a.O., S.38.E.Plümer, a.a.O., S.43.
(23)　この点について、W.ランデも大要こう述べている〈W.Landè, Die Schule in der Reichsverfassung, 1929（以下、Die Schuleと略), S.17)。「1791年から1830年にかけて制定されたフランスの憲法は、学校制度について規律はしているが、しかしそれは、市民の自由権（Freiheitsrecht des Bürgers）としてではなく、国家の市民に対する配慮対象としてである。学校制度を自由権の対象として位置づけたのは、ベルギー憲法が最初である」。またE.プリューマーもフランス革命期の憲法との比較で、ベルギー憲法における「真正基本権としての教育の自由」（Freiheit des Unterrichts als echtes Grundrecht）について言及している（E.Plümer, a.a.O., S.45)。

第15章　ドイツにおける「私学の自由」の法的構造

を憲法上保障するとともに、「教育の自由」・「私学の自由」の保障条項を擁していた[24]。「教育を行いまた教育施設を設置経営することは、……各人の自由である（Unterricht zu ertheilen und Unterrichtsanstalten zu gründen und zu leiten, steht Jedem frei）……」（19条）と明記していた。「教育の自由」・「私学の自由」の憲法上の基本権としての保障である。

この条項は、翌1849年のいわゆるフランクフルト憲法にもほぼ同文のまま継受され（154条）、また1850年の改正プロイセン憲法もこの自由を明示的に保障した（22条）。

ただこれらの憲法はその一方で、たとえば、1850年の改正憲法が「すべての公立および私立の教授＝教育施設は、国によって任命された当局の監督に服する」（23条）と書いていたように、私学に対する国家の監督権を法定していた。

それどころか、「青少年の教育は、公立学校によって十分に配慮されるものとする」〈1850年憲法21条・ほぼ同文：1848年憲法18条・フランクフルト憲法155条〉と規定して、学校教育、とくに義務教育は原則としてこれを国家が行い、それが不可能な場合に限り、例外的に、私学における教育が認容されるとの原則に立脚していた。

つまり、この時期のドイツの憲法は[25]、①国民の教育は第一義的には国家によってなされるべきものであるとの、絶対主義的福祉国家の基本観念をなおも原則的に維持しており〈国民教育施設（nationale Bildungsanstalt）としての公立学校・公立学校の私学に対する絶対的優位〉[26]、そこで、②いうところの「私学の自由」はベルギー憲法におけるような「純正な私学の自由」ではなく、既述した「国家の弱められた学校独占」の範囲内での「制約された私学の自由」（begrenzte Privatschulfreiheit）として、憲法上、これを措定していたのであった[27]。

くわえて、1850年の改正プロイセン憲法は、学校条項を具体化するための学校法の制定を予定して、「特別法がすべての教育制度について定める」（26

---

(24)　L.Clausnitzer, a.a.O., S.162.
(25)　ちなみに、1810年代から1830年代にかけて制定されたドイツ各ラントの憲法〈バイエルン公国1818年憲法、ザクセン公国1831年憲法など〉は、学校制度を憲法の規律対象としてさえしていなかった〈W.Landè, Die Schule, S.17.〉
(26)　G.Anschütz, Die Verfassungs＝Urkunde für den Preußischen Staat, 1912, S.365.
(27)　I.Richter, a.a.O., S.78.

第1節　ワイマール憲法下までの法制状況

条）と規定していたのであるが，「私学の自由」条項（22条）については，そのような法律はついぞ制定されることはなかった，という事実は格別に重要である。1850年代から1890年代に至るまで，たとえば，1862年のR.ホルベークの教育法案や1867年のV.ミュラーの教育法案など，教育法制定の試みはあったのであるが，いずれも成案を見るまでには至らなかったのである[28]。

　かくして，改正プロイセン憲法112条＝「26条にいう法律が制定されるまでは，学校・教育制度に関して現在妥当している法規定が適用される」により，プロイセンにおいては，憲法による「私学の自由」の明示的保障にも拘らず，法律レベルでは「絶対主義国家の学校法がなおも従前通り効力をもち続けた」[29]のであった。G.アンシュッツの文章を借用すると，「私学制度に関する法律による規律は，この方向での試みがすべて頓挫したために —— とくに注目されるのはG.ツェドリッツ文相が1892年に提出した国民学校法案 ——（私学の自由を保障した・筆者）憲法22条は効力を停止したままの憲法規定として止まっており，旧法がそれに代わってなお妥当している」[30]という法制状況にあった。

　なお1871年のドイツ帝国憲法〈いわゆるビスマルク憲法〉は，教育は各ラントの専管事項に属するとして，学校条項をもたなかったから，上述したような法制状況はワイマール憲法が制定されるまで存続することとなるのである。

　ちなみに，この点，現在ドイツの指導的な私学法研究者J.P.フォーゲルが「私学法における憲法の意思と行政の現実」（1983年）という論稿を著し，そこにおいて，改正プロイセン憲法が「私学の自由」を明記していたにも拘らず，それが法律によって具体化されることはなく，それどころか，既述した1834年の閣令がおよそ120年の長きに亘って効力をもち続けたことを，厳しく指弾しているところである[31]。

---

(28)　梅根悟『近代国家と民衆教育』誠文堂新光社，1967年，302頁以下。E.Plümer, a.a.O., S.39.
(29)　G.Anschütz, a.a.O., S.495.
(30)　ders., a.a.O., S.393.
(31)　J.P.Vogel, a.a.O., In: RdJB (1983), S.170ff.
　　またこの点と係わって，T.オッパーマンも「ドイツにおける基本権の形成に際して，教育の自由の発展は，西ヨーロッパ諸国と比較してほとんど100年近く遅れたことは，19世紀におけるドイツ憲法史の特異な発展に属する」と述べている〈T.Oppermann, Kulturverwaltungsrecht, 1969, S.60〉。

第15章　ドイツにおける「私学の自由」の法的構造

4　ワイマール憲法と「私学の自由」

　1918年のいわゆる11月革命の所産として制定を見たワイマール憲法〈Verfassung des Deutschen Reichs v. 11. Aug. 1919〉は「ドイツ人の基本権と基本的義務」と題した第2編に「教育および学校」の章を擁し（第4章），しかもそれは10ヵ条にも及ぶものであった。

　このようにワイマール憲法が学校制度を基本権の一部として規定したことは，ドイツ憲法史上重要な意味をもつが，しかしこのことによって，学校制度が「真正かつ固有の基本権の内容」（echter und eigentlicher Grundrechtsinhalt）として位置づけられたのではなかったことは[32]，後の考察から知られるところである。

　ワイマール憲法の教育条項はまず「学問・教授の自由」を謳っている（142条）。しかし学校制度については，18世紀以来の伝統的な国家の学校監督法制を継受して，「すべての学校制度は国家の監督に服する」（144条）と規定した。

　そしてここにいう国家の学校監督権は，学説・判例によって著しく拡大解釈され，法的意味での監督概念をはるかに超えて，「国家に独占的に帰属する，学校に対する行政上の規定権」と観念され[33]，「学校に対する国家の全的かつ唯一の直接的規定権力，組織権力，勤務監督権力の総体」として構成されたのであった[34]。

　こうして，このような内実をもつ国家の学校監督権が，ラント法上の概念と効力の域を超えて，ライヒ（Reich・ドイツ帝国）の法制度上に，しかも憲法上直接的な法的効力をもつ法原則として確立を見ることとなるのである。

　ワイマール憲法はまた，プロイセン憲法と同じく「公立学校優位の原則」（Primat der öffentliche Schule）を採用し，「青少年の教育は公の施設によって配慮されるものとする」（143条1項）と書いた。「青少年の文化政策的な目的は第一次的には……本来的かつ原則として，公立学校によって追求される」[35]との原則の憲法上の確認である。

　ちなみに，この点に関しては，ワイマール憲法の制定過程においても別段の

---

(32)　W.Landè, Die Schule, S.24.
(33)　G.Anschütz, Die Verfassung des Deutschen Reichs vom 11.August 1919, 1933.〈以下，Die Verfassungと略〉, S.672.
(34)　W.Landè, Die staatsrechtlichen Grundlagen des deutschen Unterrichtswesens, In: G.Anschütz/R.Thoma〈Hrsg.〉, Handbuch des deutschen Staatsrechts, Bd.2.1932〈以下，Die staatsrechtlichen Grundlagenと略〉, S.703.
(35)　G.Anschütz, Die Verfassung, S.667.

異論はなく，たとえば，1919年7月の第60回憲法制定国民議会でダービッド (David) 内務大臣（社会民主党）は直截に，こう言明している[36]。

「学校は，原則として国家の事項 (Sache des Staates) に属する。国家がこの公的な要請をあらゆる方面で充足すれば，私学制度はその存在基盤を奪われることになる」。

このようにワイマール憲法の学校条項は，プロイセン一般ラント法以来の「学校制度の国家化」というテーゼを基本的に維持しているのであるが，しかし同時に私学制度についても，「私学の自由」の明示的な保障は欠くものの，私学に固有な条項を創設し（147条），下記のような私学法制を憲法上確立したのであった。

〈1〉憲法上の制度としての私学制度

先に触れたように，私学制度それ自体を憲法の規律対象とし，ドイツ憲法史上初めて私学に固有な憲法条項を創設し，私学を憲法上の制度として位置づけた。「憲法上の制度的保障 (Institutionelle Garantie) としての私学」という位置づけである。

この私学条項をめぐっては，憲法制定国民議会において厳しい見解の対立が見られた。「私学に敵対的」(Privatschulfeindlich) な社会民主党は私学の廃止——とくに国民学校段階——を主張し，これに対して，私学教育の推進を図らんとする中央党は，とくに「親の宗教教育権」を踏まえた学校制度の形成を強く要求して譲らず，結局，両者の妥協の産物として，私学条項が生まれたという経緯がある[37]。

〈2〉私学設置権の憲法上の保障

ワイマール憲法147条1項は「公立学校の代替 (Ersatz) としての私学は，

---

(36) zit.aus L.T.Lemper, a.a.O., S.76.
　この点，私学教育の推進を標榜する中央党 (Zentrum) にあっても，私学に対する国家の監督と公立学校の優位性は原則として容認されたとされる (ditto)。
(37) L.T.Lemper, a.a.O., S.80-81.
　I.リヒターによれば，この対立は「国家の弱められた学校独占」の立場と「制約された私学の自由」の立場との対立であった (I.Richter, a.a.O., S.79)。
　なお社会民主党が私学制度に反対した主要な理由は，学校制度の教権化 (Klerikalisierung) と私学の特権身分学校化 (Standesschulen) に対する危惧にあったとされる〈L.T.Lemper, a.a.O., S.81〉。

第15章　ドイツにおける「私学の自由」の法的構造

国の認可を必要とする」としたうえで，設置認可の要件として，下記の３点を明記した。①教育目的，施設・設備および教員の学問的養成において，公立学校に劣っていないこと，②親の資産状態によって生徒の選別（Sonderung）が助長されないこと，③教員の経済的および法的地位が十分に保障されていること，がそれである。

このように，代替学校について設置認可の要件が法定されたことにより，これらの要件を充足している場合は，私学設置者は当然に「設置認可の請求権」（Rechtsanspruch auf Genehmigung）を有することとなった。私学の設置認可請求権の憲法上の保障である。これを受けて，代替学校については，旧来の教育行政庁の裁量に委ねられた「必要性の有無の審査」は廃棄されるに至る[38]。

ちなみに，1928年１月，「ワイマール憲法147条１項の施行に関する各州の教育行政による協定」が締結され，そこにおいてこう明記されたのであった[39]。

「（ワイマール憲法・筆者）147条１項の要件を充足している場合は，…私学の認可は拒否されてはならず，とくに必要性の立証に掛らしめてはならない」（４条）。

なお上記認可要件①にいう教育目的・施設設備・教員の学問的要請に関して，私学に求められているのは公立学校との「同種性」（Gleichartigkeit）ではなく，「等価性」（Gleichwertigkeit）であるということは重要である[40]。「制約された私学の自由」保障からの当然の帰結である。

〈3〉私学の種別化と公共性 ── 代替学校と補充学校

上述のように「公立学校の代替としての私学」＝代替学校（Ersatzschule）については，私学設置権が憲法上保障されるなど，「制約された私学の自由」が原則的に妥当したのであるが，しかしそれ以外の私学〈いわゆる補充学校・Ergänzungsschule〉に対しては，行政による裁量認可＝「必要性の有無の審査」を定める旧来のラント法が従前通りそのまま適用された[41]。

私学のこのような種別化は，学校法制における私学の法的地位に係わる重要な区分として，その後，今日に至るまで，ドイツにおける私学法制の基本範疇

---

(38)　H.Heckel, a.a.O., S.39. G.Anschütz, a.a.O., S.684.
(39)　W.Landè, Preußisches Schulrecht, S.998.
(40)　P.Westhoff (Hrsg.), a.a.O., S.164. W.Landè, Die Schule, S.155.
(41)　H.Heckel, a.a.O., S.39.

をなしているところである[42]。

　ところで，ここで重要なのは，上述のような私学の種別化の文脈において，学説・判例上，私学の「共益性」（Gemeinnützigkeit），私学教育の「公益性」（öffentliches Interesse）さらには「公共的な教育」（öffentlicher Unterricht）としての私学などの概念が語られ始め〈私学の公共性の確認〉，そしてこれらの概念によって，私学に対する公費助成や公権の付与（証明書・資格授与権など）が根拠づけられたということである[43]。W.ランデはこのような私学を「半公立学校」（halböffentliche Schule）と捉えているが[44]，この点と係わって，1927年10月，プロイセン高等行政裁判所も下記のように判じている[45]。

　「公共的な教育という概念は，公立学校と一致するものではない。私立学校もまた公共的な教育を行うことができる。公立学校の代替としての私立学校は，ワイマール憲法147条1項により国の認可を必要とするが，同条により認可請求権を有している。認可を受けることによって，私立学校は教育目的，施設設備，教員の状態および入学に関して，公立学校に代位するものとなる。かくして，私立学校において公の利益を旨として行われる教育は，公共的な教育たる性格をもつことは明らかである」。

〈4〉私立国民学校の原則的禁止

　ワイマール憲法142条2項は私立国民学校の設置をつぎの場合だけに限定した。すなわち，①「教育権者の申請にもとづいて，……その信仰または世界観の学校が設置されなければならない」（同146条2項）との規定をうけて，「市町村内にそのような信仰ないし世界観の学校が存在しない場合」，または②「教育行政庁が特別な教育的利益（besonderes pädagogisches Interesse）を認め

---

[42] 代替学校とは，その組織目的が全体として公立学校の代替として資すべき学校を言う。設置に際しては学校監督庁の認可を必要とし，教育目的や教育内容，教員の学術的養成，組織編制などにおいて，公立学校に質的に劣位しないことが要件とされる〈公立学校との等価性〉。
　一方，補充学校とは，その役割・教育の対象・組織形態は学校としての性格を有するものの，学校制度の外に位置し，公立学校の代替としての機能を果たしていない学校をいう。語学学校や体育学校などがこれに属する〈H.Avenaruis/H.P.Füssel, Schulrecht, 8Aufl.2010, S.298.S.314〉。

[43] P.Westhoff〈Hrsg.〉, a.a.O., S.172.

[44] W.Landè, Die staatsrechtlichen Grundlagen, S.707.

[45] Preß.OVG, Ent. v. 4. 10.1927, In: L.Frege/W.Elsner〈Hrsg.〉, Entscheidungen des Preußischen Oberverwaltungsgerichts, 1956, S.422-423.

第15章　ドイツにおける「私学の自由」の法的構造

る場合」である〈私立宗派・世界観学校と私立実験学校設置の例外的認容〉。

　こうして，国民学校段階においては，先に言及したような私学設置の認可請求権は存せず，なお依然として「国家の学校独占の原則」が支配したのであった[46]。

　なおこの場合，私立国民学校への就学は，ワイマール憲法145条1項が規定する就学義務の履行に該当すると解された[47]。

5　ナチス政権による私学制度の解体

　1933年1月に権力を奪取したナチスは，唯一かつ全的な「新たな教育権」(Das neue Erziehungsrecht)を統一的な民族秩序から導出し[48]，「国家は，すべての青少年を国家社会主義（Nationalsozialismus）の意味におけるドイツ人に教育する責任を担う」（ライヒ青少年法1条）と宣明した。これを受けて，「学校の規律のための根本思想」（1934年）において，「学校の至高の任務は，国家社会主義の精神において民族と国家に奉仕するよう，青少年を教育することにある」（1条）と書かれることになる。

　また「すべてのドイツの青少年は，家庭や学校の他に，ヒトラー・ユーゲント（Hitlerjugend）において，……国家社会主義の精神によって教育されるものとする」（ヒトラー・ユーゲントに関するライヒ法2条・1936年）とされ，学校はその目的においてヒトラー・ユーゲントと同列に位置づけられた。

　私学制度に関しては，「ナチス国家の原則および政治目的に即したワイマール憲法147条の解釈」〈ビュルテンベルク行政裁判所判決・1937年〉によって，「私学の不健康な膨張」を阻止し，「私学制度の国家化」（Verstaatlichung des Privatschulwesens）を図るための措置が講じられた。1938年から1939年にかけて発せられた布告によって，私学の設置認可に際しての「必要性の有無の審査」が復活し[49]，自由ヴァルドルフ学校（Freie Waldorfschule）や田園教育舎（Landerziehungsheim）を含む，私立の一般陶冶学校はその必要性を否認され，法制度上，全面的に解体された。当該市町村に公立の同種の学校が存在しない場合に限り，私立の職業学校と特殊学校が例外的に設置を認められただ

---

(46)　W.Landè, Preußisches Schulrecht, S.994.
(47)　P.Westhoff〈Hrsg.〉, a.a.O., S.166.
(48)　H.Webler, Nationalsozialistisches Familienrecht, In: Zentralblatt für Jugendrecht und Jugendwohlfahrt (1935), S.17.
(49)　Erlaß v. 22. 1. 1938. Erlaß v. 5. 4. 1939. Erlaß v. 27. 6. 1939.

332

けであった[50]。

第2節　ドイツ基本法の制定と「私学の自由」

1　基本法制定議会と私学条項 ——「私学の自由」の憲法上の保障

　第2次大戦後，西ドイツにおいて基本法制定議会評議会（Parlamentarischer Rat）が設置されたのは1948年9月1日であるが，私学制度に関しては主に同評議会に設けられた中央委員会で審議が進められた。委員長を務めたのはSPD党首のC.シュミットであった。

　私学問題が間接的ではあるが初めて取り上げられたのは，1948年12月4日の基本原則委員会においてである。CDUのウェーバー議員が私学の問題と密接不可分の関係にある「親の教育権」について，次のように主張した[51]。

　「学校の世界観に係わる形態を決定する親の権利は，自然権（natürliches Recht）に属している。『良心の自由』の保障を旨として，すべての親のこの権利が防禦されなくてはならない」。

　以後，この問題が私学に関する中核的な論点となるのであるが，1948年12月7日，中央委員会第21回会議でFDPのフォイス議員が，上記にいう親の教育権を踏まえて，より直截にこう提案することになる[52]。「私学を設置する権利を基本法で規定すべきである」。

　文化や教育に関する事項は伝統的に各州の権能に属しており，このような権利を基本法で規定することは望ましくないとの意見もあったが，ドイツ党（Deutsche Partei）のゼーボーム議員が大要，以下のように述べて，上記フォイス提案に支持を表明した[53]。

　「親の教育権が憲法上保障されることになれば，『私学の自由』は憲法の構成要素となる。私学は親の教育権の具体化に他ならないからである」。「各州の憲法は『私学の自由』について全く規定していないか，不十分な規定しかもっていない。『私学の自由』は連邦の憲法でもって保障されるべき権利なのである」。「私学は基本法によって，その生存の可能性（Lebensmöglichkeit）を保障されなくてはならない。私学は教育における発展を常に促進しているのであ

---

(50)　H.Heckel, a.a.O.S.17.S.39-40. K.I.Flessau, Schule der Diktatur, 1979, S.21.
(51)　L.T. Lemper, a.a.O., S.38.
(52)　ditto
(53)　ders., a.a.O., S.39.

333

第 15 章　ドイツにおける「私学の自由」の法的構造

る。さらに私学は，国家の財政負担を相当程度に軽減しているという現実もある」。

　CDU は，この問題の審議に当たっては，学校の宗教的・世界観的性格を決定する親の教育権を格別に強調し，「親の宗教教育権」の基本法による保障と公立学校を含むすべての学校における「正課としての宗教教育」の実施を求めた。

　これに対して，本来，私学に敵対的な SPD は「私学の自由」の憲法条項化に強く異を唱えた。親の社会的地位や資産状態によって，子どもが社会的に選別されることになる，私学がその有する自由により「学校制度の宗派化」(Konfessionalisierung des Schulwesens) をもたらすことになる，というのがその理由であった。

　KPD は親の教育権および私立学校のいずれについても，基本法で規定すべきではないとの立場を採った。

　このような論議を経て，先に触れた FDP のフォイス議員が次のような私学に関する具体的な法条を提案するに至る。「私学を設置する権利は保障される。詳細は，州法によってこれを定める」。提案の理由説明においては，私学は学校制度を全体として豊かなものにしていること，多くの教育上の改革はまず私学によってなされ，その後，公立学校に推及したのであり，私学は教育改革のパイオニアとしての役割を果たしてきている，ということが強調されたのであった。

　この提案に対して，SPD は上述したような理由で強く反対したのであるが，1949 年 1 月 18 日の中央委員会第 43 回会議において，まず私学制度について基本法で規定することが決定され，次いで上記フォイス議員の提案が可決された（賛成＝12，反対＝7）。そしてその後の審議においてさらに，ワイマール憲法の私学条項におけると同文の，私学設置の認可条件と私学に対する州法の規律，私立の国民学校および私立の予備学校に関する規定が追加提案され，こうして 1949 年 5 月 5 日，中央委員会第 57 会議において現行の私学条項と同じ法文が可決されたのであった。私学設置権を保障するとともに，その認可条件と私学に対する州法による規律を基本法で規定したのは，「私学の自由」の憲法上の保障と各州の文化主権との妥協を図るためであった。

　1949 年 5 月 6 日，基本法 7 条の学校条項案は基本法制定議会評議会の審議に付されたのであるが，そこにおいてはもはや私学問題が個別に審議されることはなく，基本法 7 条全体が一括して採決され，CDU/CSU, FDP, DP, Zentrum の賛成多数で可決成立したのであった[54]。

なお上述した基本法の私学条項の成立過程を詳細に検証したL.T.レンパーによれば，同条項の立法者意思は次のように概括されている[55]。

「基本法は自由で価値多元主義的な学校景観（Schullandschaft）から出発している。そこにおいては，州の文化主権と立法の範囲内において，公立学校と『私的主体による自由で公共的な学校』（frei-gemeinnützige Schule in privater Trägerschaft）は同等な権利と義務を擁して，共存すべきものとされている。基本法のこの立場は，親の教育権を尊重することによって，また自由で価値多元的な社会制度の多様性を学校教育の領域においても保障しようとする意思によって担われている。それは，個々人や社会的なグループの発意や遂行力を信頼する高度に分化された，自由で価値多元主義的な民主主義概念に対応するものである」。

2 「私学の自由」の法的性質と私学の制度的保障

先に引いたように，基本法 7 条 4 項は「私立学校を設置する権利は保障される」と規定しているが，憲法学の支配的見解によれば，この条項は「私学の自由」（Privatschulfreiheit）を憲法上の基本権として保障すると同時に〈憲法上の基本権としての私学の自由〉，私学制度を憲法上の制度として保障したものである〈憲法上の制度的保障としての私学〉[56]。

上記にいう「私学の自由」は主体的公権（subjektives öffentliches Recht）としての基本権であり，「直接的に妥当する法」（unmittelbar geltendes Recht）として，立法，司法，行政を拘束する（基本法 1 条 3 項）。またその侵害に対しては具体的な訴権を伴う真正基本権でもある（同法 19 条 4 項）[57]。この権利は第一次的には自由権的基本権として国家・公権力による不当な介入に対する防御権（Abwehrrecht）として機能するが，この権利ないしは私学の制度的保障か

---

(54) ders., a.a.O., S.38-S.49.
(55) ders, a.a.O., S.49-S.50.
(56) I.v. Münch/P.Kunig 〈Hrsg.〉, Grundgesetz-Kommentar, 2000, S.560ff. H.D.Jarass/B.Pieroth, Grundgesetz für die Bundesrepublik Deutschland, 2007, S.255ff. T.Maunz/G. Dürig 〈Hrsg.〉, Grundgesetz-Kommentar, 2011, S.Art.7-S.61ff. M.Sachs 〈Hrsg.〉, Grundgesetz-Kommentar, 2007, S.408ff. H.Avenarius/H.P.Füssel, a.a.O., S.295.B.Pieroth/B.Schlink, Grundrechte-Staatsrecht Ⅱ, 2010, S.181.
(57) H.Heckel, a.a.O., S.206. H.Avenarius/H.P.Füssel, a.a.O., S.204. I.v.Münch/P.Kunig 〈Hrsg.〉, a.a.O., S.560.

第 15 章　ドイツにおける「私学の自由」の法的構造

ら，私学の国家に対する「保護・助成を求める権利」，具体的には私学の「公費助成請求権」(Anspruch auf staatliche Förderung) が憲法上の直接かつ具体的な権利として導かれる，とするのが連邦行政裁判所の確定判例および支配的な憲法学説の立場である[58]。

　ちなみに，この点，連邦行政裁判所は 1966 年，下記のように判じて，基本法 7 条 4 項の「私学の制度的保障」から私学助成請求権を憲法上の具体的権利として導出しているところである[59]。「自由権の法益は，一般的には給付行政に対する給付の請求権までは含まない。しかし，これには例外がある。公的な助成がなければ，立法者の意思に反して，当該制度が維持できないような場合にあっては，当該制度の憲法上の保障から給付請求権 (Leistungsanspruch) が導出される。私学の制度としての憲法上の保障はまさにこれに該当する」。

　また学説においても，たとえば，権威ある基本法のコンメンタールはこの点について，次のように述べている[60]。

　「私学を設置する権利が，基本法が定める認可条件によって現実化されえない場合には，基本法 7 条 4 項から，国家による保護と助成を求める私学の権利が導かれるのであり，それは基本法の社会国家性 (Sozialstaatlichkeit) と文化国家性 (Kulturstaatlichkeit) の表徴にほかならない」。

　私学に対する憲法上の制度的保障という構成は，既述したようにワイマール憲法下の学説の理論的創造に係るものであるが，基本法下における憲法学説によっても基本的に支持されているということは重要である。その意義は，いわゆる「国家の学校独占」の否定の下，私学の制度としての存在と私学教育の独自性を憲法上保障し，私学制度の核心ないし本質的な内容に触れるような制度変更は，法律以下の法令によって行うことはできず，憲法の改正を必要とするというところにある。またこの制度の保障は私学法域における「法律の欠缺」(Lücke des Gesetzes) を補い，立法や法律の解釈を原理的に拘束するものでもある[61]。

---

(58)　さしあたり，H.v.Mangoldt/F.Klein/C.Starck〈Hrsg.〉, Kommentar zum Grundgesetz, 2005, S.781. M. Sachs〈Hrsg.〉, a.a.O., S.403.

(59)　J.P.Vogel, Rechtsprechung und Gesetzgebung zur Finanzhilfe für Ersatzschulen, in: F.Hufen/J.P.Vogel, Keine Zukunftsperspektiven für Schulen in freier Trägerschaft?, 2006, S.18.

(60)　H.v.Mangoldt/F.Klein/C.Starck〈Hrsg.〉, a.a.O., S.787. 同旨：I.v.Münch/P.Kunig, a.a.O., S.565. H.Dreier〈Hrsg.〉, Grundgesetz Kommentar, 2004, S.876. M. Sachs〈Hrsg.〉, a.a.O., S.410.

3 「私学の自由」の主体 ── 私学の設置主体

　学校の設置主体（Schulträger）とは学校を設置し，維持・管理・経営するものをいう[62]。ここでいう「学校」は法的意味におけるそれをいい，したがって，私立の高等教育機関や各種の私的な教育施設は含まれない。

　<u>私学の設置主体は自然人と法人とに大きく分かれる。自然人が私学設置権の享有主体たりうることは，「私学の自由」の憲法上の基本権としての保障の当然の帰結であり，また内国法人の基本権享有主体性については，基本法がこれを明記しているところである</u>（19条3項）。

　ここにいう<u>自然人にはドイツ人だけでなく，外国人や無国籍者も含まれる</u>。基本法の基本権保障条項のうち，いわゆる<u>「ドイツ人条項」</u>（Deutschenrechte）は8条（集会の自由），9条（結社の自由），11条（移転の自由），12条（職業選択の自由）の4ヵ条だけであり，<u>「私学を設置する権利」</u>（7条4項）は<u>「何人も条項」</u>（Jedermannsrechte）として位置づけられているからである[63]。自然人立私学はその大部分が非宗教的な補充学校で，一部の州を除いて私学助成の対象とされていない。「税法上の公益性」を欠くというのがその理由である[64]。

　<u>私学の設置主体としての法人は民法上の法人と公法上の法人に大別される。</u>前者には社団法人（Eingetragene Verein），財団法人，有限責任協会，それに協同組合の種別が認められるが，<u>非宗教系私学の多くは社団法人によって設置されている。</u>自由ヴァルドルフ学校がその例である。その実益は<u>「公益社団法人」</u>（gemeinnützige Verein）として公益性を認定され，私学助成の対象となることにある。

　一方，公法上の法人（社団）である教会や修道会は学校の設置を第一次的な目的とするものではないが，基本法7条4項が保障する私学設置権の主体たりうることには憲法上の疑義はなく[65]，こうして今日，その設置に係る宗教系私学が私学のマジョリティーを占めている状況にある。

---

(61)　H.Heckel/H.Avenarius, Schulrechtskunde, 6.Aufl.1986, S.145. M.Sachs, Verfassungsrecht Ⅱ, Grundrechte, 2003, S.355.
(62)　H.Heckel, a.a.O., S.211.
(63)　ders, a.a.O.S.211–S.212.
(64)　J.P.Vogel, Das Recht der Schulen und Heime in freier Trägerschaft, 1997, S.179.
(65)　I.v.Münch/P.Kunig〈Hrsg.〉, a.a.O., S.560.

第15章　ドイツにおける「私学の自由」の法的構造

第3節　現行法制下における「私学の自由」の法的構造

1　私学の設置認可と「私学の自由」
1-1　私学の設置認可
　既述したように，基本法7条4項は私学設置権を憲法上明示的に保障しているのであるが，併せて「公立学校の代替としての私立学校は国の認可を必要」とすると規定して，私学設置の可否を国の認可に係らしめている。国による認可が留保された私学設置権の条件付き保障である。その目的は，欠陥のある教育施設から国民を保護すると同時に，私学が特権層のための身分学校（Standesschule）ないしは富裕層学校（Plutokraten Schule）と化すのを防ぎ，学校制度に期待されている国民的・社会的な統合機能を確保することにある，と説明される[66]。

　基本法7条4項は私学設置認可の要件として，ワイマール憲法147条1項におけると同一の要件を法定している。すなわち，①教育目的，施設・設備・組織編制および教員の学問的養成において公立学校に劣っていないこと，②親の資産状態によって生徒の選別が助長されないこと，③教員の経済的および法的地位が十分に保障されていること，がそれである。これら所定の要件を満たしている場合は，私学の設置が認可されなければならないのであり，かくして監督庁の私学認可行為の法的性質は「裁量の余地のない覊束された決定」（gebundene Entscheidung ohne Ermessensspielraum）と捉えられている[67]。

　表現を代えれば，基本法7条4項に所定の要件を充足している場合は，論理必然的に学校設置者の「認可請求権」（Anspruch auf Genehmigung）が憲法上の権利として導かれるということである[68]。そしてこの場合，基本法7条4項に所定の要件を超えて，州が学校法により独自に追加要件を課すことは憲法上許されない，と解するのが学説・判例の立場である[69]。

　なお基本法は補充学校の認可については何ら語るところがない。そこで補充

---

(66)　H.Avenarius/H.P.Füssel, a.a.O., S.301. H.Dreier〈Hrsg.〉, a.a.O., S.876. K.Stern/F.Becker, Grundrechte-Kommentar, 2010, S.752. H.v.Mangoldt/F.Klein/C.Stark〈Hrsg.〉, a.a.O., S.785.
(67)　H.Dreier〈Hrsg.〉, a.a.O., S.876.
(68)　M.Sachs〈Hrsg.〉, a.a.O., S.411.
(69)　さしあたり，I.v.Münch/P.Kunig〈Hrsg.〉, a.a.O., S.562. BVerwGE 17, (236).

338

学校に対しても認可義務を課すことができるか，単に届出義務をもって足りるかについて，学説上争いが見られている。

1-2　私立学校と公立学校の等価性の原則

ところで，上述のように，基本法7条4項は私学設置認可の要件として，私学に対して教育目的，施設・設備・組織編制，教員の学問的養成に関して「公立学校に劣っていないこと」を要求しているのであるが，そこにいう「公立学校に劣っていないこと」（Nichtzurückstehen）の意味内容はどう解されているのか。これについて，憲法・学校法学の支配的見解および判例は，私学の存在意義・目的や「私学の自由」の憲法による保障に照らし，憲法上，私学に求められているのは公立学校との「等価性」（Gleichwertigkeit）であって，「同種性」（Gleichartigkeit）ではないと解している[70]。既述したように，「私学の自由」の明示的保障を欠いたワイマール憲法下の学説においてさえ，同様の見解がすでに採られていたのであるが，この自由を憲法上の基本権として明記したドイツ基本法下における解釈としては，けだし当然だと言えよう。

ちなみに，いうところの「私立学校と公立学校の等価性」の要請は，国民教育の水準を確保するという「国家の教育責務」（Erziehungsauftrag des Staates）から導出される憲法上の教育法原理である[71]。

かくして，権威ある基本法のコンメンタールによれば「私学を公立学校と同種化することは，基本法に抵触し違憲である」と論結されるに至っているところである[72]。

なおこの場合，教育目的，施設・設備・組織編制，教員の学問的養成に関して，当該私学が公立学校に劣っているとの立証責任は，当然のことながら，学校監督庁が負うこととなる[73]。またこれに関する学校監督庁の決定は行政裁判上，取消しうべき行政行為として抗告訴訟の対象となる[74]。

---

(70)　さしあたり，H.v.Mangoldt/F.Klein/C.Stark〈Hrsg.〉, a.a.O., S.784.
　　A.M.Kösling, Die private Schule gemäß Art.7 Abs.4, 5 GG, 2004, S.180. J.Rux/N.Niehues, Schulrecht, 2013, S.298

(71)　T.Maunz/G.Dürig〈Hrsg.〉, a.a.O., Art.7, S.74. I.Richter, Die Freiheit der privaten Schulen, In: RdJB (1983), S.222ff.

(72)　R.Wassermann (Gesamtherausgeber), Kommentar zum Grundgesetz für die Bundesrepublik Deutschland, 1989, S.691.

(73)　F.Müller, Das Recht der Freien Schule nach dem Grundgesetz, 1982, S.118. BVerwG, Urt. v. 19. 2. 1992, In: RdJB (1993), S.360.

2 「私学の自由」の法的内容

憲法・学校法学の支配的な見解および判例によれば，基本法7条4項が保障する「私学の自由」の保護法益には，下記のような権利が含まれていると解されている。

2-1 私学を設置する権利

すでに言及したように，ワイマール憲法とは異なり，基本法は7条4項で「私学を設置する権利」(Recht zur Errichtung von privaten Schulen) を明示的に保障している。この条項は，ナチス政権下において私学設置の可否が学校監督庁による「必要性の有無の審査」に係らしめられ，その結果，私学制度が全面的に解体されたという深刻な歴史的反省にもとづいて創設されたもので，本条による私学設置権の憲法上の保障によって，「国家の学校独占」は原理的に否定され，上記「必要性の有無の審査」も憲法上排除されるに至った[75]。

このように現行法制上，私学設置権が憲法上の基本権として保障されているとはいっても，初等教育段階においては，基本法7条5項および6項によって，この権利はかなり広範な制約を受けるところとなっている。

すなわち，基本法7条5項によれば，私立の国民学校（基礎学校および基幹学校）の設置が認められるのは，基本法7条4項に所定の認可条件を充足したうえで，さらに学校監督庁が「特別な教育上の利益」を認定した場合，または教育権者が宗教共同学校（Gemeinschaftsschule）として，あるいは宗派学校（Bekenntnisschule）もしくは世界観学校（Weltanschauungsschule）として設置を申請し，しかも当該市町村にこの種の国民学校が存在しない場合だけに限られている。

ちなみに，ここで「特別な教育上の利益」を有する学校とは，たとえば，障害児や病弱児のための学校や改革的な教育を実践する実験学校などが，これに該当するとされている[76]。

くわえて，基本法7条6項は引き続き私立の予備学校を禁止しており，この

---

(74) J.Rux/N.Niehues, a.a.O., S.298.
(75) H.Heckel, a.a.O., S.231. なお現行の州憲法においても，たとえば，BB州憲法30条6項やNW州憲法8条4項など，5州の州憲法が私学設置権を明記している。

なお本文で記したように，ワイマール憲法下においても，法定された認可条件を充足すれば，私学設置者は当然に「設置認可の請求権」を有するとの解釈が支配的であった〈参照：G.Anschütz, a.a.O., S.684〉。

(76) I.v.Münch/P.Kunig〈Hrsg.〉, a.a.O., S.522.

段階でも私学設置権は制約されるところとなっている。
　これらの条項はワイマール憲法147条2項および3項を継受したものであるが，通説および判例によれば，その趣旨は次のように解されている[77]。「国民の間の様々な社会的グループの統合を，少なくとも学校教育の初期の段階においては保障するために，国民学校領域において公立学校の優位を確保することにある」。
　なお上記にいう私学設置権は広義に解され，その法益は私学の設置保障（Errichtungsgarantie）だけではなく，学校としての存続保障（Bestandsgarantie）および学校を廃止する自由を含む，とするのが通説・判例である[78]。

2-2　私学における教育の自由

　いうところの「私学の自由」には，その中核かつ基幹的内容として，私学の「学校の内部経営を自由に形成する権利」（Recht auf freie Gestaltung des inneren Schulbetriebs），つまり「私学における教育の自由」が含まれているとするのが，憲法・学校法学の通説および判例の立場である[79]。
　すなわち，私学はその独自の教育理念や宗教観ないし世界観にもとづいて，そこにおける教育目的や教育内容，教材・教具，教育方法や授業形態を，自己の責任において自由に決定できる権利を有している。
　ちなみに，この点に関して，連邦憲法裁判所も以下のように判じているところである[80]。
　「基本法7条4項は私学に対して，その特性に対応した教育を行うことを保障している。それは国家の影響から自由な領域を保障するもので，具体的には，私学は教育目的，世界観的な基盤，教育内容や教育方法に関して，自己責任で刻印され形成される授業を行うことができる」。
　また現行法制上，上記の点について，確認的に明記している学校法も見られている。たとえば，ベルリン州学校法（2004年）は第7部「自由な主体による学校」において，「学校の形成」（Schulgestaltung）と題して，こう書いている

---

(77)　J.P.Vogel, a.a.O., S.22. BVerwG, Urt. v.19. 2. 1992, In: RdJB (1993), S.346ff. S.352ff.
(78)　H.Heckel, a.a.O., S.229.H.Heckel/H.Avenarius, a.a.O., S.145.
(79)　F.Müller, a.a.O., S.50. E.Stein/M.Roell, Handbuch des Schulrechts, 1992, S.106. H.Avenarius/H.P.Füssel, a.a.O., S.295.
(80)　BVerfGE, 27, 195（200ff.), zit. aus M.Sachs〈Hrsg.〉, Grundgesetz-Kommentar, 2007, S.408.

341

第 15 章　ドイツにおける「私学の自由」の法的構造

(95 条 1 項)。

「私学設置者は学校の形成，とりわけ教育的，宗教的ないし世界観的な特性，教育内容と教育方法および教授組織に関しては，公立学校に適用されている法令とは別様に，これらについて決定する義務を負う」。

上記にいう「私学における教育の自由」の憲法上の保障は，「国家の学校教育独占」を原理的に否定するものであるが，それは自由で民主的な根本秩序の確立を旨とする基本法の価値秩序，とくに「学校制度における価値多元主義と自由性の原則」(Grundsatz der Pluralität und Freiheitlichkeit im Schulwesen) に対応するものである[81]。

ところで，上述のように，基本法は「教育目的における私立学校と公立学校の等価性」を求めており，したがって，私学もまた当然に基本法の価値秩序 (Werteordnung)，とりわけ，寛容の要請，人間の尊厳と基本的人権の尊重，民主的・社会的法治国家といった憲法上の諸原理に拘束される。

こうして，私学は基本法の価値秩序の範囲内においてであれば，公立学校とは別様の教育目的を追求することが可能なのであり，そしてそれを実現するために，教科・カリキュラム，教材・教具，教育方法や授業形態等に関して広範な自律権を保障されることなる。

具体的には，たとえば，公立学校用の「学習指導要領」(Lehrplan・Rahmenrichtrinien) は私学に対しては法的拘束力をもたないと解されており，また私学は検定教科書以外の教科書を採択し使用することができるとされている[82]。

なお，学校法学の通説的見解によれば，私学教育における質の確保要請により，私学もまた 2004 年以降，各州で導入された「教育スタンダード」(Bildungsstandard) を尊重しなければならないとされているが，しかし公立学校の「学校プログラム」(Schulprogramm) や学校の内部評価・外部評価に関する学校法上の規律は，私学には及ばないと解されている[83]。

---

(81)　R.Wassermann〈Gesamtherausgeber〉, a.a.O., S.691.
(82)　I.v.Münch/P.Kunig〈Hrsg.〉, a.a.O., S.562. F.Müller, a.a.O., S.376. R.Wassermann〈Gesamtherausgeber〉, ditto. T.Oppermann, a.a.O., S.239.
　　T.Böhm, Grundriß des Schulrechts in Deutschland, 1995, S.32.
　　判例では，たとえば，VGH Kassel, RdJB (1983), S.235, OVGBerlin, RdJB (1985), S.149.
(83)　F.R.Jach, Das Recht der Bildung und Erziehung in freier Trägerschaft, 2008, S.98ff.
　　教育スタンダードについて，詳しくは参照：拙稿「ドイツにおける学力保障政策とデータ保護の学校法制 (1)-(4)」，『教職研修』2009 年 1 月号〜 4 月号。H.Avenarius/H.P.Füssel,

第3節　現行法制下における「私学の自由」の法的構造

2-3　私学における組織編制の自由

　上述した私学の「学校を自由に形成する権利」には，いわゆる内的学校事項に関する領域に加えて，「学校の外部経営を自由に形成する権利」（Recht auf freie Gestaltung des äußeren Schulbetriebs），すなわち，学校経営の組織構造や教授組織の面での編制の自由が含まれている，とするのが憲法・学校法学の通説である[84]。

　こうして実際，改革教育学にもとづく私学として世界的に名高い自由ヴァルドルフ学校においては，R. シュタイナーの唱導に係る「共和制的で民主的な（republikanisch-demokratische）学校組織の原理」に立脚して，合議制的学校組織構造（Kollegiale Schulverfassung）が組織原則の基本とされており，そこで各学校に教育会議，管理運営会議および学校経営会議が設置され，そこにおいては教員集団が中核的な役割を担うとともに，学校理事会には親代表も教員代表と同数で加わり，学校の意思決定に参加し協同するところとなっている[85]。

　ただ上述したように，基本法7条4項は施設・設備および組織編制に関する「私立学校と公立学校の等価性」を要求しており，こうして私学は，たとえば，学級やコースの編制基準や規模，教員一人当たりの児童・生徒数などについて，上記等価性原則によって制約を受けることになる。

　親の教育運営への参加や生徒代表制に関する学校法上の規定が，公立学校と同様に私学にも直接適用されるかどうかに関しては，学説は分かれているが[86]，指導的な学校法学者 H. アベナリウスは次のように述べて，これを肯定に解している[87]。「学校法上に規定されている参加の組織構造は，公立学校の組織原理の本質的な要素をなしており，またそれは代替学校にとっても重要な，市民の育成という教育責務の遂行に資するものであるから，代替学校もまた原則として適切な形態の参加制度を擁さなくてはならない」。

　ちなみに，現行法制上もこの点を明記している学校法が見られており，たとえば，ノルトライン・ウエストファーレン州学校法はこう規定しているところである（100条5項）。

---

　　　a.a.O., S.303.
(84)　B.Pieroth/B.Schlink, a.a.O., S.181, H.Avenarius/H.P.Füssel, a.a.O., S.295.
(85)　A.Robert, Schulautonomie und -selbstverwaltung am Beispiel der Waldorfschulen in Europa, 1999, S.149-S.153. C.Lindenberg, Waldorfschulen, 1983, S.122-S.137.
(86)　肯定説としては，たとえば，Deutscher Juristentag, Schule im Rechtsstaat, BdⅠ, 1981, S.395. 否定説としては，たとえば，F.Müller, a.a.O., S.231 が挙げられる。
(87)　H.Avenarius/H.P.Füssel, a.a.O., S.303.

第 15 章　ドイツにおける「私学の自由」の法的構造

「代替学校は，本法が規定しているのと等価形態の生徒および親の参加を保障しなければならない」。

2-4　教員を選択する自由

私学は当該私学の存在意義・役割とも係わって，「私学の自由」の保護法益として，「教員を自由に選択する権利」（Recht der freien Lehrerwahl）を有する[88]。つまり，私学は，自校の教員として相応しいと見られる人物を自由に採用することができる。

この私学の教員選択権はいわゆる「傾向経営」（Tendenzbetrieb）の労働法理論によっても強く支援され補強されている。すでに言及したように，ドイツにおいては，私学が傾向経営に属することは学説・判例上はもとより，実定法上も既定視されており〈傾向経営としての私学〉，かくして私学は，その教育的な傾向性に照らして教員を選択することが可能であり，また当該私学の傾向に反する教員は，傾向違反を理由にこれを適法に解雇できるとされるところとなっている〈経営組織構造法 118 条・Betriebsverfassungsgesetz v.15. Jan. 1972.〉。

しかし，この法域においても「私立学校と公立学校との等価性の原則」が妥当し，私学の「教員を選択する自由」は憲法上の制約に服している。すなわち，基本法 7 条 4 項は私学設置の認可条件として「教員の学問的養成において，公立学校に劣位しないこと」を要求しており，かくして，私学の教員もまた大学やゼミナールにおける専門的・実践的な養成課程を修了し，当該学校種の教員免許状を取得しなければならないこととされている。

ただこの場合，正規の教員養成課程以外でも，それと等価性を擁するような養成課程を修了した場合には，教員としての職業上の適格性を有するとするのが，学校法学の通説および判例の立場である[89]。こうして，連邦行政裁判所〈1993 年 6 月 24 日判決〉によれば，ヴァルドルフ・ゼミナール（Waldorf-Seminar Stuttgart）において学級担任養成課程を修了した自由ヴァルドルフ学校の教員は大学での教員養成課程を終えていないとの誇りを受けるものではないとされている[90]。なお関連して，連邦行政裁判所の見解によれば，私学教員と

---

(88)　J.P.Vogel, a.a.O., S.191. R.Wassermann〈Gesamtherausgeber〉, a.a.O., S.709.
(89)　H.Heckel, a.a.O., S.281. J.Rux/N.Niehues, a.a.O., S.303. F.Müller, a.a.O., S.143. J.P.Vogel, a.a.O., S.101-S.102.
(90)　J.P.Vogel, a.a.O., S.102.　自由ヴァルドルフ学校の自律性の具体的な領域や事項につい

第3節　現行法制下における「私学の自由」の法的構造

しての職務遂行の可否を学校監督庁の認可に係らしめることは，「私学の自由」の侵害には当たらず，合憲とされている[91]。

2-5　生徒を選択する自由

学説・判例上，「私学の自由」の保護法益に「生徒を自由に選択する権利」(Recht der freien Schülerwahl) が当然に含まれているということには異論はない[92]。つまり，私学は，たとえば，平等原則・機会均等原則など公立学校領域で妥当している選抜・進級に関する原則に厳格に拘束されることなく，当該私学の存在理由や特性に照らして，生徒を選抜することができる。

ただ私学のこの権利も「私立学校と公立学校の等価性の原則」による制約を受け，こうして，たとえば，キリスト教系私学が非キリスト教徒の生徒の入学をいっさい認めないといった，当該私学の特性を根拠としての生徒の私学選択権の全面的な否定は，上記原則に違背して認められないと解されている[93]。

くわえて，憲法上の私学認可条件である「親の資産状態による子どもの選別の禁止の原則」(7条4項) からの制約もあり，私学が高額な授業料を設定するなどして，所得階層の高い家庭の子どもが優先的にアクセスできるようにすることも，違憲として許されない。

なお連邦憲法裁判所によれば〈BVerfGE 27, 195 (209)〉，「承認をうけた代替学校」(Anerkannte Ersatzschule) については，その学校種に対応する公立学校に適用されている入学規程を尊重するように，州学校法で義務づけることが可能だとされており，実際，たとえば，ヘッセン州学校法は次のように書いている（173条2項）。

「承認をうけることによって，代替学校は公立学校に適用されている規程にもとづいて，試験を実施し成績書を授与する権利を享受する。承認をうけた代替学校は生徒の入学に際して，公立学校に適用されている規程を尊重しなければならない」。

　　　て，詳しくは参照：A.Robert, a.a.O., S.139ff.
(91)　H.Avenarius/H.P.Füssel, a.a.O., S.211. BVerwG, NVwZ, 1990, 864. B.Petermann, Die Genehmigung für Lehrkräfte im Privatschulwesen, NVwZ 1987, S.205.
(92)　B.Pieroth/B.Schlink, a.a.O., S.181　R.Wassermann〈Gesamtherausgeber〉, a.a.O.S.709.
(93)　H.Avenarius/H.Heckel, Schulrechtskunde, 7Aufl.2000, S.206.

第15章　ドイツにおける「私学の自由」の法的構造

2-6 「私学の自由」のその他の法益

有力な憲法学説が説くところによれば，いうところの「私学の自由」の憲法上の保障から，子どもを私学に就学させる「親の私学選択権」と，子ども自身の私学選択権が導出されるとされている。前者は「親の教育権」（基本法6条2項）を，後者は子どもの「自己の人格を自由に発達させる権利」（同2条1項）をそれぞれ補強し強化することになる[94]。

一方，同じく「私学の自由」保障から，教員の教育基本権＝「教育上の自由」が導かれるか否かに関しては学説上争いがあるが，上記憲法学説は「基本法7条4項は教員のこのような権利を明記してはいないが，教員はかかる自由を享有しており，授業において特別な教育上のコンセプトを展開したり，措置を講じることができる」と解している[95]。

3　外国人の「私学を設置する自由」

すでに言及したように，現行法制上，外国人もまた「私学を設置する自由」を享有しているのであるが，それはいかなる要件の下で認容されうるのか。

これについて，学校法学の通説は大要，つぎのように述べている[96]。

すなわち，当該私学が義務教育段階の児童・生徒を対象とする場合は，学校法制上，ドイツの学校制度として位置づけられ，したがって，基本法7条4項が定める代替学校としての認可要件を満たさなければならない。かかる私学は児童・生徒をドイツ社会に統合する教育責務を負い，そこで学校生活はそれぞれの国に特有な文化的・宗教的色彩を帯有することは可能であるが，そこにおける教育活動は，基本法が措定する価値秩序に抵触・違背するものであってはならず，ドイツの公立学校におけるそれを規準として実施されなければならない。かくして，授業は原則としてドイツ語で行われることを要し，くわえて，たとえば，イスラム教宗派学校（islamische Bekenntnisschule）のような特定の宗派学校であっても，宗派・無宗教の如何を問わず，すべての子どもが入学可能なものでなければならない。

4　私学に対する国家の学校監督

基本法7条1項は「全学校制度は国家の監督に服する」と規定しており，し

---

(94)　H.v.Mangoldt/F.Klein/C.Starck〈Hrsg.〉, a.a.O., S.780.
(95)　ditto., S.781.
(96)　H.Avenarius/H.P.Füssel, a.a.O., S.305. C.Langenfeld, a.a.O., S.561.

たがって，私学もまた当然に国家の監督下に置かれている。いわゆる「教育主権」(Schulhoheit) による私学に対する社会公共的な規律である。

敷衍すると，連邦憲法裁判所も判じているように，「私学の自由」の憲法上の保障は私学に対して「憲法からの自由」を保障するものではなく，また私学に「国家から自由な学校」(staatsfreie Schule) としての法的地位を与えるものではない，ということである[97]。

しかし私学に対する国家の学校監督は「私学の自由」の憲法上の基本権としての保障，「憲法上の制度としての私学制度」，さらには「私立学校と公立学校の同種化の禁止」という憲法の要請などによって制約をうけ，公立学校に対するそれとはその法的実質が大きく異なることになる，ということが重要である。この点について，学校法学の通説および連邦行政裁判例は次のような見解を採っている[98]。

すなわち，私学に対する国家の監督は，私学に関して一般の法律および警察法上の要請を確保し，併せて，私学が設置認可後も基本法7条4項に所定の認可条件を充足しているかどうかを継続的に監視することを任とするものである。したがって，それは原則として法監督＝合法性に関するコントロール (Rechtmäßigkeitskontrolle) に限定され，教育目的・教育内容や教育方法に対する専門監督 (Fachaufsicht) は含まれない。

また現行法制上もこの点を確認的に明記している学校法も見られている。たとえば，シュレスビッヒ・ホルシュタイン州学校法は「学校監督の範囲」と題し，学校監督には専門監督，勤務監督および法監督が含まれるとしたうえで，こう規定している。「自由な主体による学校 (Schulen in freier Trägerschaft) は法監督だけに服する。……これらの学校の設置者は，公立学校に適用されている規程とは別様に学校を形成する義務を負う」(120条6項)。

ただ代替学校が国の承認をうけて学校法上の高権を賦与された場合は，成績評価や試験の実施などに関して公立学校と同様の試験・進級規程が適用され，かくしてこの場合は，国家の監督は単なる法監督を超えて，試験の内容やその

---

(97) BVerfGE 27, 195 (200), zit. aus H.Dreier 〈Hrsg.〉, a.a.O., S.876.
(98) T.Maunz/G.Dürig 〈Hrsg.〉, a.a.O., S.105. H.Dreier 〈Hrsg.〉, a.a.O., S.875. J.P.Vogel, a.a.O., S.40. H.Avenarius/H.P.Füssel, a.a.O., S.317. J.A.Frowein, Zur verfassungsrechtlichen Lage der Privatschulen, 1979, S.23. B.Pieroth/B.Schlink, a.a.O., S.191. T.Oppermann, Schule und berufliche Ausbildung, In: J.Isensee/P.Kirchhof 〈Hrsg.〉, Handbuch des Staatsrechts der BRD, 1989, S.339.

第15章　ドイツにおける「私学の自由」の法的構造

運用などにも及ぶとされている[99]。

　なお私学に対する国家の監督は学校設置者に対するものであって，個々の学校や教員に対するものではない。所定の認可条件は学校設置者において確保しなければならないものだからである〈私学監督の名宛人としての私学設置者〉。ただ各州における私学に対する学校監督の実際にあっては，必ずしもそうはなっておらず，各学校の校長を対象とした監督も行われているという[100]。そしてこうした教育行政現実を積極的に評価する学説も見られているところである[101]。

---

(99)　F.Müller, a.a.O., S.112.　H.Avenarius/H.P.Füssel a.a.O., S.317.　J.Rux/N.Niehues, a.a.O., S.319.
(100)　J.P.Vogel, a.a.O., S.40
(101)　D.Falkenberg, Bayerisches Gesetz über das Erziehungs-und Unterrichtswesen, Kommentar, 1989, Art78.Anm.7.

補章　高校無償化の憲法・学校法学的評価

第1節　民主党の高校無償化政策

　民主党政権が誕生して2年が経過した。この間，様々な領域で各様の新政策が打ち出されてきているが，教育政策の分野においては，高校無償化政策が刮目に価しよう。

　この政策は2009年8月に行われた第45衆議院議員総選挙の際に民主党のマニフェストに掲げられて一躍注目を浴びるに至ったのであるが，実は民主党は野党時代の2008年3月と2009年3月の2度にわたり，高校教育における機会均等の実現を旨として，「高校教育無償化法案」を国会に提出し，いずれも審議未了・廃案となったという経緯がある。

　<u>2010年3月，第174回国会において，政府・民主党の提案に係る「公立高等学校に係る授業料の不徴収及び高等学校等就学支援金の支給に関する法律」（以下，高校無償化法）</u>が成立し，同年4月1日から施行されているところであるが，同法の骨子を摘記すると，下記のようである。

① 同法の目的
　<u>公立高校の授業料を無償化するとともに，私立高校等に対して就学支援金を支給することにより，高校教育に係る経済的負担の軽減を図り，もって教育の機会均等に寄与することを目的とする</u>（1条）。

② 対象となる学校
　この制度の対象となる学校は高等学校，中等教育学校の後期課程，特別支援学校の高等部，高等専門学校の1学年から3学年，専修学校の高等課程および各種学校のうち外国人学校である（2条）。

③ <u>公立高校における授業料の不徴収</u>
　国は，公立高校の基礎授業料月額を基礎として政令で定める方法で算定した金額を地方公共団体に交付する（3条）。

④ 私立高校等への就学支援金の支給
　〈1〉受給資格 ── 私立高校等への就学支援金は，日本国内に住所を有する生徒に対して支給される（4条）。

補章　高校無償化の憲法・学校法学的評価

〈2〉受給資格の認定 —— 就学支援金の支給を受けようとする生徒は，学校設置者を通じて，都道府県知事に認定の申請をしなければならない（5条）。

〈3〉就学支援金の額 —— 就学支援金は，公立高校の基礎授業料月額その他の事情を勘案して，授業料の月額に相当する額について支給する（6条）。

〈4〉就学支援金の支給と代理受領 —— 就学支援金は都道府県知事が受給権者（生徒）に支給するのであるが，学校設置者は受給権者に代わって就学支援金を受領し，授業料に充てる（8条）。

〈5〉国からの交付金 —— 国は就学支援金の支給に要する費用の全額を都道府県に交付する（15条）。

以上がいうところの高校無償化法の概要であるが，文部科学省によると，上記のような制度の導入によって，私立高校に対する現行の経常費助成および授業料減免補助制度はなんら変更を受けるものではないとされている[1]。

さて以上のような高校無償化政策はいかなる評価を受けることになるのか。

この問題はそもそも公教育制度とは何かという基本的なテーゼにまで連なってくるということを，まず押さえておきたいと思う。公教育については，「教育をうける権利」の憲法上の保障に対応して，また公教育制度の存在理由・本旨に起因して，義務教育についてはもとより，中等教育についても（さらには高等教育段階にあっても）「公教育費の公費負担化の原則」[2]が憲法上の原理として予定されているのか。肯定の場合，いうところの公費負担はどの範囲にまで及ぶべきなのか。またわが国においては私学は公教育機関として位置づけられており（後述），だとすれば上記原則は私学にも原理的に妥当するのか。さらに，たとえば，オランダにおけるように，「私学の自由」保障と「私学の公益性」にもとづいて，「公立と私学の教育費平等の原則」が理念的には（原理的な規範論としては），わが国においてもまた妥当しうる余地があるのか。この場合，私学に対する公費助成や公共規制と私学の独自性・私学の自由との関係は如何に。

以下では憲法・学校法学の観点から上述のような課題にアプローチしていくこととしたい。

---

[1]『週刊教育資料』(2009年11月2日号) 日本教育新聞社，8頁。
[2] 兼子仁『教育法』有斐閣，1978年，236頁以下。

第2節　教育をうける権利と公教育制度

　憲法26条1項は,「すべて国民は, 法律の定めるところにより, その能力に応じて, ひとしく教育を受ける権利を有する」と書いている。国民の「教育をうける権利」の憲法上の保障である〈「教育基本権」(Bildungsgrundrecht) としての教育をうける権利〉。

　この教育をうける権利は各人の人間としての生存と成長・発達さらには人格の自由な発展や人格的自律に係わる教育基本権であり, しかも旧来の基本的人権の類型によっては把握できない, 社会権と自由権の両側面をもつ複合的性格の現代的人権である[3]。

　表現を代えると, いうところの教育をうける権利は個別基本権ではあるが, 包括的人権にも似て, 基底的で多義的な教育基本権たることを本質的な属性としているのであるが, ただ歴史的にも, 今日においても, この権利の第1次的かつ中核的な内容をなしてきているのは「均等な教育機会を保障される権利」, わけても義務教育〈初等教育〉段階におけるそれである〈教育をうける権利の中核としての義務教育をうける権利〉。教育, とりわけそのミニマム保障である義務教育〈初等教育〉をうけることなしには —— 義務教育制度の本旨は, これを比喩的に一言でいえば,「最低カロリーの定食」をすべての子どもに, 同一の条件下で一斉に保障することにあると言えよう ——, 人は人たるに値する「健康で文化的な最低限度の生活」(憲法25条1項)を営むことはできないし, それどころか労働によってその生存を維持することすら不可能だからである〈生存権的・社会的基本権としての義務教育をうける権利〉。

　この点, ドイツの指導的な教育法学者I. リッヒターも, 教育をうける権利による保護領域ないし法益を大きく四つに区分したうえで, この権利の上記のようなアスペクトを「ミニマム保障を求める基本権」(Minimumgrundrecht)と規定し, この基本権は「人が生存を維持し, かつ人間としての尊厳を確保して生きていくために必須不可欠な知識や資質・能力を備えられるよう, これを求めることができる権利」と捉えているところである[4]。

　このように, 憲法26条1項が保障する教育をうける権利の基幹かつ中核的

---

[3] 同旨：佐藤功『日本国憲法概説（全訂第5版）』学陽書房, 2004年, 305頁。
[4] I.Richter, Art.7, In: R.Wassermann〈Hrsg.〉, Kommentar zum Grundgesetz für die Bundesrepublik Deutschland, 1989, S.699-S.701.

補章　高校無償化の憲法・学校法学的評価

な内容をなしているのは「義務教育を受ける権利」であるが，この権利は，第1次的には，国に対して合理的な義務教育制度を通じて「適切な義務教育」の場を提供することを要求できる憲法上の基本権である[5]。そこでこれに対応して，国は，この権利を確保するために，公教育制度を敷き，その外的諸条件を整備する義務を負うと同時に，その内容においても中立で，ミニマムな基準を充足するなど，「適切な公教育制度」を確立することを憲法上要請されている，ということになる〈国の憲法上の義務としての公教育制度の形成とその適切な運用〉。

公（義務）教育制度は，それが導入された歴史上の直接的な契機はともかく，今日においては，第一義的には，国民（とくに子ども）の「（義務）教育をうける権利」の保障を規範原理としている，ということを，ここでは押さえておきたいと思う〈公教育制度の規範原理としての「（義務）教育をうける権利」の保障〉。

ちなみに，この点に関する憲法史上の範例を，われわれは1848年のプロイセン憲法 —— 明治憲法が範としたのは1850年の改定プロイセン憲法 —— に見出すことができる。

この憲法はドイツ３月革命の所産として生まれたものであるが，「学問の自由」（17条）および「教育の自由」（19条）の保障にくわえて，一国の憲法としては世界で初めて「教育をうける権利」を憲法上保障したものであった。こう高唱された。「プロイセンの少年は，十分な公の施設によって，一般的な国民教育をうける権利（Das Recht auf allgemeine Volksbildung）を保障される」（18条１項）。

そして，これに対応して，国および地方公共団体には公立学校の設置・維持義務（22条１項）が，親には「子どもに一般的な国民教育を受けさせる義務」（18条２項）がそれぞれ課され，また公立の国民学校における「授業料の無償性」も法定され（22条２項），こうして，そこにおいては，「（義務）教育をうける権利」を中核にして公教育（義務教育）法制が構想されていたのであった[6]。

---

(5) 参照：佐藤幸治『憲法（第３版）』青林書院，1995年，626頁。
(6) L.Clausnitzer, Geschichte des Preußischen Unterrichtsgesetzes, 1891, S.162-S.166.

第3節　教育主権にもとづく憲法上の制度としての公教育制度

1　教育主権と公教育制度

　公教育制度の計画・組織・編成・運用に関する一般的形成権ないし規律権は，司法，外交，課税，軍隊等に関する権能と同じく，国家の主権作用に属していると解される[7]。「教育主権」（Schulhoheit）と称せられるべき国家的権能である。

　改めて書くまでもなく，日本国憲法は「国民主権の原則」に立脚しているから〈憲法前文〉，ここにいう公教育制度に関する国家主権＝教育主権の主体は国民全体ということにな
る。つまり，教育主権とは主権者たる国民が総体として有している公教育についての権能のことにほかならない。

　この教育主権（国民の教育権力）は，現行の国民代表制・議会制民主主義制下にあっては，憲法構造上，現実には，「国権の最高機関」（憲法41条）である国会をはじめ，内閣，裁判所その他の国家機関〈地方自治体も含む，以下同じ〉が，主権者である国民の信託に基づき，国民に代わって，これを分担し行使することになっている。

　この点，ドイツにおいて，学説・判例上はもとより，実定法上も，いうところの教育主権が別名「国家に付託された教育責務」（Erziehungsauftrag des Staates）と観念され，それは「機能十分な公教育制度を維持する国家の義務」と捉えられているゆえんである[8]。

　こうして，統治機構は当然に公教育に関して権能を有し，義務ないし責任を負っているのであるが，このことを目して「国家の教育権」と呼称するのであれば，これにはおそらく異論はないであろう。「ほかならぬ憲法が，すなわち統治権力の根幹にかかわる最高法規が，一方ですべての国民に"教育を受ける権利"を保障し，他方で子供の保護者に"普通教育を受けさせる義務"を課している以上，統治機構が教育にかんしてなんらかのかかわりを持つのは，当然の前提」なのである[9]。

---

(7)　H.Avenarius/H.P.Füssel, Schulrecht, 2010, S.182. U.Evers, Die Befugnis des Staates zur Festlegung von Erziehugszielen in der pluralistischen Gesellschaft, 1979, S.53.

(8)　M.Bothe, Erzieungsauftrag und Erzieungsmaßstab der Schule im freiheitlichen Verfassungsstaat, In: VVDStRL（1995）, S.17.

補章　高校無償化の憲法・学校法学的評価

敷衍して言えば，ドイツ教育審議会の勧告にもあるように，「社会国家においては，教育関係の基本権の実現はその時々の自由な教育の提供に委ねることはできない。設置主体が公立であると私立であるとを問わず，すべての教育制度に対して公の責任が存在する」ということであり[10]，そこで国家は上記のような教育権能を有するに止まらず，より積極的に「かかる権能を担う原則的義務を課せられている」と見られるのである[11]。

具体的には，たとえば，教育制度の基本構造，学校の種類や編制，学校教育の目的や基本的内容，年間授業時数，成績評価の基準や方法，就学義務ないし教育義務，学校関係，学校設置基準，教育行財政の基本的な仕組み，教員の資格や法的地位などの確定が，教育主権上の決定として，これに関する権能は原則として国会等の国家機関＝統治機構に属していると見られる[12]。

2　社会公共的な事業としての学校教育

既述したように，公教育制度のレーゾン・デートル（存在理由）は，今日においては，第一義的には，子どもの教育をうける権利の保障にあるが，しかし，この制度は単に子どもの教育をうける権利だけに対応して制度化されているわけではない。また，いわれているように公教育制度には確かに「親義務の委託ないしは共同化」（私事の組織化）[13]というアスペクトがあるが，しかしそれだけで成立しているわけでもない。

既に書いたように，この制度は，教育主権にもとづく憲法上の社会制度なのであり，子どもや親の権利・義務ないしは「消費者のニーズ」といった個人権的ファクターにくわえて，国家的・社会的要請にも根ざしている，ということに留意を要する。敷衍して言えば，公教育制度には国民国家・民主的法治国家・産業国家の維持・発展や社会的な統合を旨としての「子どもの社会化（socialization）」ないし「自律的で成熟した責任ある市民＝パブリック・シチズン（public citizen）」「積極的な政治主体としての市民」への教育という社会公共的な役割・機能も合わせて求められているということである〈「教育主権による

---

(9) 奥平康弘「教育を受ける権利」芦部信喜編『憲法3 人権 (2)』有斐閣, 1987年, 420頁。
(10) Deutscher Bildungsrat, Strukturplan für das Bildungswesen, 1970, S.260.
(11) B.Pieroth, Erziehungsauftrag und Erziehungsmaßstab der Schule im freiheitlichen Verfassungsstaat, In: DVBl 1994, S.951.
(12) H.Jarass/B.Pieroth, Grundgesetz für die Bundesrepublik Deutschland, 2007, S.250.
(13) 堀尾輝久『現代教育の思想と構造』岩波書店, 1971年, 201頁。

社会化の対象としての子ども」という法的地位〉。まさに「公」教育なのであり、だからこそ親以外の国民の負担にも係る公費によって維持され〈「公教育費の公費負担の原則」：後述〉、さらには学校教育の目的や基本的内容は、教育主権作用の一環として、つまりは親以外の市民をも含む国民総体の教育意思によって決定されるべきこととなるのである〈学校教育の公共性・教育基本法6条1項〉。

この点、経済法的観点からは、「子どもの社会化を制度化することは、公共的なの事柄である。教育は、その配分が市場経済の法則に従うのではなく、公法によって規律されるべき公共財（öffentliches Gut）である」[14]と捉えられている所以である。

第4節　社会権的基本権としての「準義務」高校教育をうける権利

既に言及したように、憲法26条1項が保障する教育をうける権利の基幹かつ中核的な内容をなしているのは「義務教育をうける権利」であるが、もとよりこの権利の対象法益・領域には「幼児教育をうける権利」、「中等教育をうける権利」、「高等教育をうける権利」、さらには「社会教育をうける権利」や「生涯学習の権利」[15]なども当然に含まれている。

そして、ここで重要なのは、ひとくちに「教育をうける権利」と言っても、その基本的人権としての性格は対象とする教育段階や教育領域によって一様ではない、ということである。

既述したように、義務教育段階においては、この権利は精神的自由権性を併有しながらも、第1次的かつ本質的には生存権的・社会権的基本権に属している。そこでこれに対応して、国・地方自治体はこの権利を確保するために、教育の諸条件を整備するなどの各種の義務を憲法上課せられている、ということになる。

---

(14) I.Richter, Verfassungsrechtliche Grundlagen des Bildungswesens, In: M.Baethge／K.Nevermann〈Hrsg.〉, Organisation, Recht und Ökonomie des Bildungswesens 1984, S.228.
(15) ちなみに、デンマークやドイツにおいては市民の「継続教育をうける権利」（Recht auf Weiterbildung）に対応して、いわゆる「市民大学」（Volkshochschule）が教育法制上、フォーマルに制度化されるところとなっている（参照：天野正治・結城忠・別府昭朗編『ドイツの教育』東信堂、1998年、329頁以下）。

補章　高校無償化の憲法・学校法学的評価

　これに対して，高等教育段階にあっては，そこにおける教育は私的財（個人的便益）としての性格を強め，かくして「高等教育をうける権利」は社会権性を弱めて，「営業の自由」・「職業の自由」（憲法22条・29条）と強く呼応し，経済的自由権としての性格を濃厚に帯びてくると言えよう〈個人的な自由権・経済的自由権としての高等教育をうける権利〉[16]。

　ちなみに，この点，憲法学説にも「高等教育の効果は，当該個人の経済的生産性を高めることに集約的に現れる」。「高等教育は，当該個人の経済性を高めるのであるから，受益者負担が原則とならなければならない」とする見解が見られているところである[17]。

　「中学校における教育の基礎の上に，……高度な普通教育及び専門教育を施すことを目的とする」（学校教育法50条），高等学校の「教育をうける権利」は，制度上，上記二者の中間に位置しているが，高校卒業が職業上の様々な資格取得の条件とされ，くわえて高校教育が「準義務教育化」している今日（義務教育後中等教育への進学率・2010年＝98.0％），高校教育は「社会人として自立するための基礎教育」[18]ないし「責任ある政治主体たるための市民教育」と見られるのであり〈公共財（社会的便益）としての高校教育〉，かくして「『準義務』高校教育をうける権利」は，経済的自由権性を帯有しながらも，第1次的にはなお社会権的基本権の範疇に属していると捉えられる。

　表現を代えると，国・地方自治体はこの権利に対応して，義務教育に準じた範囲・程度の教育・学習条件整備義務を憲法上負っているということであり，このことはここでのコンテクストにおいてきわめて重要であると言わなくてはならない〈国・地方自治体に対する教育・学習条件整備要求権としての高校教育をうける権利〉。

---

(16) 同旨：藤田英典『義務教育を問い直す』ちくま新書，2005年，116頁・167頁。
(17) 坂本昌成『憲法理論Ⅲ』成文堂，1996年，352頁。
　　しかしそうはいっても，ヨーロッパ諸国においては現実に高等教育段階にあっても授業料無償制を採っている国が少なからず見られている（OECD加盟30ヵ国のうちフィンランドやドイツなど15ヵ国）。ただこれは，主要には，教育は社会で支えるという公教観と教育費は税金で賄うという福祉国家的教育観を背景とし，高等教育の社会的役割とそれを受けた人々のいわゆる「ノーブレス・オブリージ（noblesse oblige）」＝（高い地位・身分にある者は国家・社会に対して特別な道徳的・精神的な義務を負う）という思想によるものと見られ，さしあたりここでの基本権的アプローチとは文脈を異にすると言えよう〈参照：小林雅之『進学格差』ちくま新書，2008年，93頁以下。
(18) 全国私立学校教職員組合連合『私学教育の振興と保護者の学費負担軽減，公私格差是正のために』2008年，5頁。

第5節　高校の「準義務教育」化と憲法26条2項
（義務教育の無償性）

　憲法26条2項は，国民の「その保護する子女に普通教育を受けさせる義務」を規定したうえで，「義務教育は，これを無償とする。」と書いている〈憲法上の義務としての国の義務教育無償義務〉。

　この義務教育の無償規定は，同条1項が規定する「教育を受ける権利」を現実かつ実質的に保障するための国の責務を具体的に定めたもので，とくに経済的な理由によって就学できないということのないように，「少なくとも義務教育については無償とする趣旨」である[19]。先に教育をうける権利の第1次的かつ中核的な内容をなしているのは「均等な教育機会を保障される権利」，わけても義務教育段階におけるそれである，と書いたゆえんでる。

　それに義務教育制度は，就学義務制を敷くか，教育義務制を採るかの制度類型の如何に拘わらず，就学ないし教育を子ども・親に義務づけるものであるから，この義務強制の反面としてこれを無償とすべきは当然ということになる[20]。

　ちなみに，ワイマール憲法（1919年）はつぎのように規定して，この理を憲法上確認していた（145条）。

　「就学義務は一般的な義務である。その履行は原則として少なくとも8年間の国民学校とそれに続く満18歳までの上級学校においてなされるものとする。国民学校および上級学校における授業（Unterricht）と教材（Lernmittel）は無償とする。」[21]。

---

(19) 佐藤功『憲法（上）〈新版〉』有斐閣，1992年，457頁。
(20) ただそうは言っても，歴史的に，義務教育制度の発足と同時に義務教育の無償制が実施されたわけではない。
　　たとえば，ドイツ・プロイセンにおいて義務教育制度が敷かれたのは1717年であるが，義務教育の無償性が確立したのは1848年の憲法22条によってであった。またこの制度を範としたわが国にあっても，「義務教育の無償性」（授業料の無償原則）が法制上に確立を見たのは，明治33（1900）年の第3次小学校令によってである。明治5（1872）年の「学制」は学校経費について地方負担および受益者負担（授業料徴収制）の原則を宣明していたのであった〈以上について，詳しくは参照：拙著『教育の自治・分権と学校法制』東信堂，2009年，23頁以下〉。
(21) W・ランデによれば，この憲法条項は国民の一般的な義務としての就学義務を憲法上の義務として規定するとともに，義務教育における「授業料の無償」（Schulgeldfreiheit）

補章　高校無償化の憲法・学校法学的評価

　ところで，憲法26条2項にいう「義務教育の無償性」原則は，上述のような教育をうける権利の法的把握のうえに捉えられなくてはならないことになるが，こうした観点からは，義務（公）教育に関する憲法上の財政原則として，以下の2点が帰結されることになると解される。
　第1。憲法26条2項の義務教育の無償規定は，旧来の憲法学説が説くような，いわゆるプログラム規定ではなく，直接かつ具体的な法的効力をもつ裁判規範をなしているということである。換言すると，国は国民の教育をうける権利に対応して，義務教育については，無償制を敷く憲法上の義務を負っているということであり，かかる制度の採否を立法政策（立法裁量）に委ねることは許されないということである。
　ちなみに，この点に関して，義務教育費負担請求事件に関する最高裁判決〈昭和39年2月26日・判例時報363号9頁〉も，授業料だけに限定してではあるが，同条項の裁判規範性を確認しているところである。
　第2。憲法26条2項の義務教育無償規定は，「公教育制度の規範原理としての教育を受ける権利の保障」および「教育主権にもとづく憲法上の制度としての公教育制度」という公教育制度の本質的な性格に起因して，規範原理としては，単に「義務教育」の無償に止まらず，その域を超えて，「公教育費の公的負担化の原則」ないし「公教育の公費負担化の原則」という，現代公教育法の基本原理にまで連なる原則を憲法上の原理として予定している，と見られるということである。義務教育の無償規定は「公教育費の公的負担化の原則の集約的・代表的な表現にほかならないと解すべき」なのである[22]。端的に言えば，「『公教育』とは，つまるところ公費教育にほかならない」と言えよう[23]。
　実際，諸外国の公教育法制を見ても，義務教育はもとより，後期中等教育段階においても無償制を採っている国が少なくなく（25カ国），さらには高等教育についても無償制度を敷いている国が少なからず見られているところである（OECD加盟30カ国のうち15カ国が無償制）。

と「教材・教具の無償」（Lernmittelfreiheit）をそれぞれ憲法上の原則として確立したものである〈W.Landè, Preußisches Schulrecht, 1933, S.28.〉。
(22) 兼子仁『教育法』有斐閣，1978年，240頁。
(23) 兼子仁・同前。

あ と が き

　本書の書名を「学校教育と教育基本権」としたが，「教育基本権」というターミノロジーはこれまでのところ，学説においても，したがってまた判例においてもほとんど見当たらない。わが国だけでなく，欧米の教育法学においても，未だ市民権を獲得していない用語であるが，ここでいう「教育基本権」とは「市民が学校教育や家庭教育はもとより，ひろく教育と係わって享有している基本的人権ないし基本的自由」〈教育人権〉を意味している。
　本書はこれまで折に触れて執筆してきた「教育基本権」に係わる論稿のうち，テーマが現在のわが国において教育法学上，依然として重要だと見られるものを取り出し，ドイツとの比較教育法学という観点を意識して一冊に編んだものである。当初は本書をⅡ部構成とし，第Ⅱ部として「生徒指導と生徒の基本的人権」に関する論稿を所収する予定であったが，分量が嵩むので今回は割愛した。次の機会を期したいと思っている。

　本書を編むにあたって大幅な加筆・修正を施したものもあるが，所収論稿の初出は下記のようである。
　　第1章　生徒・親の「思想・良心の自由」と日の丸・君が代の義務化〈『教職研修』教育開発研究所，1999年1月号〉
　　第2章　アメリカにおける生徒・親の「思想・良心の自由」と国旗への忠誠宣誓〈季刊『教育法』エイデル研究所（121号），1999年〉
　　第3章　ドイツの国旗・国歌法制と民主的法治国家の原理〈同前〉
　　第4章　教育をうける権利〈学習権〉の法的構造〈『生徒の法的地位』教育開発研究所，2007年，第5章〉
　　第5章　日本国憲法と教育の自由〈「日本国憲法と教育の自由」，『教職研修』教育開発研究所，2004年11月号〉
　　第6章　国家の教育権と国民の教育権 ── 教育権論争とは何だったのか〈新堀通也編『戦後教育の論争点』教育開発研究所，1994年所収〉
　　第7章　教員の「教育上の自由」は基本的人権か〈『青少年の政治的基本権と政治参加―日本とドイツ』信山社，2023年，第Ⅲ部第2章〉
　　第8章　ドイツにおける「教員の教育上の自由」の法的構造〈『ドイツの

あとがき

　　　学校法制と学校法学』信山社，2019年，第Ⅴ部3章〉
　第9章　生徒・親の知る権利と教育情報の公開・開示〈『生徒の法的地位』
　　　教育開発研究所，2007年，第9章〉
　第10章　親の教育権と学校教育〈『教育の自治・分権と学校法制』東信
　　　堂，2009年，第12章〉
　第11章　ドイツにおける親の教育権の法的構造〈『白鷗大学論集』第29
　　　巻第1・2合併号，2015年，所収〉
　第12章　ドイツにおける親の学校教育・教育行政への参加法制の構造
　　　〈『ドイツの学校法制と学校法学』信山社，2019年，第Ⅳ部第2章〉
　第13章　「私学の自由」の法的構造〈『憲法と私学教育』協同出版，2014
　　　年，第3章−第6章〉
　第14章　教育基本法の改正と私学〈同前，第9章〉
　第15章　ドイツにおける「私学の自由」の法的構造〈同前，第Ⅱ部第2
　　　章〉
　補章　高校無償化の憲法・学校法学的評価〈『日本国憲法と義務教育』青
　　　山社，2012年，第11章〉

　最後に，出版事情が厳しい折，『ドイツの学校法制と学校法学』(2019年)，
『青少年の政治的基本権と政治参加 —— 日本とドイツ』(2023年) に続き，本
書の出版を快く引き受けてくださった信山社の袖山貴社長に深甚なる謝意を表
したい。また本書が成るについては稲葉文子編集部長に大変お世話になった。
ここに記してお礼を申し述べたいと思う。

　　　　　　　　　　　　　　　　　　　　　　　　2024年8月27日
　　　　　　　　　　　　　　　　　　　　　　　　結城　忠

索 引

あ 行

ILO・ユネスコ「教員の地位に関する勧告」… 163
アイルランド憲法 ……………………… 52, 261
青山学院初等部教諭解雇事件 ………………… 298
安全に教育をうける権利 …………………… 46
違憲審査基準 ……………………………… 19
意思能力のある未成年者の法理 …………… 232
イスラム教宗派学校 ……………………… 346
イタリア憲法 ……………………………… 52
移民背景をもつ生徒 ……………………… 247
ヴァルドルフ教育学 ……………………… 297
営業警察法 ………………………………… 323
「営業の自由」型私学 …………………… 311
親の教育行政参加 ………………………… 168
親の教育権 ……………………… 4, 63, 146, 153
　　──の教員への委託論 ………………… 147
　　──の空洞化 …………………………… 149
　　──の現実化 …………………………… 151
親の参加権・協同形成権 ………………… 243
親の自然権的教育権 ……………………… 194
親の知る権利 ……………………………… 123
親の配慮権に関する新規制法 …………… 191
オランダ憲法 ……………………………… 259

か 行

改革教育学 ………………………………… 343
外国人の「私学を設置する自由」………… 346
解雇理由としての傾向侵害 ……………… 291
解釈優先権 …………………………… 155, 198
学習権 ……………………………………… 36
学習指導要領の（法的）拘束力 … 103, 110, 271
学習指導要領の法的性質 …………………… 11
学習の自由 ………………………………… 100
学術・研究条項 …………………………… 71
拡張された法治主義 ……………………… 287
学年父母協議会 …………………………… 247
学問（・教授）の自由 ………………… 45, 96
家族に関する基本権 ……………………… 159
家族の連帯と自律性 ……………………… 227
価値決定的根本規範 ……………………… 199
学級父母協議会 …………………………… 247
学校運営協議会 …………………………… 167
学校会議 …………………………………… 248
学校教育における自由と自治・分権の拡大 … 152
学校教育の民主化 ………………………… 152
学校・教員の「専門的教育権」…………… 162
学校記録 …………………………………… 137
学校自治の最高審議・決定機関 ………… 249
学校制度における価値多元主義と自由性の
　原則 …………………………………… 342
学校制度の国家化 ………………………… 322
学校制度の宗派化 ………………………… 334
学校設置者の「認可請求権」…………… 338
学校設置主体の多様化 …………………… 317
学校選択の自由 …………………………… 150
学校特別権力関係論 ……………………… 308
学校内部法 ………………………………… 148
学校における児童・生徒や親の人権保障 … 152
学校の勧告の意見書 ……………………… 142
学校の権利は親の権利を破棄する … 146
学校の自治に関する法律 ………………… 238
学校の自由 …………………………… 86, 100
学校の専門的教育権 ……………………… 161
学校の法治主義化 ………………………… 152
学校の保護者に対する積極的な情報提供義務
　………………………………………… 126
学校評議員制度 …………………………… 165
学校父母協議会 …………………………… 247
学校プログラム …………………………… 102
学校法学 …………………………………… 85
学校法人 …………………………………… 267
学校目的および子どもの利益に向けられた自由
　………………………………………… 70
学校履歴書類 ……………………………… 142
合衆国憲法第Ⅰ修正 ………………………… 17
家庭義務教育 ……………………………… 189
家庭教育権およびプライバシーに関する法律
　………………………………………… 137
カトリック自然法 ………………………… 194
家父権 ……………………………………… 187
株式会社立学校 …………………………… 269

361

索　引

官治・集権・閉鎖型の学校教育 …………… 172
寛容な学校 ……………………………………… 13
管理された学校 ………………………………… 84
管理された教員 ………………………………… 65
機関委任事務 ………………………………… 307
危険な学校教育を拒否する権利 ……………… 46
基礎的な憲法上の権利 ……………………… 154
きのくに子どもの村学園 …………………… 256
基本権享有能力 ……………………………… 225
基本権行使能力 ……………………………… 225
基本権の衝突ないし競合 …………………… 278
基本的義務 …………………………………… 206
基本的権利 …………………………………… 206
基本的人権の第三者効力 …………………… 279
基本的ないし優越的自由 ……………………… 19
基本法制定議会評議会 ……………………… 333
「義務教育の無償性」原則 ………………… 358
義務に拘束された権利 …………………… 40, 207
義務に拘束された自由 ………………………… 69
教育改革国民会議 …………………………… 167
教育基本権 ……………………………………… 59
教育義務 ……………………………………… 150
教育義務制 …………………………………… 189
教育行政・学校の官治の封鎖性の打破 …… 153
教育行政における法治主義の原則 …………… 87
教育権者の参加および州学校評議会に関する
　法律 ………………………………………… 241
教育権の独立 …………………………………… 58
教育個人情報 ………………………………… 141
教育主権 …………………………………… 40, 62
教育上の親権 ………………………………… 196
教育スタンダード …………………………… 102
教育専門的事項 ……………………………… 163
教育勅語の旨趣にもとづく教育 …………… 308
教育的裁量 …………………………………… 286
教育における価値多元主義 ……………… 13, 157
教育における私的自治 ………………………… 51
教育における住民の知る権利 ……………… 119
教育における暴力追放に関する法律 ……… 192
教育の機会均等に関する請求権 ……………… 42
教育の国家的独占 ……………………………… 49
教育の私事性 ………………………………… 157
教育の自主性と教育行政の条件整備性の原理
　………………………………………………… 58
教育の自由 ……………………………… 49, 257
「教育の自由」型私学 ……………………… 311

教育の自律性 …………………………………… 94
教育へのアクセス権 …………………………… 42
教員・親・生徒の共同責任機関 …………… 248
教員会議への親の参加 ……………………… 249
教員の教育基本権 …………………………… 346
教員の「教育上の自由」 ……………………… 65
教員の国旗敬礼拒否事件 ……………………… 21
教員の「政治的意見表明の自由」 …………… 74
教員の地位に関する勧告 ……………………… 80
教科書裁判 ……………………………………… 58
教科用図書検定調査審議会 ………………… 170
教授の自由 ……………………………………… 71
教授要綱 ……………………………………… 112
教職の自由 ……………………………………… 66
教職の専門職性 ……………………………… 164
行政外部関係 …………………………………… 12
行政規則 ………………………………………… 11
　──としての学習指導要領 ………… 11, 111
行政内部関係 …………………………………… 12
共同決定権 …………………………………… 177
共同決定的参加 ……………………………… 244
共同決定法 …………………………………… 291
協同権 ………………………………………… 177
協同的権利としての親権 …………………… 175
協同的参加 …………………………………… 244
協同的自治 …………………………………… 235
拒否する自由 …………………………………… 12
勤評裁判 ………………………………………… 57
勤務監督 ………………………………………… 88
具体的権利 ………………………………… 38, 141
屈辱的教育措置 ……………………………… 192
国と自治体の行政面における対等原則 …… 307
郡・市父母協議会 …………………………… 247
経営協議会法 …………………………… 236, 290
傾向経営としての私学 ……………………… 293
傾向経営における解雇の法理 ……………… 299
傾向経営の理論 ……………………………… 290
傾向の担い手 ………………………………… 292
傾向労働関係 ………………………………… 299
経済的自由権としての私学の自由 ………… 263
形式的法治主義・制定法万能主義 ………… 307
契約の自由 …………………………………… 286
検　閲 …………………………………………… 58
建学の自由 …………………………………… 319
憲法異議の訴え ……………………………… 217
憲法上の制度的保障としての私学 ………… 335

索　引

憲法的自由	55, 156
憲法の力をもつ基本権	201
憲法への意思	309
権利としての教育上の自由	93
公教育運営への参加基本権	211
公教育運営への参加権	42
公教育機関としての私学	278
公教育内容の決定権	59
公教育内容の決定における国民主権の確保	62
公教育の公費負担化の原則	358
公共的教育情報	118
高校無償化法	349
構造改革特別区域法	268
校長選任委員会	250
校長の職務権限	104
校長の職務命令権	109
高度に人格的な専門的判断	108
公法上の学校特別権力関係論	146
公法上の特別権力関係としての学校関係	149
公法上の特別権力関係論	84
公立学校優位の原則	328
国際法上の普遍的人権	157, 266
国民・住民の知る権利	120
国民の教育権説	59
国民の教育権力	148
国立教育研究所	185
55年体制	57
個人識別情報	140
個人的な自由権・経済的自由権としての高等教育をうける権利	356
個性化を求める権利	37
古代ローマ法	187
国家行為請求権	266
国家的事業としての私学	302
国家ないし教会による「学校独占」	51
国家の学校教育権	147
国家の学校教育独占	149, 308
国家の教育権説	59
国旗及び国歌に関する法律	3
国旗掲揚義務	10, 27
国旗敬礼義務化法	21
国旗への忠誠宣誓	16
国旗保護法	22
国旗を掲揚する権利	27
国権は親権に奉仕する	212
国公立学校の量的補完型私学	303

子どもの権利条約	4
子どもの最善の利益	40
子どもの宗教教育に関する法律	226
子どもの自律性の尊重義務	232
子どもの人格的自律権	230
子どもの人権主体性	223
子ども人質論	146

◆ さ　行 ◆

ザクセン・シュピーゲル	188
参加基本権	160
私学教育振興義務	312
私学教育の傾向性	297
私学教育の自由	51
私学教員の身分保障	299
私学在学関係の法的性質	284
私学志向	253
私学助成の根拠としての私学の独自性	305
私学制度の国家化	332
私学設置認可の法的性質	275
私学設置の認可請求権	276
私学における教育の自由	270, 341
私学における組織編制の自由	343
私学の公共性	300
——と独自性	304
私学の「公費助成請求権」	336
私学の自由	257
私学の存在理由	253
私学の独自性	297
私学を設置する権利	340
始源的教育権	74, 155
自己に関する情報をコントロールする権利	123
自己の人格を自由に発達させる権利	88
事実たる慣習	8
自然権	154, 193
自然人による私学の設置	267
自然法は実定法を破る	197
思想の表白を強制されない自由	13
自治・分権・参加・公開型の学校教育	172
指導者原理	239
指導要録・内申書の開示	130
社会教育関係団体	179
社会教育審議会	178
社会権的基本権	36
自由ヴァルドルフ学校	274
就学する権利	34

363

索　引

宗教系私学の特殊性 ································ 289
宗教上の成熟 ·· 226
宗教的私学の自由 ····································· 289
宗教の自由 ·· 19
集団の基本権 ································ 160, 209
　　──としての親の教育権 ··············· 175
集団的親権 ······································ 175, 209
修徳高パーマ禁止校則事件 ··················· 280
自由な学校共同体 ····································· 235
「自由な学校」としての私学 ················ 254
自由の森学園 ·· 256
宗派上の親権 ·· 196
州父母協議会 ·· 247
授業を査察する権利 ································ 110
「縮減・弱化する親の権利 ── 伸張・強化する
　子どもの権利」の原則 ······················ 230
主権者教育 ·· 74
主体的公権 ·· 92
『準義務』高校教育をうける権利 ········ 356
消極的・従属的人間型 ···························· 121
情報公開条例 ·· 116
情報公開法 ·· 116
情報なくして参加なし ···························· 125
「情報の原則公開」の原理 ···················· 117
情報の自由 ·· 115
情報の自由に関する法律 ·············· 119, 136
条理法 ·· 199
昭和女子大学事件に関する最高裁判決 ··· 296
職業官吏制度再建法 ································ 239
職業官吏制度の伝統的諸原則 ··············· 101
職務命令からの自由 ································· 73
私立学校審議会 ·· 277
私立学校と公立学校の等価性の原則 ··· 339
私立学校と公立学校の同種化の禁止 ··· 347
私立国民学校 ·· 331
自律への教育 ·································· 65, 282
自利をはかる基本権 ································ 205
知る権利 ·· 115, 176
信教の自由 ·· 3
人権中の人権 ·· 39
親権の共同行使 ·· 189
親権は国法を破棄する ···························· 195
信仰上ないし世界観上の親権 ·················· 4
臣民の義務としての学校教育 ··············· 149
スペイン憲法 ·· 53
性教育 ·· 216

政治教育の基本原則 ································· 77
政治的基本権 ·· 79
政治的成熟への教育 ································· 76
生存権的・社会権的基本権 ··················· 355
正当な教育評価をうける権利 ··············· 130
生徒・親の「思想・良心の自由」 ·········· 3
生徒・親の知る権利 ································ 120
制度的保障 ······································ 200, 265
生徒の知る権利 ·· 121
政府サンシャイン法 ································ 136
世界に冠たるドイツ ··································· 9
積極的・自律的人間型 ···························· 121
専門監督 ·· 88
専門職の自律性 ·· 66
専門職への白紙委任論 ···························· 135
疎外された存在 ── 親 ··························· 146

◆ た　行 ◆

第三者効力 ·· 228
代替学校 ·· 330
多義的な教育基本権 ································· 41
他者の利益をはかる基本権 ··················· 205
他者の利益をはかる承役的権利 ············ 70
男女同権法 ·· 191
地域運営学校 ·· 167
抽象的権利 ······································ 39, 141
中世ドイツ法 ·· 188
中立な学校教育を要求する権利 ············ 43
聴聞権 ·· 176
直接的に妥当する客観的な権利 ·········· 200
直接に妥当する法 ···································· 265
沈黙を守る自由 ·· 13
適正手続上の権利 ···································· 138
田園教育舎 ·· 332
天皇主権制＝絶対主義的天皇制国家 ······ 8
デンマーク憲法 ······························ 52, 261
ドイツ基本法 ·· 52
ドイツ教育審議会 ···································· 354
ドイツ人条項 ·· 337
ドイツの歌 ·· 30
ドイツ普通法 ·· 188
ドイツ法律家協会 ····························· 11, 107
ドイツ民法典 ·· 190
ドイツ連邦憲法裁判所 ···························· 242
等位テーゼ ·· 212
独自の教育的校風を形成する自由 ······ 273

364

索　引

都道府県私学教育委員会 315

● な 行 ●

内申書裁判 131
内的学校事項 250
ナチス親族法学 203
何人にも保障される権利 268
何人も条項 337
二重の基準論 270
2000年分権改革 307
日本PTA全国協議会 179
人間的自然としての家族制度 157

● は 行 ●

ハーケン・クロイツ 26
配分された職務権限 72
発達権 42
半専門職 164
ビスマルク憲法 327
必要性の有無の審査 277, 324
PTA 178
　　──活動の自由 182
　　──の性格・役割 183
　　──の法的根拠 181
ヒトラー・ユーゲント 202
日の丸・君が代の義務化 20
表現の自由 20
フィンランド憲法 52, 261
複合的人権 37
副次的教育権 74, 155
附合契約 286
部分的・技術的教育権 160
父母協議会 237
父母と先生の会参考規約 181
富裕層学校 338
フランス憲法 258
プロイセン一般ラント法 189, 321
プログラム規定 200
プログラム規定説 38
ベルギー憲法 50, 258

偏向教育 45
ボイテルスバッハの合意 77
法学的人間型 135
包括的基本権 203
包括的な教育基本権 207
法から自由な学校権力 308
法から自由な行政内部関係 308
法監督 88
法規概念 297
法規命令 11
法治国家における学校 107
法的教育行為 136
法律の留保の原則 10
ポルトガル憲法 52
本質性論 222

● ま 行 ●

身分学校 338
民主主義教育の強化に関する勧告 78
民主主義への教育 65
民主的基本権 79
民主的自由への教育 282
民主的正当性の公証手続 9
明治憲法・教育勅語法制 309

● や 行 ●

ユニークな私学教育をうける権利 270
ヨーロッパ人権裁判所 221
良き市民（good citizenship）への教育 15

● ら 行 ●

良心の自由 20
臨時教育審議会 164
労使共同決定制 236
労働協約 295

● わ 行 ●

ワイマール憲法 25, 328
　　──の親権条項 240
枠組的指針 112

365

〈著者紹介〉

結城　忠（ゆうき　まこと）

1944（昭和19）年，広島市に生まれる。広島大学政経学部卒。国立教育研究所室長，ドイツ国際教育研究所客員研究員，国立教育政策研究所総括研究官，上越教育大学教職大学院教授，白鷗大学教授を経て，現在，国立教育政策研究所名誉所員。教育学博士。第14期日本教育行政学会会長。

〈主要著書〉

『青少年の政治参加──民主主義を強化するために』信山社新書，2023年
『青少年の政治的基本権と政治参加──日本とドイツ』信山社，2023年
『ドイツの学校法制と学校法学』信山社，2019年
『高校生の法的地位と政治活動──日本とドイツ』エイデル研究所，2017年
『憲法と私学教育──私学の自由と私学助成』協同出版，2014年
『日本国憲法と義務教育』青山社，2012年
『教育制度と学校法制』尚文堂，2011年
『教育の自治・分権と学校法制』東信堂，2009年
『生徒の法的地位』教育開発研究所，2007年
『学校教育における親の権利』海鳴社，1994年
『教育法制の理論──日本と西ドイツ』教育家庭新聞社，1988年
『ドイツの教育』（共編著）東信堂，1998年
『ドイツの学校と教育法制』（監訳）教育開発研究所，2004年
Die rechtliche Struktur der Bildungsverwaltung in Japan, In:Festschrift für Wolfgang Mitter zum 70. Geburtstag,Böhlau Verlag, 1997.

学術選書
264
教育法

学校教育と教育基本権

2024（令和6）年12月10日　第1版第1刷発行
28290-01012:P388　¥10000E 012-030-005

著者　結城　忠
発行者　今井　貴・稲葉文子
発行所　株式会社　信山社

〒113-0033　東京都文京区本郷 6-2-9-102
Tel 03-3818-1019　Fax 03-3818-0344
info@shinzansha.co.jp
笠間才木支店　〒309-1611　茨城県笠間市笠間 515-3
Tel 0296-71-9081　Fax 0296-71-9082
笠間来栖支店　〒309-1625　茨城県笠間市来栖 2345-1
Tel 0296-71-0215　Fax 0296-72-5410
出版契約 No.2024-28290-01012　Printed in Japan

Ⓒ結城忠，2024　印刷・製本：藤原印刷
ISBN978-4-7972-8290-0 C3332　分類 370.000 教育法

JCOPY　〈(社)出版者著作権管理機構　委託出版物〉
本書の無断複写は著作権法上での例外を除き禁じられています。複写される場合は，そのつど事前に，(社)出版者著作権管理機構（電話03-5244-5088, FAX03-5244-5089, e-mail:info@jcopy.or.jp）の許諾を得て下さい。

◆ 信山社新書 ◆

青少年の政治参加
　　— 民主主義を強化するために
　　結城 忠 著
くじ引きしませんか？ — デモクラシーからサバイバルまで
　　瀧川裕英 編著
タバコ吸ってもいいですか — 喫煙規制と自由の相剋
　　児玉 聡 編著
法律婚って変じゃない？ — 結婚の法と哲学
　　山田八千子 編著
ウクライナ戦争と向き合う
　　— プーチンという「悪夢」の実相と教訓
　　井上達夫 著
国際紛争の解決方法
　　芹田健太郎 著
危機の時代と国会 — 前例主義の呪縛を問う
　　白井 誠 著
婦人保護事業から女性支援法へ
　　— 困難に直面する女性を支える
　　戒能民江・堀千鶴子 著
侮ってはならない中国
　　— いま日本の海で何が起きているのか
　　坂元茂樹 著
この本は環境法の入門書のフリをしています
　　西尾哲茂 著
スポーツを法的に考えるⅠ・Ⅱ
　　井上典之 著
東大教師　青春の一冊
　　東京大学新聞社 編

信山社

青少年の政治的基本権と政治参加
―日本とドイツ―

結城 忠 著

深刻な政治離れ、低い投票率、政治に無関心な若者たち。年齢・成熟度に応じた権利の保障と政治参加の有り様とは？

【目次】
◇第Ⅰ編　わが国における青少年の法的地位と政治参加
第Ⅰ部　高校生の法的地位と政治的基本権
第Ⅱ部　青少年の自治体政治・行政への参加
第Ⅲ部　公教育の政治的中立性の法的構造
◇第Ⅱ編　ドイツにおける青少年の法的地位と政治参加
第Ⅰ部　ドイツにおける国民の政治参加と基本法の構造原則
第Ⅱ部　学校における生徒の法的地位と政治的基本権
第Ⅲ部　青少年の政治参加の法的構造
第Ⅳ部　青少年の参加権保障法制
第Ⅴ部　ドイツにおける政治教育の構造

信山社

ドイツの学校法制と学校法学

結城 忠 著

ドイツの学校法制の基本的性格と構造的な特性を分析。教育の歴史から今日的課題に迫る。学校法制に関する貴重な外国法研究。

【目次】
第Ⅰ部　国家の教育主権と教育課程法制
第Ⅱ部　国家・宗教・学校をめぐる法制
第Ⅲ部　教育をうける権利と公教育制度
第Ⅳ部　障害児教育法制の構造転換
第Ⅴ部　学校経営法制と教員法制の原理
第Ⅵ部　学校における生徒の法的地位と学校参加法制
第Ⅶ部　学校におけるデータの保護法制と開示法制
第Ⅷ部　学校の教育措置・決定に対する行政裁判上の救済と学校事故補償法制
第Ⅸ部　親の教育権と学校教育・教育行政
第Ⅹ部　「私学の自由」と私学に対する公費助成法制

信山社